Monde

Steeven
Chapados

Monde

Une odyssée au cœur
des grandes conceptions
philosophiques
et scientifiques

FIDES

Direction éditoriale : David Sénéchal
Adjointe à l'édition : Valérie De Marchi
Couverture : Bruno Lamoureux
Photo de la couverture : Pawel Czerwinski / Unsplash
Mise en pages : Studio C1C4

Catalogage avant publication de Bibliothèque et Archives nationales du Québec et Bibliothèque et Archives Canada

Titre : Monde : une odyssée au cœur des grandes conceptions philosophiques et scientifiques / Steeven Chapados.

Noms : Chapados, Steeven, auteur. | Chapados, Steeven.

Identifiants : Canadiana 20200093320 | ISBN 9782762144475 (vol. 1)
Vedettes-matière : RVM : Monde (Philosophie) | RVM : Réalité. | RVM : Philosophie ancienne.
Classification : LCC BD331.C53 2021 | CDD 111—dc23

Dépôt légal : 1er trimestre 2021
Bibliothèque et Archives nationales du Québec
© Groupe Fides inc., 2021

La maison d'édition reconnaît l'aide financière du gouvernement du Canada par l'entremise du Fonds du livre du Canada pour ses activités d'édition. La maison d'édition remercie de leur soutien financier le Conseil des arts du Canada et la Société de développement des entreprises culturelles du Québec (SODEC). La maison d'édition bénéficie du Programme de crédit d'impôt pour l'édition de livres du gouvernement du Québec, géré par la SODEC.

IMPRIMÉ EN AOÛT 2022 (3ᵉ IMPRESSION)

*À Isabelle Rivard,
ma collègue et amie,
à qui ce travail doit beaucoup.*

Remerciements

Mes remerciements les plus sincères à mes collègues et amis Isabelle Rivard (auteure de la préface), Pierre Charette, Myrna Chahine, Catherine Guindon et Claude Veillette pour leur disponibilité, leur générosité et leurs éclairants commentaires. Merci à ma conjointe et à ma famille pour leur soutien et leurs encouragements. Merci aussi à la vie, qui m'a laissé assez de force pour écrire ce livre pendant que je menais de front un difficile combat contre un cancer.

Fort-Chambly, août 2020.

Sommaire

Préface
Avant-propos

Chapitre 1. Le Monde des Atomes
Première partie — Épicure, Démocrite
Deuxième partie — Lucrèce

Chapitre 2. Le Monde des Mythes
Première partie — Eliade et les aspects du mythe
Deuxième partie — Lévy-Bruhl et la mentalité primitive

Chapitre 3. Le Monde des Religions
Première partie — Faits et définitions
Deuxième partie — Le sacré ou l'expérience numineuse
Troisième partie — Le mythico-religieux à la lumière de l'inconscient collectif

Chapitre 4. Le Monde de la Nature
Première partie — Du *mythos* au *lógos*
Deuxième partie — La postérité de la physique ionienne

CHAPITRE 5. LE MONDE DES NOMBRES
Première partie — Les pythagoriciens
Deuxième partie — La postérité du pythagorisme

CHAPITRE 6. LE MONDE DES ESSENCES
Première partie — Les sophistes
Deuxième partie — La condamnation socratique du relativisme et de la sophistique

CHAPITRE 7. LE MONDE DE LA LOGIQUE

CHAPITRE 8. LE MONDE DES RAPPORTS ENTRE LA FOI ET LA RAISON

Sources bibliographiques
Index
Crédits iconographiques
Table des matières

Préface

La manière dont nous habitons le Monde n'a jamais été si radicalement remise en question.

De 3 milliards d'individus en 1960, 4 milliards en 1970, la population humaine mondiale a plus que doublé en 60 ans. Au 1ᵉʳ mars 2020, on recensait 7,637 milliards d'individus. Si la tendance se maintient, 11,2 milliards d'humains peupleront la Terre en 2100. Nous habitons le Monde.

Nous partageons ce Monde, cette toute petite Terre de vie dans l'immensité du cosmos, avec 5400 espèces connues de mammifères — dont 23 % sont menacées d'extinction — et au total environ 9 millions d'espèces animales et végétales, dont moins de 1,7 million ont été découvertes. Six ou sept continents et cinq océans sont nos hôtes.

Espèce fragile, nue, sans croc ni griffe, parmi tant d'autres plus fortes, plus spectaculaires et plus redoutables, longtemps l'humain a dû se protéger de la matrice à la fois nourricière et hostile de la nature. Grâce à son intelligence, à sa découverte du feu, de l'agriculture et de la domestication des animaux, à son usage des outils et de la technologie, il s'est peu à peu hissé, du moins le crut-il et le croit-il encore souvent, au rang de maître et possesseur de la nature, grand intendant, gestionnaire et contremaître de la Création peut-être divine, ou peut-être pas, usant des ressources naturelles pour sa survie, et bientôt pour son confort et son divertissement.

Jusqu'à tout récemment, notre mise au pas du monde était partielle, et avait lieu sur un arrière-fond naturel stable, toujours fort et renouvelé. L'humain pouvait bien y puiser — car les mers étaient généreuses — les sources, intarissables, et toujours la nature se montrait inépuisable. Le 20ᵉ s. fut celui du triomphe de la technique et de la science, par lesquelles nous nous sentions bien près d'éradiquer toutes les maladies et de remplacer le dur labeur quotidien par l'automatisation du travail. Mais dans nos ambitions démesurées (que les Grecs anciens désignaient par le terme hybris), nous avons provoqué des phénomènes d'épuisement des ressources, de destruction des milieux et des espèces, phénomènes aux effets imprévisibles, cumulatifs et irréversibles pour lesquels notre ignorance nous a tenu lieu d'alibi. Nous ne connaissions pas le revers de notre puissance.

Depuis la prise de conscience de notre effarante capacité de destruction, les appels à notre responsabilité pour une nouvelle éthique ont ému la communauté mondiale et la classe politique avec les éclats trompeurs d'un feu de paille. Protocole de Kyoto (1997), Accord de Paris sur le climat (2015), nombreuses conférences internationales, appel des étudiants et de la jeunesse par la jeune icône nordique Greta Thunberg lors de la 24e conférence de l'ONU sur le climat en décembre 2019, beaucoup de belles intentions s'expriment, mais les résultats ne sont pas encore à la hauteur de ce qui était escompté. C'est avec la fin de la Guerre froide et la réunification de l'Europe que les préoccupations environnementales ont pris de l'ampleur. Sortis de notre ignorance et optimistes grâce à notre humanisme, au « commerce juste » anticipé avec la mondialisation des marchés, à notre raison, notre science et même grâce à nos nouvelles technologies, nous allions nous unir contre le nouveau fléau et réparer nos erreurs. Et en effet, le trou de la couche d'ozone s'est refermé, certaines espèces menacées ont repris de la vigueur. Mais cela suffit-il ? Qu'est-ce qui nous échappe encore ? Malgré les résolutions internationales, la consommation d'hydrocarbures augmente, les glaces millénaires fondent, les eaux montent, les littoraux éclatent sous l'érosion, des terres disparaissent et nous asphyxions les mers sous des nappes de plastiques mortifères, entre autres innombrables phénomènes.

Devant l'urgence de la situation telle que décrite par la communauté scientifique et constatée par les populations vulnérables, l'humanité semble se polariser entre pessimisme et déni. Nous trouvons d'une part le pessimisme teinté de culpabilité de ceux qui voudraient presque que nous retirions notre présence humaine de l'écosystème, que nous abdiquions notre rôle de prédateur, et même que nous renoncions à nous reproduire. D'autre part émerge un certain optimisme, exprimé par ceux qui se réfugient dans le retour aux thèses de la Terre plate et du créationnisme fixiste, que l'Occidental moyen de la fin du 20e s. croyait disparues, ou devenues de simples métaphores. On comprend le besoin : l'effritement du monde est un horizon intolérable, quasi impensable, et les actions nécessaires pour l'éviter sont titanesques, sinon à jamais insuffisantes. Ne vaudrait-il pas mieux alors faire confiance à l'omnipotent et omniscient démiurge qui a créé le Monde ? Dans ses infinies puissance et bonté, Il peut et va maintenir intact ce monde, dont les sursauts actuels ne sont que les manifestations du divin plan. Il faut faire confiance et conserver notre rôle de créature privilégiée. Entre ces deux pôles s'intercalent quelques cyniques, témoins de l'ampleur des dégâts et de la tâche, mais sceptiques quant à la capacité humaine de changer le cap ; d'autres qui considèrent le réchauffement comme un simple phénomène naturel, une étape normale des cycles climatiques de notre Terre sur laquelle nous n'avons aucun pouvoir ; et enfin ceux qui font encore confiance au Progrès et aux Lumières pour trouver des solutions.

Le philosophe Hans Jonas, dès les années 1970, nous pressait de nous servir de notre savoir pour réparer ce qui pouvait l'être encore. Il fallait s'atteler à limiter les dégâts, et pour ce faire ouvrir le champ de l'éthique au champ des êtres dont nous sommes responsables, au-delà de l'humanité. Il allait jusqu'à énoncer que, peut-être, serait nécessaire le rétablissement de l'ancienne catégorie du sacré : ce sacré plus grand que nous, qui impose respect, dévotion et salutaire crainte. Pourtant dans le portrait actuel, on a plutôt l'impression que le recours au sacré justifie l'inaction et la persistance de notre économie de marché soumise au dogme de la croissance infinie, loin de la révérence espérée par Jonas. Pire, le retour du religieux souhaité par Jonas frappe l'Occident comme une déferlante aussi inattendue qu'effrayante. L'irruption du sacré dans notre monde contemporain qui se qualifiait de post-moderne et de « désenchanté » correspond toutefois aux puissants besoins humains d'être rassuré, relié à et contenu dans un Tout plus grand que soi et structurant. D'aucuns affirment par là vouloir « réenchanter » le Monde. Lui redonner sens et valeur contre la logique capitaliste corrompue. Ramener la morale et le sens de la communauté. Certes, mais en filigrane, le conflit entre la foi et la raison, entre la religion et la science, ressurgit au moment où l'on ne s'y attendait plus. Ce retour du sacré nous pousse-t-il à une sauvegarde du monde ou à sa destruction encore plus rapide ? Si le phénomène de la Foi est unique, les fois sont multiples, les cultes s'entrechoquent souvent et heurtent le monde de la raison, de l'humanisme moderne imprégné des idées d'égalité et de liberté.

Revenons à l'engrenage infernal d'une consommation hypertrophiée qui est, selon plusieurs, le nœud à défaire. Nous devrions viser non plus la croissance, mais la décroissance. Mais comment ? La consommation effrénée est satisfaisante, comme si elle était inscrite dans nos plus forts instincts. Notre erreur serait-elle de soumettre à la logique économique toutes les sphères de la vie, au détriment de ce qui dure, de ce qui fait sens, de ce qui est œuvre de création et tourné vers la sauvegarde d'un monde commun pleinement humain ? Pouvons-nous habiter un monde riche de sens d'une autre manière que celle de l'effroi sacré ou de la profane consommation hédoniste ?

Bref, la question de notre rapport au Monde se pose avec urgence et acuité depuis que nous avons constaté la fragilité de celui-ci. Ceci est nouveau depuis un siècle. Devons-nous persister à exploiter ce Monde sans gêne ? Le préserver ? Quelle attitude pour mieux le ménager, ce Monde qui est le nôtre et dont nous sommes ? Foi ? Science ? Les deux sont capables du meilleur comme du pire. Une autre voie est-elle possible ?

Jusqu'ici, nous avons échoué à mettre de l'avant ce qu'il faut. Savons-nous même ce qu'il faut ? Bien davantage que l'énoncé de faits et de statistiques : une refonte de notre manière de voir le monde. Où commencer ?

Il faut revenir à la base et comprendre ce Monde, et plus à la racine encore, comprendre comment nous comprenons ce Monde ! Et comprendre que notre compréhension du monde, notre vision-du-monde, forme les semences de nos actions.

Tel est le projet de cet ouvrage. Pour ouvrir enfin les yeux sur toutes les visions du monde qui sont le filtre souvent inconnu, oublié et inconscient à la source de nos capacités et de nos inhibitions.

Construit comme une promenade détendue à travers les lieux et les époques de naissance des principales conceptions du monde qui sous-tendent la vie contemporaine, évitant les pièges de l'érudition rébarbative tout en conservant une précision quasi chirurgicale, ce livre conduit son lecteur de découverte en découverte, naturellement à partir du berceau de la civilisation occidentale, la Grèce antique, jusqu'aux représentations scientifiques de la Nature d'aujourd'hui. Le narrateur franchit les distances et le temps pour s'entretenir avec les grands penseurs de l'histoire, ou leurs adeptes et amis, et nous convier à leurs explications et innovations sur un ton facile et simple, parfois relevant de la conversation, parfois de l'exposé plus resserré, mais toujours accessible au lecteur, dans un grand souci de clarté et de pédagogie. Chacune des visions du monde est inscrite dans son contexte historique, ponctuée d'anecdotes et de détails qui facilitent la lecture et humanisent la théorie, et enrichie de son destin à travers l'histoire des idées, sa postérité.

Épicure et ses amis — Métrodore et Hérodote, notamment —, puis Lucrèce nous initieront à une conception atomistique et matérialiste du monde, c'est-à-dire posant à la source de tout une unité matérielle de base inédite, l'atome, une idée qui sera fertile pour bien des siècles à venir. Succédera à ce voyage une fascinante incursion dans le monde de la conscience mythique, qui pose au-delà de la matière des présences mystérieuses, surnaturelles et magiques. Sans se prononcer sur la valeur factuelle du contenu des mythes, les grands classiques Eliade et Malinowski aideront à comprendre la valeur symbolique et humaine de la représentation magique du monde, et grâce à Jung, notamment, l'auteur aborde le besoin inconscient du sacré auquel elle répond. Le monde sacré, animé de puissances, est un monde « présent » qui nous parle et nous répond, et non un monde neutre, aveugle, mécanique et « absent ». À travers un dialogue, le professeur d'ethnologie Lévy-Bruhl nous explique les ressorts de la « mentalité primitive » sans toutefois la juger « barbare », pathologiquement enfantine ou arriérée. On abordera en passant les thèmes du relativisme culturel et moral, la question d'une nature humaine universelle ou non, l'origine du monde et le rapport à la mort. Le Monde de la représentation religieuse s'enchaîne ensuite quasi organiquement par le thème du sacré, auquel s'ajoutent les deux versants de la croyance et du culte. Un grand panorama de l'histoire du christianisme et de ses spécificités, enrichi d'éléments fondamentaux de l'islam et de l'hindouisme, illustre le phénomène de la foi et de la spiritualité comme « connaissance » vraie du tout et expérience intime du monde et de la divinité. Le narrateur assistera à un cours et une rencontre avec le professeur de philosophie, théologien et historien des religions Rudolf Otto afin d'éclaircir la grandeur, la fascination et le mystère de l'expérience du divin, qu'il appelle le « numineux ».

Jusqu'ici, deux visions du monde ressortent: le monde est nature, atomes et matière, ou bien le monde est la manifestation matérielle d'êtres supranaturels « plus grands que nature ». Ces visions s'opposent-elles ? Sont-elles conciliables et complémentaires ? Les chemins dans la forêt du Monde sont multiples, et le chapitre suivant nous fera emprunter un sentier de traverse vers un retour à la Nature et aux Grecs. En compagnie des Thalès, Anaximandre, Héraclite, Hippocrate et Empédocle, le lecteur comprendra par quelles voies l'esprit humain est passé du *mythos* au *lógos* (du « mythe » à la « raison »), c'est-à-dire des représentations mythiques aux réflexions rationnelles sur la Nature elle-même, sur la substance du monde, sur ce qui se cache sous les apparences. On peut penser le monde sans le recours aux divinités.

Aujourd'hui, on associe immédiatement l'étude de la nature avec les mathématiques. Cette nature, nous la mesurons, nous la quantifions, nous la comprenons avec des équations. Cette vision n'est pas nouvelle, ni même, comme nous le croyons souvent, simplement issue de la science moderne naissante au 17e s. Invité dans le domaine tarentin des disciples du philosophe Pythagore, le lecteur y sera initié par nul autre que le premier mathématicien pythagoricien, le général militaire et homme politique Archytas de Tarente. Le Monde est Nombre, tout est Nombre, c'est par ce principe premier et intelligible que nous avons accès à la grande vérité de l'univers, et c'est par notre raison « calculante », notre *lógos* humain, que nous pouvons et devons comprendre ce cosmos et forger notre action dans ce monde. Un saut dans le temps propulsera le lecteur à l'aube de la science moderne, où il pourra constater toute la fécondité des thèses pythagoriciennes dans les représentations du monde des Kepler et Galilée, jusqu'aux grands génies de l'époque contemporaine.

Dans un voyage aux sources de nos représentations du Monde, l'escale à Athènes au siècle de Périclès est un incontournable. En même temps que la démocratie, c'est là que se solidifie le discours rationnel sur le monde par une nouvelle sorte de savants désignés par l'appellation de philosophes, bientôt mis au défi par les sophistes. Les rencontres avec Protagoras, Gorgias, sans oublier Socrate, l'archétype même du philosophe, seront l'occasion de traiter de la rhétorique et du relativisme, et nous amèneront à nous demander s'il existe bel et bien une vérité, ou si, comme on l'affirme souvent aujourd'hui, toutes les opinions se valent. Si la beauté est dans l'œil de celui qui regarde, comme dit l'adage, la vérité est-elle aussi déposée au creux de chacun, et aussi diverse que nous le sommes ? Si tel est le cas, comment connaître quoi que ce soit ? Sommes-nous voués à nous contenter des apparences ? Et si le savoir fonde l'action, comme le soutient Socrate, quels en sont les impacts moraux, culturels ou politiques ? Dans notre monde cosmopolite, ces questions sont toujours criantes d'actualité. Et heureusement, à la suite de Socrate, Aristote vient sauver la mise avec sa logique et son art de la définition, par lequel il est possible d'énoncer de l'universel et du vrai sur un être, qui que nous soyons et peu importe notre point de départ. Ce vrai, c'est l'essence. L'accès à l'essence est indispensable au savoir, et ce savoir est la base de toute représentation du monde qui se tient et se défend. Nous revenons à cette base directement dans son premier lieu d'enseignement — le Lycée fondé par Aristote —, guidés par des disciples, puis reçus par le maître lui-même, où nous plongerons dans les arcanes de l'art de la logique, sans doute la partie la plus technique de notre cheminement dans les sources de la pensée occidentale, mais nécessaire pour comprendre l'horizon à venir, au Moyen Âge européen notamment, du conflit entre foi et raison.

Fort des bases du raisonnement valide et vrai, et muni de connaissances contre les erreurs de réflexion, le lecteur est ensuite invité au temps des Pères de l'Église chrétienne. Coup de théâtre historique, la raison doit alors se soumettre à la foi. Avec Augustin et Bède le Vénérable, le théocentrisme triomphe, le monde de la Nature s'efface devant le monde spirituel, et le salut de l'âme importe désormais davantage que la mécanique de l'univers matériel. Et ce, jusqu'au retour d'Aristote, dès les 12e et 13e s. Peut-on réconcilier foi et raison, croyance et science ? C'est l'entreprise illustrée par excellence par Thomas d'Aquin, dont la portée et les problèmes se transmettront jusqu'à Descartes, jusqu'à l'affaire Galilée, jusqu'aux Lumières et ses figures exemplaires, Voltaire, Hume, Kant, le positivisme de Comte, et même jusqu'à Darwin ! Tant de chemin parcouru depuis les atomes de Démocrite et d'Épicure pour revenir à cette Nature éternelle dont les transformations nous étonnent toujours et nous poussent à nous questionner. D'autres conflits surgissent du dialogue teinté d'hostilité entre foi et raison. C'est la nature même de l'humain qui est en jeu : s'il n'y a que Nature et matière, il n'y a que mécanisme, et alors adieu liberté. Nous ne sommes que des machines soumises aux lois de la nature, comme tout le reste. Si nous tenons au libre arbitre, et à une certaine morale, faut-il postuler la dimension du divin ? Malgré les avancées formidables de la raison scientifique, le religieux dans ses dimensions de croyance, de rituels et d'ordre social est encore majoritaire à l'échelle du globe. Il faut entrevoir là un besoin profond dans la conscience humaine.

* * *

Si les voyages forment la jeunesse, ce livre est une sorte de voyage de formation accessible à tout âge, dans lequel le lecteur acquiert une vision plus ample et plus profonde du monde qui nous abrite.

Nos pouvoirs et effets sur notre Monde sont désormais si grands — quoique paradoxalement nous nous sentions souvent bien impuissants — que nous avons fort besoin d'ajuster et d'élargir notre pensée afin d'habiter plus harmonieusement, évitant le pessimisme paralysant ou l'optimisme naïf, notre unique petite planète.

Isabelle Rivard
Enseignante de philosophie
Collège de Valleyfield

Avant-propos

Chères lectrices, chers lecteurs, bienvenue dans mon MONDE. Non pas le mien en particulier, mais celui dans lequel nous existons tous en tant que membres de l'espèce humaine et auquel mon livre est entièrement dédié.

Ce que je vous propose dans mon MONDE ? Un grand voyage. Une odyssée dans l'espace et dans le temps, à la découverte des diverses façons de voir le Monde, de lui donner un sens et de réfléchir à notre rapport à lui. Nous suivrons ensemble la trace des grands génies à l'origine des conceptions qui ont contribué au développement de notre conscience. Nous irons les rencontrer, discuter avec eux, et nous entrerons dans leur compréhension du Monde. Pour entreprendre ce voyage, aucun savoir préalable n'est nécessaire : votre désir de savoir, votre curiosité, votre sens de l'étonnement, votre persévérance et votre souci d'aller au fond des choses suffiront.

Le Monde. Mais qu'est-ce que le Monde, au juste ? Cette question est peut-être la plus profonde que nous, les *Homo sapiens*, puissions jamais nous poser. Celle-ci engage en effet une interrogation très profonde sur la nature de la réalité dans laquelle nous existons, mais aussi sur notre propre nature humaine, puisque nous sommes ceux qui interrogent cette réalité. Nous faisons tous essentiellement partie du Monde sur lequel nous nous questionnons. Martin Heidegger avait compris cela avec force lucidité. Dans son chef-d'œuvre *Être et Temps*, publié en 1927, le philosophe allemand a défendu l'idée que l'être humain ne peut pas véritablement comprendre le Monde et se comprendre lui-même tant qu'il se conçoit comme un sujet isolé, c'est-à-dire tant qu'il se représente lui-même comme un être séparé du Monde et qui existerait en face du Monde comme en face d'un objet, à distance. C'est pourquoi Heidegger a inventé une expression pour définir la réalité humaine dans un sens qu'il a voulu plus authentique, soit « être-dans-le-Monde » (*In-der-Welt-sein*, en allemand). Il a voulu souligner par là le fait que la réalité humaine est toujours enracinée dans le Monde, que l'être humain n'est jamais un pur sujet sans Monde, détaché, extérieur ou opposé à lui : au contraire, il est toujours dedans. Le Monde est toujours le Monde que nous habitons et qui nous habite, et jamais qu'un pur et simple objet de réflexion théorique.

* * *

Au cours de ce grand voyage dans notre Monde, nous aurons l'occasion de reparler de Heidegger, dont la pensée mérite une attention toute spéciale. Reprenons pour l'instant notre question fondamentale : qu'est-ce que le Monde ?

Il est peu de mots qui se déclinent en un éventail de sens aussi grand et qui ouvrent sur des horizons de questionnement aussi vastes. Le terme *monde* possède un spectre de significations qui va du plus éminemment concret au plus philosophiquement abstrait. Dans un sens très immédiat, le *monde* désigne d'abord l'ensemble des gens qui nous entourent et avec lesquels nous sommes en relation dans notre vie quotidienne. En parlant de notre famille et de nos amis proches par exemple, nous disons qu'il s'agit de « notre monde ». Au contact de bonnes et de mauvaises personnes, nous disons qu'il y a du « bon monde » et du « mauvais monde ». De façon plus anonyme, le *monde* désigne aussi la foule dans laquelle nous sommes plongés ou que nous voyons rassemblée quelque part, dans un stade, un parc ou un centre-ville. Nous disons en ce sens qu'« il y a du monde ». Le terme est parfois utilisé pour désigner aussi, spécifiquement, une classe sociale aisée. C'est ainsi que nous parlons de la société « mondaine » : un individu mondain est un individu qui recherche les « mondanités », c'est-à-dire les privilèges liés à la vie du monde fortuné.

De façon un peu plus abstraite, le terme *monde* désigne aussi des catégories d'objets ou des sphères d'activité, ainsi que les univers symboliques auxquels elles renvoient, par exemple : le monde des livres, du sport, de l'automobile, du travail, du loisir ou de la gastronomie ; le monde des médias et du journalisme, le monde de l'actualité, le monde juridique, politique, diplomatique ; ou encore le monde des sciences, le monde universitaire, le monde des religions, celui des arts, de la musique, de la littérature, etc. Nous employons aussi le terme pour désigner de grands règnes du vivant, tels que le monde des humains, le monde des animaux, le monde des végétaux ou encore le monde des dinosaures. Dans un sens ethno-géographique, le *monde* désigne l'ensemble formé par les peuples ou les nations des divers pays de la planète, et c'est cette signification que nous présupposons lorsque nous parlons du monde occidental, du monde oriental ou encore du monde international, de l'Ancien et du Nouveau Monde, du monde arabe ou du monde chinois. Depuis la Deuxième Guerre mondiale, nous employons aussi le terme pour marquer des appartenances à des idéologies, comme dans les expressions « monde libre », « monde capitaliste » et « monde communiste ». Sur le plan économique, depuis les années 1950 et 1960, nous parlons de « tiers-monde » et de « quart-monde ». En histoire, le *monde* sert à désigner la réalité propre à chaque époque ; ainsi le dit-on « préhistorique », « antique », « médiéval », « moderne » ou « contemporain ». Pour nous repérer dans le temps, nous classons aussi les événements selon qu'ils appartiennent au monde d'hier, d'aujourd'hui ou de demain ; nous parlons du « monde de la vie quotidienne » pour désigner l'ensemble des événements qui nous préoccupent ici et maintenant ; nous faisons référence au « monde imaginaire » pour ne pas confondre ce qui relève de la réalité avec tout ce que produit notre imagination… Les progrès de la technologie nous conduisent par ailleurs à faire la distinction entre le monde réel et le monde virtuel. Sur le plan psychologique, on utilise le terme en référence à la façon, pour un individu, de voir et d'interpréter la réalité à la lumière de son vécu personnel, comme lorsque nous parlons du « monde selon un tel ou un tel ».

Dans un sens plus englobant, le monde renvoie aussi à l'ensemble des habitants de la planète Terre, c'est-à-dire le monde terrestre, peuplé et habité par les êtres humains depuis quelques centaines de milliers d'années. Dans ses *Entretiens sur la pluralité des mondes* publiés en 1686, l'écrivain français Fontenelle a employé le terme *monde* pour désigner les réalités formées respectivement par la Terre, la Lune, chacune des autres planètes du système solaire, ainsi que tous les autres systèmes possiblement éclairés par les étoiles dans l'Univers. Notre monde existe parmi une multitude d'autres mondes encore inconnus, des mondes extraterrestres. Déjà les atomistes anciens (Démocrite, Épicure, Lucrèce, notamment) adhéraient à cette thèse de la pluralité des mondes. Certains croient aussi à l'existence d'un monde spirituel au-delà du monde matériel et qui serait perceptible par d'autres moyens que les organes sensoriels, comme un monde de l'au-delà, un monde parallèle, un monde surnaturel, un monde des dieux, un monde des esprits, etc., comme s'il n'existait pas qu'une seule dimension du monde, mais plusieurs.

De façon plus englobante encore, dans le domaine de la physique, de l'astrophysique et de la cosmologie, le monde désigne l'espace dans lequel existe la matière et où surviennent tous les phénomènes naturels que ces sciences étudient. Le monde, à notre échelle, c'est la Nature, et ce qu'on appelle, à grande échelle, l'Univers. Pour désigner la Nature, les tout premiers savants grecs ont utilisé le concept de *phúsis*, qui est à l'origine du mot *physique*. Pour désigner l'Univers dans son ensemble, d'autres ont usé des expressions *to holon* et *to pan*, qui signifient en grec le « Tout », soit la totalité de ce qui existe : le Monde, pour ainsi dire. Les atomistes antiques ont réduit la totalité du Monde aux deux principes fondamentaux que sont les atomes et le vide dans lequel les atomes circulent, s'associent et se dissocient perpétuellement. Parménide a parlé de l'Être pour désigner la totalité de ce qui est, par opposition au Non-Être ou au néant, c'est-à-dire ce qui n'est pas. Les pythagoriciens de l'Antiquité ont quant à eux donné la préférence au terme *kósmos* (« cosmos ») pour mettre en évidence le fait que la Nature ou l'Univers constituent une totalité ordonnée, agencée, organisée (et non pas un *kháos* — chaos —, qui veut dire « absence d'ordre, désordre »), et qu'il est possible de connaître cet ordre et d'en percevoir la beauté grâce à l'exercice de notre intelligence. Le terme *mundus* (d'où provient le mot *monde* en français) a été forgé en latin pour traduire spécifiquement *kósmos*, et ce n'est que plus tard qu'il a pris, graduellement, toutes les autres significations mentionnées précédemment. Dans un sens plus abstrait encore, le terme *monde* est aussi utilisé pour désigner l'ensemble des choses qui n'existent pas, mais qui pourraient exister, comme lorsque nous parlons du « monde des possibles ». Ces dernières significations englobantes du mot *monde* seront privilégiées dans cet ouvrage, et c'est pourquoi vous l'y trouverez écrit avec une lettre majuscule.

Je vous invite sans plus tarder à entreprendre notre odyssée au cœur des grandes conceptions du Monde, à comprendre qui nous sommes en tant qu'êtres humains qui nous nous interrogeons sur lui et comment des générations de génies, qui ont réfléchi à fond à la question, ont fait de nous ce que nous sommes devenus aujourd'hui. Je vous invite à faire ce voyage comme on entreprend une grande aventure au cours de laquelle nous voulons être surpris par l'inattendu et dont nous souhaitons revenir transformés, le cœur ragaillardi et la tête pleine de nouvelles choses à raconter à notre monde.

Steeven Chapados
Fort-Chambly
1er août 2020

Chapitre 1
Le Monde des Atomes

La civilisation grecque de l'Antiquité a été le creuset des grandes représentations du Monde qui ont ordonné l'histoire de la pensée occidentale et conditionné ses formes de génies. Elle a été la première matrice culturelle et intellectuelle de l'Europe et des nations d'origine européenne partout à travers le monde. Certaines de ses innovations ont eu des analogues dans d'autres peuples, comme chez les Chinois, les Indiens, les Mésopotamiens et les Égyptiens, mais la culture grecque reste le terreau original dans lequel s'est enracinée et épanouie la façon avec laquelle les Occidentaux ont pratiqué l'histoire, la philosophie, le génie, l'astronomie, la cosmologie, la physique, la logique et les mathématiques. Le théâtre, les Jeux olympiques, le système monétaire et la démocratie sont des inventions grecques. L'identité de l'homme occidental a été forgée par degrés à travers l'épanouissement de cette culture extraordinaire, son exportation dans le vaste royaume d'Alexandre le Grand, son ascendance sur la culture romaine, puis sa diffusion progressive partout en Europe, dès l'époque de sa redécouverte à la Renaissance, dans le mouvement humaniste et le développement de la science moderne. Rendons-nous dans la Grèce antique.

Athènes

De gauche à droite: *L'Acropole à Athènes*, L. von Klenze; L'Acropole aujourd'hui.

Athènes est située dans la région de l'Attique, au sud de la Grèce continentale. Fondée vers 750 av. J.-C., la cité devrait son nom pluriel (*Athễnai*) au synœcisme (réunion) de plusieurs villages originairement établis en périphérie de la colline de l'Acropole. Les habitants de ces bourgades prétendaient descendre directement des Mycéniens, l'une des civilisations indo-européennes dont les Grecs sont les descendants (avec les Doriens) et dont les origines remontent à 1000 ans plus tôt, à l'âge du bronze. Sise à quelques kilomètres à l'intérieur des terres, Athènes avait un accès au commerce maritime grâce à son port, Le Pirée (*Peiraieús*), où elle entreposait sa redoutable flotte de trières (galères de combat) qui assuraient sa sécurité. Pendant un certain temps, le chemin reliant la cité au Pirée était lui-même protégé par une enceinte appelée les Longs Murs (*teíkhê makrà*) et dont la construction est redevable à Thémistocle, ce grand stratège et homme politique qui avait eu pour ambition d'assurer aux Athéniens une thalassocratie (domination sur la mer) et le ravitaillement de la ville en cas de sièges militaires.

Athènes a connu son apogée au 5ᵉ s. av. J.-C. En incluant une partie du siècle suivant, cet épisode de l'histoire grecque correspond à la période classique, qui succède à la période archaïque. Au cours de la période classique, Athènes est devenue la première puissance politique, militaire, commerciale, financière et culturelle du monde occidental. Ce succès, la cité le doit particulièrement au grand stratège Périclès. Au début du 5ᵉ s. av. J.-C., Darius 1ᵉʳ et son fils Xerxès, à la tête du redoutable Empire perse qui s'étendait alors sur des millions de kilomètres carrés à travers le Moyen-Orient, avaient envahi la Grèce. Après la défaite des Perses à

Carte de la Grèce à l'époque classique.

Salamine en 480 av. J.-C., les cités grecques avaient constitué un trésor commun et fédéré leurs forces armées de manière à résister solidairement à une éventuelle riposte de l'envahisseur. Cette symmachie (alliance) entérinée en 478 av. J.-C. sur l'île de Délos (et connue pour cette raison sous le nom de « Ligue de Délos ») avait été placée sous le commandement d'Athènes. Or, Périclès avait transféré le trésor de Délos à Athènes et transformé le pouvoir que la cité avait sur les cités alliées en véritable pouvoir de type impérial, donnant ainsi naissance à un empire athénien, dont la domination politique et militaire s'étendait sur tout le pourtour égéen. C'est ainsi qu'Athènes a pu imposer sur la région sa culture, ses pratiques religieuses, sa monnaie, ses méthodes commerciales et sa jurisprudence. Dans les livres d'histoire, on parle du « siècle de Périclès ».

Periklễs est issu d'une illustre famille aristocratique athénienne, les Alcméonides. Orateur de génie et homme politique visionnaire, élu à maintes reprises stratège d'Athènes, Périclès est crédité d'avoir fait de la cité, au 5e s. av. J.-C., la capitale tous azimuts du monde occidental. C'est lui qui

Buste de Périclès.

a mis en chantier, grâce aux nouveaux moyens financiers que lui offrait le trésor (détourné) de Délos, beaucoup de grands monuments qui ornent l'Acropole: les Propylées, l'Érechthéion avec ses Cariatides, et le Parthénon, célébrissime « demeure des vierges » dédiée à Athéna (la déesse protectrice de la cité), qui était aussi un hymne à la suprématie athénienne.

De gauche à droite: le Parthénon aujourd'hui; la statue d'Athéna.

Le Parthénon est encore debout aujourd'hui et d'importants travaux de restauration sont actuellement en cours. Le temple a été construit avec plus de 20 000 tonnes de marbre blanc importé du mont Pentélique et sculpté avec une précision millimétrique. Il abritait à l'époque une grande statue d'Athéna en or et en ivoire, réalisée par Phidias, à qui l'on doit aussi la statue de Zeus à Olympie, considérée comme l'une des sept merveilles du monde antique. Les perfections architecturales du Parthénon, incluant ses fascinantes corrections optiques, stupéfient encore les spécialistes. De tous les temps, son style est celui qui a été le plus copié à travers le monde, dès l'époque des Romains, jusqu'au mouvement du néoclassicisme au 18e s., auquel appartiennent des grands monuments comme le Capitole des États-Unis, siège du Congrès, le mémorial de Lincoln à Washington, la porte de Brandebourg à Berlin ou encore le Manège de Moscou. La Parthénon, « symbole universel de l'esprit et de la civilisation classique », a été classé au Patrimoine mondial par l'UNESCO en 1987.

C'est à Périclès qu'on est aussi redevable d'avoir fait d'Athènes le premier état démocratique de l'histoire occidentale, bien que cette réalisation ait été rendue possible grâce aux grandes réformes politiques adoptées au siècle précédent par Solon et Clisthène. Au siècle de Périclès, la totalité des autres cités grecques, comme Mégare, Argos,

Phidias montre à ses amis la frise ionique du Parthénon, L. Alma-Tadema.

Corinthe, Sparte, Thèbes, Élis, Mantinée et Olympie (il en existait plusieurs centaines, plutôt isolées et politiquement indépendantes les unes des autres) étaient des monarchies ou des oligarchies. Ces cités-États (*poleis*) étaient, autrement dit, ou bien placées sous la gouverne de rois (*monarkhía* signifiant « pouvoir d'un seul »), ou bien assujetties à de petits groupes d'individus appartenant ou non à l'élite aristocratique (*oligarkhía* voulant dire « pouvoir aux mains de quelques-uns »). Alors que partout les monarques et oligarques imposaient leurs volontés arbitraires, à Athènes, les décisions politiques étaient plutôt prises en vertu du principe de la majorité des voix citoyennes. Le terme *démocratie* provient du grec *dēmokratía*, dont le sens littéral est « pouvoir (*krátos*) par le peuple (*dêmos*) ». Nous reviendrons plus tard (au chap. 6) sur cet épisode remarquable de l'avènement de la démocratie à Athènes, avec toutes les nuances qui s'imposent.

Première partie
Épicure, Démocrite

Jardin d'Épicure,
Banlieue nord d'Athènes, 296 av. J.-C.

Allons à Athènes. Partons ensemble à la rencontre de l'un des plus éminents savants de l'époque, *Epicouros*, qui a joué un rôle de tout premier plan dans l'élaboration et la promotion de l'une des plus grandes conceptions du Monde jamais développées dans l'histoire humaine.

Nous sommes en l'an 296 av. J.-C. C'est sur un terrain au nord d'Athènes qu'Épicure et ses amis ont choisi d'installer leurs quartiers il y a dix ans, dans un endroit appelé *Kípos* (« Jardin »). À l'époque où nous sommes, Athènes n'est déjà plus la grande cité qu'elle était jadis au temps de Périclès, un siècle et demi plus tôt. C'est un temps de crise. Depuis la conquête de Philippe II et de son fils Alexandre le Grand, quelques décennies en arrière, Athènes et les autres cités grecques ont perdu leur indépendance politique et la Grèce dans son ensemble n'est plus qu'une terre provinciale du vaste empire d'Alexandre (appelé « empire macédonien »), qui s'étend jusqu'en Asie. Athènes a complètement perdu sa constitution démocratique. Historiquement, c'est le début d'une autre époque, celle de la Grèce hellénistique, qui va s'étendre sur les deux siècles et demi à venir, jusqu'à la conquête romaine au 2e s. av. J.-C. Depuis la mort d'Alexandre en 323 av. J.-C., l'empire est disloqué en trois royaumes dirigés par ses anciens généraux (ses diadoques) : le royaume de Macédoine, au nord de la Grèce, celui des Séleucides, du Moyen-Orient jusqu'en Asie centrale, et celui des Ptolémées (aussi appelé « royaume lagide »), en Égypte, qui existera encore pendant 300 ans, jusqu'au suicide de Cléopâtre VII Philopator, en l'an 30 av. J.-C.

Durant la période hellénistique, s'il est un élément véritablement constructif, c'est que la culture et la langue grecques connaîtront une diffusion sans précédent partout dans ces royaumes et transformeront profondément la civilisation occidentale. Cette hellénisation de l'Occident sera la grande responsable de l'influence de la culture grecque sur l'histoire future de la conscience européenne. Durant cette période de rayonnement de la culture grecque, Athènes quant à elle perdra graduellement son titre de foyer culturel et intellectuel de l'Occident, au profit d'Alexandrie, en Égypte, cette ville grandiose fondée par Alexandre en l'an 331 av. J.-C. C'est à Alexandrie que sera construite dans quelques années (en 288 av. J.-C.) la grande bibliothèque qui, au cours des siècles suivants, deviendra la plus importante à avoir existé jusqu'alors dans l'histoire humaine. Cette bibliothèque et le musée auquel elle sera rattachée, avec ses centres de recherche, ses observatoires et ses jardins, attireront désormais, pendant des siècles, les plus grands génies du Monde, qui contribueront de façon extraordinaire au développement des connaissances dans tous les domaines (astronomie, médecine, mécanique, mathématiques...). Nous irons un jour arpenter ensemble, l'œil curieux et le cœur fébrile, les rayons de ce premier panthéon du savoir humain, qui aurait contenu à un certain moment de son histoire environ un demi-million de rouleaux de papyrus, selon des estimations conservatrices.

Depuis la mort d'Alexandre, ses généraux se livrent donc une guerre impitoyable pour le contrôle de l'empire, laissé sans successeur officiel. Aujourd'hui, en l'an 296 av. J.-C., et encore pour une bonne quinzaine d'années, les guerres des diadoques affectent considérablement le climat social et politique du monde méditerranéen. Certaines cités grecques tentent toujours de résister à l'hégémonie macédonienne. Dans deux ans, Démétrios Ier Poliorcète, surnommé le « preneur de ville », assiégera et gouvernera Athènes.

Épicure

> Qu'étant jeune nul n'hésite à philosopher,
> qu'étant vieux nul ne se fatigue de philosopher.
> Car il n'est jamais ni trop tôt, ni trop tard
> pour veiller à la santé de son âme.
>
> ÉPICURE, *Lettre à Ménécée*, 122
> (traduction libre)

Tête d'Épicure.

Épicure est né en 341 ou 342 av. J.-C., à Athènes ou sur l'île de Samos en mer Égée, selon les sources. Prenant comme points de référence quelques grands ténors de l'intelligentsia grecque, nos pouvons situer sa naissance 60 ans après la mort du légendaire Socrate et six ans après celle de Platon, à une époque où Aristote, qui avait quitté l'Académie, veillait encore à l'éducation du futur maître du monde, Alexandre le Grand. Une période de formation et d'enseignement aurait amené Épicure à vivre à Colophon et à Lampsaque, en Asie Mineure, ainsi qu'à Mytilène, sur l'île de Lesbos. À son retour à Athènes, Épicure a réuni avec ses amis la somme nécessaire pour acheter, en l'an 306 av. J.-C., une résidence et un jardin en vue d'en faire une sorte d'école communautaire. C'est ici que notre homme vivra jusqu'à sa mort, qui surviendra dans sa 71ᵉ année, en 270 av. J.-C.

Personne ne retrouvera jamais l'endroit exact où est situé le Jardin d'Épicure. Nous n'en posséderons non plus aucune description précise. Mais j'aime à me représenter l'endroit comme un refuge paisible, éloigné du tumulte de la foule, de l'agitation politique et des inquiétudes de l'époque ; un petit espace rural enveloppé d'une végétation soignée et de fleurs baignées de la belle lumière méditerranéenne ; un havre où ceux et celles qui le fréquentent, hommes, femmes et même esclaves, vivent dans la fraternité, la convivialité, la bonne humeur, discutent avec bienveillance et prennent le temps de goûter aux bons plaisirs que la vie réserve à ceux qui choisissent de l'apprécier dans la sobriété. Un jardin à l'image d'Épicure lui-même : un homme serein et flegmatique, à la santé délicate, soucieux de passer le reste de sa vie entouré de ses amis, dans le bonheur.

La poursuite du bonheur

> [...] il faut méditer sur les causes du bonheur,
> car nous avons tout lorsqu'il est là,
> et que lorsqu'il n'est pas là,
> nous faisons tout pour qu'il soit là.
>
> ÉPICURE, *Lettre à Ménécée*, 122
> (traduction libre)

Les philosophes du Jardin enseignent que l'être humain tend, par nature, vers un grand but (*telos*), un objectif ultime, un souverain bien, qu'ils associent au bonheur. Ils sont d'avis que l'être humain cherche naturellement le plus grand des biens : celui d'être heureux. Cette thèse est appelée « eudémonisme ». L'expression a été forgée d'après le terme grec *eudaimonía*, qui signifie « bonheur, béatitude, sérénité ». L'eudémonisme est défini comme une doctrine morale qui pose le bonheur comme finalité naturelle de l'existence humaine. Cette identification du bonheur au souverain bien est assez largement partagée par les penseurs grecs, notamment depuis Socrate au siècle dernier, et la plupart des penseurs qu'il a influencés (nous reparlerons de Socrate au chap. 6).

Si la majorité des écoles de pensée grecques souscrivent à la doctrine eudémoniste, chacune a cependant ses propres hypothèses quant aux moyens à prendre pour parvenir au bonheur. Chez Épicure, le bonheur s'atteint par le plaisir. C'est le sens de l'adjectif *épicurien*, qui désigne une sorte de culte voué au plaisir sous ses différentes formes (dans la nourriture, par exemple). Dès la fin de l'Antiquité, l'Église chrétienne dénoncera et diabolisera l'épicurisme en associant le mode de vie qu'il préconise au vice et au péché capital (par exemple, la gourmandise), dépeignant Épicure comme un glouton ou un jouisseur immodéré, et son Jardin comme un lieu de débauche! Mais rien n'est plus éloigné de la réalité. Épicure prône, de fait, le plaisir dans la modération, la tempérance, l'équilibre, la mesure. L'excès, le débordement, la démesure, l'illimitation (ce que les Grecs appellent *hybris*) dans la recherche des plaisirs et des jouissances sont plutôt vus comme une perte de contrôle, une absence de maîtrise de soi, voire une déchéance morale et un dérèglement de l'âme — qu'on désignerait aujourd'hui sous le terme *pathologie*. Et dans cet état d'immodération, dans le laisser-aller de l'*hybris*, dans l'absence de modération, le bonheur échappe immanquablement.

Précisons aussi la notion de plaisir. Le plaisir chez les épicuriens n'est pas défini positivement comme un état de jouissance, tel que les hommes modernes l'entendront habituellement. Le plaisir est plutôt vu chez eux comme une absence de douleur. Être dans un état dépourvu de souffrance, être confortable et apaisé ici et maintenant, est en soi un plaisir. Les épicuriens opposent en ce sens le plaisir en mouvement au plaisir en repos. Ils préconisent une approche du plaisir qui est en réalité beaucoup plus austère et calculée que nous le croyons communément lorsque nous employons l'adjectif *épicurien* en l'associant à une sorte de philosophie de la jouissance facile et sans limites.

Transportons-nous donc au Jardin, pour mieux comprendre. Allons donc partager un peu de vin, de fromage et de pain d'orge avec Épicure et ses amis Métrodore, Idoménée, Thémista, Polyène, Léonteus, Hérodote, Apollonidès et Hermarque. Imaginons-nous converser avec ces gens tranquilles et d'agréable compagnie, confortablement allongés à l'ombre des pampres des vieilles vignes plantées au centre du jardin…

L'AUTEUR. — Épicure, laissez-moi d'abord vous remercier pour vos bons offices! Me retrouver ici en votre présence et celle de vos amis est un immense plaisir. Vous enseignez que le bonheur est le souverain bien, c'est-à-dire qu'être heureux est ce que vous, moi et nous tous ici réunis rechercherions par nature. Il semble qu'il y ait chez vous, les

Fresques, villa di Livia.

Grecs, un large consensus à ce sujet, cependant qu'il existe une bonne diversité d'opinions quant à la façon d'y arriver. Chez vos prédécesseurs, Platon et Aristote par exemple, le bonheur semblait plutôt lié à une sorte de satisfaction intellectuelle, autrement dit celle qui naît de la contemplation de la vérité. C'est là une vieille tradition qui semble remonter jusqu'aux origines de la philosophie. Chez vous, le bonheur n'est pas une affaire intellectuelle : il s'atteint plutôt par la recherche des plaisirs, comme l'enseigne Aristippe à son école de Cyrène…

Épicure. — Je vous arrête. Voyez-vous cher ami, les cyrénaïques font du plaisir la finalité ultime de l'homme, au sens où le plaisir est chez eux voulu pour lui-même. Ici, nous ne désirons le plaisir que comme un moyen de parvenir à la vie sereine. Et à la différence d'Aristippe, aussi, nous ne définissons pas le plaisir comme un état sensitif en tant que tel, du moins, ce n'est pas celui-là que nous désirons et que nous jugeons utile à la poursuite du bonheur. Le vrai plaisir en est un de repos. Nous enseignons ici qu'il faut se restreindre à la seule espèce de plaisir qui n'a pas sa contrepartie de douleur.

L'auteur. — Vous soutenez qu'il existe différents types de plaisirs ? Expliquez-moi, ce que vous dites m'intéresse, car là d'où je viens, nous entendons par plaisir quelque chose qui correspond davantage à ce qu'en a dit Aristippe, c'est-à-dire une sorte de jouissance ou de bonne sensation, donc un « mouvement » et non pas un « repos », comme vous dites.

Épicure. — Métrodore, j'avais une discussion avec toi ce matin à ce sujet. Si tu veux, je te cède la parole.

Métrodore. — Avec joie ! Voyez-vous, il faut plus justement parler ici de désirs. Il est question d'une classification des désirs dans la mesure où le plaisir est la conséquence de la satisfaction d'un désir.

L'auteur. — Je comprends. Je suis tout ouïe.

Désirs

naturels et nécessaires	naturels et non nécessaires	non naturels et non nécessaires
↓	↓	↓
à satisfaire	à satisfaire avec modération	à éviter de satisfaire

Métrodore. — Il y a d'abord les désirs qui sont à la fois naturels et nécessaires, ceux qui sont naturels et non nécessaires, et enfin les désirs qui ne sont ni naturels, ni nécessaires.

L'auteur. — Donc, trois classes de désirs.

Métrodore. — Oui. Nous rangeons dans les désirs de la première espèce ceux qui sont directement liés à notre survie en tant qu'êtres vivants et qui sont donc en ce sens naturels, comme manger, boire, respirer, dormir. La satisfaction de ces désirs est absolument nécessaire compte tenu de notre nature. Les animaux, comme ce chien près de toi, ont exactement ces mêmes désirs et ressentent les mêmes plaisirs à les satisfaire. La privation de nourriture, d'eau, d'air et de sommeil entraîne la mort, c'est donc une nécessité absolue de les combler, si tant est que nous souhaitions rester en vie.

L'auteur. — Les plaisirs liés à la satisfaction de ces désirs sont donc acceptables ?

Thémista. — Bien sûr !

Métrodore. — Les désirs qui sont naturels et non nécessaires sont également liés à notre nature. Ce sont les mêmes que je viens d'évoquer, à la différence qu'ils sont satisfaits avec un certain abus, un certain excès, en l'espèce manger des repas copieux et raffinés ou ne boire que des vins de très grande qualité. Il est nécessaire de manger et de boire, de satisfaire sa faim et sa soif, mais il ne l'est pas de le faire de cette façon. Un morceau de fromage, quelques olives et un peu d'eau peuvent très bien suffire.

L'auteur. — Il est interdit chez vous de satisfaire ces désirs ?

Thémista. — Pas du tout. Ces désirs peuvent être satisfaits, mais dans la sobriété, la modération.

L'auteur. — Et enfin, les désirs non naturels et non nécessaires…

Hermarque. — Si tu me permets, Métrodore… Nous rangeons dans cette catégorie tous les désirs liés aux plaisirs que procurent les honneurs, la gloire, la popularité, l'argent, le pouvoir, l'accumulation des richesses. Manger est naturel et nécessaire, manger copieusement n'est pas nécessaire, mais manger dans une assiette en or pour démontrer sa richesse n'est ni naturel, ni nécessaire ! Ce genre de désir est propre aux êtres humains, il n'est pas partagé par les animaux, qui restent indifférents à l'idée de manger sur le sol ou dans un plat de service serti de perles.

Note à mes lecteurs : à la mort d'Épicure, c'est le jeune homme venant de prononcer ces mots, Hermarque de Mytilène, qui prendra la direction du Jardin et à qui incombera le premier la responsabilité de transmettre l'enseignement du maître aux prochaines générations. Malheureusement, comme Épicure, il écrira beaucoup mais rien ne survivra de son œuvre.

Épicure. — Il faut savoir en toutes circonstances restreindre ses désirs aux choses naturelles et nécessaires. La poursuite sans réserve des désirs, nous sommes d'avis qu'elle exprime une dégénérescence, un dérèglement de l'âme, et qu'elle est le signe d'une perte de maîtrise de soi (la fameuse notion d'*hybris* ou d'illimitation). Le désir est un manque, comme l'avait bien enseigné Platon, mais aussi une grande puissance capable de contrôler notre être, de nous entraîner dans une spirale sans fin et d'exposer notre âme à des souffrances qui nous éloignent de notre plus grand bien : le bonheur.

Thémista. — Je pense à mon père chez qui l'abus de vin a créé une telle habitude et une si grande perte de maîtrise de soi qu'il a été maintenu dans le malheur toute sa vie. Ou encore, je pense à mon frère, qui par excès de nourriture a ruiné sa santé et a perdu toute chance de participer aux Jeux, auxquels il excellait dans sa jeunesse.

Épicure. — Quand nous affirmons que le plaisir est notre but, nous n'entendons pas par là les plaisirs des débauchés, ni ceux qui se rattachent à la jouissance matérielle, ainsi que le disent les gens qui ignorent notre doctrine, qui sont en désaccord avec elle ou qui ne l'interprètent pas de façon juste. Le plaisir que nous avons en vue est caractérisé par l'absence de souffrances corporelles et de troubles de l'âme.

L'AUTEUR. — Si je comprends bien, les plaisirs ne sont jamais recherchés ou évités pour eux-mêmes, mais seulement selon les conséquences néfastes qu'ils entraînent lorsqu'ils sortent du cadre de la nature ; ou encore, s'ils sont naturels, lorsqu'ils sont poursuivis de façon déraisonnée ou sans retenue. Bref, les plaisirs sont recherchés ou évités d'après les souffrances qu'ils occasionnent ou leur futilité.

J'imagine cette conversation en m'inspirant de ce que nous retrouvons dans une lettre écrite par Épicure à un disciple et qui sera par chance conservée. Les dernières paroles prononcées par Épicure dans le dialogue précédent sont d'ailleurs tirées textuellement de la *Lettre à Ménécée*. Une source attribue à Épicure la rédaction d'environ 300 ouvrages, dont l'un d'eux, qui s'intitule *Sur la nature* (*Peri Phuseôs*), a été distribué en 37 papyrus ! Malheureusement, aucun de ces textes ne survivra à l'avènement du christianisme dès le 4e s. de notre ère, car la doctrine d'Épicure sera jugée incompatible avec les articles de foi de la religion. Nous ne connaîtrons Épicure essentiellement qu'à travers trois lettres adressées à ses disciples Hérodote, Ménécée et Pythoclès dans lesquelles il est question respectivement de physique, d'éthique et de phénomènes météorologiques. Ces lettres seront conservées grâce à Diogène Laërce, un doxographe et biographe grec du début du 3e s., au dixième chapitre de son œuvre *Vies, doctrines et sentences des philosophes illustres*. Seront aussi conservés un recueil de sentences retrouvé par hasard dans la bibliothèque du Vatican en 1888, un court texte intitulé *Maximes capitales* ou *Pensées principales* (*Kuriai Doxai*), ainsi qu'un certain nombre de sources indirectes. Nous retrouverons aussi dans une villa d'Herculanum, qui sera enterrée sous les cendres du Vésuve en l'an 79, plusieurs papyrus, dont certains extraits, en très mauvais état, de l'ouvrage *Sur la nature*.

* * *

Reprenons notre conversation :

L'AUTEUR. — L'évitement de la souffrance est donc au cœur de votre définition du bonheur. Le bonheur est une paix de l'esprit qui prend sa source dans une paix du corps en quelque sorte, dans un état d'absence de douleur corporelle, c'est bien cela ?

IDOMÉNÉE. — Tout à fait. L'absence de douleur dont vous parlez, l'aponie (*aponia*), est une condition essentielle à l'atteinte d'un état de l'âme exempt de tout trouble, de tout tourment, un état que nous appelons au Jardin « ataraxie » (*ataraxia*). Se limiter volontairement, se contrôler de manière à ne désirer que la satisfaction de ses désirs naturels et nécessaires, voilà une condition fondamentale de la béatitude. Le bonheur est quiétude, sérénité, paix. Le bonheur est repos.

HÉRODOTE. — Comme je le répète souvent : la clé qui donne accès au bonheur, elle est là ! Je veux dire que cette clé, elle est dans la modération, la mesure, la frugalité avec laquelle nous choisissons de donner satisfaction à nos bons désirs. Le bonheur apparaît dans ce contrôle que nous exerçons sur nos désirs ; le malheur, dans le contrôle que nos désirs exercent sur nous…

En écoutant discuter mes amis, je songe à la société d'où je viens, spécialement au capitalisme effréné, son idéal de croissance infinie, et au comportement de surconsommation auquel il enjoint, où toutes ces belles idées de modération, de mesure, de contrôle de soi, d'autolimitation dans la satisfaction des désirs, ne trouvent pas beaucoup de résonance, en général, sauf peut-être de plus en plus auprès d'une certaine jeunesse inquiète pour son avenir, auprès des promoteurs de la décroissance économique et des adeptes d'une éthique de la simplicité volontaire. Sitôt un désir comblé, un autre surgit, auquel nous voulons répondre aussi, et ainsi de suite, comme le chien qui tourne en rond, esclave du désir de se mordre la queue. Voulant toujours en obtenir plus, nous nous exposons davantage aux tourments des insatisfactions, des frustrations et, au bout du compte, du malheur. La société dans laquelle je vis est tout sauf une société épicurienne, contrairement à ce que pensent ceux et celles qui ne savent pas ce qu'est l'épicurisme. Je ne peux m'empêcher de voir dans la dynamique de la surconsommation et de la réponse strictement hédoniste que nous donnons à nos désirs, suivant la logique d'Épicure, l'origine de plusieurs maux dont souffrent nos sociétés : alcoolisme, toxicomanie, assuétudes et dépendances de tous genres, dépendance à l'argent, achats compulsifs, tendance aux excès de nourriture, recherche de popularité dans les réseaux sociaux… Je me demande si tout cela ne traduit pas en effet une forme de *pathologie* au sens grec du terme, c'est-à-dire au sens d'un dérèglement de l'âme, soit un état où celle-ci subit la tyrannie des désirs (c'est d'ailleurs le sens du terme grec *pathos*, qui signifie « passion », au sens de « pâtir, subir »), plutôt que d'être en position d'agir et d'exercer un contrôle sur ceux-ci.

L'épicurisme est au fond une thérapeutique du corps et de l'âme. Épicure est à la fois un médecin et un psychologue. J'aime cette sagesse et cette approche qui ont pour nous quelque chose de si profondément actuel. La solution d'Épicure est enracinée dans une réflexion toute simple sur la nature humaine et la quête du bonheur. Elle était présentée comme une réponse aux troubles sociopolitiques de l'époque auxquels j'ai fait allusion plus haut. Mais le plus étonnant est qu'elle peut aussi s'appliquer à des problèmes du 21e s. qu'Épicure ne connaissait absolument pas, comme le réchauffement climatique, l'épuisement des ressources, la pollution et l'extinction des espèces. Son approche reste appropriée dans la mesure où il a été démontré que ces problèmes contemporains sont des conséquences directes d'un système économique fondé sur la croissance infinie dans lequel les individus sont poussés à la surconsommation, ce qui a pour effet d'augmenter la production, la pollution, le gaspillage, et de mettre en péril la nature. La solution aux problèmes auxquels fait face le Monde contemporain est peut-être une solution épicurienne fondée sur la modération et le bonheur trouvé à la source, au sein de l'individu, dans le contrôle de soi, tout simplement.

* * *

Épicure. — N'oubliez jamais que c'est avec jugement qu'il faut appliquer les principes que nous enseignons ici ! Ce que je veux dire, c'est que nous sommes tous différents en tant qu'individus ; nos corps et nos âmes ont des qualités qui leur sont propres. La modération est un idéal vers lequel tout être humain doit tendre en vue d'atteindre le bonheur, mais cette sobriété n'existe que dans un comportement équilibré que nous choisissons d'adopter face à nos désirs, selon la connaissance que nous avons de nous-mêmes.

L'auteur. — Vous voulez dire, Épicure, que ce qui est bon et raisonnable pour quelqu'un ne l'est pas nécessairement pour un autre, du fait des différences individuelles ? Comme le fait, pour moi, de me servir un deuxième verre de vin, ou pour Thémista de ne s'en tenir qu'à un seul, ou encore, pour toi dont la santé est plus fragile, de te satisfaire d'un peu d'eau ?

ÉPICURE. — C'est bien ce que je veux dire. Cependant il ne faudrait pas penser que cette variabilité est le résultat d'une sorte de choix arbitraire dans la manière de se comporter et de rechercher le bonheur. Le critère des désirs naturels et nécessaires est un critère universel, donc valable uniformément pour tout le monde. Par ailleurs, si un régime de vie peut paraître austère pour un individu et tout à fait raisonnable pour un autre, cela doit l'être suivant un raisonnement diligent et non pas d'après une simple préférence de l'individu.

L'AUTEUR. — Un raisonnement diligent ?

HÉRODOTE. — Un calcul, si vous préférez, c'est-à-dire une prise en compte des conséquences pour soi-même liées à l'adoption de tel ou tel régime. Si l'assouvissement d'un désir naturel et nécessaire — par exemple, boire — engendre chez quelqu'un plus de maux que de plaisir, en raison de sa santé précaire, il faut que celui-ci limite davantage sa réponse à ce besoin, comme le fait notre maître, qui souffre de calculs et qui doit se contenter de boire de l'eau ; si pour quelqu'un d'autre, dont la santé est meilleure, boire deux verres de vin n'engendre aucune conséquence négative, aucune souffrance, il est alors acceptable et raisonnable pour lui d'adopter ce régime. Si chacun adopte son régime, ce n'est donc pas en vertu d'un choix arbitraire, selon son humeur ou ses envies du moment par exemple, mais d'après un calcul dont la formule est universelle, et qui consiste à bien reconnaître, dans tous les contextes, les raisons que l'individu a de rechercher telles choses et d'éviter telles autres.

ÉPICURE. — À chacun d'être rationnel dans la recherche de ce qui lui convient, d'après la connaissance qu'il a de son propre corps et de son âme. Cette diligence n'est rien d'autre qu'un calcul des conséquences liées à son comportement et son attitude face aux désirs qu'il éprouve. Il s'agit d'un calcul visant à déterminer où se situe, pour lui, le milieu entre le défaut et l'excès, le plaisir en repos et la souffrance. Cette discipline des plaisirs est la sagesse, l'amour de cette sagesse est la philosophie, cette philosophie est une condition du bonheur et le bonheur est ce que vous et moi, et nous tous, cherchons par nature.

* * *

Comme je l'évoquais plus tôt lors de notre arrivée au Jardin, l'épicurisme, contrairement à l'image déformée et fort répandue qui sera véhiculée plus tard, est donc loin d'être une morale de la jouissance ou une sorte de culture de la volupté : il s'agit plutôt d'une morale de la satisfaction modérée, pondérée, calculatrice et avisée des désirs naturels et nécessaires, qui prône en quelque sorte l'idée de manger pour bien vivre, et non pas de vivre pour manger. Les épicuriens enseignent, toujours à propos des désirs naturels, que le souverain bien, le bonheur, ne s'atteint pas dans la privation totale ni dans l'excès immodéré, mais dans un entre-deux que nous avons la responsabilité, comme l'a expliqué Hérodote, de calculer (de fixer, de déterminer).

D'un point de vue philosophique, l'épicurisme n'est donc pas un hédonisme au sens strict du terme. Ce n'est pas une doctrine énonçant que les plaisirs (*hēdonē*, en grec) eux-mêmes sont le but de l'existence humaine. Chez Épicure, les plaisirs ne sont toujours voulus que comme des moyens pour parvenir au bonheur. Ce n'est donc pas une philosophie du plaisir pour le plaisir ou une recherche du plaisir jouissif désiré pour lui-même, comme chez les cyrénaïques ; elle prône plutôt la recherche modérée des plaisirs, toujours dans la mesure où ceux-ci ne sont qu'une condition du repos du corps et de l'âme, une condition de l'ataraxie, une condition du bonheur.

Épicure et l'étude du monde

Tournons-nous vers un autre aspect de la doctrine épicurienne.

La Fresque du printemps, Akrotiri.

La morale chez Épicure entretient des rapports très étroits avec le domaine de la physique, soit l'étude de la Nature. L'absence de douleur corporelle (l'*aponie*) est certes une condition essentielle du bonheur, mais elle n'est pas une condition suffisante. La paix de l'âme ne peut s'atteindre que dans la connaissance générale de la Nature et les raisonnements qui sont associés à ce domaine de recherche. Cette connaissance libère des craintes et des soucis liés aux superstitions, aux histoires mythiques et aux croyances populaires, qui sont source d'inquiétude et troublent l'esprit : les mauvais présages, les malédictions, les menaces de châtiments divins après la mort, les affres du destin sont autant d'obstacles qui éloignent du bonheur défini comme absence de troubles. La physique a donc chez Épicure une fonction thérapeutique : celle de purger l'âme des tourments associés à l'ignorance de la nature des choses et du fonctionnement réel du Monde.

La physique chez Épicure (qu'il appelle *phusiologia*, c'est-à-dire « physiologie ») fonde en ce sens la morale. L'étude de la Nature n'a pas chez lui d'utilité en soi, la physique n'a pas à être étudiée pour elle-même : celle-ci n'est pertinente à ses yeux que dans la mesure où elle sert des fins morales, soit apaiser l'âme et, au bout du compte, nous rendre heureux.

La physique d'Épicure sera principalement connue plus tard grâce à sa *Lettre à Hérodote*, dans laquelle il en a donné un sommaire. Épicure croit que tous les corps dans la Nature (l'eau, l'air, le feu, les pierres, les arbres, les animaux, les êtres humains, les montagnes, les nuages, les météores, les étoiles…) sont composés de tout petits corpuscules appelés « atomes » (*átomoi*). Les atomes, en nombre infini, se meuvent dans l'espace vide, entrent en collision, parfois rebondissent les uns sur les autres et se combinent de façons diverses pour former tous les corps présents dans la Nature, des plus petits aux plus gros, des plus simples aux plus complexes, sur Terre comme dans les Cieux. L'ensemble des choses du Monde se résout dans des agrégats atomiques, depuis les minuscules grains de sable sous nos pieds jusqu'aux étoiles fixées aux limites du cosmos. Il n'existe rien d'autre, au fondement de la Nature, que des atomes et de l'espace au sein duquel ces atomes circulent, s'entrechoquent, s'associent et se dissocient. Du vide infini et des particules en mouvement : voilà tout ce dont le Monde est fait.

Bien qu'il l'ait défendue avec conviction, Épicure n'est pas l'auteur de la doctrine atomiste. Celle-ci est un héritage des savants Leucippe et Démocrite, qui l'ont enseignée bien avant la naissance d'Épicure. Ouvrons une longue parenthèse…

Démocrite et la théorie des atomes

Portrait de Démocrite.

Nous ne savons pas grand-chose de Démocrite et nous en savons encore moins de son maître Leucippe. Bien qu'ils soient habituellement reconnus comme les fondateurs de l'atomisme, il existe des indications selon lesquelles la doctrine aurait une origine encore plus ancienne. Des écrits de Leucippe, et des très nombreux ouvrages attribués à Démocrite, consacrés à presque tous les sujets imaginables (mathématiques, physique, astrologie, cosmologie, éthique, médecine, zoologie, botanique, agriculture, peinture, musique…), rien n'a survécu ! Nous ne possédons au sujet de Démocrite que quelques rares commentaires écrits par des auteurs postérieurs, tels que le doxographe du 4e s. Diogène Laërce.

Dêmókritos serait né vers l'an 460 av. J.-C., soit plus de 120 ans avant la naissance de notre hôte. Il aurait atteint le sommet de son activité intellectuelle vers l'an 430 av. J.-C. Démocrite a été le contemporain du célèbre Socrate, qui était à peine un peu plus âgé que lui, et serait mort centenaire. Après une période de voyages destinés à satisfaire son insatiable curiosité intellectuelle, aux quatre coins du monde connu (en Égypte, en Éthiopie, en Perse, en Babylonie et même en Inde), Démocrite aurait adopté la doctrine atomiste qui lui avait été transmise par Leucippe. Vers 420 av. J.-C., âgé de 40 ans, il aurait établi son école à Abdère, sa ville natale, qui était une ville portuaire située en Thrace (sur la côte nord de la mer Égée) et qui avait été fondée par des colons lydiens à l'époque de l'invasion par les Perses au début du siècle.

Démocrite enseignait que tous les corps qui existent dans le Monde sont composés d'atomes imperceptibles à l'œil nu. Ces atomes entrent en collision, certains d'entre eux s'agglomèrent de manières diverses pour former les différents corps, exactement comme le dira Épicure plus tard. J'imagine Démocrite assis avec ses disciples sur une plage d'Abdère, tenant dans le creux de sa main un morceau de terre et expliquant que s'il est possible de briser celui-ci en parcelles plus petites (avec le bout du doigt ou à l'aide d'une lame, par exemple), ce processus de division ne saurait être reproduit à l'infini et qu'au fondement des choses doivent exister des unités indivisibles ou, comme il le disait, de petites « formes atomiques » (*átomos idéa*).

D'où provient et que signifie précisément le terme *atome* ? *Átomos* existait, semble-t-il, dans la langue grecque avant Démocrite. Le mot signifie littéralement « insécable, indivisible ». Il est composé de 1. le préfixe *á*, qui sert à marquer une privation, une négation ; et 2. le substantif *tomós*, dérivé du verbe *temnein*, qui signifie « couper, diviser ». Par définition, *átomos* désigne « ce qui ne peut être coupé, ce qui n'est pas divisible ». À l'époque de Démocrite, le terme était employé comme adjectif, et il ne deviendra un substantif qu'au siècle suivant, sous la plume d'Aristote, chez qui il désignera une partie indivisible de matière (bien que ce dernier n'ait pas cru à l'existence des atomes — nous en reparlerons). Au Moyen Âge, le mot grec sera traduit en latin par *atomus* et en français par « athome », puis « atome ».

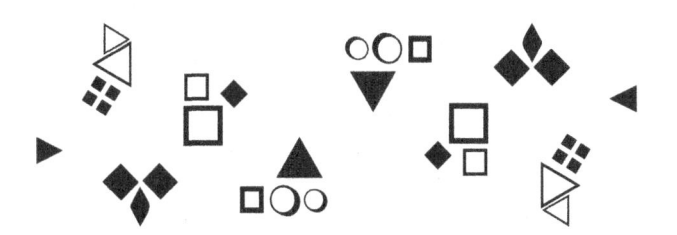

Démocrite a donc usé du terme *atome* pour désigner les unités ou les formes les plus élémentaires dont est composé tout ce qui existe dans le Monde. Ces unités sont si fondamentales qu'elles ne sont pas elles-mêmes constituées de parties qui seraient encore plus fondamentales : si c'était le cas, on ne pourrait les désigner comme des unités ou des atomes. Par le raisonnement, Démocrite en est venu à la conclusion que les atomes partagent tous un certain nombre de caractéristiques communes : ils sont absolument pleins (*plérè*) ou infiniment durs, solides (*stérea*), impénétrables, immuables, inaltérables (*ametablèta*). Et que les atomes ne diffèrent entre eux que selon : 1. la grandeur (les atomes ont diverses tailles, certains sont plus petits ou plus grands que d'autres) ; 2. la figure (ils ont aussi différentes formes : triangulaires, circulaires, étoilées…) ; 3. l'ordre des uns par rapport aux autres (c'est-à-dire leur place respective dans la séquence d'assemblage : ▲●★, ▲★●…) ; et 4. la position, le sens qu'ils prennent dans les corps (à l'endroit, à l'envers,: ▼●★…) — un peu à l'image des lettres de l'alphabet dont les formes, l'ordre et la position composent des mots différents.

Toujours par le moyen du raisonnement (parce que les atomes eux-mêmes échappent à toute perception, étant trop petits), Démocrite a établi que les atomes sont aussi éternels, c'est-à-dire qu'ils existent depuis toujours et qu'ils existeront pour toujours (c'est le sens du terme *éternité*) : les atomes sont autrement dit « ingénérables » (incréés) et indestructibles. Voici le raisonnement : les atomes ne sont pas, par définition, des assemblages de parties. Ils sont faits d'un seul morceau, d'un seul tenant, d'un seul bloc pour ainsi dire. Étant entiers, simples (*tò ámeres*), rien ne pourrait les avoir créés par la combinaison d'unités préexistantes, à la manière dont nous fabriquons un mur par assemblage de briques, par exemple. Puisque rien ne préexiste aux atomes (puisque rien n'est plus fondamental qu'eux), il est alors logique d'affirmer que les atomes n'ont jamais été générés ou engendrés, mais qu'ils ont toujours été. Rien ne peut non plus détruire les atomes et les anéantir absolument, puisque ceux-ci sont indécomposables par définition. Lorsqu'un être vivant meurt ou lorsqu'un corps est détruit, par exemple, cet état correspond à un processus de décomposition, c'est-à-dire de « déliaison des parties ». Quand un arbre meurt, son bois se désagrège au sens où les corpuscules qui le constituent se détachent les uns des autres et retournent à la terre. Mais il n'est pas possible, en revanche, de concevoir la « mort » ou la destruction d'un atome, puisque ce dernier n'est pas composé de parties susceptibles d'être dissociées. Les entités corporelles formées d'atomes, elles, peuvent naître et périr, être générées et se corrompre (les oiseaux, les arbres, les montagnes, notre corps), mais les atomes qui composent ces entités, pour leur part, étant monolithiques, irréductibles, absolument simples, ne peuvent eux-mêmes ni apparaître, ni disparaître. Aucun atome ne peut se former à partir de rien, ni être définitivement perdu. C'est pourquoi les atomes ont été définis chez Démocrite comme étant éternels, soit sans commencement ni fin : chaque atome existe depuis toujours et existera pour toujours. Seuls les agrégats d'atomes sont éphémères et soumis aux vicissitudes du temps. Dans l'ensemble, la Nature se maintient donc en permanence dans l'existence avec la même masse de matière, en raison de l'éternité de ses composantes élémentaires. Seule l'identité des corps composés entre en existence, change et sort de l'existence.

Nous devons à Anaxagore de Clazomènes (un savant grec contemporain de Démocrite) une maxime qui résume bien ce que nous venons de dire : « Rien ne naît ni ne périt, mais des choses déjà existantes se combinent, puis se séparent de nouveau ». Vingt-deux siècles plus tard, à la fin du 18e s., avec preuves expérimentales à l'appui, le célèbre chimiste français Antoine Lavoisier exprimera la même idée dans une formule qui est aujourd'hui mieux connue : « Rien ne se perd, rien ne se crée, tout se transforme. »

Au 21e s., la théorie atomiste est l'une des théories les mieux établies de la physique, voire de la science tout court. Il faut savoir cependant que la thèse voulant que tout soit composé d'atomes n'allait pas de soi à l'époque de Démocrite. Il existait des conceptions concurrentes, notamment celle selon laquelle la matière est continue, c'est-à-dire divisible à l'infini, ou encore celle voulant que les corps matériels soient formés du mélange des substances fondamentales de la Nature que sont l'eau, l'air, le feu et la terre. Cette dernière, appelée théorie des quatre éléments, développée par un sage du 5e s. av. J.-C. nommé Empédocle (dont nous reparlerons au chap. 4), a connu un franc succès et a même compté parmi ses défenseurs le grand Aristote.

Les qualités des corps

Démocrite a formulé une hypothèse sur la nature du Monde qui est révélatrice d'une chose appelée le génie. Le terme français est un emprunt au latin *genius*, un dérivé du verbe *generare* qui signifie « produire, créer ». Un génie est un individu dont les aptitudes à la création et à l'invention dépassent ce qui est généralement observé chez les autres individus. Le terme n'existait pas en grec, mais il est l'équivalent de l'expression *peritoi andres* rencontrée chez Aristote, et qui signifie « homme d'exception », au sens d'hommes dont les capacités et les talents sont au-delà de la moyenne. Même si la notion de génie n'a véritablement pris tout son sens qu'à l'époque contemporaine (comme nous le verrons), elle reste tout à fait appropriée pour qualifier le type d'intelligence avec laquelle certains individus ont conçu la réalité à une époque aussi lointaine que celle de Démocrite, voire au-delà (comme nous aurons l'occasion de le voir aussi).

Quelle est donc cette expression du génie chez Démocrite ? Selon lui, non seulement les corps de la Nature sont, sur le plan de leur substance matérielle, des assemblages d'atomes, mais les qualités que ces corps possèdent ont pour origine la façon avec laquelle ces atomes agissent sur nos organes sensoriels. Les couleurs, les textures, les saveurs, les odeurs, les bruits, etc., n'appartiennent pas aux corps à proprement parler, mais à la manière dont leurs atomes nous affectent. Une substance dont la saveur est piquante, par exemple, pourrait être un corps composé d'atomes dont les bords sont tranchants et qui éraillent au passage l'intérieur de la bouche et de la gorge. Ou encore, une pierre ponce posséderait la texture qui est la sienne en considération de la manière dont ses atomes sont agencés entre eux pour produire un effet de rugosité. Chez Démocrite, le froid et le chaud ne sont pas des qualités inhérentes aux corps eux-mêmes, mais résultent de la façon dont les atomes qui composent les objets affectent notre corps. Démocrite soutenait que les bruits émis par les corps sont causés par des atomes qui font empreinte sur ceux qui composent l'air environnant et par le fait que ces impressions sont ensuite transportées d'atome en atome, de proche en proche, jusqu'aux oreilles, qui les perçoivent. Des atomes qui se regroupent tout en conservant une certaine distance entre eux forment des corps mous et élastiques, alors que ceux qui se touchent produisent des corps denses et solides. Bref, les corps tiendraient les qualités qu'ils affichent des atomes dont ils sont faits et de la manière dont ces atomes affectent nos organes des sens.

La thèse de Démocrite était très en avance sur son temps. Nous savons aujourd'hui, par exemple, que les couleurs que nous percevons ne sont effectivement pas des propriétés des objets eux-mêmes, mais de la lumière qui est réfléchie par leur surface et de la façon dont elle est captée par l'œil et interprétée par le cerveau. Plus exactement, les couleurs sont ce que nous percevons d'après la manière dont le rayonnement électromagnétique de la lumière visible affecte les cellules photoréceptrices de la rétine. Une fleur qui nous apparaît rouge n'est pas rouge en soi. Dans l'obscurité totale, elle n'a aucune couleur. Elle nous apparaît rouge seulement lorsque la longueur d'onde qui correspond au « rouge » frappe ses pétales, est réfléchie par eux et entre dans nos yeux. Le rouge n'est donc pas une propriété de l'objet. L'« objet rouge » est un objet qui absorbe toutes les couleurs sauf le rouge, lequel est réfléchi et renvoyé à notre œil. La couleur est une propriété de la lumière.

Démocrite était aussi d'avis, selon d'autres sources, que les qualités perçues peuvent varier d'un individu à l'autre. Le même miel peut être perçu comme doux chez l'un et amer chez l'autre. Une personne peut avoir froid au même instant où, exactement dans les mêmes conditions, une autre éprouve de la chaleur. Démocrite cultivait pour cette raison une sorte de méfiance à l'endroit du témoignage des sens, qui ne transmettent pas des images fidèles de la réalité. À la même époque que Démocrite, cette thèse de la relativité des perceptions sensorielles a été reprise et développée par un intellectuel nommé Protagoras, né lui aussi à Abdère et qui a enseigné aux Athéniens le principe voulant que l'être humain soit la mesure de toutes choses (nous y reviendrons au chap. 6). Plus tard, à l'époque d'Épicure, le philosophe Pyrrhon d'Élis (v. 365-275 av. J.-C.) a lui aussi exploité ce filon de la relativité en l'utilisant comme fondement d'une doctrine appelée « scepticisme » (nous reviendrons aussi sur ce sujet une prochaine fois).

L'atomisme est une doctrine très ingénieuse en cela qu'elle est dotée d'un extraordinaire pouvoir explicatif. Des petits grains de poussière jusqu'aux montagnes et aux planètes, en passant par notre expérience perceptuelle, tout est expliqué à partir du simple principe du mouvement des atomes dans le vide.

Le génie de la découverte

échelle macroscopique	échelle microscopique
qualités	**atomes**
(phénomènes)	(réalité cachée)
↓	↓
saisies par les sens	saisis par l'intelligence
réalité en surface →	réalité sous la surface

Les thèses de Démocrite sont remarquables. Elles manifestent une élévation du génie au-delà de l'expérience immédiate que l'être humain fait du Monde sur le plan sensoriel et observationnel. Chez Démocrite, ce que nous expérimentons à l'échelle macroscopique (c'est-à-dire les qualités que nous percevons dans notre environnement quotidien : les couleurs, les saveurs, les textures…) s'explique tout entier à partir d'une réalité située en deçà, à l'échelle microscopique, et qui, elle, échappe à toute sensation, à toute observation.

Démocrite a relayé une intuition qui connaîtra une large diffusion et un destin extraordinaire dans l'histoire du savoir humain : ce qui est perçu par les sens n'est que phénomène (*phainomenon* en grec, qui signifie « apparence ») et la véritable réalité (*eteêi*), située derrière le phénomène, « cachée » (*adelon*) sous les apparences, échappe pour sa part au témoignage des sens. Les organes sensoriels ne perçoivent pas la réalité « profonde » des choses, mais seulement leur « surface » en quelque sorte. Les sens n'ont accès qu'à la partie émergente du Monde. Démocrite a ainsi dit des qualités qu'elles n'appartiennent pas aux corps par nature, mais par convention, c'est-à-dire que ces qualités n'existent pas en soi (elles n'existent pas à l'échelle des atomes eux-mêmes), mais seulement que relativement aux organes sensoriels des individus qui entrent en contact avec ces atomes. Autrement dit, il existe, pour une part, une réalité apparente ou phénoménale, telle que perçue par les yeux, le nez, les oreilles, relative à chaque individu, et pour une autre part, une réalité véritable, imperceptible, voilée, cachée, qui ne se laisse appréhender que par le moyen du raisonnement, de la pensée, de l'intelligence, et qui ne dépend pas des individus. Cette démarche intellectuelle en est une qui consiste à inférer la cause à partir de l'observation des effets : nous expérimentons tous, individuellement, une variété de phénomènes (des saveurs, des couleurs, des textures…), et par le raisonnement, nous remontons jusqu'aux causes universelles de ces phénomènes. Bien qu'il ne soit pas possible d'expérimenter directement ces causes par les sens, celles-ci donnent une explication à tout ce qui est perçu (nous préciserons au chap. 7).

À l'époque de Démocrite, il n'existait aucun moyen d'observer les atomes, et cette situation a perduré pendant très longtemps. En 1905, 24 siècles après lui, Albert Einstein prouvera l'existence des atomes sans disposer lui non plus d'aucun moyen d'observation. Einstein démontrera simplement par le calcul que l'agitation des particules solides en suspension dans un liquide (ce qu'on appellera le « mouvement brownien ») ne peut être expliquée que par les collisions entre les atomes ou molécules qui constituent les éléments en présence. Einstein parviendra à ce résultat uniquement grâce à des équations de physique empruntées à la théorie cinétique des gaz. Le génie d'Einstein, analogue à celui de Démocrite, se manifestera ici dans le fait d'inférer par le raisonnement l'existence des atomes, que l'on ne perçoit pas, du mouvement de particules en suspension observé dans un liquide.

Selon un certain témoignage (Sextus Empiricus), Démocrite aurait fait la distinction lui-même entre deux formes de connaissances, l'une limitée, l'autre illimitée : celle par les sens (qu'il aurait qualifiée de « bâtarde ») et celle par la pensée (la seule qui permettrait d'accéder à la vérité). La connaissance par la pensée est chez Démocrite la forme supérieure de connaissance en cela qu'elle permet d'aller au-delà du témoignage limité des sens (les goûts, les couleurs, bref, les phénomènes…) pour saisir ce qui leur échappe (les atomes, qui sont les causes imperceptibles de ces phénomènes). Les atomes, qui constituent la nature profonde du Monde, échappent en effet à notre sensibilité et ne se laissent appréhender que par un effort de l'intellect.

La paternité de cette distinction entre deux formes fondamentales de savoirs (par les sens et par la pensée) ne revient pas à Démocrite, mais à un autre savant grec, Parménide d'Élée, qui est mort à peu près à l'époque où est né Démocrite. Elle sera aussi reprise par le philosophe athénien Platon, qui construira sur cette distinction une formidable représentation du Monde comme étant scindé en deux ordres de réalité (c'est la célèbre théorie des Idées, dont nous reparlerons aussi).

* * *

Mentionnons par parenthèse qu'il y a encore quelque chose de cette façon de voir le Monde dans le concept de découverte. Lorsque nous disons qu'un scientifique a « fait une découverte » ou qu'il « a découvert » quelque chose, nous présupposons qu'il est le premier à avoir retiré ce qui recouvrait la chose à l'étude et qui empêchait tout le monde de voir cette réalité telle qu'elle est vraiment. Le scientifique a « découvert » une réalité, il a « dé-voilé » ce qui était jusqu'alors recouvert. Il est fascinant de constater que cette image du recouvrement/découvrement semble présupposée dans le terme *alètheia* chez les anciens Grecs, que nous traduisons par « vérité » : *alètheia* signifie « dévoilement », au sens de dévoilement d'une réalité cachée, d'une réalité qui se tapit derrière les apparences et qui était « oubliée » (*léthè*). Cette interprétation du concept grec de vérité sera proposée par un philosophe du 20ᵉ s., Martin Heidegger, qui verra dans le terme *alètheia* l'un des fondements de la pensée occidentale dès ses origines : accéder à la vérité d'une chose signifierait voir la chose telle qu'elle est réellement sous les apparences. Ce qui apparaît (le phénomène) est ce qui se présente à nous voilé, et la vérité aurait le sens de lever le voile, retirer la couverture, déshabiller le phénomène, le mettre à nu pour ainsi dire, bref, le dé-couvrir. C'est ainsi, par exemple, que la surface de la Terre apparaît plate dans l'expérience quotidienne que nous en faisons, bien qu'elle soit en réalité une sphère, derrière les apparences, et que le premier qui en a pris conscience a saisi cette vérité comme un dévoilement ; il a découvert ce qui était recouvert. Pour prendre un autre exemple, nous pouvons dire que Nicolas Copernic, au 16ᵉ s., a levé le voile sur le fait que c'est la Terre qui tourne autour du Soleil plutôt que l'inverse ; à l'époque, cette théorie allait à l'encontre de ce que tout le monde avait toujours cru, même les plus brillants astronomes.

* * *

Revenons à Démocrite. Les qualités que semblent posséder les corps (les couleurs, les textures, les températures, les goûts…), et que nous sommes portés spontanément à prendre pour des réalités, ont en fait moins de réalité que ce qui leur donne lieu à une échelle qui ne nous apparaît pas directement sur le plan sensoriel et qui ne se laisse donc saisir que par le moyen de l'intellect. C'est l'intelligence ou le raisonnement qui révèle le fait que les qualités corporelles ne sont que des affections de la sensation et donc que les corps ne possèdent des qualités que « par convention », pour s'exprimer comme Démocrite.

Nous braquons ici les lumières sur ce que j'appelle un présupposé phare, c'est-à-dire une supposition plus ou moins consciente qui détermine une certaine représentation du Monde. Ce présupposé phare du voilement/dévoilement semble avoir conditionné en sourdine l'histoire du génie humain, sous toutes les formes que celui-ci a pu prendre : saisir la réalité cachée qui est la cause de ce qui apparaît en surface. Il est important de garder cette idée à l'esprit tout au long de notre odyssée dans les méandres du génie humain, car elle sera notre fil conducteur.

La pluralité des Mondes

Concluons sur Démocrite avant de retourner au Jardin. Démocrite et ses disciples ont aussi soutenu qu'existe en principe une multiplicité infinie d'Univers, puisque les atomes se retrouvent en quantité infinie dans un espace vide, lui-même infini. Ces mondes peuvent être tout autres en regard du nôtre, car les atomes s'agencent entre eux d'une infinité de manières différentes. Démocrite aurait affirmé aussi que ces Univers, pris dans leur totalité, sont soumis à la génération et à la corruption, c'est-à-dire qu'ils peuvent être engendrés et détruits, et que les atomes, étant quant à eux éternels, se recombinent toujours pour en former des nouveaux, lesquels seront tout aussi momentanés et passagers que les précédents. Notre Monde présent, tel que nous le connaissons, n'échappe pas à cette fatalité : celui-ci cessera un jour d'exister et d'autres lui succéderont. Ainsi en va-t-il de l'existence depuis toujours : des Univers disparaissent et de nouveaux surgissent, au gré du hasard aveugle des combinaisons de petits corps insécables présents depuis toujours. Dans cette vision du Monde, il n'y a pas de dieux qui planifient et gouvernent ces cycles de création et de destruction des Univers. Tout résulte des seules rencontres aléatoires des atomes dans le vide infini de l'espace…

La thèse de la pluralité des Mondes sera reprise et défendue beaucoup tard, aux 15e et 16e s., par les savants Nicolas de Cues et Giordano Bruno, respectivement d'origine allemande et italienne. Elle anticipe aussi sur les hypothèses de multivers ou d'Univers multiples développées récemment en physique contemporaine et dont nous aurons encore l'occasion de reparler. Nous savons qu'Épicure a également épousé la thèse de la pluralité des Mondes. Cette réalité des univers multiples est hors de portée de toute observation, mais il était possible, selon Épicure, de la supposer par l'intelligence. Ainsi a-t-il écrit, dans sa *Lettre à Hérodote* :

> Ce n'est pas seulement le nombre des atomes, c'est celui des mondes qui est infini dans l'univers. Il y a un nombre infini de mondes semblables au nôtre et un nombre infini de mondes différents. En effet, puisque les atomes sont en nombre infini, comme on l'a dit tout à l'heure, il y en a partout, leur mouvement les portant même jusque dans les lieux les plus éloignés. Et par ailleurs, toujours en vertu de cette infinité en nombre, la quantité d'atomes propres à servir d'éléments, ou, autrement dit, de causes, à un monde, ne peut être épuisée par la constitution d'un monde unique, ni par celle d'un nombre fini de mondes, qu'il s'agisse d'ailleurs de tous les mondes semblables au nôtre ou de tous les mondes différents. Il n'y a donc rien qui empêche l'existence d'une infinité de mondes[1].

La théorie des atomes chez Épicure

Épicure aurait été formé à l'école atomiste durant sa jeunesse à l'occasion de ses voyages. Il aurait reçu à Colophon (en Asie Mineure) les enseignements d'un certain Nausiphane de Téos, un élève de Démocrite. Il n'y a pas d'unanimité chez les spécialistes au sujet de la manière dont Démocrite concevait exactement les atomes. Des commentaires anciens que nous avons conservés parlent d'ondulations ou de vibrations (*palmós*). Nous ne possédons aucune preuve que Démocrite ait fait référence aux atomes en tant que « particules de matière ». Nous ne possédons aucune indication qu'il ait même utilisé une seule fois le mot *matière* (*ulè*, en grec). Plusieurs fois, Démocrite a associé les termes *atome* et *idée* (*átomos idéa*), suggérant selon certains interprètes qu'il leur attribuait une sorte de nature intellectuelle. Mais dans la langue grecque ancienne, *idéa* n'avait pas nécessairement une connotation abstraite (comme il aura chez Platon, dont nous reparlerons) : ce mot renvoyait d'abord à la forme d'une chose, et c'est

---

1. ÉPICURE, « Lettre à Hérodote », 45, trad. O. Hamelin, *Revue de métaphysique et de morale*, 18, PUF, Paris, 1910, p. 397-440.

d'ailleurs souvent de cette façon qu'il est traduit en français. Il est quand même possible que Démocrite ait conçu les atomes telles les formes insécables de la matière, un peu comme Aristote, qui a parlé plus tard de « parties insécables de matière ». Mais peu importe. Chez Épicure, qui a été formé à la doctrine atomiste, les atomes sont conçus comme des corpuscules, c'est-à-dire des petits corps matériels.

À l'instar de Démocrite, Épicure admet qu'il existe différentes espèces d'atomes, et que ceux-ci sont de diverses grandeurs. Mais il attribue aussi aux atomes une propriété inédite : le poids (*báros*). Il semble que chez Démocrite, les atomes n'aient pas de poids et se déplacent dans le vide en tourbillonnant au hasard, de façon désordonnée, à l'instar des poussières en suspension dans l'air et que nous observons à travers un rayon de soleil — cette belle image est de Démocrite lui-même. Mais en attribuant un poids intrinsèque aux atomes, Épicure imagine plutôt ceux-ci en perpétuelle chute libre vers le bas. Le bas est l'« endroit » de l'Univers, croyait-on en suivant Aristote ; c'est la direction vers laquelle se déplacent les objets sous l'effet de leur propre poids. Les atomes tombant donc naturellement vers le bas, et selon des trajectoires parfaitement parallèles les unes aux autres, Épicure a dû trouver une façon d'expliquer leur combinaison. En effet, d'après ce nouveau modèle de type vertical plutôt que tourbillonnaire (Démocrite), les atomes ne devraient pas pouvoir se heurter, s'agréger et produire des Mondes. Pour surmonter cette difficulté, Épicure aurait introduit, d'après plusieurs sources, le concept de *parenklisis*, traduit en français par « déclinaison » et « déviation ». On utilise plus communément le terme latin *clinamen*, qui remonte à un disciple romain d'Épicure, Lucrèce — nous irons à sa rencontre tout à l'heure. Selon cette théorie du *clinamen*, les atomes seraient pourvus de la capacité de dévier de leur trajectoire naturelle verticale d'un tout petit angle, ce qui rendrait possible le chevauchement de leurs trajectoires, leur entrechoquement et leur éventuelle combinaison.

Épicure et la liberté de la volonté

En y intégrant les concepts de poids et de déviation, Épicure ne se contente pas de répéter obtusément le système de Démocrite. Il adapte la théorie atomiste à sa propre vision des choses.

Le meilleur exemple de cette adaptation originale de l'atomisme chez Épicure concerne ce que nous appelons la « volonté humaine ». Épicure croit que celle-ci est libre, c'est-à-dire sous son propre contrôle. À son avis, la perception de cette liberté est une affaire d'évidence : dans les mouvements de notre corps, nous percevons et discriminons immédiatement ceux qui sont volontaires et ceux qui sont involontaires ou contraints de l'extérieur. Il y a une différence évidente, par exemple, entre le fait de marcher parce que nous le décidons (parce que nous ordonnons volontairement à nos jambes de se mouvoir) et de marcher parce que nous y sommes contraints, tels des esclaves tirés par devant au moyen d'une chaîne.

Épicure est donc d'avis que la volonté humaine est libre par nature, c'est-à-dire libre en situation normale, lorsqu'elle n'est pas soumise à des contraintes extérieures. Or, cette « liberté de la volonté », qui lui apparaît évidente, avait été niée par Démocrite et ses disciples ! En effet, dans l'Univers matériel dépeint par ceux-ci, chaque phénomène qui survenait dans la Nature — l'eau qui gèle ou s'évapore, le feu qui s'allume ou s'étouffe, les arbres qui croissent ou dépérissent, le raisin qui se transforme en vin, les fleurs qui éclosent, les tremblements de terre, la chute des météores… — s'expliquait par la seule dynamique des atomes se heurtant les uns aux autres. Autrement dit, chez Démocrite, tous les événements dans le Monde étaient vus en tant que résultats d'actions mécaniques, comme s'ils étaient inscrits à l'intérieur d'une grande chaîne causale. Selon cette idée, chaque événement (●) serait ainsi produit sous l'action (→) de l'événement précédent :

...●→●→●→●→●→●→●→●→●→...
suite causale d'événements
dans le Monde matériel

L'atomisme abdéritain souscrivait donc à une conception mécaniste du Monde, c'est-à-dire une représentation du Monde où tout est expliqué par le choc ou le contact des corps matériels les uns sur les autres. Cette représentation mécaniste de la réalité matérielle (appelée « mécanicisme ») connaîtra un essor très considérable aux 17e et 18e s. en Europe, lorsque des penseurs, tels que René Descartes (1596-1650), mettront sur pied une nouvelle physique émancipée de la conception finaliste d'Aristote — nous en reparlerons.

La représentation mécaniste du Monde entretient des liens très étroits avec la théorie déterministe. Selon le déterminisme mécaniste, les événements qui se produisent dans l'Univers sont entièrement fixés d'après le principe de cause à effet. Autrement dit, tout phénomène procède d'une cause qui le détermine à arriver. Dans le cas de l'atomisme, cette cause est de nature matérielle. Imaginons par exemple une table de billard. Le mouvement de chaque boule est entièrement dû au choc mécanique reçu précédemment des autres boules ou des coups de baguette. Tout ce qui survient sur la table de billard, du début jusqu'à la fin de la partie, est entièrement déterminé causalement par le choc mécanique des boules les unes sur les autres.

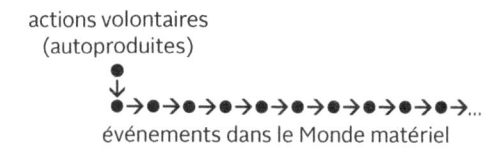

```
        actions volontaires
         (autoproduites)
              •
              ↓
      •→•→•→•→•→•→•→•→•→...
       événements dans le Monde matériel
```

Démocrite décrivait l'ensemble du Monde de cette façon : tous les événements survenant dans la Nature étaient vus chez lui comme entièrement déterminés par le choc causal des atomes. Or, et c'est là où je veux en venir, dans une telle vision des choses, aucune place n'est accordée à la possibilité d'une action libre, c'est-à-dire une action indéterminée ou sans cause. Une action est dite « libre » lorsqu'elle n'est pas le résultat d'une cause extérieure et antérieure à elle (du moins, c'est l'une des manières classiques de définir la liberté). Dans la tradition philosophique, ce type d'action est qualifié de « spontané » ou « volontaire ». Une action ou un événement est indéterminé, spontané ou volontaire lorsqu'il est produit de lui-même, lorsqu'il s'autoproduit, lorsqu'il survient sans avoir été provoqué ou causé par un élément étranger. L'événement survient spontanément, sans être l'effet d'une cause antérieure (de type mécanique ou autre), c'est-à-dire sans avoir été produit par autre chose que lui-même.

Contrairement aux atomistes abdéritains, Épicure croit à l'existence de la volonté libre, indéterminée, spontanée. Bien qu'il accrédite la thèse du déterminisme mécanique universel, il s'oppose à ce qu'il a appelé par péjoration le « destin des physiciens » et qui consiste à dénier toute possibilité d'une action libre à l'intérieur de la Nature. Selon Épicure, même si nous vivons dans un Monde où tout survient en vertu du principe de causalité mécanique, il reste que nous pouvons, et sans que rien nous détermine de l'extérieur, décider librement, décider par la seule « force de notre volonté », de lever le bras de sorte à nous verser un verre d'eau, de nous limiter à un verre de vin ou encore de résister à un désir non naturel et non nécessaire. Or, si une telle action libre existe véritablement, si telle est la nature réelle de la volonté humaine, comment expliquer sa possibilité dans un Monde où tout n'est que la résultante des actions mécaniques de petits corpuscules de matière ? Autrement dit, comment expliquer la possibilité d'agir spontanément, librement ou volontairement dans un Univers où tout ce qui survient est causalement déterminé par le choc mécanique des atomes ? C'est là un immense problème philosophique qui a alimenté des tonnes de débats au cours de l'histoire.

L'une des façons classiques envisagées dans l'Antiquité pour surmonter le problème a été de considérer la « volonté humaine » — associée chez les Grecs à l'âme (*psychê*, *pneuma*) — comme une chose immatérielle, incorporelle ou spirituelle. L'âme ou la volonté échapperait ainsi, à cause de sa nature, au déterminisme qui impose son diktat dans la dimension matérielle. Dans un Univers physique entièrement déterminé, l'âme immatérielle pourrait engendrer par elle-même, « par ses propres forces », des actions entièrement spontanées. Ainsi donc, nous serions capables, par les seules ressources de notre âme, de diriger nos bras de manière à verser un peu de vin dans une coupe et de produire un événement spontané dans un univers matériel où tout est inscrit à l'intérieur de chaînes causales. Nous pourrions volontairement nous verser du vin dans un monde matériel où rien ne relève de nous : la composition atomique de nos bras, celle de la bouteille, du verre et du vin, le mouvement mécanique de nos mains, de nos coudes et de nos épaules, l'écoulement dynamique du liquide, l'accumulation des atomes de vin dans le verre... Nos âmes, ainsi soustraites au déterminisme, pourraient donc agir librement à l'intérieur de la grande machine universelle de la Nature.

Toutefois, ce n'est pas pour cette solution qu'opte Épicure, contrairement à une tendance assez populaire de son temps. Chez Platon et Aristote par exemple, dont nous reparlerons aussi, la nature de l'âme était radicalement différente de celle des choses du Monde matériel en général. Platon a été un redoutable adversaire de Démocrite (il aurait même souhaité que tous ses livres soient jetés aux flammes !) et un critique acerbe des doctrines matérialistes en général. Mais fidèle, pour sa part, aux principes fondamentaux de la doctrine corpusculaire (il n'existe que des atomes et du vide), Épicure conçoit l'âme comme un corps, donc comme un agrégat d'atomes. C'est d'ailleurs pourquoi, au Jardin, l'étude de l'âme (ou la psychologie) s'inscrit à l'intérieur de l'étude de la Nature (ou la physique, la physiologie). L'âme est représentée chez Épicure tel de l'air ou un souffle chaud fait d'atomes. Ces atomes sont peut-être plus subtils et plus vifs que les autres espèces d'atomes, mais il demeure que l'âme est une chose matérielle, à l'instar de tout corps.

Nous aurons l'occasion d'approfondir une prochaine fois, mais soulignons que le terme *âme* en français est une traduction du latin *anima*, qui signifie justement « souffle, air », signification inspirée à l'origine du dernier souffle que rend une personne au moment de sa mort ou du fait que la respiration d'un être est le signe qu'il est vivant. Et *anima* en latin a été proposé dès l'époque romaine comme une traduction de *psychê* en grec. Donc : le fait que l'âme, chez Épicure, soit un souffle, un corps matériel, comme le corps biologique, explique pourquoi, d'une part, des « volontés » de nos âmes ont le pouvoir de provoquer des mouvements de nos corps et d'initier des actions concrètes dans le monde physique, par exemple vouloir allumer un feu et bouger nos mains pour ce faire. Dans le processus, tout se réduit à de longues chaînes d'atomes qui agissent les uns sur les autres, depuis ceux qui composent nos âmes jusqu'à ceux qui composent nos mains. Et cela expliquerait pourquoi, d'autre part, ce qui affecte nos corps peut en retour affecter nos âmes et susciter des prises de décision ; par exemple, le fait de ressentir la chaleur du feu irradier sur notre main nous pousse à écarter celle-ci avant qu'elle ne subisse des dommages. En d'autres termes, Épicure explique le problème de la liaison du corps et de l'âme en attribuant à ces deux choses une nature commune : la matière, les atomes, et leurs mouvements. Le Monde n'est fait que d'une seule substance.

L'âme, qui est matérielle, ne survit donc d'aucune façon à la mort du corps. Comme le corps, elle est mortelle, elle n'est qu'un éphémère édifice d'atomes. La *psychê* se désagrège, tout comme le corps, et notre aventure dans le Monde se termine là : les atomes de notre corps et de notre âme se dissocient et se dispersent graduellement dans la Nature pour former d'autres choses, d'autres corps, d'autres âmes, d'autres actes volontaires.

Les philosophes du Jardin tirent de cette conception physique des choses une importante leçon morale : il est parfaitement inutile de nous ronger les sangs et de redouter ce qui nous attend après la mort, puisqu'il n'y a pas d'au-delà et, en cela que nous n'existerons plus, rien ne pourra plus jamais nous arriver et nous faire souffrir. Épicure affirme que « la mort n'est rien pour nous » : car pendant que nous sommes en vie, la mort n'existe pas encore, et une fois que la mort est là, c'est nous qui n'y sommes plus. Inutile aussi de se tourmenter avec notre prochaine vie, puisqu'il n'y en aura pas : les atomes dont notre corps et notre âme étaient constitués formeront de nouveaux corps et de nouvelles âmes qui seront ceux d'autres personnes. Notre identité personnelle, quant à elle, sera perdue à jamais, bien que tous les atomes qui nous constituaient, eux, existeront pour toujours.

Voilà que la physique et la découverte de la nature matérielle de l'âme est source d'apaisement ! L'absence de douleur corporelle (l'aponie) est une condition essentielle à la paix de l'âme (l'ataraxie), mais la connaissance physique de la Nature et du vrai fonctionnement du Monde élimine par ailleurs tout un éventail de soucis et d'inquiétudes psychologiques qui nous empêchent de profiter pleinement de la vie, qui la gâchent en quelque sorte, et nous détournent de cet orient ultime de toute existence humaine : le bonheur. La physique, chez Épicure, sert de fondement à la morale, comme nous l'avons déjà dit. L'étude de la Nature n'a pas d'utilité en elle-même : elle n'est légitime qu'en tant que moyen d'être heureux, qu'en tant qu'elle procure un savoir qui libère de craintes inutiles et contribue à notre sérénité. Citons les *Maximes capitales* :

> Si tout ce que nous regardons dans les dieux comme des miracles ne nous épouvantait point, si nous pouvions assez réfléchir pour ne point craindre la mort, parce qu'elle ne nous concerne point ; si enfin nos connaissances allaient jusqu'à savoir quelle est la véritable fin des maux et des biens, l'étude et la spéculation de la physique nous seraient inutiles[2].

C'est pourquoi on range la doctrine d'Épicure dans la classe des morales naturalistes, c'est-à-dire dans la classe des manières de conduire sa vie d'après une certaine conception générale de la Nature et de la nature humaine. Certains soutiendront l'hypothèse selon laquelle

---

2. ÉPICURE, *Maximes capitales*, XI, trad. J. G. Chauffepié, Lefèvre, 1840, p. 495-501.

Épicure a même adopté la théorie atomiste précisément parce qu'il considérait la vision du Monde qu'elle offrait comme la meilleure disponible pour justifier les principaux moraux auxquels il adhérait déjà. Une physique atomiste implique la thèse d'un Univers-machine qui, en quelque sorte, « démoralise » la Nature, la purge de toute réalité surnaturelle, la vide de tout merveilleux et la coupe de tout horizon providentiel.

la déviation spontanée des atomes

Revenons et concluons sur le difficile problème de la liberté de la volonté. Pour expliquer la possibilité, pour une âme matérielle, d'agir librement ou spontanément dans un Monde par ailleurs intégralement déterminé, Épicure aurait eu recours, selon certaines sources, au concept de *parenklisis* (*clinamen*, déclinaison). Il aurait rendu compte de la « liberté de la volonté » au moyen de cette hypothèse voulant que les atomes puissent dévier ou s'écarter spontanément (ou « volontairement ») de leur trajectoire verticale. À l'échelle macroscopique (sur le plan observable), cette spontanéité des atomes se manifesterait par une capacité, pour l'âme ou la volonté, d'initier des « actions volontaires ». La « liberté de la volonté humaine » aurait donc été expliquée chez Épicure par une propriété qui appartient… aux atomes ! Quelle originalité ! La « liberté » est ici le phénomène observable à grande échelle : la réalité cachée, non visible et perceptible seulement par l'intelligence, est la spontanéité inhérente aux atomes. Voilà comment il nous serait possible, en tant qu'êtres humains entièrement matériels, de poser des actions indéterminées au sein d'un Univers-machine où tout est par ailleurs déterminé. Épicure aurait donc fondé la possibilité du « mouvement volontaire » sur la thèse de la déclinaison atomique.

La solution d'Épicure au problème de la « liberté de la volonté » aurait été celle d'avoir situé l'indétermination (ou la « liberté ») au sein de la Nature elle-même, soit sur le plan des atomes, et non pas dans l'âme en tant que telle, tout comme les qualités des corps (couleurs, textures…) ne proviendraient pas des corps eux-mêmes, mais des atomes qui les constituent et de la façon dont ceux-ci affectent les organes des sens. La « liberté » n'est pas plus une propriété de l'âme que la couleur ne l'est des objets que nous percevons par les yeux. Il y aurait *dans la matière* ce qui échappe au déterminisme *de la matière*.

Cette thèse exprime une sorte de génie qui force le respect. Je rappelle que nous sommes en 296 av. J.-C., soit 800 ans avant même la fin de l'Antiquité. Voilà déjà comment un petit groupe d'individus se reposant tranquillement à l'ombre des pampres, se satisfaisant d'un bout de pain et d'un peu d'eau, expliquent la responsabilité de nos choix et des actions que nous posons dans le Monde. La morale est possible. L'action volontaire est possible : si l'on me propose un deuxième verre de vin, je peux accepter ou décliner. Je peux prendre le contrôle de ma vie et être bienheureux, même dans un Monde où, dans l'ensemble, peu de choses relèvent de moi en tant que tel.

***

Toutes les écoles de pensées grecques se sont butées sur le difficile problème de la réconciliation du déterminisme et de la « liberté de la volonté » : par exemple, les stoïciens tenteront de penser ensemble la nécessité du destin ou la fatalité, qu'ils reconnaîtront de façon absolue, et la « liberté » ou l'action non nécessaire, à laquelle ils continueront de croire par ailleurs ; les théologiens chrétiens essaieront plus tard de rapprocher grâce divine, prédestination et libre arbitre ; au 17e s., le philosophe hollandais Baruch Spinoza expliquera à sa façon la possibilité de la liberté humaine à l'intérieur du déterminisme strict partout à l'œuvre dans la Nature… Au 20e s., le philosophe français Jean-Paul Sartre se réclamera d'une forme d'existentialisme fondée sur l'affirmation de la liberté humaine et la responsabilité totale de nos actions dans un contexte où nous sommes par ailleurs le lieu de multiples déterminations sociales et naturelles. C'est par cette liberté, à laquelle nous sommes condamnés, que nous construisons nos vies et ce que nous sommes en tant qu'individus. Sartre écrira : « L'important n'est pas ce qu'on a fait de nous, mais ce que nous faisons nous-mêmes de ce que l'on a fait de nous. » Nous reparlerons de la liberté, ce sujet fascinant et inépuisable.

* * *

L'épicurisme, avec sa conception atomistique du Monde et sa morale eudémoniste, est une école de pensée séculière, et non pas une religion. Il ne reconnaît aucun dieu créateur et architecte de l'Univers, aucun *deus ex machina* (« dieu derrière la machine »), aucune transcendance (c'est-à-dire aucun au-delà), aucun merveilleux, aucun arrière-plan mystérieux qui échapperait à la compréhension humaine. Le Monde d'Épicure ne comporte aucune sanction ni menace de châtiments post-mortem. Des rencontres aléatoires et des chocs mécaniques entre des atomes évoluant à l'aveugle dans l'immensité du vide, voilà tout ce à ce quoi le Monde se réduit.

Après la désagrégation des atomes du corps et de l'âme d'Épicure en 270 av. J.-C., l'école du Jardin poursuivra ses activités d'enseignement et de partage convivial pendant au moins 700 ans, partout dans le monde méditerranéen. Les épicuriens se compteront par milliers, des communautés épicuriennes essaimeront partout, jusqu'en Ionie, en Troade, à Alexandrie, à Rome et en Campanie, en Italie, comme à Herculanum et à Pompéi. Les épicuriens voueront un culte au père fondateur, conformément au souhait d'Épicure formulé dans son testament, et exposeront son portrait dans leurs maisons, sur leurs bijoux et même sur leur vaisselle ! Parmi toutes les écoles de pensée de la Grèce antique, celle d'Épicure sera, semble-t-il, celle qui subira le moins de transformations doctrinales.

* * *

Pour ceux et celles parmi vous qui éprouveraient le désir naturel et nécessaire d'approfondir leur compréhension de l'atomisme antique et de l'épicurisme, je vous recommande vivement la lecture des ouvrages du philosophe français Jean Salem : *Tel un dieu parmi les hommes. L'éthique d'Épicure* (1994, 2002), *La Légende de Démocrite* (1996), *Démocrite. Grains de poussière dans un rayon de soleil* (1996), *L'Atomisme antique. Démocrite, Épicure, Lucrèce* (1997) et enfin *Démocrite,*

Épicure, Lucrèce. La vérité du minuscule (1998). Je vous recommande par ailleurs la lecture de l'ouvrage d'Angélique Gaillon-Jacquel intitulé *Cueillir l'instant avec les épicuriens* (2014). Consultez la section « Sources bibliographiques » à la fin de l'ouvrage pour le détail.

Deuxième partie
Lucrèce

Voie Appienne, campagne italienne,
Sud de Capoue, 60 av. J.-C.

Les doctrines d'Épicure ont trouvé une oreille particulièrement attentive chez Lucrèce, que je vous invite ici à rencontrer en faisant un bond de plus de 200 ans dans le temps, au 1er s. av. J.-C. Le Romain Titus Lucretius Carus est né à Pompéi, près de l'actuelle ville de Naples, dans le sud de l'Italie, et aurait vécu à Rome à l'époque de l'effritement de la République.

La Rome antique

La civilisation romaine jouit d'une histoire grandiose — et fort violente — qui s'étend sur environ un millénaire. Fondée au 8e s. av. J.-C. à partir d'une modeste agglomération de villages latins sise sur le bord du Tibre, Rome a d'abord étendu sa domination sur toute la péninsule de l'Italie et, au cours des siècles qui ont suivi, sur tout le bassin méditerranéen (le *mare nostrum*), le Moyen-Orient jusqu'en mer Noire et l'Europe occidentale jusqu'aux forêts des tribus germaniques et des lointaines frontières de l'Écosse. Au sommet de leur empire, au début de notre ère, les Romains dominaient un territoire de 5 millions de km², et la population atteignait les 90 millions d'individus.

Sur le plan politique, l'histoire de la Rome antique se divise en trois grandes périodes : monarchique, républicaine et impériale. La République romaine a été instaurée en l'an 509 av. J.-C., soit exactement à la même époque où Clisthène a imposé à Athènes les réformes qui ont lancé la cité dans son expérience démocratique. La République a été constituée après que les Romains eurent précipité la chute du roi étrusque Tarquin le Superbe et, avec lui, l'Étrurie tout entière, qui dominait alors Rome et le territoire correspondant actuellement à la Toscane en Italie.

Le terme *république* tire son origine de l'expression latine *res publica*, qui signifie « chose publique » : dans une république, le pouvoir est une responsabilité collective, et non pas l'affaire d'un seul individu, comme ce l'est dans une monarchie. La devise de la République, *Senatus Populusque Romanus* (SPQR), signifie bien « Le Sénat et le Peuple de Rome », mais il faut savoir que dans les faits, la constitution adoptée par les Romains n'était que très approximativement démocratique. L'institution du Sénat, où étaient prises les décisions, restait entièrement sous le contrôle de l'élite aristocratique, les patriciens. Ces individus étaient les descendants de grandes familles (*gentes*), détentrices de privilèges, et ils se définissaient par opposition directe aux gens du peuple, les citoyens plébéiens, qui formaient, avec le travail des esclaves, les forces de production artisanales et paysannes. Il faut savoir que la société romaine était très inégalitaire et très autoritaire. Les magistrats et les consuls étaient certes élus au suffrage populaire, mais seule une fraction de citoyens plébéiens possédait le droit de voter à l'occasion des réunions électorales, appelées « comices ». De surcroît, un système ingénieux de découpage opportuniste (de *gerrymandering*, comme on dit en anglais) donnait systématiquement l'avantage aux candidats de noble extraction, dont les intérêts étaient souvent assez loin d'être les mêmes que ceux du peuple. La République romaine était donc, de fait, une république oligarchique et aristocratique : un régime où le gouvernement est une responsabilité collective, mais où il n'appartient en réalité qu'à un petit groupe d'individus privilégiés d'assumer cette responsabilité et d'imposer leurs volontés au reste de la population.

* * *

Les institutions de la République romaine ne se sont consolidées que progressivement, au fur et à mesure que les Romains ont imposé leur pouvoir militaire, leur administration, leur législation, leurs coutumes ancestrales, leur langue et leurs dieux aux autres populations de la péninsule italique. Vers l'an 300 av. J.-C. (époque à laquelle Épicure a fondé le Jardin d'Athènes), Rome était déjà la plus grande puissance du

Latium, dominant un territoire d'environ 10 000 km². De cette époque date la mise en chantier de la célèbre voie Appienne (*Via Appia*), cette grande voie publique protégée par l'armée et qui permettait une circulation efficace à travers la République, le long de la côte tyrrhénienne. On peut voir encore aujourd'hui plusieurs vestiges de cette « reine des voies » (*regina viarum*) en Italie, notamment à Rome, à Formia et à Brindisi. À la mort d'Épicure, en l'an 270 av. J.-C., les Romains dominaient toute l'Italie, jusqu'aux Alpes. Cinquante ans plus tard, la République a conquis des territoires dans le sud de la France (d'où le nom *Provence*), et en 190 av. J.-C., elle a annexé l'Hispanie (l'actuelle Espagne), en écrasant les révoltes et en soumettant sur son passage les tribus locales, les unes après les autres. Deux cents ans plus tard (en l'an 148 av. J.-C.), les Romains ont soumis le royaume de Macédoine et les cités grecques qui étaient toujours sous la domination de celui-ci. En 146 av. J.-C., les Romains ont rasé la puissante cité de Carthage (en Tunisie), qui avait toujours été la grande rivale de Rome et avec laquelle elle avait été en guerre pendant plus d'un siècle, lors des terribles guerres puniques. Vers l'an 70 av. J.-C., la République a étendu sa poigne de fer sur toutes les cités situées sur le pourtour du bassin méditerranéen. Elle comptait à cette époque plus de deux millions d'esclaves, et les cités étaient reliées par 80 000 km de routes construites par ces derniers. En 63 av. J.-C., le général Pompée est entré à Jérusalem et a fait de la Palestine une province romaine (la Judée), où naîtra et vivra Jésus de Nazareth quelques décennies plus tard. À l'époque de Lucrèce où nous nous situons (1er s. av. J.-C.), la civilisation romaine est une superpuissance, elle domine un territoire de plus de 1 million de km²,elle est la plus avancée au monde sur le plan technologique, et sa machine de guerre est littéralement invincible.

Quelques décennies plus tard, en l'an 55 av. J.-C., un ancien soldat de l'armée romaine devenu consul de la République, Caius Julius Caesar (Jules César), lèvera une armée privée de 40 000 soldats, envahira la Gaule, et pourchassera et exterminera sans pitié les populations. La légende veut que César ait soumis un certain Vercingétorix (sous le commandement duquel se seraient fédérées les tribus gauloises), qu'il l'ait emprisonné à Rome et fait étrangler en public quelques années plus tard. En annexant les actuels territoires de la France et de la Belgique, César doublera la surface du territoire romain, qui atteindra alors les

Vercingétorix dépose les armes aux pieds de Jules César, L. Royer.

2 millions de km². Après la guerre des Gaules, la République, alors sous le contrôle d'individus hostiles à César, démettra ce dernier de ses fonctions, lui ordonnera de dissoudre son armée et de se livrer à la justice pour répondre de ses actes, accomplis sans son consentement express. Plutôt que d'obéir, César voudra s'emparer du pouvoir à Rome ! Cette décision changera le destin de l'histoire occidentale. Après quatre ans de guerre, César écrasera le général Pompée (l'homme de main du Sénat chargé de protéger la République contre lui) et parviendra à se faire nommer dictateur perpétuel. Il amputera alors le Sénat de son pouvoir décisionnel, s'accaparera les pleins pouvoirs et deviendra *imperator* (chef suprême des armées). César étouffera la guerre civile qui déchirera alors la capitale, réformera le calendrier (le calendrier julien), entreprendra d'importants travaux d'embellissement de la ville et mettra en place un éventail de mesures économiques et administratives qui le rendront plutôt populaire auprès du peuple. Mais le 15 mars de l'an 44 av. J.-C. (le jour de la fête du dieu des guerriers, Mars), l'homme le plus puissant au monde sera poignardé à mort en plein Sénat par un groupe de sénateurs qui l'estimera trop dangereux pour la République.

Mort de César, V. Camuccini.

La guerre civile reprendra de plus belle. L'année suivante, Lépide, ancien maître de cavalerie de César, et Marc-Antoine, son lieutenant, conviendront de partager le pouvoir. Mais le triumvirat ne fera pas long feu : après s'être débarrassé des assassins de César, son fils adoptif, Octavien, destituera Lépide et, en l'an 31 av. J.-C., affrontera Marc-Antoine, marié et allié à la reine Cléopâtre, lors de la célèbre bataille navale d'Actium (en Grèce). Lorsque Octavien fera son entrée à Alexandrie l'année suivante, Cléopâtre et Marc-Antoine, qui s'y étaient réfugiés après la défaite, se donneront la mort, et Octavien aura alors le champ libre. Le monde romain basculera : Octavien recevra en l'an 27 av. J.-C. le titre d'*Augustus* et deviendra le premier *princeps* (empereur) de Rome. Cet événement marquera officiellement la fin de la République romaine, après presque 500 ans d'histoire, et le début de l'*Imperium Romanum*. L'Empire romain, qui durera lui aussi 500 ans, verra la naissance du christianisme, son adoption à titre de religion officielle (sous l'empereur Constantin ; nous en reparlerons) ainsi que la division de son immense territoire en deux parties, occidentale et orientale (dès la mort de Théodose 1er), avant de s'effondrer à la suite d'incessantes vagues d'invasions barbares en l'an 476 — année fatidique qui marquera aussi la fin de l'Antiquité, après 40 siècles d'histoire, et ouvrira l'époque du Moyen Âge…

* * *

J'ai donné rendez-vous à Lucrèce sur la voie Appienne quelque part dans la campagne romaine entre Capoue et Néapolis (« Nouvelle ville », la future Naples). Nous sommes en l'an 60 av. J.-C. Je m'attends à rencontrer un homme d'environ 35 ans. Je ne le lui dirai pas, mais l'ouvrage que vient de rédiger Lucrèce connaîtra un fabuleux destin.

Nous nous situons à une époque durant laquelle la République est entraînée dans le tourbillon des événements qui provoqueront sa chute, dans une trentaine d'années. Il y a 12 ans, sur les contreforts du mont Vésuve dont on aperçoit d'ici le sommet pointu, Spartacus et ses hommes organisaient leurs forces, tout juste après s'être évadés de Capoue où ils étaient exploités comme gladiateurs. Nous connaissons la suite : ils ont augmenté rapidement leurs effectifs à environ 120 000 esclaves rebelles, ont affronté avec ferveur et écrasé des légions romaines entières, avant d'être finalement terrassés par le riche général Crassus, secondé par un jeune à l'ambition démesurée, Jules César. C'est sur cette voie Appienne où je me tiens en ce moment, entre Rome et Capoue, que Crassus a fait crucifier il y a 11 ans les 6000 esclaves survivants pour servir d'avertissement! Cet événement est l'un des plus terribles de l'histoire romaine. Le Sénat est sous l'emprise de politiciens véreux, lutte contre des complots visant à le renverser et subit les hostilités déclenchées par des clivages idéologiques. L'économie est fragilisée par une crise de la dette, l'ordre social est menacé par des guerres civiles à répétition et les Romains se sont enlisés dans des conflits sanglants en Afrique. Nous sommes aussi à l'époque où César entame son ascension politique et est élu consul grâce au financement électoral de Crassus. Rome est alors la plus grande cité du monde, avec son million d'habitants.

Sur les traces d'Épicure

Lucrèce.

Notre homme apparaît enfin, surgissant inopinément des champs environnants où il possède peut-être une résidence ou un petit refuge, loin du trafic et des distractions de la *Via Appia*. Il entend proposer son ouvrage tout juste terminé comme une solution intérieure à la tourmente qui caractérise son époque. Et pas n'importe quelle solution : la solution des solutions, celle d'Épicure, des atomes et du bonheur !

> Devant de telles visions, une joie divine,
> un saint frémissement me saisissent à la
> pensée que ton génie contraignit la nature à
> se dévoiler tout entière.
>
> LUCRÈCE, en reconnaissance à Épicure

Le texte de Lucrèce, qui porte le titre évocateur *De la nature des choses* (*De rerum natura*), est un long poème comportant 7400 vers ! Ce poème sera vu plus tard comme le plus grand chef-d'œuvre du genre dans l'histoire humaine. De la vie de Lucrèce, nous ne savons malheureusement presque rien, pas même la date de sa naissance, que des futurs spécialistes situeront quelque part entre 98 et 94 av. J.-C., donc 175 ans environ après la mort de maître Épicure. Lucrèce serait né dans la ville romaine de Pompéi, au sud, à une trentaine de kilomètres d'ici, cité qui sera détruite avec d'autres lors de l'éruption du Vésuve qui surviendra dans 140 ans.

Si Lucrèce est aujourd'hui considéré comme l'un des plus illustres représentants de la tradition atomiste antique, ses idées ont été relativement ignorées de ses contemporains (Cicéron, Ovide, Tacite…). Il semble que Lucrèce n'ait rencontré à son époque presque aucune oreille vraiment attentive, malgré le fait que dans sa région natale, la Campanie, l'épicurisme recevait un accueil particulièrement favorable. Lucrèce serait mort à Rome, âgé d'environ 40 ans. Il se serait donné la mort, mais il se pourrait que cette histoire n'ait été inventée plus tard que dans l'intention de ternir la réputation de cet homme qui niait l'existence de la divinité, affirmait la nature matérielle et mortelle de l'âme et soutenait la thèse hérétique de la pluralité des Mondes…

Pompéi vue du sud-ouest, F. Federer.

* * *

Tout comme le présent ouvrage se veut un hommage au génie humain en général, le *De rerum natura* de Lucrèce est une célébration de celui d'Épicure :

> Pour ce puissant esprit le nom d'homme est trop peu :
> La majesté de l'œuvre en lui proclame un dieu.
> Oui, noble Memmius, il fut un dieu cet homme
> Qui le premier trouva cette règle qu'on nomme
> La Sagesse, et dont l'art, à travers tant de flots
> Guidant la vie au port d'un si parfait repos,
> Change en un jour si pur de si noires ténèbres[3] !

Deus ille fuit : « Il fut un dieu » ! Lucrèce a aussi dit d'Épicure qu'il avait été un « père » (*pater*) ; il a affirmé explicitement avoir marché

---

3. Lucrèce, *De la nature des choses*, V, 7, trad. A. Lefèvre, Éd. Les Échos du Maquis, 2013, p. 177.

dans les traces de ce génie-découvreur divin et paternel en direction de cette finalité morale qu'est le bonheur, gardant le cap sur la manière de concevoir et de connaître le Monde qui doit y reconduire.

L'œuvre de Lucrèce est composée en latin, ce qui fait de lui l'un des tout premiers à avoir utilisé la langue des Romains pour écrire un texte savant, à une époque où la langue des intellectuels était encore le grec. Il s'agit d'un poème composé en hexamètres et qui retransmet ainsi l'esprit et le rythme des grands poètes de la Grèce classique, et où l'argumentation rationnelle est brillamment mêlée à la puissance rhétorique de la poésie. Lucrèce y louange l'épicurisme, qu'il présente explicitement comme la solution ultime à tous les maux de l'humanité, en particulier à ceux dont souffre la société romaine de son époque, en proie aux massacres, aux soulèvements, aux révoltes, aux guerres civiles, aux troubles des religions et aux obscurantismes de la superstition. La panacée, la seule véritable solution, supérieure à toute autre. Mais pour trouver la paix de l'âme, l'*ataraxia*, la vie heureuse et tranquille, Lucrèce invite le lecteur de son poème à découvrir et à connaître d'abord la nature des choses (*rerum natura*) ou la nature du Monde, que le savant-poète ramène aux grands principes de l'atomisme classique : le vide, les atomes, les interactions entre les atomes et leurs actions mécaniques. Les choses sont les corps, la Nature, les atomes dont ces corps sont tous des assemblages. Voilà le sens du titre de son poème, qui est un hymne à la vérité qu'Épicure enseignait déjà au Jardin il y a longtemps.

L'AUTEUR. — Lucrèce, je profite de cette petite marche à vos côtés pour vous adresser des louanges, souhaiter longue vie à votre ouvrage et vous faire savoir aussi tout l'enjouement dans lequel je me trouve en ce moment en votre présence.

LUCRÈCE. — Je perçois votre joie et je vous assure que je la partage aussi. Je suis heureux que vous daigniez jeter un œil à mon texte avant que j'entame des démarches auprès de mon ami Memmius, qui m'a promis de convaincre le grand Cicéron d'en assumer la publication.

L'AUTEUR. — C'est moi qui vous remercie plutôt de m'accorder ce privilège ! Mais avant de me lancer dans une lecture attentive de votre poème, j'aimerais profiter de ces quelques moments avec vous pour vous entendre de vive voix sur les thèmes que vous y développez, les diverses parties qui le composent et les objectifs que vous y poursuivez.

Lucrèce. — J'y consens avec plaisir ! Sortir de mon confinement pour discuter avec vous de ma représentation du Monde et des solutions que j'apporte à mes concitoyens me fera sans aucun doute beaucoup de bien. Je marche ici avec vous en ce moment, mais sachez que c'est dans les traces d'Épicure que j'ai marché tout au long de ce grand voyage intérieur au cours duquel j'ai composé chacun des vers qui sont là, entre vos mains.

L'auteur. — Je l'avais deviné.

Lucrèce. — Mon poème est une longue description de l'Univers du point de vue de la théorie atomiste. Je l'ai distribué en six parties, qu'il faut voir comme des chants : les deux premiers exposent les principes de base de l'atomisme épicurien ; les troisième et quatrième expliquent, à partir de ces principes, la nature de l'âme et le mécanisme des organes sensoriels ; les deux derniers, toujours en me fondant sur les mêmes principes, sont consacrés à la nature du Monde pris dans sa totalité.

Comme vous verrez, dans cette grande reconstitution des choses fidèle à Épicure, je ne sombre pas une seule fois dans la mythologie, je ne fais nul appel à l'intervention divine, je n'évoque aucun au-delà mystérieux : tout, je veux dire absolument tout ce que contient l'Univers, ainsi que tous les événements qui surviennent dans la Nature, ici-bas comme là-haut, je les explique par l'entrechoquement des corps premiers (les atomes), les manières avec lesquelles ces éléments affectent notre corps, ainsi que par les processus de liaison et de déliaison dans le vide infini de l'espace.

L'auteur. — Au premier chant, je dois donc m'attendre, Lucrèce, à ce que vous réduisiez la nature aux deux principes premiers que sont le vide infini et les atomes qui s'y meuvent de toute éternité, conformément à ce que soutenaient jadis Épicure, et avant lui, Nausiphane, Démocrite et Leucippe. Vous présentez en d'autres termes ce qu'est la « nature des choses » réduite à sa plus simple expression.

Lucrèce. — À sa plus simple expression, voilà. Lorsque je résidais à Pompéi, j'ai eu la chance de me prêter à l'étude attentive du volumineux texte d'Épicure intitulé *Sur la nature*, dont j'ai fait mon miel pendant des années, avec d'autres textes, comme *Des atomes et du vide* et un petit ouvrage sur les mécanismes de la vision. Un fortuné associé de mon père disposait d'une bibliothèque à Herculanum où étaient conservés plusieurs textes d'Épicure en provenance d'Alexandrie où ils avaient été recopiés et rapportés par Philodème lorsque j'étais jeune…

Le titre de mon poème, *De la nature des choses*, est une allusion directe au texte d'Épicure *Sur la nature*...

En écoutant Lucrèce, je ne peux m'empêcher de regretter secrètement que tous ces ouvrages d'Épicure soient aujourd'hui perdus. Si seulement il m'était réellement possible d'en rapporter quelques copies et de m'autoriser à changer l'histoire...

Lucrèce. — Au deuxième chant, j'aborde le sublimissime concept de *clinamen* inventé par Épicure.

L'auteur. — Oh, mais je connais ! Ce pouvoir qu'ont les atomes de s'écarter très légèrement de la trajectoire verticale qu'ils ont sous l'effet de leur poids, rendant ainsi possibles leur collision, la constitution des corps dans la Nature et aussi l'action libre...

Lucrèce. — Tout à fait ! L'action libre dont tu parles, je la rapporte dans mon texte à ce que j'appelle la « volonté ». J'utilise ce terme pour traduire l'idée qu'existe un principe des mouvements du corps arraché au destin.

Lucrèce est le premier auteur connu à avoir utilisé le terme *voluntas* en latin pour désigner la faculté grâce à laquelle nous produisons des actions délibérées qualifiées, en ce sens, de « volontaires ». La volonté est l'équivalent sémantique des concepts grecs de *prohairesis* et de *hekousioni* qu'avait utilisés Aristote 300 ans plus tôt pour désigner la décision délibérée d'agir et l'action non contrainte et faite en toute connaissance de cause. Le grand orateur romain Cicéron, qui publiera le poème de Lucrèce, commettra une erreur en utilisant le terme de Lucrèce pour traduire le mot grec *boulêsis*, qui désigne non pas l'action délibérée en tant que telle, mais le simple vœu ou souhait. Or, la différence est notable entre le simple fait, par exemple, de souhaiter la santé, et celui de prendre les initiatives concrètes pour l'être effectivement.

Lucrèce. — Au troisième chant, j'explique que l'*anima* (l'« âme »), constituée d'atomes, est donc de nature matérielle, corporelle, et qu'en tant qu'assemblage, elle est mortelle, *ex definitione*, puisque celle-ci disparaît en même temps que le corps, la mort n'est en effet rien pour nous, comme l'avait si bien dit Épicure, d'où l'inutilité de nous inquiéter à ce sujet.

Je donne au quatrième chant une explication atomique des qualités que nous percevons des corps au moyen des organes des sens et de toute cette richesse d'images qui meublent nos pensées. J'y rends compte du fait que les qualités que les corps semblent posséder, comme nous en jugeons par la vue, le toucher ou l'odorat, ne sont que les effets visibles des façons avec lesquelles les atomes de ces corps agissent sur notre corps.

Dans le cinquième chant, je retrace l'origine et la formation de l'Univers dans son ensemble à partir du choc aléatoire des atomes et des combinaisons progressives de ceux-ci, et ce, comme je vous le disais tout à l'heure, sans jamais recourir à l'hypothèse de dieux créateurs. J'y défends la thèse de la pluralité des Mondes et j'y explique que chacun de ces innombrables Univers naît du hasard heureux des assemblages atomiques et de leurs mouvements. Je ne soutiens pas que les dieux n'existent pas, mais qu'ils sont eux aussi des édifices d'atomes et qu'ils vivent heureux quelque part, loin de nous, dans l'indifférence, comme l'avait dit aussi Épicure.

Enfin, dans le sixième et dernier chant, je reconstitue, toujours à partir des causes matérielles atomiques, la genèse des phénomènes astronomiques, des espèces animales et, enfin, de l'humanité tout entière, depuis son organisation en familles, en clans, jusqu'aux grandes civilisations.

L'AUTEUR. — Cher ami, ce fut un grand honneur et un plaisir indicible de vous entendre et de marcher un peu en votre compagnie. Je souhaite, à vous et à vos idées, une belle et longue vie.

Le texte de Lucrèce est malheureusement disparu de la circulation dès l'avènement du christianisme dans l'Empire romain au 4ᵉ s., en raison de son contenu hautement problématique au regard de ses croyances. Le poème, que nous considérions alors comme perdu, a été miraculeusement retrouvé au début du 15ᵉ s. par un érudit dans la bibliothèque du monastère de Fulda en Allemagne! Au Moyen Âge, ce monastère était l'un des plus importants centres intellectuels de l'Europe, et beaucoup d'œuvres de l'Antiquité y ont été retranscrites à la main par des moines copistes, avant l'invention de l'imprimerie. Sitôt retrouvé, le poème de Lucrèce a été recopié sur place, dans le *scriptorium* de l'abbaye. Il fut mis sous presse pour la première fois en l'an 1473 (25 ans seulement après l'invention de l'imprimerie), ce qui a assuré la sauvegarde du texte dans le grand patrimoine littéraire de l'humanité. Le poème est paru à quelques reprises en France au cours du 16e s., mais était chaque fois violement critiqué, en raison de son contenu nettement incompatible avec le dogme chrétien. Plusieurs éditions de l'ouvrage datant de cette époque contiennent d'ailleurs des avertissements intimant au lecteur de ne pas se laisser séduire par son contenu pervers et de se limiter à sa seule beauté stylistique. Des grands intellectuels de l'époque, au nombre desquels Michel de Montaigne en France et Thomas More en Angleterre, pourtant tous deux fervents catholiques, ont bien reconnu l'ampleur du génie de Lucrèce et la valeur de sa science, mais cette réception favorable est demeurée somme toute plutôt marginale. Molière aurait traduit le poème, et Jean de La Fontaine s'est proclamé disciple d'Épicure et de Lucrèce !

Sur les traces d'Épicure et de Lucrèce

Statue de G. Bruno.

En Italie, Giordano Bruno a enseigné les thèses de l'infiniment petit et de l'Univers infini. Le savant a fait paraître en l'an 1584 son œuvre maîtresse intitulée *L'infini, l'univers et les mondes (De l'Infinito, Universo e Mondi)*, où il a pris la défense de la théorie de la pluralité des Mondes habités, expliquant que les étoiles sont des Soleils autour desquels tournent d'autres planètes peuplées d'autres créatures. Ses idées, qui allaient directement à l'encontre de la religion et de la conception traditionnelle du Monde, ont valu à Bruno d'être arrêté, mis sous les verrous pendant plusieurs années, torturé, puis brûlé vivant par le tribunal de l'Église catholique (l'Inquisition), en l'an de grâce 1600, sur le Campo de' Fiori à Rome. Une statue de Bruno a été érigée à cet endroit pour rappeler cette abomination commise contre le génie humain.

Vingt-trois ans plus tard, le grand savant italien Galilée (dont nous reparlerons au chap. 8) a publié un ouvrage intitulé *L'Essayeur* (*Il Saggiatore*), dans lequel il a défendu la théorie atomiste et l'idée voulant que les qualités que nous percevons des corps soient le résultat de la manière dont ces corps agissent sur nos organes des sens, comme l'avaient affirmé les anciens atomistes. Les qualités qu'affichent les différents objets, et que Galilée a appelées, suivant une vieille tradition, « qualités secondes », ne sont que les effets visibles des « qualités premières » appartenant aux atomes qui composent ces objets. Galilée ne sera jamais inquiété par l'Inquisition à ce propos, mais certains feront remarquer aux autorités de l'Église que la théorie atomiste représente une menace pour le dogme chrétien de la transsubstantiation. Selon cette croyance, lors de l'eucharistie, le pain et le vin sont supposément réellement transformés en corps et en sang du Christ (il y a changement de substance), bien que le pain et le vin conservent leurs propriétés d'origine (même goût, même odeur, même couleur, etc.). Or, la théorie atomiste ne peut expliquer ce phénomène et le rend même, pour ainsi dire, impossible.

Ce n'est que vers le milieu du 17e s. que l'on a commencé d'observer un changement d'attitude vis-à-vis de la théorie atomique et de ses nombreuses implications. C'est le siècle de la révolution scientifique, soit l'époque où Kepler et Leibniz en Allemagne, Galilée et Torricelli en Italie, Descartes et Huygens aux Pays-Bas, Wallis, Boyle, Halley, Hooke et Newton en Grande-Bretagne, entre autres, ont jeté les bases de la science moderne et échafaudé toute une nouvelle représentation du Monde au sein de laquelle la théorie atomiste s'est lentement frayé un chemin.

Le premier grand promoteur moderne de la doctrine atomiste a été Pierre Gassendi, un savant français de la première moitié du 17e s. Gassendi était titulaire d'un doctorat en théologie, il a été un homme d'Église, s'est adonné à l'astronomie et à la physique et, à partir de 1645, a été professeur de mathématiques au Collège royal (le futur Collège de France). Gassendi a enseigné et défendu ardemment la physique atomiste d'Épicure et de Lucrèce, qu'il n'estimait pas contraire à la foi chrétienne. Il a publié en 1647 un ouvrage en latin intitulé *De Vita, moribus, et doctrina Epicuri libri octo* (« De la vie, la mort et la doctrine d'Épicure, en huit livres »), et deux ans plus tard, a fait paraître son livre le plus connu, *Syntagma philosophiae Epicuri*, qui a été réédité en 1684. Gassendi a été le plus important défenseur de la doctrine atomiste du 17e s. Nous reparlerons de lui une prochaine fois, car Gassendi est aussi connu pour avoir donné la première formulation complète du principe d'inertie, qui a été essentiel pour comprendre le phénomène de la gravitation.

Bien que critiquée par certains, l'idée d'analyser les phénomènes macroscopiques à partir de processus qui surviennent à l'échelle microscopique a fait forte impression dans les milieux intellectuels. À la même époque en Angleterre, le savant Robert Boyle a élaboré et défendu lui aussi une « philosophie corpusculaire » inspirée d'Épicure. Boyle a été le fondateur de la célèbre Royal Society de Londres, dont il a assumé la direction dès 1680. Il est l'auteur de plusieurs découvertes scientifiques en physique et en chimie, notamment dans les domaines de la pneumatique et de la combustion et de celui des gaz. En défendant l'approche expérimentale récemment développée en physique (grâce à Galilée), Boyle a repris et soutenu la thèse selon laquelle les qualités des corps qu'analysaient les chimistes de son temps ne sont que des phénomènes ou des apparences totalement explicables par le mouvement de particules élémentaires qui échappent aux organes des sens. Boyle a contribué à donner congé à l'antique théorie des quatre éléments (l'eau, l'air, le feu et la terre), qui avait été relayée par Aristote et qui dominait encore les recherches menées en chimie à son époque. Pour cette raison, les historiens modernes considèrent généralement Boyle comme le précurseur de la théorie atomiste expérimentale et de la chimie moderne. Boyle a présenté et développé ses idées dans son livre *Le Chimiste sceptique* (*The Sceptical Chymist*), écrit sous la forme d'un dialogue et paru à Londres en 1661.

Mentionnons enfin le célèbre Isaac Newton, qui a eu lui aussi recours à l'hypothèse atomique dans le domaine de l'optique. Newton a étudié, sur une base expérimentale, les couleurs et le comportement de la lumière (notamment dans la réflexion et la réfraction) et proposé une explication de ces phénomènes en prenant appui sur des hypothèses relatives à la manière dont les atomes se comportent. Newton a fait connaître sa théorie dans son célèbre traité *Opticks (Optique)*, publié en 1704, qui est reconnu comme le premier véritable ouvrage d'optique scientifique moderne.

* * *

Ce petit topo sur les Temps modernes met un terme à notre voyage au pays de l'atomisme classique. La théorie connaîtra un destin absolument extraordinaire en faisant son entrée, grâce aux travaux de John Dalton et d'Albert Einstein au début des 19e et 20e s., au grand panthéon de la science contemporaine. Nous poursuivrons cette histoire ultérieurement, à l'occasion d'une future incursion dans l'univers de l'infiniment petit et de la physique quantique, à l'occasion de laquelle nous rencontrerons des notions d'atome et de matière tout à fait nouvelles et qui échappent radicalement à notre façon ordinaire de nous représenter ces réalités dans la vie de tous les jours.

Le matérialisme classique

Soulignons en guise de conclusion que c'est à l'époque de la parution du livre de Newton qu'a été forgée en langue française l'expression *matérialisme*, sous la plume de Georg Wilhelm Leibniz, en 1702. Bien qu'il n'ait pas été lui-même un partisan de cette doctrine, le savant a usé de ce terme pour désigner les conceptions du Monde qui ne reconnaissent l'existence que d'une seule et unique substance — soit celle des corps ou de la matière —, dont l'atomisme et d'autres doctrines défendues par quelques nouveaux intellectuels de son temps, sous diverses formes. Le prochain siècle, celui des Lumières (le 18e s.), a été celui au cours duquel ont proliféré les conceptions matérialistes du Monde, opposées à celles qui posent l'existence d'une autre substance, de nature immatérielle ou spirituelle. Inutile de dire que l'avènement du matérialisme a provoqué de houleux débats dans les milieux savants eux-mêmes, et d'une façon plus générale, entre les hommes de science et les défenseurs de la religion chrétienne, dont la foi est fondée sur l'existence d'un autre Monde.

Chapitre 2
Le Monde des Mythes

Dans ce chapitre et le prochain, nous parlerons du Monde tel que celui-ci est ressenti et compris du point de vue de ceux qui adhèrent à la croyance en un au-delà invisible et surnaturel. Nous serons happés par des formes tout à fait étonnantes du génie humain. L'une des marques les plus caractéristiques de l'*Homo sapiens* est sans aucun doute son intelligence multidimensionnelle, et nous en donnerons de surprenants exemples. Dans ce nouveau voyage de découvertes au cœur de la pensée mythique et religieuse, nous serons exposés à des modes de compréhension de la réalité très étrangers en regard de celui que nous avons vu se déployer au sein de la tradition atomiste et matérialiste dans le chapitre précédent, ainsi qu'à des formes de connaissance et de conscience qui échappent à la manière dont ces dernières sont habituellement définies dans l'horizon de la pensée occidentale. Mais nous verrons que nous pouvons distinguer cependant dans ces formes de conscience des façons particulières de dévoiler la réalité, et que celles-ci révèlent des éléments tout à fait intéressants et pertinents sur le plan de la psychologie humaine et la nature de l'être humain en général.

Amorçons notre aventure en reconnaissant d'abord le fait que la pensée mythico-religieuse est une manifestation fondamentale du vécu humain depuis les origines. Que les mythes, les mythologies, les religions et les diverses traditions spirituelles, mystiques et ésotériques aient fait partie intégrante de l'évolution des cultures humaines, de tout temps et partout à travers le monde, cela est une donnée que semble confirmer l'histoire des civilisations et les études anthropologiques. Dans notre voyage à travers cet immense territoire, nous mettrons d'abord à contribution certaines recherches classiques menées dans les domaines de l'ethnologie. Dans un prochain chapitre, nous examinerons le phénomène religieux du point de vue de la psychologie de l'inconscient, selon lequel des structures non conscientes de la psyché humaine seraient à l'origine de cette perception tout à fait singulière du Monde.

Première partie
Eliade et les aspects du mythe

> En somme, les mythes révèlent que le Monde, l'homme et la vie ont une origine et une histoire surnaturelles, et que cette histoire est significative, précieuse et exemplaire.
>
> M. Eliade, *Aspects du mythe*, 1963

La littérature est riche de ressources sur la nature de même que sur la signification du mythe et de la mythologie. Dans ce domaine, l'œuvre de Mircea Eliade est très certainement l'une des mieux connues et des plus largement admises. Né en 1907 en Roumanie, ce chercheur est l'un des fondateurs de l'histoire moderne des religions et il est vu par beaucoup comme l'un des plus éminents mythologistes du 20e s. Eliade sera notre premier guide.

D'abord formé à la philosophie occidentale à Bucarest, Eliade a étudié la philosophie indienne à l'Université de Calcutta, de 1928 à 1933, avant de l'enseigner à son tour jusqu'en 1940 à l'Université de Bucarest. En 1933, il a obtenu son doctorat avec une thèse consacrée à la pratique du yoga, publiée plus tard en 1936 sous le titre *Yoga, essai sur les origines de la mystique indienne*. En 1945, après la Seconde Guerre mondiale, Eliade s'est installé à Paris et a enseigné à l'École pratique des hautes études (EPHE), où les sciences philologiques, historiques et religieuses étaient mises en valeur depuis la fondation de l'institution au milieu du 19e s. Il a été nommé professeur à l'Université de Chicago aux États-Unis en 1957 et a fondé en 1961 la célèbre revue *History of religions*. Eliade est mort en 1986.

Auteur prolifique, il est à l'origine de plusieurs grands classiques, notamment le *Traité d'histoire des religions* (1949), *Le Mythe de l'éternel retour* (1949), *Le Chamanisme et les techniques archaïques de l'extase* (1950), *Le Sacré et le Profane* (1965), *La Nostalgie des origines. Méthodologie et histoire des religions* (1971), *Religions primitives* (1972) et *Mythes, rêves et mystères* (1972). L'ouvrage d'Eliade qui nous intéresse ici s'intitule *Aspects du mythe*, publié en 1963. Il s'agit d'un ouvrage qui a marqué mes études universitaires et qui m'avait justement fait comprendre la richesse de significations contenue dans la notion de mythe et qui dépassait tout ce que j'en avais pensé jusqu'alors. Eliade a cherché dans ce livre à donner une vue d'ensemble des différentes dimensions du mythe tel que celui-ci est vécu principalement au sein des sociétés archaïques.

Les sociétés archaïques

Les Tobas d'Amérique du Sud en 1892.

L'expression *société archaïque* est habituellement employée pour désigner les communautés humaines dont les traditions, les coutumes, les croyances, les structures sociales, bref, le mode de vie et de pensée en général, se sont maintenus dans un état originel hors de la sphère d'influence de la culture occidentale. Ces sociétés n'ont pas été assimilées par l'Occident et ont été préservées, ou relativement préservées, dans leur état ancestral. Nous trouvons dans la littérature plusieurs autres expressions pour désigner ces sociétés, telles que *sociétés sauvages*, ou encore, comme c'était le cas autrefois, *sociétés primitives*. Le vocable *archaïque* (du grec *arkhaïkós*) signifie « ancien » : en effet, les origines de ces sociétés remontent bien souvent à l'époque préhistorique, parfois jusqu'à 30 000, voire 50 000 ans, ce qui est considérablement plus ancien que les plus vieilles civilisations, comme celles des Romains, des Grecs, des Perses, des Égyptiens ou encore des Sumériens, qui ont existé il y a à peine 2000, 3000 ou 5000 ans. Sur le plan politique, ces sociétés anciennes épousent généralement des formes d'organisations dites « pré-étatiques », c'est-à-dire d'avant la formation de l'État : elles sont essentiellement fondées sur des groupes familiaux regroupés en tribus et qui partagent une langue et une culture communes, ainsi qu'un certain territoire. La plupart de ces sociétés tribales ne connaissaient pas l'écriture et n'ont laissé aucun témoignage écrit de leur histoire et de leur culture.

De gauche à droite : *La ville de Pomeiooc*, T. de Bry ; *Amérindiens en pirogue*, T. de Bry.

Il existe de moins en moins de ces sociétés, qualifiées aussi parfois de « non assimilées » ou encore de « non contactées » dans les cas les plus extrêmes, mais c'est par millions que les membres de ces communautés se comptent encore aujourd'hui. Il existe plus de 200 tribus indigènes dans la vaste forêt amazonienne qui vivent toujours selon des traditions restées relativement inchangées depuis des milliers d'années, telles que les Kayapós, les Korubo, les Bororos et les Pirahãs du Brésil, les Ayoreo du Paraguay, les Carabayo de Colombie ou encore les Wayãpi de Guyane française. Plus de 2000 groupes ethniques archaïques existent également de nos jours dans les pays africains : les Dogons du Mali, le peuple zoulou d'Afrique du Sud, les Pygmées des forêts équatoriales, les Mursis et les Karo d'Éthiopie, les Hadza de Tanzanie, les Bakweri du Cameroun, les Yaos du Mozambique... Mentionnons aussi : les Kazakhs de Mongolie ; les Papous, ces populations autochtones qui vivent depuis plus de 20 000 ans dans les forêts de la Nouvelle-Guinée ; les célèbres Aborigènes d'Australie, dont les origines remontent à 50 000 ans, mais dont l'existence n'est connue en Occident que depuis 250 ans, grâce à l'explorateur britannique James Cook (qui a pris possession du territoire en 1770) ; les Maoris de Nouvelle-Zélande et les Kanak de Nouvelle-Calédonie ; les Padaung du Myanmar, connus pour leurs « femmes girafes » (parce qu'elles superposent des anneaux en laiton autour de leur cou, ce qui a pour effet de l'allonger avec le temps) ; dans les îles Andaman, dans le nord-est de l'océan Indien, existent de très anciennes sociétés encore totalement coupées du monde moderne, comme les Jarawa, qui ne comptent plus qu'environ 400 individus, et les tristement célèbres Sentinelles, dont la population n'atteint que quelques dizaines d'individus vivant confinés sur une petite île (*North Sentinel*) depuis plus de 50 000 ans et qui attaquent à mort tous ceux qui tentent d'entrer en contact avec eux. Ces derniers sont considérés par plusieurs comme formant la société la plus isolée au monde.

Mudman de la tribu Asaro en Nouvelle-Guinée.

Depuis l'époque des grandes explorations et avec le colonialisme, les rencontres entre les Européens et les sociétés indigènes partout à travers la planète ont été démultipliées. Les journaux des explorateurs, les récits des voyageurs et des commerçants, les rapports des missionnaires et des administrateurs coloniaux, notamment, ont donné lieu à une abondante « littérature exotique » consacrée à ces tribus sauvages, mais ces dernières y étaient en général présentées péjorativement comme des sociétés primitives, par contraste avec la société développée et civilisée de l'« homme blanc ». Les individus des sociétés archaïques étaient fréquemment dépeints comme des êtres inférieurs, voire par certains comme des arriérés mentaux.

De gauche à droite : B. Malinowski ; M. Mead ; R. Benedict.

Les « primitifs » ne sont devenus un véritable objet de curiosité scientifique que vers la fin du 19e s., grâce au développement d'une nouvelle discipline appelée « anthropologie culturelle » ou « ethnologie ». Dès le début du 20e s., des ethnologues professionnels sont entrés en contact avec certaines de ces tribus, apprenant leur langue, séjournant en leur sein, allant jusqu'à adopter leur mode de vie et participer aux activités de leurs membres, parfois pendant plusieurs années, dans le but de colliger des informations sur le terrain et de comprendre scientifiquement leur fonctionnement à travers toutes sortes de faits sociaux observables : rites et croyances religieuses, mythologies, symboles, institutions, normes et valeurs culturelles, activités commerciales, etc.

L'ethnologue britannique Bronislaw Malinowski, par exemple, a effectué entre 1915 et 1918 trois séjours dans des sociétés des îles Trobriand en Mélanésie et livré le résultat de ses observations dans son livre *Les Argonautes du Pacifique occidental*, paru en 1922. C'est à lui que nous devons le développement de la première ébauche de la méthode d'enquête dite de l'« observation participante ». Cette méthode qualitative de collecte d'informations a été perfectionnée et raffinée ensuite au fur et à mesure du développement de l'ethnologie grâce à des chercheurs comme Franz Boas, Margaret Mead et Ruth Benedict aux États-Unis, Edward Evan Evans-Pritchard et Alfred Radcliffe-Brown en Angleterre, Marcel Mauss, Georges Condominas et Claude Lévi-Strauss en France, pour ne nommer que les plus connus. La méthode de l'observation participante se veut la plus objective possible dans la mesure où elle a été expressément mise sur pied de manière à contrer les jugements de valeur et à éviter les biais ethnocentriques (plus particulièrement de type euro- et christianocentriques) de l'observateur. Cette méthode est encore aujourd'hui au cœur des études en ethnologie et dans d'autres disciplines connexes telles que la sociologie et la psychologie sociale.

Les caractéristiques universelles du mythe

Revenons à Eliade. Si ce dernier s'intéresse aux sociétés archaïques, c'est que la façon dont le mythe y est vécu pourrait être selon lui le reflet ou le miroir d'une sorte de « mentalité primordiale » qui caractérisait celle des êtres humains en général avant l'émergence, le développement et le rayonnement de la rationalité chez les Grecs antiques, c'est-à-dire avant le développement de la « mentalité occidentale ». En d'autres termes, le type de conscience qu'ont encore aujourd'hui les hommes de ces sociétés constituerait une sorte de « document contemporain » du type de conscience du Monde qu'avaient les êtres humains en général avant la naissance de la civilisation occidentale. La thèse de départ consiste donc à présumer que la pensée mythique a dominé l'histoire de l'*Homo sapiens* pendant des dizaines de millénaires et que la mentalité des hommes archaïques actuels en serait le vestige vivant.

Dans son livre *Aspects du mythe* qui nous intéresse ici, en prenant appui sur la littérature ethnologique, Eliade a tenté de donner une définition du mythe tel que celui-ci est vu et vécu par l'homme archaïque lui-même. À la toute fin du chapitre premier (dans une section intitulée « Structure et fonction des mythes »), Eliade a identifié cinq caractéristiques universelles du mythe, éléments qu'il estime présents, à des degrés divers, dans tous les types de mythes au sein de toutes les sociétés archaïques à travers le monde.

Micmacs de Nouvelle-Écosse.

L'idée que tous les mythes partageraient une structure commune remonte à Joseph Campbell (1904-1987). Dans son livre publié en 1949, *Le Héros aux mille et un visages*, le célèbre mythologue américain a formulé sa théorie du « monomythe » (*Monomyth*) voulant que les mythes, de manières diverses, racontent tous au fond la même histoire, à savoir celle du « voyage du héros » (*The Hero's Journey*) : telles des variations sur le même thème, tous les mythes de toutes les sociétés (des sociétés archaïques aux sociétés traditionnelles et contemporaines, par exemple au cinéma et dans la littérature), seraient la narration d'un voyage initiatique vécu par un héros. Celui-ci mène une existence ordinaire lorsqu'il ressent l'appel de l'aventure ou lorsqu'il voit un défi ou une quête se présenter à lui. D'abord réticent à s'engager dans cette voie, il suit les conseils d'un mentor et passe à l'action, surmonte des épreuves dangereuses, affronte des dangers, réussit enfin sa mission et revient dans le monde ordinaire, intérieurement transformé par l'expérience... La théorie unificatrice du mythe de Campbell a été elle-même inspirée par la théorie de l'inconscient collectif développée par Carl Gustav Jung, un ancien disciple de Sigmund Freud que nous irons rencontrer prochainement.

* * *

Eliade a proposé cinq caractéristiques du mythe. Celles-ci font apparaître le mythe sous différents éclairages et ne sont pas séparées les unes des autres. Ce sont des caractéristiques universelles dans la mesure où elles expriment des structures dans la manière dont les mythes opèrent de façon générale au sein des diverses cultures et à travers le temps. Passons-les rapidement en revue.

1. Un récit des origines

Un mythe raconte la suite des événements qui sont survenus au début des temps et dans lesquels ont été engagés des êtres surnaturels tels que des dieux, des créatures, des monstres, des esprits, des héros, etc. Ces êtres surnaturels ne sont pas nécessairement issus d'une autre dimension ou d'une sorte d'au-delà transcendant : dans les sociétés archaïques en particulier, ces êtres sont « surnaturels » au sens plus large où ils n'appartiennent pas au Monde de tous les jours — nous en reparlerons.

2. Une histoire vraie

Du point de vue de l'homme archaïque lui-même (qui croit à ces récits d'événements et à l'existence objective de ces êtres surnaturels), le mythe est une histoire vraie, c'est-à-dire qu'il rapporte des événements qui sont bel et bien survenus et qui font référence à des êtres qui existent réellement.

Eliade a attiré ici l'attention sur le fait que le mot *mythe* est aujourd'hui frappé d'une équivocité fondamentale. Le mythe peut être défini sous deux points de vue très différents. Le premier, dit « intérieur », est celui qu'adopte l'homme archaïque lui-même, qui croit à la vérité des mythes véhiculés dans sa culture. Le second, dit « extérieur », correspond à la perspective de l'observateur (le missionnaire, l'ethnologue ou encore les membres d'une autre tribu) qui n'accorde pas créance à ce que raconte le mythe et qui voit plutôt celui-ci comme un récit fabuleux, une histoire inventée, un pur produit de l'imagination.

C'est dans ce sens qu'Eliade oppose dans son livre « mythe vivant » et « mythe mort ». Pour nous, par exemple, les dieux Zeus, Apollon, Hermès, Jupiter, Mars, Aphrodite et Bacchus, de même que les mythes de Narcisse, de Sisyphe, de Jason, d'Œdipe, d'Hercule et de Mithra sont issus de l'imagination des Grecs, des Romains et des autres sociétés qui les ont influencés. Ainsi, vu de l'extérieur, un mythe (qui est un mythe mort) est une histoire fausse : il ne rend compte ni de personnages réels, ni d'événements ayant historiquement eu lieu.

Xénophane.

Ouvrons une parenthèse pour souligner que cette signification du concept de mythe comme récit imaginaire n'est pas récente : elle remonte à certains intellectuels grecs de l'Antiquité, qui ont initié un processus de rationalisation sur leur propre tradition mythique. À cette époque, une très forte proportion de la population grecque croyait, semble-t-il, à la réalité des récits de leur mythologie et participait activement aux rituels associés à leurs divinités, mais quelques penseurs ne leur reconnaissaient déjà aucune réalité. C'est le cas par exemple de Platon, qui, dans son ouvrage intitulé *La République* (4ᵉ s. av. J.-C.), a rejeté le mythe et dénoncé sévèrement les poètes qui contribuaient à perpétuer cette tradition, allant jusqu'à ordonner leur exclusion de la cité idéale présentée dans le livre. Chez Platon, un mythe n'est pas une « histoire vraie », mais un simple conte, un simple récit, et lorsque celui-ci y recourt, ce n'est jamais que comme un outil pédagogique destiné à faciliter la compréhension d'une thèse philosophique.

Dès l'ouverture de son ouvrage, Eliade a évoqué le savant et poète grec Xénophane de Colophon, qui a vécu plus d'un siècle avant Platon.

Xénophane, qui avait semble-t-il fondé sa propre école dans la cité d'Élée (aujourd'hui Velia, dans le sud de l'Italie, près de Naples), est le plus ancien représentant connu de cette attitude critique et rationnelle vis-à-vis du *mythos*. Xénophane avait critiqué les poètes épiques Homère et Hésiode pour leur attachement aveugle à la mythologie et à la religion polythéiste (c'est-à-dire qui comporte plusieurs dieux). Le savant était d'avis que les dieux du panthéon (Poséidon, Athéna, Déméter…), et en général les dieux de toutes les sociétés, n'étaient que ce que nous appelons aujourd'hui des « anthropomorphismes », c'est-à-dire des représentations de la divinité imaginée avec des traits humains — en grec, *ánthrôpos* signifie « être humain » et *morphé*, « forme » : donc, « forme humaine ». Xénophane adhérait à la thèse, inédite et plutôt audacieuse pour l'époque, que les dieux ne sont que le fruit de l'imagination des êtres humains qui les représentent naturellement à leur image. On a conservé de Xénophane les passages suivants, entre autres :

> Oui, si les bœufs et les lions avaient des mains et pouvaient, avec leurs mains, peindre et produire des œuvres comme les hommes, les chevaux peindraient des figures de dieux pareilles à des chevaux et les bœufs pareilles à des bœufs, bref des images analogues à celles de toutes les espèces animales.
> Les Éthiopiens disent de leurs dieux qu'ils sont camus et noirs, les Thraces qu'ils ont les yeux bleus et les cheveux rouges[4].

Xénophane n'était pas athée pour autant. Il croyait à l'existence d'un dieu unique, n'ayant pas une forme humaine et capable de diriger l'ensemble de ce qui survient dans la Nature par le seul moyen de sa pensée (nous reparlerons des diverses représentations de la divinité).

Ainsi, la distinction entre mythe vivant et mythe mort qu'Eliade a mise en exergue en est une dont les origines remontent à la Grèce antique. Il est important de comprendre que ce point de vue rationnel ou distancié sur le mythe n'est pas la perspective qu'adoptent les hommes archaïques vis-à-vis de leurs propres mythes. Le mythe est chez eux une forme de représentation vécue : chez les Mayas précolombiens par exemple, les aventures des dieux jumeaux Hunahpú et Ixbalanqué, ou encore chez les Hurons, le récit des querelles entre

---

4. COLLECTIF, *Les penseurs grecs avant Socrate. De Thalès de Milet à Prodicos*, trad. J. Voilquin, Garnier frères, coll. « GF-Flammarion », 1964, frag. 15 (Voilquin), p. 64.

Iouskeha et Tawiscaron, les deux enfants de la déesse Aataentsic, ne sont pas des « mythes » au sens de « récits imaginaires », mais des événements réellement survenus dans les temps primordiaux. Faisons un parallèle avec le mythe du père Noël. D'un point de vue intérieur (qui est ici celui de l'enfant), le père Noël n'est pas un « mythe » au sens ordinairement reçu du terme ; il existe véritablement, il habite le pôle Nord, se charge vraiment de la distribution des cadeaux dans le monde entier et laisse même parfois derrière lui des traces concrètes de sa visite, preuve de son existence ! Le père Noël est chez l'enfant une expérience vécue, celui-ci est vivant. D'un point de vue extérieur (soit celui de l'adulte), le père Noël n'est qu'un personnage imaginaire, un mythe au sens où il est « mort » en quelque sorte, vidé de toute réalité.

Le mythe vécu est donc le reflet d'une certaine façon de voir et d'exister dans le Monde, alors que le mythe mort reflète plutôt une représentation intellectualisée ou rationalisée du mythe, dont la charge ou la valeur de réalité est abandonnée.

Au 18e s. et au 19e s., avant l'essor de l'ethnologie, les savants qui s'intéressaient aux mythes avaient spontanément tendance à ne les traiter que comme des récits fabuleux. Ces savants, qui appartenaient pour la plupart à la tradition de la philologie classique, avaient des mythes une image statique, du fait qu'ils ne les étudiaient jamais qu'à distance, au travers de la littérature, sans jamais chercher à se placer du point de vue des membres des cultures au sein desquelles ils étaient véhiculés et vécus. Les mythologues se limitaient alors à raconter les mythes des anciennes civilisations (grecques, romaines, égyptiennes, mésopotamiennes…), et leurs ouvrages étaient construits sous la forme de grands catalogues où les histoires mythiques étaient simplement inventoriées et vidées de leur substance originelle. L'exemple le plus célèbre de cette approche encyclopédique et purement narrative du mythe est celui des 12 volumes de la troisième édition du *Rameau d'or* (*The Golden Bough, A Study in Magic and Religion*) de l'anthropologue écossais James George Frazer, publiés entre 1911 et 1915.

Mais les choses ont changé avec l'avènement de l'ethnologie. La plupart des savants qui se sont penchés sur le phénomène mythique au cours du 20e s. ont adopté la perspective du « mythe vivant » ou du mythe en tant qu'« histoire vraie ». Le philosophe français Georges

G. Gusdorf.

Gusdorf (1912-2000), par exemple, a tenté dans son livre *Mythe et Métaphysique* (1953) de caractériser le mythe tel qu'il était compris de l'intérieur et vécu chez les peuples archaïques et dans les sociétés traditionnelles. Selon lui, avant d'être un simple récit, le mythe exprime la manière dont l'être humain habite le Monde et accomplit au sein de celui-ci son équilibre vital. La distinction que Gusdorf a établie entre conscience mythique et conscience intellectuelle correspond *grosso modo* à la forme de conscience à l'origine de la vision du mythe vivant et du mythe mort chez Eliade. La même approche fondamentale caractérise les analyses faites par Ernst Cassirer (1874-1945), plus tôt encore, en 1925, dans sa *Philosophie des formes symboliques II. La pensée mythique*. Dans cet ouvrage, le philosophe allemand a bien montré la façon dont le mythe est perçu et vécu différemment dans l'évolution des structures de pensée à travers le monde et la manière dont ces structures ont elles-mêmes évolué à travers le temps pour donner progressivement naissance à la conscience de l'être humain contemporain.

Chez Eliade, pour conclure, un mythe, dans toutes les cultures à travers le Monde, est donc un récit des origines, et ce récit est considéré comme absolument vrai.

3. Le récit d'une création

Ce troisième aspect est extrêmement important. Le mythe raconte comment quelque chose (le Cosmos, la Terre, un objet, un animal, un phénomène naturel, une montagne, une île, une institution, un comportement, une habitude, un remède, etc.) en est venu à exister : il expliquerait pourquoi une réalité donnée est telle qu'elle est aujourd'hui en se rapportant à des événements survenus et à des exploits réalisés par les êtres surnaturels dans le temps mythique et sacré des commencements. Eliade a souscrit à l'idée selon laquelle le mythe a pour fonction essentielle de fournir une explication de la réalité. Expliquer une chose (un phénomène, un comportement, une pratique…), c'est déterminer la cause à l'origine de cette chose. Par exemple, expliquer l'écrasement d'un avion, c'est trouver la cause qui a provoqué la catastrophe (une défaillance du moteur, un problème électrique, une erreur humaine…). Dans le cas des explications de type mythique, la cause ne se trouve pas dans la Nature ou dans le monde ordinaire en tant que tel : en voici quelques exemples. Dans le mythe huron de la Création du Monde, il est expliqué que la pierre de silex, utilisée par les Amérindiens pour fabriquer les outils, a surgi des gouttes de sang versées par Tawiscaron après que celui-ci eut été blessé par son frère Iouskeha. Dans l'une des versions du mythe grec de Narcisse, on raconte que le jeune homme, incapable de détacher les yeux du reflet de son visage au fond d'un puits, a fini par mourir et prendre racine au bord de la fontaine, ce qui explique l'origine de ces petites fleurs jaunes qui poussent près des sources d'eau et que nous appelons des « narcisses ». Dans la tradition chrétienne, le mythe d'Adam et Ève (que nous retrouvons dans le tout premier livre de la Bible intitulé la Genèse) explique qu'en raison du péché originel, Dieu a puni les fautifs en les chassant du Jardin d'Éden, en obligeant l'homme à travailler, la femme à souffrir lors de l'accouchement et en rendant les malheureux mortels (en les retournant à la poussière). Les mythes seraient ainsi en général, selon Eliade, des récits explicatifs (ce qui n'exclut pas qu'ils puissent avoir d'autres fonctions).

L'explication mythique n'est pas une explication rationnelle au sens où elle mettrait en évidence la raison d'être physique ou empirique des choses. Elle recourt plutôt à des causes surnaturelles. L'effet qui apparaît sous nos yeux (tel ou tel phénomène) rappelle la cause, qui est surnaturelle : du point de vue d'une conscience mythique, lorsqu'une personne voit des narcisses par exemple, elle est dans un état d'esprit où elle ressent toute la beauté et la tristesse de cette histoire de Narcisse survenue *ab origine* (à l'origine, au commencement). Elle est, autrement dit, transportée « mythiquement » vers la cause surnaturelle de ce qu'elle aperçoit dans son environnement. La fleur n'est pas qu'une présence matérielle que la personne perçoit immédiatement par les yeux, qu'elle cueille et dont elle renifle l'odeur ; elle est également l'occasion de se remémorer toute cette histoire qui est réellement arrivée, de vivre et de ressentir sa création. Il se produit une sorte de communion ou de symbiose entre la cause « saisie mythiquement » et l'effet perçu matériellement par les sens. Toute la réalité qui entoure les hommes des sociétés archaïques, dans le contexte de cette forme de représentation du Monde, rappelle les origines mythiques. Les origines se trouvent impliquées dans les effets eux-mêmes. Voilà le sens de l'enseignement d'Eliade, ici, sur cette idée du mythe comme « récit des origines » et de la « fonction explicative » du mythe.

Dans le cas des origines d'un comportement, d'une conduite ou d'une activité humaine (la chasse, la préparation des repas, la façon d'élever ses enfants, la manière de livrer la guerre...), le mythe fournit une sorte de modèle exemplaire et sacré, en ce sens qu'il les fonde et les justifie sur le plan surnaturel. La conscience mythique est un état d'esprit qui marque spirituellement les actes du quotidien. Les événements et les activités de la vie de tous les jours sont perçus en ces termes, ce qui explique pourquoi ils sont souvent entourés d'actes rituels. Les membres d'une tribu côtière vont à la pêche en adoptant un certain comportement symbolique parce que c'est ainsi que les ancêtres ont agi dans les temps primordiaux lors de la pêche originelle ; avant d'aller à la chasse, les hommes archaïques accomplissent un rituel, car le fait de chasser n'est pas un activité banale, mais un acte pénétré d'un sens mythique, qu'il s'agit de remémorer afin de rendre la chasse efficace. Et cela va jusque dans les gestes les plus anodins : chez les Amérindiens Navajos (apparentés aux Apaches), par exemple, les femmes et les hommes s'assoient d'une façon spéciale, propre à leur sexe, puisque c'est ainsi que la Femme changeante et le Tueur de monstres se sont assis au début des temps...

Cette idée selon laquelle les mythes constituent des modèles de conduite exemplaires et sacrés a été particulièrement développée par Eliade dans un autre de ses ouvrages intitulé *Le Mythe de l'éternel retour*, paru en 1949. Eliade y a montré que l'homme archaïque possède une conception cyclique du temps, plutôt que linéaire et irréversible (comme chez l'être humain occidental contemporain), que seuls les événements survenus dans les temps primordiaux n'ont de véritable sens et qu'il s'agit pour lui de constamment les réactualiser dans la vie quotidienne en adoptant et en répétant des attitudes identiques.

Plusieurs des comportements « extrêmes » adoptés par certaines communautés tribales trouvent aussi dans les mythes leur justification spirituelle : pensons par exemple au cannibalisme pratiqué chez les anciens Papous, les *Canibales* de la Guadeloupe (d'où le mot *cannibale*) ou encore les tristement célèbres Indiens Tupinamba du Brésil ; à la torture chez les Amérindiens Mandans, les Guayaki et les Mbaya-Guaycurú du Paraguay ; aux nombreuses traditions de chasseurs de têtes, ou encore au sacrifice humain chez les Aztèques, les Incas ou les Dogons.

Le mythique donne donc aux choses du Monde et aux comportements, qu'ils soient pacifiques, violents ou simplement liés à la vie pratique, une espèce de densité d'être et de profondeur de sens. Cette épaisseur spirituelle n'est toutefois pas perçue en tant que telle par la conscience rationnelle ou intellectuelle (celle qui adopte un point de vue extérieur sur le mythe). Nous ne disons pas ici que les objectivations mythiques correspondent à des réalités effectives, mais plus simplement qu'elles correspondent à une façon de percevoir, une sorte d'aspiration inhérente à la psychologie ou à la nature humaine — nous en reparlerons bientôt.

4. Une source de pouvoir magique

Se rapportant à l'origine sacrée des choses, un mythe procure à celui qui le connaît le pouvoir ou la capacité de contrôler ces choses et de les manipuler magiquement par l'exécution de certains rituels et cérémonies.

C'est sous cet aspect de la conscience mythique que nous pouvons mieux comprendre la signification et la fonction des rituels et des cérémonies dans les sociétés archaïques. Avant Eliade, cette dimension de la pensée mythique avait bien été comprise par un ethnologue français du nom de Maurice Leenhardt, dans son livre *Do Kamo. La personne et le mythe dans le monde mélanésien*, publié en 1947. Leenhardt y avait présenté le résultat de ses recherches sur le peuple kanak en Nouvelle-Calédonie, auprès duquel il avait vécu comme missionnaire de 1902 à 1926. L'une des grandes conclusions à laquelle Leenhardt est parvenu est que la conscience mythique est à l'origine de toutes les activités liées à la production de rituels, tels que la prière, l'incantation, le sacrifice ou encore les actions magiques. Si les ethnologues avaient jusqu'alors toujours eu tendance à interpréter ces rituels comme des activités isolées, pour Leenhardt, ils s'inscrivaient originellement dans la conscience mythique de la réalité dans son ensemble.

Le phénomène de la magie, particulièrement, trouve son fondement dans la croyance que les êtres humains (spécialement les initiés, par exemple les chamanes, les gourous, les sorciers ou les prêtres) ont le pouvoir de contrôler les forces surnaturelles. Cette maîtrise magique se fait par des gestes et des paroles incantatoires qui ont une valeur symbolique importante. Ce sont souvent des gestes répétitifs qui induisent une sorte d'état second et donnent à ceux qui les pratiquent l'impression de pouvoir agir et contrôler les forces surnaturelles. Chez les Kunas du Panama par exemple, la capacité d'apprivoiser magiquement certains animaux est rendue possible par la connaissance du mythe qui relate les origines de ceux-ci : ainsi, le pouvoir d'empoigner magiquement un serpent venimeux sans danger provient du fait de connaître l'origine mythique des serpents. Chez les Amérindiens Cherokee, la célèbre danse de la pluie tire son efficacité magique du fait que la cérémonie permet d'agir favorablement sur les esprits des ancêtres responsables de la pluie. Dans maintes sociétés archaïques, un remède n'agit que s'il est administré après une incantation rituelle au cours de laquelle est racontée l'origine de la plante utilisée et la façon dont le médicament a été fabriqué la première fois dans les temps primordiaux… La littérature ethnologique surabonde d'exemples de ce genre. Connaître l'origine mythique d'une chose confère donc le pouvoir d'agir magiquement sur elle et de la manipuler.

La croyance au fait de pouvoir contrôler ou influencer le monde surnaturel en sa faveur se rencontre aussi dans les religions des sociétés plus élaborées. Pensons à la prière d'intercession dans la tradition chrétienne, qui est une prière destinée à solliciter un bienfait pour soi-même ou pour quelqu'un (une guérison, une protection, une satisfaction quelconque…).

Cette croyance au contrôle possible du monde surnaturel est liée au fait que le Monde perçu par la conscience mythique est souvent marqué par la propitiation. Les choses du Monde sont ainsi vues comme menaçantes : l'homme archaïque plongé dans la Nature sauvage vit dans un monde qu'il perçoit comme étant rempli d'éléments à craindre. Le mythe ne fait pas nécessairement voir les choses sous un beau jour ! Les mythes expriment très souvent des visions plutôt tragiques et même violentes de l'existence. Pour preuve, le concept de tabou, si présent dans la pensée archaïque. Cette notion se rapporte au fait de se trouver en présence d'une réalité pouvant mettre notre santé ou notre vie en péril. C'est ici que la propitiation intervient et qu'on exécute des rituels afin d'amadouer ces forces menaçantes, de les contrôler et de les rendre propices aux actions que l'on pose.

5. Une expérience religieuse

Enfin, un mythe, toujours selon Eliade, lorsqu'il est vécu, est la source d'une expérience religieuse, en ce sens qu'elle s'oppose à l'expérience ordinaire de la vie de tous les jours. Un mythe vécu est une expérience où l'individu se sent « saisi par la puissance sacrée » : en racontant les mythes et en accomplissant les rites et les cérémonies qui réactualisent les événements survenus au temps des commencements, l'homme archaïque entre dans une sorte de relation avec le surnaturel ; il se sent « relié » à lui (c'est l'un des sens étymologiques du terme *religion*, comme nous le verrons).

L'aspect religieux du mythe est un aspect important. Lorsque le mythe est défini comme un mythe vivant, celui-ci correspond à un état d'esprit, un état d'âme, un sentiment général ou une forme de conscience où la personne se sent reliée au surnaturel. Un peu comme nous le disions précédemment (car tous ces aspects du mythe sont interdépendants), cette conscience ou cet état d'esprit mythique colore la perception de tous les aspects de la réalité quotidienne, elle attribue aux choses du Monde environnant une sorte de densité surnaturelle qui les rehausse et leur donne un sens plus profond, caché derrière les apparences. Pour faire une analogie, c'est un peu comme tomber en amour : tout notre quotidien s'en retrouve transformé, rehaussé, il est investi d'une nouvelle signification, d'une nouvelle richesse de vie, et partout nous nous sentons « reliés » à l'être aimé, même en son absence.

La conscience mythique vue sous l'angle de sa religiosité montre clairement que cette conscience n'est pas de type scientifique ou philosophique à proprement parler, c'est-à-dire qu'elle n'est pas une représentation réfléchie et rationnelle du Monde, comme l'est par exemple celle des atomistes anciens dont nous avons parlée : la conscience mythique est plus originaire que la conscience réfléchie dans la mesure où elle est fondamentalement un vécu, une présence et une perception, ou encore une sorte de saisie intuitive de l'irruption du sacré et du surnaturel dans le Monde.

Parlant ici du surnaturel avec lequel l'homme archaïque entre en relation, en « contact religieux », précisons que celui-ci n'implique pas toujours des êtres déterminés, tels que des dieux, des anges, ou autres entités bien définies. Dans les sociétés archaïques, le surnaturel est souvent représenté de façon plus diffuse, comme une sorte de puissance, de pouvoir ou de force vitale qui habite les choses, à l'instar de ce qu'exprime par exemple le concept de *mana* dans les peuples indigènes de la Polynésie. Le *mana*, que ces communautés tentent de maîtriser à travers un rituel magique, n'a pas de forme déterminée ; ce n'est pas une entité, mais une puissance, une présence.

Ce sens particulier du surnaturel, c'est ce qu'exprime étymologiquement la notion d'« animisme ». L'animisme est la croyance selon laquelle les différents objets et créatures de la Nature (les plantes, les animaux, les pierres, les montagnes, les rivières...) possèdent une « âme » (*anima*, en latin, d'où le terme *animisme*), une sorte de souffle ou encore un esprit qui rendent ceux-ci vivants, en quelque sorte. La conscience mythique désigne ainsi, dans son sens le plus originaire, une manière de ressentir le Monde et de se sentir saisi par cette présence sacrée de l'esprit ou de l'âme qui habite les choses dans ce Monde. Avant de prendre la forme constituée d'une « mythologie » et de personnifier les puissances surnaturelles en leur donnant la forme de tels ou tels dieux, ou de telles ou telles créatures fantastiques, le mythe désigne, tel que cela s'observe encore dans certaines sociétés archaïques, un état qui consiste à ressentir et à se sentir happé par la présence spirituelle dont le Monde est habité dans son ensemble.

En conclusion, revenons, pour la nuancer, sur la troisième caractéristique du mythe (les mythes comme des récits de création) : les mythes qui expliquent la provenance de telle ou telle chose (tel rocher, telle montagne, tel animal, tel comportement...) sont des « mythes d'origine ». Ceux qui expliquent l'origine de l'Univers ou du cosmos, c'est-à-dire le Monde pris dans sa totalité, sont plus précisément des « mythes cosmogoniques ». Or, en général, les êtres ou les puissances surnaturels qui sont à l'origine de l'Univers n'ont pas beaucoup d'importance chez les populations archaïques, en tout cas pas autant que les âmes ou les esprits qui les entourent dans leur environnement immédiat. Comme le dit Eliade, ces entités responsables d'avoir produit l'Univers, ces « Êtres suprêmes » en quelque sorte, ne sont jamais que des *deus otiosus*, soit des « Êtres inutiles » ou « indifférents ». Ils ont créé le Monde, mais n'interviennent plus depuis dans le vécu actuel de l'homme archaïque. Ces sont des êtres qui, après leurs créations, se sont retirés et ont été en quelque sorte oubliés par les êtres humains. Les pratiques rituelles archaïques sont ainsi essentiellement des pratiques animistes, c'est-à-dire des pratiques prioritairement orientées vers le monde des esprits : les techniques rituelles visant à maîtriser la pluie, favoriser la chasse, rendre un médicament efficace, augmenter sa collection de têtes, ne sont que très peu orientées vers les Êtres suprêmes qui sont à l'origine du Monde, sauf dans de rares situations d'exception. Tout gravite d'ordinaire autour des âmes ou des esprits qui habitent les choses sur lesquelles l'homme archaïque souhaite avoir un pouvoir concret dans son environnement immédiat.

Deuxième partie
Lévy-Bruhl et la mentalité primitive

Institut d'ethnologie,
Université de Paris, 31 juillet 1925

J'attends avec grande impatience que le professeur Lévy-Bruhl termine son cours. C'est que nous avions rendez-vous il y a déjà 30 minutes, et il fait très chaud. L'imposant pavillon de l'Université de Paris devant lequel je me tiens abrite depuis tout récemment les locaux du nouvel Institut d'ethnologie, dont Lévy-Bruhl et Marcel Mauss sont les fondateurs, avec le ministère français des Colonies. Lorsque notre homme franchit la porte, celui-ci me fixe du regard, en souriant, comme pour s'excuser. Déjà âgé de 68 ans, cet intellectuel figurera parmi ceux qui contribueront le plus, dans les prochaines décennies, à améliorer la compréhension qu'ont les Occidentaux contemporains de la mentalité de l'homme archaïque.

1925. L'Empire colonial français, présent sur tous les continents, est à son apogée : il s'étend sur plus de 12 millions de km^2, soit presque 10 % de la surface du Monde. L'« homme blanc » français entre en contact de plus en plus fréquemment avec les tribus indigènes qui occupent le territoire de ses nouvelles colonies outre-mer. L'Institut d'ethnologie vient d'être mis sur pied dans le dessein de former des ethnologues, de coordonner et d'organiser les études sur les sociétés autochtones présentes dans l'Empire et de les publier.

Lévy-Bruhl est né à Paris en 1857 et mourra dans cette même ville en 1939, deux ans après le déménagement de son institut au célèbre Musée de l'Homme de Paris. Il a été, pendant une grande partie de sa carrière, titulaire de la chaire d'histoire de la philosophie moderne à la Sorbonne. Lévy-Bruhl a aussi été directeur de la *Revue philosophique de la France et de l'étranger*, qui existe encore aujourd'hui. D'abord professeur d'histoire de la philosophie, Lévy-Bruhl a été amené, à partir des années 1900, à s'intéresser à des problèmes liés à la sociologie de la morale et à l'ethnologie, et plus spécialement à la pensée des hommes issus des sociétés archaïques, qu'il appelait « mentalité primitive ».

Lucien Lévy-Bruhl.

Au cours de sa carrière, Lévy-Bruhl aura consacré six ouvrages à l'homme primitif : *Les Fonctions mentales dans les sociétés inférieures* (1910), dans lequel il rejette l'existence d'une nature propre et universelle de l'homme ; *La Mentalité primitive* (1922), qui vient de paraître et qui sera ici l'objet de notre intérêt ; *L'Âme primitive* (1927) ; *Le Surnaturel et la Nature dans la mentalité primitive* (1931) ; *La Mythologie primitive* (1935) ; et enfin, *L'Expérience mystique et les Symboles chez les primitifs* (1938). En 1949, son élève Maurice Leenhardt, dont nous avons parlé précédemment, publiera ses *Carnets*, qui contiennent certaines rectifications relatives à ce qu'il affirme dans ses ouvrages.

***

La Mentalité primitive est un ouvrage que Lévy-Bruhl a écrit alors qu'il avait 65 ans, donc un ouvrage témoignant d'une grande maturité. Lévy-Bruhl y fait la description de la pensée et du comportement des peuples archaïques à partir des informations ethnologiques qu'il a colligées lui-même au cours de ses années de recherche, un peu à la manière du célèbre Malinowski dans son texte *Argonautes du Pacifique occidental*, paru la même année. Les sections les plus importantes de l'ouvrage sont l'introduction et les deux premiers chapitres, auxquels nous nous limiterons ici.

L'AUTEUR. — Bonjour professeur Lévy-Bruhl ! Je vois que vous avez succombé à toute cette frénésie entourant la voiture automobile ! La vôtre est magnifique et merci de votre invitation à y monter : nous pourrons discuter à notre aise.

LÉVY-BRUHL. — Mon cher, veuillez pardonner mon retard. Un collègue vient de m'apprendre à l'instant qu'Alexandre Varenne, le vice-président de la Chambre des députés, a été nommé plus tôt cette semaine au poste de gouverneur général de l'Indochine française. Mon collègue m'a assuré que son ami Henri Bergson, qui connaît bien Varenne pour avoir été son professeur au lycée Blaise-Pascal, estime que celui-ci saura se montrer sans doute bienveillant auprès des sociétés indigènes locales. Je ne serais pas surpris que Varenne soit évincé de la Section française de l'Internationale ouvrière, qui s'oppose à notre politique coloniale.

L'AUTEUR. — Vous connaissez le philosophe Bergson ? Je viens tout juste de terminer la lecture de son ouvrage sur la théorie de la relativité d'Einstein, *Durée et Simultanéité*.

LÉVY-BRUHL. — J'ai eu l'occasion de croiser Bergson à quelques reprises. Vous savez qu'il travaille depuis plusieurs années à la rédaction de son grand livre sur les sources de la morale et de la religion. J'espère qu'il sera en mesure de le terminer bientôt.

L'AUTEUR. — Professeur, parlez-moi de votre ouvrage *La Mentalité primitive*, que vous avez fait paraître il y a trois ans.

Lévy-Bruhl. — J'ai consigné dans ce livre le résultat de mes années de recherche et de réflexion visant à identifier un certain nombre de caractéristiques essentielles de la mentalité des hommes primitifs. Dans l'introduction, j'explique que les primitifs sont essentiellement des êtres livrés au concret et qu'ils sont très peu portés au raisonnement...

L'auteur. — Que voulez-vous dire ?

Lévy-Bruhl. — Pour les primitifs, la réalité est appréhendée dans l'expérience immédiate, à travers leur perception et leur interprétation mystique des choses. Ce que je veux dire, c'est que chez le primitif, l'interprétation mystique des phénomènes est donnée en même temps que le phénomène lui-même. De sorte que ces hommes n'ont pas besoin de raisonner beaucoup pour accéder à ce qu'ils perçoivent comme étant la nature profonde et invisible des choses.

L'auteur. — Je vois.

Lévy-Bruhl. — S'il est une fonction mentale particulièrement développée chez eux, c'est la mémoire. Ces individus se souviennent d'une énorme quantité de faits.

L'auteur. — Vous pensez donc que l'expérience concrète du Monde et la mémorisation suffisent à la vie ordinaire de l'homme primitif ?

Lévy-Bruhl. — Oui, et toute cette façon de vivre et de comprendre la réalité est le reflet d'ensembles d'habitudes mentales qui excluent la pensée abstraite et rationnelle telle qu'elle se présente chez les membres de la race blanche.

L'auteur. — Ce que vous dites est intéressant, mais j'ai un peu de difficulté à comprendre : le fait que les hommes primitifs interprètent tous les événements du Monde de façon mystique n'est-il pas inconséquent avec l'idée qu'ils soient par ailleurs rivés aux réalités concrètes ? Est-ce que ces habitudes mentales refléteraient une sorte de pensée infantile ? En effet, les enfants, bien qu'ils soient eux aussi très portés sur le concret et peu enclins au raisonnement, ont une conscience du Monde pénétrée de réalités imaginaires...

Lévy-Bruhl. — Plusieurs de mes collègues m'ont déjà fait la remarque. Beaucoup ont tendance à croire en effet que les habitudes mentales de l'homme primitif se rapprochent de la mentalité de l'enfant. C'est le type de jugement qu'a porté par exemple Auguste Comte avec sa théorie des trois états (voir chap. 8), où la pensée de l'homme primitif est identifiée au stade de l'enfance, celle de la métaphysique à l'adolescence et la pensée scientifique ou positive, à l'âge adulte. Mais je ne suis pas d'accord : les hommes primitifs possèdent néanmoins une capacité de pénétration et de jugement ; ils font preuve d'adresse et d'habileté face aux exigences de la vie quotidienne, notamment lorsque des problèmes pratiques surviennent ou lorsqu'ils ont des objectifs à atteindre. C'est là qu'on voit qu'ils ne pensent pas le monde comme des enfants, car ceux-ci ne sont pas en mesure de répondre avec autant d'efficacité aux exigences pratiques de la vie de tous les jours. La pensée primitive est une pensée adulte. Ils n'ont pas non plus la forme de conscience qui est la leur à cause d'un retard de développement ou d'un plafonnement de leur intelligence. Les hommes archaïques sont loin d'être stupides, il faut abandonner ce préjugé ! La conscience primitive doit être plutôt vue comme une forme d'intelligence différente de celle qui domine chez l'homme occidental.

L'AUTEUR. — Je comprends. Et selon ce que vous dites, j'en déduis que vous ne croyez pas non plus à cette autre idée reçue voulant que les habitudes mentales des primitifs soient une forme de pathologie.

LÉVY-BRUHL. — Effectivement. Vous savez, les primitifs sont les plus intrépides croyants que l'on puisse trouver sur cette Terre ! Mais partout on remarque que ces croyances sont de nature collective plutôt qu'individuelle. Les croyances des primitifs sont ce que j'ai appelé des « représentations collectives », au sens où c'est la collectivité qui donne aux croyances toute leur force et leur signification. Les primitifs sont extrêmement superstitieux, mais cela n'est pas le signe de troubles pathologiques, puisqu'il s'agit d'une caractéristique collective et culturelle. J'ai eu un oncle qui souffrait de ce qu'on appelait, lorsque j'étais plus jeune, la démence précoce. On parle aujourd'hui de schizophrénie, depuis une dizaine d'années. Or, Émile avait plein de croyances irrationnelles qui lui étaient propres et qui étaient chez lui le signe évident d'une pathologie. On peut dire la même chose des comportements individuels adoptés par ceux qui souffrent de névrose obsessionnelle. Mais quand ces habitudes sont collectives et véhiculées par une culture pendant des milliers d'années, on ne peut interpréter cela comme étant l'expression d'une pathologie. Nous, les Blancs, avons peur du nombre 13 ou sentons le besoin de toucher du bois pour éviter le malheur. La nature collective et culturelle de ces superstitions atteste que celui qui y adhère ne le fait pas sous l'influence d'un trouble mental...

Le relativisme culturel

Codex Magliabechiano, auteur inconnu.

Le chauffeur immobilise la voiture. Le professeur Lévy-Bruhl en sort pour aussitôt entrer chez lui en me faisant signe de l'attendre quelques minutes. Je profite de ce moment pour réfléchir sur ce qu'il vient d'affirmer. Je me demande si dans certains cas il n'est pas justifié de parler de pratiques collectives pathologiques ?

Prenons un cas extrême, celui de la fascination hypertrophiée qu'avaient par exemple les Aztèques pour le sacrifice humain. Cette civilisation qui s'est épanouie dans la vallée de Mexico du 13e au 16e s. s'est adonnée à la pratique sacrificielle à une échelle difficile à imaginer. Le conquistador espagnol Hernán Cortés, qui est le premier à être entré en contact avec les Aztèques en 1519, avait évalué le nombre de sacrifices à plusieurs milliers par année. Les Européens jugeaient bien évidemment cette pratique comme étant manifestement l'œuvre du diable ! Le *Codex Durán*, écrit par un missionnaire espagnol qui s'était intéressé à l'histoire et à la religion de cette société, rapporte que plus de 80 000 personnes ont été sacrifiées en quatre jours pour célébrer la restauration du Templo Mayor (le « Grand Temple ») de Tenochtitlan, la capitale aztèque. Ces chiffres ont sans doute été exagérés, mais les spécialistes s'entendent aujourd'hui sur le nombre de 20 000, ce qui reste très considérable ! Imaginez la scène : les victimes étaient étendues sur un autel (le *techcatl*) situé au sommet de la pyramide du Grand Temple, leurs jambes et leurs bras fermement maintenus par des prêtres et leur tête coincée dans une pièce de bois appelée le *maquizcoatl* ; puis, à l'aide d'une lame d'obsidienne, un prêtre ouvrait leur cage thoracique et leur retirait le cœur, avec tant d'adresse et de rapidité que celui-ci palpitait encore dans la main du sacrificateur. Nous pouvons comprendre, en tant qu'observateurs neutres, que ces rituels étaient supposément nécessaires, selon les croyances aztèques, pour assurer la renaissance du Soleil, mais il y a lieu de se demander si cette pratique n'est pas l'expression d'une forme de pathologie exprimée à une échelle collective.

Dans les premières décennies du 20e s. s'est développée aux États-Unis une école de pensée appelée « relativisme culturel ». L'un de ses premiers défenseurs a été l'ethnologue Franz Boas (1858-1942), considéré comme le père de l'anthropologie américaine, et qui s'est fait connaître par de nombreux travaux et ouvrages, notamment *The Limitations of the Comparative Method in Anthropology* (1896), *The Mind of Primitive Man* (1911), *Anthropology and Modern Life* (1932) et *Race, Language and Culture* (1940). Le relativisme culturel est la thèse voulant qu'il n'existe pas de critère extérieur et objectif à partir duquel il serait possible de juger de la valeur des diverses cultures humaines. L'ethnologue professionnel est contraint d'analyser la société qu'il étudie d'après des critères qui sont inhérents à celle-ci, c'est-à-dire du point de vue de la culture de cette société elle-même, et non d'après les valeurs de la culture à laquelle il appartient. Cette idée implique la thèse de la relativité des valeurs : un même comportement peut être perçu comme moralement acceptable dans une société donnée et hautement condamnable dans une autre. Le cannibalisme en est un exemple. Certaines sociétés indigènes sud-américaines pratiquaient l'endocannibalisme, qui est une pratique rituelle consistant à manger les individus de sa propre communauté (par opposition à l'exocannibalisme). Lorsqu'un membre de la tribu décédait, son corps était consommé par les membres de la tribu. Pour les explorateurs et missionnaires chrétiens, cette pratique était absolument réprouvée, alors que du point de vue de ces Autochtones, la pratique était destinée à assurer la survie de l'âme de l'individu au sein de la communauté. Ce qui était donc perçu comme immoral chez l'un était interprété comme acceptable, voire souhaitable, chez l'autre. Selon Boas, cette pratique, si exotique soit-elle, ne doit pas être jugée d'après des critères ethnocentriques, mais seulement d'après les valeurs, les coutumes, les croyances et les institutions qui sont celles de la société où elle a cours.

D'après la thèse du relativisme culturel, il n'existerait donc pas de morale absolue qui fournirait des critères universels en mesure de fixer la frontière qui sépare le bien du mal, le moral de l'immoral. Lévy-Bruhl semble avoir adhéré à cette thèse, malgré sa tendance réflexe à qualifier les sociétés archaïques de sociétés « primitives » ou, comme en 1910, de sociétés « inférieures », expressions qui trahissent des préjugés européocentriques.

Boas et les culturalistes s'opposaient donc aux universalistes qui se portaient à la défense de la thèse selon laquelle il existerait une nature humaine uniforme et universelle, dont — d'après certains — l'homme occidental (la race blanche) est le modèle exemplaire. Pour les relativistes, il n'existe pas de nature humaine en soi : tous les comportements adoptés par les êtres humains, de tout temps, ont des origines culturelles, et toutes les cultures du monde sont individualisées et s'équivalent. Chaque culture est pour eux une « totalité spirituelle intégrée » (une *Kultur*, en allemand) qui ne peut être comparée aux autres. Ainsi, il ne serait pas légitime en ethnologie de hiérarchiser les cultures, pas plus que de porter des jugements de valeur, favorables ou défavorables, sur certaines sociétés.

En France, bien qu'opposé à certains aspects de l'approche de Boas, l'ethnologue et philosophe Claude Lévi-Strauss (1908-2009) s'est porté à la défense du relativisme culturel. Dans l'un de ses premiers livres, *Race et Histoire* (1952), en réponse au problème du racisme qui avait été mis au goût du jour par l'UNESCO après la catastrophe de la Seconde Guerre mondiale, Lévi-Strauss a défendu l'idée voulant que toutes les cultures se valent, c'est-à-dire que toutes les cultures se situent fondamentalement au même niveau et qu'en conséquence, aucune ne peut légitimement être jugée supérieure à une autre. Après avoir combattu la vieille notion de « race » héritée du 19e s., Lévi-Strauss (au chapitre 3 de son livre) a fait valoir que l'être humain a une tendance naturelle à l'ethnocentrisme, c'est-à-dire qu'il est porté à se représenter le Monde sous l'angle de sa propre ethnie, de sa propre culture, sans distance critique. Ce biais qui consiste à considérer sa propre culture comme étant la référence, comme étant la « bonne culture », a pour effet de forcer une certaine vision des autres cultures, à tout le moins celles qui s'en éloignent beaucoup, comme étant inférieures à la sienne. Lévi-Strauss a exhorté à combattre l'ethnocentrisme dans la mesure où celui-ci, contribuant à former et à nourrir des préjugés et des jugements péjoratifs à l'endroit des autres cultures, lui est apparu comme l'une des sources du racisme et de ce présupposé séculaire voulant que certaines races entrent moins bien que d'autres dans les concepts d'humanité et de civilisation.

Le relativisme culturel a des vertus indéniables non seulement pour l'ethnologue professionnel soucieux de neutralité scientifique, mais aussi pour ceux et celles qui désirent mieux s'ouvrir à la différence culturelle et apprendre à la considérer de façon plus objective. Toutefois, le relativisme, dans sa formulation classique, a des limites. Cette thèse peut nous faire perdre de vue qu'il puisse bel et bien exister du pathologique social et culturel vis-à-vis duquel la suspension de tout jugement n'est peut-être pas toujours la bonne posture à adopter. On pourrait penser au nazisme, notamment, mais reprenons l'exemple de la pratique systématique du sacrifice humain chez les Aztèques. Peut-on voir dans ce rituel une authentique barbarie et le signe d'une perte de moralité, voire d'une pathologie collective, sans pour autant que ce jugement soit accusé d'être le reflet d'un biais ethnocentrique ? Posons la question. Jusqu'où faut-il adhérer à la thèse du relativisme culturel sans renoncer en même temps à une sorte de responsabilité morale que nous avons peut-être en tant qu'être humain, soit celle de questionner le bien-fondé du comportement adopté par d'autres communautés humaines ? Et comment peut-on exercer cette responsabilité sans que cela soit pour autant l'expression d'une sorte de supériorité présumée de sa propre culture ? Les violences sexuelles, les mutilations génitales féminines, certaines pratiques douloureuses de déformation corporelle, le racisme, le sacrifice humain, le nettoyage ethnique, le meurtre de masse et la torture (comme chez les nazis), ne sont-elles pas des pratiques condamnables en soi, indépendamment des sociétés où elles ont cours et peu importe la signification et la « justification » que ses membres leur donnent ? En dépit du principe de relativisme culturel auquel j'adhère en général, je reste ouvert à l'idée qu'il puisse exister dans toute société, donc dans la mienne aussi, des déviances morales réelles ou des éléments qui relèvent objectivement de la pathologie collective. L'immense taux d'homicide, le racisme systémique et la discrimination ethnique dans un pays développé comme les États-Unis, par exemple, ne sont-ils pas le reflet d'une forme de pathologie dans les structures sociales, et ne doivent-ils pas être dénoncés, condamnés, combattus ? Le relativisme est une approche de la diversité culturelle souhaitable dans le domaine scientifique de même qu'auprès du grand public, mais il ne faudrait pas s'en réclamer au point de ne plus oser faire confiance à sa propre capacité de réfléchir sur la normalité ou la moralité de certaines pratiques culturelles. Il y a peut-être des sociétés qui, selon divers aspects, sont effectivement meilleures que d'autres. Il existe peut-être des habitudes de vie et des rituels qui méritent d'être jugés comme des aberrations ou encore comme des perfections morales. Certains défendent en ce sens la légitimité d'un relativisme culturel humaniste selon lequel le principe de l'égalité des cultures rencontre une limite fixée par des référents universels fondés sur les besoins fondamentaux qu'éprouve tout être humain indépendamment de sa culture, de ses origines ethniques, etc. C'est la position de l'ONU par exemple, pour qui les droits de l'homme, la démocratie, la laïcité, la liberté d'information, le droit à l'éducation, l'égalité des chances, le droit à la propriété, entre autres, sont des référents ayant valeur supraculturelle et devraient idéalement être adoptés par toute culture. Certains sont même d'avis que toute forme de relativisme culturel doit être combattue si celui-ci représente une menace à l'endroit de l'un ou l'autre de ces référents. Plusieurs des débats entourant notamment l'égalité des genres à travers le Monde impliquent de tels enjeux.

* * *

Un bruit me sort de mes pensées. Le professeur Lévy-Bruhl est de retour dans la voiture, avec des documents entre les mains. Nous repartons aussitôt (je reviendrai plus tard sur le relativisme, sujet auquel les Grecs antiques avaient déjà réfléchi).

La participation mystique

Lévy-Bruhl. — Veuillez m'excuser encore une fois, je devais récupérer mes notes pour mon allocution de ce soir au Musée d'ethnographie. Vous me demandiez tout à l'heure s'il n'était pas inconséquent de penser que les primitifs sont des individus qui vivent dans le monde des faits empiriques, dans le monde des réalités concrètes, et qui, par ailleurs, sont des individus si croyants et si superstitieux.

L'auteur. — Effectivement.

Lévy-Bruhl. — Cela s'explique par le fait que les primitifs ne font pas de distinction claire et nette entre le Monde naturel et le Monde de l'esprit, contrairement à l'homme blanc.

L'auteur. — Ah je vois : vous voulez dire que pour eux, ces deux mondes participent l'un à l'autre, en quelque sorte ? Le monde surnaturel n'est pas un « ailleurs », n'est pas un « au-delà » lointain, ce n'est pas un monde « distinct » du monde naturel ; il est ici, partout, il émerge dans le monde naturel, de sorte qu'expérimenter le monde concret, c'est aussi expérimenter celui que nous associons aux réalités mythiques.

Lévy-Bruhl. — C'est bien cela ! Ces deux mondes ne sont pas, comme chez nous, distingués, ce qui peut expliquer que nous ayons tant de difficulté à comprendre cet aspect de la mentalité primitive qui consiste à tout percevoir dans le Monde environnant en termes surnaturels. Par exemple, lorsqu'un crocodile dévore un pêcheur, du point de vue du primitif, cet événement n'est pas le fruit d'un simple hasard : le crocodile est plutôt l'occasion, l'instrument d'une force surnaturelle. Sitôt que le missionnaire explique aux indigènes que leur interprétation surnaturelle est absurde, qu'elle ne fait pas de sens, ceux-ci lui répondent avec luxuriance de contre-exemples destinés à montrer que c'est plutôt le point de vue du missionnaire qui ne tient pas la route. Pour le primitif, il va absolument de soi que nous vivons dans un Monde peuplé d'esprits et que l'événement du crocodile est une manifestation de ce Monde. L'interprétation voulant que le monde surnaturel émerge dans le monde naturel, que les deux s'interpénètrent, participent l'un à l'autre, est une perception du Monde qui est en totale opposition avec la représentation scientifique, matérialiste et naturaliste qui prédomine aujourd'hui en France comme ailleurs dans les pays développés.

L'auteur. — Cher professeur, je vous remercie pour ces éclaircissements. J'ai une autre question. Au premier chapitre de votre ouvrage, vous prenez appui sur un concept d'origine philosophique, celui de participation, pour montrer que la mentalité primitive est, comme vous l'affirmez, « indifférente aux causes secondes ». Pourriez-vous préciser votre point de vue à ce propos ?

Lévy-Bruhl. — Avec plaisir. Nous avons encore un peu de temps, et je prévoyais justement aborder ce thème lors de mon allocution. Ce que je soutiens, c'est que chez le primitif, tous les êtres et les objets qui existent dans le Monde sont perçus comme étant insérés à l'intérieur d'un grand réseau de participation mystique. Vous l'avez deviné, j'ai remis à l'honneur le concept de « participation » (*metexis*) développé par le philosophe grec Platon. Non pas celui qu'il a associé à sa théorie des Idées dans ses dialogues *Phédon* et *Parménide*, mais plutôt le concept de participation qu'il a présenté plus tard, vers la fin de sa vie, dans son dialogue *Le Sophiste*, où il a analysé les genres et la nature de l'être…

Avis à mes lecteurs : je reviendrai sur ces détails. Les théories de la participation chez Platon ne sont pas de compréhension facile et elles méritent que nous prenions le temps de nous y attarder.

Lévy-Bruhl. — … donc, pour la mentalité primitive, toutes les choses qui existent dans la réalité sont enchâssées, en quelque sorte, au sein d'un réseau de participation mystique. Je veux dire par là que toutes les choses du Monde agissent réciproquement les unes sur les autres : une chose x agit sur une chose y et la chose y agit en retour sur la chose x ; les êtres agissent et sont agis ; les êtres se déterminent par eux-mêmes et sont déterminés en même temps par autre chose qu'eux-mêmes ; bref, pour l'homme primitif, les choses sont perçues comme étant à la fois elles-mêmes et d'autres choses qu'elles-mêmes…

L'auteur. — Vous avez un exemple ?

Lévy-Bruhl. — Reprenons celui du crocodile. Le pêcheur peut considérer l'animal comme étant tout à fait inoffensif et ne pas lui prêter attention. Cependant, si le crocodile s'attaque à lui, cela sera spontanément interprété comme le résultat du fait qu'un esprit malin a agi sur le crocodile. Le crocodile en lui-même est une chose, mais il est aussi autre chose que lui-même… S'il se rue sur le pêcheur, c'est parce qu'il subit l'action d'un esprit malin, qu'il est contrôlé par une puissance surnaturelle étrangère à lui. C'est en ce sens qu'il y a « participation mystique » : le crocodile est agi mystiquement par l'esprit, il est sous sa domination. En même temps, le crocodile est l'esprit et l'esprit est le crocodile. L'un participe de l'autre. Il faut comprendre que tout ce qui survient dans la vie quotidienne des hommes primitifs est interprété selon cette perspective. Le mystique est directement « saisi » et « vécu » dans l'expérience empirique, il émerge dans la Nature elle-même. C'est l'un des traits caractéristiques fondamentaux des habitudes mentales et des manières primitives d'appréhender le Monde.

L'auteur. — Cela contraste considérablement avec la mentalité des hommes des sociétés plus développées, comme celles des Grecs, des Égyptiens, des Romains ou encore des Chinois, chez qui le monde surnaturel a tendance à être conçu comme étant séparé de la Nature.

Lévy-Bruhl. — En effet, dans les sociétés traditionnelles, le monde mystique devient une sorte d'au-delà : les divinités appartiennent à un monde transcendant, alors que chez le primitif, le surnaturel est plutôt perçu comme immanent à la Nature.

L'auteur. — Je comprends mieux, merci. C'est vraiment fascinant d'entrer dans les arcanes originels de l'esprit humain. Venons-en maintenant aux concepts de « cause » et de « cause seconde » dont vous parlez au deuxième chapitre. Vous affirmez que les primitifs ont une mentalité mystique, mais aussi « prélogique ». Selon vous, ils admettent la relation de cause à effet, mais cette relation n'est pas interprétée chez eux à la manière de l'homme moderne, c'est-à-dire qu'elle n'est pas interprétée sur un mode rationnel, mais plutôt « prérationnel ».

Lévy-Bruhl. — Comme je vous le disais tout à l'heure, les primitifs sont très peu portés au raisonnement. Tout est donné dans la perception mystique et participative qu'ils ont des choses et des événements. L'existence des esprits, des forces occultes, etc., est immédiatement saisie, perçue comme étant la cause de toute chose et de tout ce qui arrive, et pour préciser quels sont les esprits à l'origine de telles ou telles situations, les individus consultent le sorcier du village. Ainsi, la perception des phénomènes du Monde environnant (pluie, tonnerre, éclairs, inondations, accidents, maladies…) n'a pas besoin d'être élevée à la réflexion et de faire l'objet de longues chaînes de raisonnement. Ce qui se produit n'est pas interprété comme étant d'origine naturelle et le primitif n'a donc pas à penser de façon rationnelle pour découvrir les processus physiques qui sont à l'œuvre. La réalité dans son ensemble est donnée immédiatement à l'intérieur d'une perception mystique. C'est dans ce sens que j'affirme que la mentalité primitive est une mentalité prélogique.

L'auteur. — C'est très clair. C'est donc cela que vous voulez dire lorsque vous affirmez que l'homme primitif est indifférent aux « causes secondes », qui sont les causes naturelles et physiques que nous, les hommes modernes, voyons comme les causes essentielles, sinon comme les seules causes de tout ce qui survient dans l'Univers. Les primitifs ne recourent qu'aux « causes surnaturelles » pour ainsi dire, dans ce sens qu'ils perçoivent tout comme le résultat de l'action participative des esprits.

Lévy-Bruhl. — C'est cela. On peut faire un parallèle avec notre propre histoire. Au Moyen Âge, la tendance européenne et chrétienne était de percevoir Dieu comme la cause de toute chose. Dans les livres de philosophie, on parle de « vision théocentrique de la vérité » (*teós* signifiant « dieu », en grec). Aux 12e et 13e s., les textes d'Aristote ont fait leur entrée en Occident et ont exercé une fascination et une grande influence sur les intellectuels et les théologiens de l'époque. On n'a qu'à penser à Thomas d'Aquin, au 13e s. (de qui on reparlera ultérieurement), qui a été profondément marqué par l'aristotélisme (la philosophie d'Aristote). Aristote affirmait que la Nature est efficace et agissante par elle-même, que les phénomènes naturels ne s'expliquent pas par des interventions divines, mais par des causes naturelles. Ce sont ces causes naturelles qui ont été appelées « causes secondes ».

L'auteur. — Oui, je connais bien cet épisode de l'histoire des idées en Occident. Durant la période médiévale, et surtout avant l'introduction d'Aristote en Occident, la tendance forte était de tout centrer sur Dieu et de tout ramener aux causes premières, à la causalité divine. Thomas d'Aquin a été censuré par l'évêque de Paris pour avoir accordé trop d'importance aux causes secondes, c'est-à-dire à la Nature...

Lévy-Bruhl. — Oui, mais pour l'homme primitif, il n'y a pas de causes secondes. Les causes permettant d'expliquer tout ce qui se produit ne sont pas naturelles : il n'existe que des causes premières, pour ainsi dire. Tout est l'œuvre des esprits : la mort, les accidents (comme être mangé par un crocodile ou se blesser sur une lame), les maladies, la pluie, les éclairs, le vent... Chaque événement qui survient dans le Monde est une manifestation des causes premières, c'est-à-dire des activités des esprits.

L'auteur. — Toujours au chapitre 2, vous parlez de l'action des sorciers. Dans les sociétés tribales, comme le confirment plusieurs ethnologues, la sorcellerie est omniprésente.

Lévy-Bruhl. — Toutes les tribus ont des sorciers, qui sont des individus détenant des pouvoirs, très souvent des pouvoirs de guérison. Ce sont des *medicine man*, comme disent les Anglais. Ils détiennent le pouvoir vital (le *mana*, comme l'appellent les Polynésiens). Le mal (un accident, une maladie, une mortalité…) est naturellement interprété chez l'homme primitif comme étant le fait de l'action première des esprits : il est le résultat d'une malédiction, de l'action d'un esprit malveillant ou d'un sorcier sous l'emprise d'un mauvais esprit…

L'AUTEUR. — Cette représentation archaïque des choses est encore très présente aujourd'hui au Bénin et au Togo en Afrique, et, depuis la traite négrière au 17ᵉ s., dans les Antilles, principalement en Haïti et à Cuba, avec cette pratique de la sorcellerie qu'on appelle le « vaudou ».

LÉVY-BRUHL. — Tout à fait.

L'AUTEUR. — L'une des choses m'ayant le plus fasciné dans votre ouvrage est la perception que les hommes des sociétés tribales ont de la mort.

LÉVY-BRUHL. — Il faut être avisé du fait que les primitifs ont une conception de la mort qui est différente de la nôtre. La mort chez nous est associée au moment où le cœur arrête de battre et où la respiration cesse. Les primitifs ne se représentent pas le moment de la mort de la même façon : les « morts » restent « vivants », en quelque sorte. Ce sont des « vivants » d'un genre différent, mais qui continuent pour un certain temps d'appartenir à leur communauté et, dans le cas des personnes importantes (les sorciers, les chefs de tribu, les grands guerriers…), de l'influencer, de la protéger, d'exercer leur autorité et de maintenir l'ordre social. La mort ne survient véritablement que lorsque l'âme quitte le corps, même si la vie physiologique s'est arrêtée depuis longtemps ! Et dans certains cas, la mort, c'est-à-dire le moment où l'âme quitte le corps, peut survenir même si la vie physiologique n'a pas encore cessé…

L'AUTEUR. — Mais que dites-vous là ?

LÉVY-BRUHL. — Cela explique que beaucoup de sociétés primitives enterrent hâtivement leur mourant. Chez les primitifs des îles Fidji par exemple, la toilette mortuaire est fréquemment entamée plusieurs heures avant le décès biologique. J'ai moi-même entendu parler d'un individu qui, même une fois sa toilette faite, aurait pris un repas, et un autre qui aurait vécu encore 18 heures ! Pourtant, pour les membres de la communauté, ces personnes étaient bel et bien déjà mortes. Elles mangeaient, bougeaient, parlaient, marchaient, mais elles étaient mortes dans la mesure où on considérait que leur âme avait déjà quitté leur corps.

L'AUTEUR. — Cela me subjugue, mais aussi me trouble, monsieur Lévy-Bruhl !

LÉVY-BRUHL. — Je comprends votre sentiment ! Écoutez bien ceci : on m'a rapporté qu'en 1863, sur l'île de Corisco (au large de la Guinée équatoriale, en Afrique), un homme de la tribu Benga a demandé un médicament capable de calmer sa vieille mère, car les mouvements incontrôlables de son corps empêchaient le fils de procéder à sa toilette mortuaire.

L'AUTEUR. — On est vraiment ici dans un univers tout autre...

LÉVY-BRUHL. — Tout autre, vous dites ? Mais voyez-vous, ceci est très instructif quant à la force de la perception du Monde, de la vie et de la puissance des esprits qui a dominé la mentalité de l'être humain pendant des centaines de milliers d'années partout sur la Terre... Je pense que mon livre pourra contribuer à montrer aux Européens de notre temps que la manière dont ceux-ci perçoivent le Monde n'est pas la seule à exister, et qu'il y a dans la mentalité primitive une dimension qui est perdue aujourd'hui, en tout cas dans la forme puissante qu'elle revêt encore dans les sociétés primitives.

La voiture s'immobilise devant le magnifique palais du Trocadéro. Celui-ci abrite depuis 1878 le Musée d'ethnographie, l'ancêtre du Musée de l'Homme qui verra le jour dans quelques années au grand palais de Chaillot juste en face.

L'AUTEUR. — Monsieur Lévy-Bruhl, cette discussion a été fort enrichissante, et je vous remercie d'avoir pris le temps de vous entretenir avec moi. J'espère que votre nouveau livre connaîtra le succès qu'il mérite !

**

La Mentalité primitive de Lévy-Bruhl a été l'un des plus importants ouvrages écrits sur la pensée des membres des sociétés archaïques. Cela n'a pas prémuni l'ouvrage contre certaines critiques formulées par d'autres anthropologues au cours du 20ᵉ s. Lévy-Bruhl avait certes été l'un des premiers à avoir produit une synthèse de l'ensemble des connaissances ethnologiques de son époque, mais il n'avait jamais lui-même mis les pieds dans une communauté indigène ni fait de l'observation de terrain. Certains ont reproché à Lévy-Bruhl d'avoir indûment insisté sur l'aspect prélogique de la conscience primitive et surestimé sa dimension mystique.

C'est ce qu'a fait valoir par exemple l'ethnologue français Claude Lévi-Strauss. À en croire la thèse de Lévy-Bruhl, le primitif ne serait pas en mesure de considérer les faits de manière logique et selon un ordre intelligent, ni apte à les observer et à les analyser adéquatement. Lévy-Bruhl laisse entendre qu'il y a chez lui une incapacité radicale d'analyse. Dans son ouvrage *La Pensée sauvage* (1962), Lévi-Strauss a tenté de définir les mécanismes universels de l'esprit humain et a montré notamment que les peuples archaïques possèdent tout un savoir empirique qui n'est certes pas rationnel ou scientifique au sens moderne du terme, mais qui est un savoir « classificatoire », et qui peut permettre de nommer les choses de l'environnement (les plantes, les animaux, les pierres, etc.) avec une précision étonnante et de connaître les vertus médicinales d'une quantité innombrable d'éléments végétaux et animaux. Ces connaissances sont parfois vraies, parfois fausses, mais il semble que les « sauvages » soient capables d'acquérir des connaissances empiriques sur le Monde qui soient tout à fait ordonnées et efficaces. Il est vrai que les vertus médicinales, par exemple, restent associées à l'action des esprits, mais Lévi-Strauss fait valoir que les hommes archaïques développent néanmoins toute une « science » (au sens large) et tout un vocabulaire pour nommer les éléments constitutifs de leur pharmacopée, ce qui rend possible leur bonne utilisation. C'est effectivement un aspect de la pensée archaïque qui n'a pas été relevé par Lévy-Bruhl. La mentalité primitive ne serait pas aussi « prélogique » ou « prérationnelle » que ce que Lévy-Bruhl a affirmé.

Voilà le sens de la critique de Lévi-Strauss. L'ethnologue français a bien vu que des activités comme la pêche ou la chasse requièrent toutes une science, un art, des techniques : posséder des connaissances sur l'animal qui est chassé, son comportement, ses habitudes, connaître les conditions idéales pour sa capture, le meilleur moment de la journée… Plusieurs de ces connaissances permettent aux indigènes, qui vivent dans la nature sauvage depuis des milliers d'années, de pourvoir efficacement aux exigences du quotidien et d'assurer leur survie.

D'autres savants ont dénoncé le fait que Lévy-Bruhl avait donné trop d'importance à la dynamique animiste de la pensée primitive. Non pas que ceux-ci aient nié la présence des esprits, tout au contraire, mais ils ont affirmé que la mentalité archaïque n'est pas exclusivement déterminée par cela. Selon Eliade, par exemple, Lévy-Bruhl a négligé la dimension du mythe en tant que récit des origines et récit d'une création. La perception des esprits agissant derrière toute chose est certes une caractéristique de la pensée archaïque, mais il demeure que cette dimension n'apporte pas de réponses aux questions plus fondamentales touchant les origines de l'Univers et de l'être humain, par exemple. Dans les ouvrages d'Eliade, notamment dans *Aspects du mythe*, cette dimension de la pensée archaïque est davantage mise en valeur. Chez l'homme archaïque, comme l'a montré Eliade, il y a tout cet aspect du mythe destiné à attribuer une origine à des réalités et à expliquer pourquoi ces réalités sont ce qu'elles sont et, dans le cas des mythes cosmogoniques, pourquoi l'Univers existe et pourquoi il a telle ou telle structure d'ensemble. Or, cet aspect, Lévy-Bruhl l'a un peu négligé aussi.

Non seulement l'esprit humain a naturellement besoin de comprendre pourquoi telle personne a été dévorée par un crocodile, pourquoi telle autre a contracté une maladie ou s'est cassé le petit doigt, mais il cherche également à remonter jusqu'aux causes ultimes, absolues, « métaphysiques » pour ainsi dire, permettant d'expliquer pourquoi le Monde dans son ensemble est tel qu'il apparaît. L'analyse de Lévy-Bruhl ne touche pas à cet aspect de la pensée mythico-cosmogoniques, ni dans *La Mentalité primitive*, ni dans ses autres ouvrages. Même dans son livre intitulé *La Mythologie primitive* (1935), il a ramené son analyse à celle de l'animisme.

Chapitre 3
Le Monde des Religions

Première partie
Faits et définitions

Poursuivons notre voyage d'exploration dans le Monde fascinant de la conscience mythico-religieuse, avec les formes particulières du génie humain qui s'y expriment. Avant de nous transporter encore une fois dans le temps et dans l'espace, exposons d'abord quelques faits et analysons le sens de certains concepts fondamentaux.

L'*homo religiosus*

Depuis des temps immémoriaux, les religions ont proposé des réponses à nos plus grandes questions : pourquoi sommes-nous venus au Monde ? D'où venons-nous, où sommes-nous et vers où allons-nous ? Ne sommes-nous qu'un corps ? Avons-nous aussi une âme ? Qu'adviendra-t-il après la mort ? Quelle est l'origine du Monde ? Qui l'a créé ? Comment nous est-il possible d'entrer en contact avec son ou ses créateurs ? Comment devons-nous nous comporter vis-à-vis de nous-mêmes et de nos semblables ? Quelle est la frontière entre l'action morale et immorale, le bien et le mal, la vertu et le vice ?

Dès l'Antiquité grecque, à partir des 6ᵉ et 5ᵉ s. av. J.-C., de nouvelles approches de la réalité ont été développées et adoptées (nous en reparlerons spécifiquement au prochain chapitre). Les théories scientifiques et philosophiques sont souvent présentées comme des alternatives au discours religieux, qui avait toujours eu le monopole sur le terrain des questions fondamentales. Pensons par exemple à la théorie du Big Bang développée dès les années 1930, qui offre aujourd'hui une réponse à la grande question de l'origine de l'Univers qui diffère considérablement de celle qui est exposée dans le livre de la Genèse. La cosmologie scientifique contemporaine rend compte de l'origine du Monde par le seul moyen de processus physiques (de causes secondes), desquels l'action de la divinité est totalement absente. Pensons aussi aux recherches récentes en génétique et en paléontologie humaines, qui indiquent que les origines de l'*Homo sapiens* remontent à 300 000 ans (l'Homme de Djebel Irhoud) et que celui-ci a évolué à partir d'espèces d'hominidés apparues quelques millions d'années plus tôt. Ce discours a une forte tendance à entrer en conflit avec le mythe d'Adam et Ève, de même qu'avec toutes les croyances qui font de l'être humain une création spontanée de la divinité. Enfin, pensons au domaine de la morale : au 18ᵉ s., le philosophe allemand Emmanuel Kant a proposé un critère de distinction du bien et du mal fondé uniquement sur la raison, et non pas, comme la voulait la tradition, sur une simple conformité à des préceptes (les Dix Commandements, par exemple).

Les discours religieux et rationnels ont entretenu tout au long de l'histoire des rapports assez complexes qui sont allés de la collaboration, de la distinction et de l'indifférence jusqu'à l'hostilité (nous examinerons cette thématique au chap. 9). Mais un fait demeure : à l'échelle de l'histoire globale, c'est l'approche religieuse qui a été la plus largement adoptée par l'humanité, et de très loin, en vue de trouver réponse à ses grandes questions. Même dans la Grèce antique, première civilisation occidentale à avoir développé le concept de rationalité, la religion était omniprésente. Elle faisait intimement partie de la vie quotidienne et de la vie publique, à telle enseigne que les Grecs ne faisaient aucune distinction claire entre ce qui relève du sacré et ce qui n'en relève pas. Autrement dit, ceux-ci n'avaient aucune conscience de la différence entre le « religieux » et le « profane » : tout avait un caractère « religieux ». L'usage de la raison (*lógos*, en grec ancien) dans la compréhension du Monde, dans la mesure où la rationalité peut reconduire à une vision non religieuse des choses, n'était encore que marginal, et n'était adopté que par un nombre très restreint d'individus, appelés « sages » ou « philosophes ».

Toutes les sociétés et civilisations humaines, partout à travers le monde et depuis une époque qui remonte à la préhistoire, ont eu des pratiques rituelles et ont vu le Monde à travers des croyances religieuses. L'être humain est un *homo religiosus*, selon une expression souvent rencontrée dans la littérature ethnologique, historique et philosophique. Encore à notre époque, qui est profondément transformée par le développement des sciences et la rationalité, on dénombre plus de 10 000 dénominations religieuses et mouvements spirituels ! Il existe plusieurs estimations et statistiques mondiales sur les appartenances religieuses. Selon des chiffres établis en 2013 par une autorité en la matière, le mathématicien David G. Barrett, le christianisme, l'islam, l'hindouisme, le bouddhisme, la religion traditionnelle chinoise (soit le shenisme ou religion des esprits, incluant le taoïsme) et les religions tribales comptaient à eux seuls un peu plus de 6 milliards d'adeptes, soit près de 87 % de la population mondiale. Selon Barrett, toujours pour l'année 2013, 136 millions d'individus se considéraient comme athées dans le Monde, soit seulement 1,92 % de la population mondiale. Les habitants de ce Monde sont religieux par une incontestable majorité.

L'origine du mot *religion*

Avant de nous lancer dans l'analyse de la religion, prenons les choses au commencement et demandons-nous d'où provient le terme.

Le mot *religion* n'est pas d'origine grecque. Les Grecs n'avaient pas de terme strictement équivalent. Ceux-ci employaient principalement les termes *ierós* (*sacré*) et *eusébeia* (*piété*, observance, respect et crainte des dieux). Pour comprendre l'origine du mot *religion*, au sens où il a été d'abord reçu en Occident, il faut plutôt se tourner vers le terme latin à partir duquel il a été forgé, c'est-à-dire *religio*. Deux principales étymologies ont été proposées de *religio* dès l'Antiquité : *relegere* et *religare*.

1. *Relegere* signifie « relire » (au sens de « re-lire », « lire de nouveau »). Le terme religieux définissait un individu qui examine soigneusement ou avec diligence (*diligenter*) tout ce qui est en lien avec

l'observance du culte et qui, ce faisant, le « relisait » en quelque sorte. Le verbe *relegere* est à entendre ici au sens d'une révision attentive, circonspecte ou réfléchie, un peu comme le fait de méditer un texte en effectuant sa relecture.

Cette étymologie a été proposée par Cicéron, grand auteur, orateur et homme d'État romain. En tant que consul, il a été très impliqué dans les affaires du Sénat romain, avant que Jules César monopolise la scène. Cicéron était l'ami de Brutus, le principal instigateur de l'assassinat de César en l'an 44 av. J.-C. Il était aussi un contemporain du philosophe Lucrèce, avec qui nous avons fait une promenade sur la voie Appienne dans la campagne italienne. C'est Cicéron qui s'était chargé d'éditer le *De rerum natura*, l'ouvrage dans lequel le philosophe-poète présentait la philosophie atomiste d'Épicure.

Dans *La Nature des dieux* (*De natura deorum*), publié en 45 av. J.-C. et dédié à Brutus, Cicéron a proposé cette première étymologie du terme *religio* pour distinguer les personnes religieuses (*religiosi*) de celles qui sont seulement superstitieuses (*superstitiosis*). Le superstitieux est l'individu qui s'adonne à des pratiques rituelles sans prendre la peine de les examiner attentivement, sans avoir le souci de les réviser (*retractare*), de les méditer, de les porter à la réflexion, bref, sans prendre le temps de les « relire » (*tamquam relegerent*) comme le fait l'individu religieux. Cicéron a fait la distinction ici entre une forme facile et irréfléchie de religion, qu'il a déplorée, et une attitude religieuse authentique, diligente et avisée, qu'il a louangée.

2. Le verbe *religare* a été proposé quelques siècles plus tard comme origine du mot *religio* dans les *Institutions divines* (*Divinæ Institutiones*) de Lactance, un orateur et un auteur ayant vécu en Afrique romaine au 3e s. et au début du 4e s. *Religare* signifie « relier ». Selon Lactance, qui était chrétien, le substantif *religion* désigne le lien qui rattache Dieu aux hommes, l'alliance que Dieu offre à ses créatures.

Institutions divines, Maître de la Chronique scandaleuse.

À la même époque, saint Augustin, l'un des principaux Pères de l'Église chrétienne et admirateur de Lactance, a ajouté l'idée qu'après le péché originel d'Adam et Ève, ce lien entre Dieu et les êtres humains avait été rompu, et que le fidèle chrétien devait désormais pratiquer sa spiritualité de façon à le restituer, à se « re-lier » à Lui. Augustin a tenu ces propos notamment dans son œuvre monumentale *Cité de Dieu* (10.3) et son traité *De la vraie religion* (111), où il a prôné la supériorité du christianisme sur le manichéisme (une religion concurrente de l'époque). L'interprétation d'Augustin a fait autorité au sein de l'Église chrétienne et a été reprise au Moyen Âge par de grands noms comme Isidore de Séville et Thomas d'Aquin.

La Cité de Dieu, Augustin d'Hippone.

Nous reparlerons de saint Augustin au dernier chapitre. Retenons ici l'idée d'une communion ou d'une connexion spirituelle possible entre les humains et la divinité. Les deux étymologies se concentrent sur des aspects différents de la religion, mais demeurent cependant parfaitement complémentaires : il est possible d'être religieux dans les deux sens en même temps, c'est-à-dire relire le culte et cultiver le lien.

Les fonctions de la religion

Beaucoup sont d'avis que la religion répond à des fonctions particulières. Sur cette question, la littérature foisonne d'hypothèses de tous genres, selon les théories et les perspectives adoptées. Une interprétation classique consiste à dire, un peu comme nous l'avons évoqué plus haut, que la religion avait originellement pour fonction de donner des explications aux phénomènes avant l'invention et le développement de la rationalité philosophique ou scientifique. Les atomistes Épicure et Lucrèce souscrivaient déjà à cette conception. À une époque où l'on ignorait la cause physique des raz-de-marée par exemple (les séismes sous-marins), les Grecs expliquaient ces phénomènes comme des manifestations de la colère de Poséidon; avant la découverte de la phényléthylamine (un neurotransmetteur du cerveau) et des hormones, les coups de foudre étaient expliqués par l'action d'Éros (et celle de Cupidon chez les Romains); avant d'avoir connaissance des mouvements de l'atmosphère terrestre, c'est le dieu Éole qui était chargé de produire et d'orienter les vents... Nous reviendrons sur ce thème au prochain chapitre.

Une autre fonction fréquemment attribuée à la religion serait celle d'apporter une validation divine ou surnaturelle aux actions morales. Dans les traditions juive et chrétienne, par exemple, les Dix Paroles ou Dix Commandements (ce qu'on appelle le Décalogue) sont un ensemble d'obligations morales directement transmises par Dieu à Moïse au mont Sinaï, qui doivent être impérativement respectées par le fidèle.

De gauche à droite: B. Spinoza; K. Marx.

Pour d'autres théoriciens, la religion a plutôt pour fonction d'apporter une justification divine ou surnaturelle à une certaine organisation sociale et politique, comme chez les anciens Égyptiens ou dans le système de castes chez les hindous. Cette interprétation de la religion a été soutenue par plusieurs grands penseurs de l'histoire, dont le philosophe hollandais Baruch Spinoza (1632-1677) dans son

Traité théologico-politique (1670) et le philosophe allemand Friedrich Nietzsche (1844-1900), notamment dans son livre *La Généalogie de la morale* (1887), où il a retracé l'origine de certaines valeurs morales de la conscience occidentale contemporaine en exhortant à les remplacer dans la mesure où elles lui apparaissaient fondées sur un idéal préjudiciable de la négation de soi.

Karl Marx (1818-1883), le père du communisme — qui a été très influencé, en passant, par l'approche matérialiste et athée des atomistes anciens (Démocrite, Épicure) —, s'est intéressé au rôle strictement social et politique de la religion. Selon Marx, les religions ont été instituées par les dirigeants dans l'objectif de justifier les inégalités sociales et d'aider le peuple à accepter celles-ci. C'est dans cet esprit que Marx a écrit que « la religion est l'opium du peuple » : la religion « endort » le peuple au sens où elle le maintient dans l'illusion d'un monde meilleur à venir, dans l'au-delà.

Sigmund Freud a consacré au cours de sa carrière plusieurs textes à l'analyse de la religion : *Actes obsédants et exercices religieux* (1907), *Totem et Tabou* (1913), *L'Avenir d'une illusion* (1927), *Malaise dans la civilisation* (1930) et *L'Homme Moïse et la religion monothéiste* (1939), son tout dernier ouvrage. Freud était lui-même incroyant. Mais en tant que fondateur de la psychanalyse, il a analysé la religion à partir des principes de sa théorie de l'inconscient (dont nous reparlerons). Pour le dire simplement, chez Freud, la religion est une illusion, non pas au sens d'une « erreur », mais au sens où elle représente une sorte de projection psychologique des désirs inconscients primitifs qui habitent l'être humain. Dans *L'Avenir d'une illusion*, Freud a expliqué que face aux difficultés et aux incertitudes de la vie (en particulier la peur de la mort), les êtres humains auraient été motivés, par ces désirs inconscients, à mettre sur pied des organisations religieuses destinées à les protéger et à les réconforter sur le plan psychique. Ses analyses du phénomène religieux à travers diverses cultures l'ont même conduit à y voir, comme en témoigne son livre *Malaise dans la civilisation*, une forme de névrose collective. Dès l'époque de son premier texte sur la religion, *Actes obsédants et exercices religieux*, Freud avait utilisé l'expression *cérémonial névrotique* pour qualifier les pratiques religieuses liées au culte. Il a donc pris appui sur sa théorie psychanalytique et sa conception de l'inconscient pour donner un sens à la religion en tant que phénomène humain.

Diversité et définition de la religion

> [La religion est] le fait de se soucier
> d'une certaine nature supérieure
> que l'on appelle divine
> et de lui rendre un culte.
>
> Cicéron, *De l'invention oratoire*, 2, 161
> (plus ancienne définition connue de la religion)

Qu'est-ce qu'une religion, au juste ? Ce qui frappe d'abord en abordant cette question, c'est la multiformité extraordinaire des religions à travers le Monde et dans l'histoire. Les religions sont aussi diversifiées que les cultures qui leur ont donné vie et dont elles sont les expressions. De très nombreuses définitions de la religion ont été proposées à travers l'histoire, surtout au cours des 18e et 19e s.

Dans son petit livre *La Philosophie de la religion* (2009), Jean Grondin (qui a été mon professeur et codirecteur lors de mes études de doctorat à l'Université de Montréal) s'est efforcé de trouver, dans toute cette mosaïque mondiale de pratiques religieuses, des dénominateurs communs susceptibles de reconduire à une définition universelle de la religion. C'est cette même ambition qu'avaient eue Eliade et Lévy-Bruhl à propos du mythe et de la pensée primitive (voir chap. 2). Cette définition se veut universelle dans la mesure où elle ne se limite pas qu'aux grandes religions, même si celles-ci occupent une part essentielle de la conscience religieuse à travers le monde. Une définition universelle doit aussi tenir compte : des religions tribales, encore pratiquées aujourd'hui par 243 millions de personnes, selon les estimations de David G. Barrett (ou par 4,2 % de la population mondiale, essentiellement en Afrique et en Asie); des autres religions importantes, telles que le sikhisme et le jaïnisme en Inde, ou encore le shintoïsme au Japon; de toutes les religions disparues au cours du temps, comme celle des Vikings, des sociétés précolombiennes, des Grecs et des Romains, des Perses, des Égyptiens, des peuples de la Mésopotamie, etc.; et même des religions que pratiquait l'homme des sociétés de chasseurs-cueilleurs avant la naissance des premières civilisations. Une définition universelle de la religion a donc pour ambition de contenir les éléments essentiels communs à l'ensemble des religions, c'est-à-dire sous toutes les formes qu'elle revêt ou a revêtues dans l'histoire.

Grondin a isolé deux caractéristiques qu'il a estimées essentielles et inhérentes à toute forme de religion : le culte (ou le rituel) et la croyance. Ces deux dimensions ont des importances différentes selon les religions, mais une religion peut être définie fondamentalement comme un culte croyant. Cela va dans le même sens que la définition de la religion proposée par le sociologue français Émile Durkheim dans son livre *Les Formes élémentaires de la pensée religieuse*, publié en 1912 : « une religion est un système solidaire de croyances et de pratiques relatives à des choses sacrées ».

Le culte

Saint François en méditation, F. de Zurbarán.

Les religions comportent toutes, à différents degrés, des pratiques rituelles ou cultuelles. Ces pratiques possèdent une valeur spirituelle ou symbolique dans la mesure où leur portée transcende, excède, dépasse les gestes qui sont accomplis en tant que tels : les rites renvoient directement à la dimension du sacré, d'où elles tirent tout leur sens. Les cultes sont généralement codifiés et accomplis de façon solennelle, en groupe ou en privé.

Nous préciserons plus loin ce que signifie le terme *sacré*, qui marque la pratique cultuelle, notamment. Mais donnons d'abord des exemples de cultes pour bien comprendre de quoi il s'agit. Dans maintes religions, la prière est une pratique par laquelle l'adepte s'adresse à la divinité, directement ou par un intermédiaire. On distingue parfois: la prière d'intercession ou de supplication, qui consiste à implorer un bienfait pour soi ou pour autrui; la prière de confession, lors de laquelle l'adepte avoue ses fautes, ses péchés; et la prière de gratitude, où la divinité est remerciée pour la bienveillance dont elle a fait preuve. Chez les chrétiens, sous des formes différentes selon les Églises (catholique, protestante, orthodoxe…), la prière est un dialogue que le fidèle entretient avec Dieu en tant que Père. Cette prière peut être informelle ou codifiée (par exemple le *Notre Père* ou le *Je vous salue, Marie*).

La Danse de la Mariée, P. Bruegel.

Mentionnons aussi: les chants, les danses, les fêtes, les offices et les cérémonies, les exercices de piété et de dévotion de tous genres, tels que la récitation du chapelet, le jeûne, le pèlerinage, la récitation, la lecture et la méditation des textes sacrés (lorsqu'il y en a), les actes de vénération, la divination, les pratiques de la méditation (comme chez les bouddhistes), ou encore les exercices spirituels (comme ceux du Bhakti yoga hindou). L'offrande est un rituel qui consiste à faire un don à la divinité de manière à attirer la protection de celle-ci, à démontrer notre piété ou encore à compenser nos mauvaises actions. L'offrande prend des formes diverses selon les religions : l'aumône dans le christianisme et l'islam ; l'offrande votive (ou *ex-voto*), comme dans la civilisation gréco-romaine de l'Antiquité, qui consistait à déposer des objets (tels que des petites statuettes, des objets précieux...) dans un lieu sacré afin d'attirer la faveur des dieux ; la libation, cérémonie lors de laquelle des gouttes d'un liquide sont versées sur le sol ou un autel ; les prémices, où le fruit des premières récoltes est donné ; ou encore le sacrifice, lors duquel des animaux, voire parfois des êtres humains, sont immolés (leur vie est donnée en offrande).

Sacrifice d'un agneau chez les Grecs, auteur inconnu.

Le sacrifice animal était une pratique courante chez les anciens Grecs. Chaque dieu avait son animal fétiche, et offrir la vie de celui-ci contribuait à obtenir la bienveillance du dieu auquel le culte était rendu. Il était d'usage de sacrifier un coq pour implorer une guérison auprès d'Asclépios, le dieu de la médecine (appelé Esculape chez les Romains). Athéna préférait le sacrifice d'une vache, Poséidon et Dionysos celui d'un taureau, alors qu'Aphrodite, Apollon et Artémis réclamaient la vie d'une chèvre. L'animal était souvent saigné, découpé, grillé et consommé sur place par les participants au rituel.

Mentionnons encore la procession, sorte de défilé ou de cortège où les fidèles suivent un parcours, en priant, en pleurant ou en chantant. Dans l'Athènes antique étaient organisées annuellement, pendant plusieurs jours, les Panathénées, et tous les quatre ans, les Grandes Panathénées. Lors de ces grandes fêtes sacrées et civiques, très fastes, des processions étaient organisées et accompagnées de compétitions de sport ainsi que de musique et de poésie. Les processions suivaient un trajet dans la cité, la Voie sacrée, qui partait des portes du Dipylon (l'entrée principale d'Athènes) et dont la destination était le Parthénon, le grand temple dédié à Athéna et où se trouvait sa statue. Tous les habitants d'Athènes (citoyens, femmes, étrangers, esclaves...) participaient aux festivités, qui se terminaient avec le sacrifice de bovins et un grand banquet collectif. Cette tradition des Panathénées a duré presque 1000 ans ! Chez les bouddhistes du Sri Lanka, depuis plusieurs siècles, la *Perahera* (« fête de la dent ») est une fête annuelle au cours de laquelle des processions nocturnes comprenant des éléphants enharnachés, des musiciens et des danseurs sont tenues pendant 10 jours. Chez les catholiques bretons, espagnols, portugais et italiens, notamment, des défilés religieux sont organisés lors de la semaine qui précède Pâques (la Semaine sainte), et celles-ci attirent encore des foules considérables. Aux Philippines, des fidèles se font volontairement crucifier à l'occasion de ce rituel annuel, bien que cette pratique soit formellement interdite par l'Église catholique.

Plusieurs cultes prennent aussi la forme de rites de passage servant à exprimer un changement de statut social ou spirituel chez un individu. Le baptême et la confirmation dans l'Église catholique, de même que le mariage et les rites funéraires entrent dans cette catégorie. On appelle « rite d'initiation » celui au terme duquel l'individu intègre officiellement son groupe, sa tribu ou sa communauté religieuse. Chez les juifs, la *Brith Milah* (la circoncision) sert à exprimer la conversion au judaïsme. La *bar-mitzvah* marque l'entrée du jeune garçon dans sa majorité — elle porte le nom de *bar-mitzvah* pour la jeune fille. Chez les Japonais, les cérémonies du *genpuku* et du *mogi* marquent respectivement le passage à l'âge adulte chez l'homme et la femme lorsqu'ils atteignent l'âge de 20 ans. Ces cérémonies de la majorité (*seijin shiki*) sont tenues dans les sanctuaires des esprits (*kami*) liés à la famille des jeunes adultes et revêtent un profond caractère sacré.

Dans les sociétés archaïques, les initiations prennent souvent la forme de défis où le courage et l'endurance du prétendant sont mis à l'épreuve, parfois même de façon assez extrême. Dans les Îles Salomon, le *maraufu* est une épreuve où l'enfant doit partir seul en haute mer et revenir avec un poisson considéré comme sacré, particulièrement difficile à pêcher, et à cette condition seule l'enfant pourra être accepté comme un homme dans sa tribu. En Mélanésie, la jeune personne devient un adulte et un membre de la communauté à part entière en prouvant son courage et en sautant du haut d'une tour de bambou, les pieds retenus par une simple liane (c'est l'ancêtre du *bungee*). Dans plusieurs sociétés tribales, notamment chez les Pygmées africains, le passage à l'âge adulte est officialisé par un rituel au cours duquel les dents du novice sont limées ou sculptées manuellement en forme de pointe.

* * *

Les cultes religieux répondent à quelle(s) fonction(s), au juste ? Le terme *culte* est un emprunt au latin *cultus*, qui provient du verbe *colere*, signifiant « cultiver » : un culte est une pratique destinée à faire croître ou à développer un lien avec la divinité ou les puissances surnaturelles auxquelles croit celui qui l'exécute. Nous retrouvons ici la notion de lien que Lactance avait placée à l'origine du terme *religio*. Et comme nous l'avons dit au chapitre précédent, dans la mesure où le Monde est souvent perçu en termes de dangerosité, le culte assumerait aussi une fonction propitiatoire : il aurait donc pour objectif de susciter la bienveillance des esprits ou des dieux et de les rendre propices, favorables à l'individu qui le pratique. Ainsi, le culte peut être pratiqué par crainte des dieux et pour garantir une sorte de sécurité existentielle. Par exemple, un individu redoutant que son enfant soit tué lors d'une bataille avec le clan adverse est censé rendre un culte au dieu de la guerre pour attirer sa protection et sa clémence.

La croyance

Toutes les religions comportent des pratiques cultuelles. Mais il est un autre élément qu'elles partagent toutes : des croyances. Les religions sont des systèmes, plus ou moins organisés, de croyances.

D'abord, qu'entend-on par « croyance » ? Au sens le plus minimal du terme, la simple anticipation d'un résultat à la suite d'une action est une croyance : avant même de lancer cette balle, par exemple, j'ai déjà une certaine croyance à propos de la direction et de l'endroit approximatif où celle-ci va tomber. Tombera-t-elle là où je prévois qu'elle tombera ? Peut-être que oui, peut-être que non, mais j'ai déjà *a priori* une croyance, précise ou approximative, à ce sujet. Et le simple fait d'anticiper que la balle sera juste « projetée » dans les airs par le mouvement de mon bras est déjà aussi une croyance. Ainsi, simplement agir dans le monde de tous les jours implique la formation de croyances conscientes ou non conscientes en quantité potentiellement infinie. Au moment où je m'apprête à tirer sur la poignée de porte, je *crois* qu'elle s'ouvrira. Ce n'est pas une connaissance. Nous l'expérimentons chaque fois que nous tirons sur la poignée alors qu'il fallait plutôt pousser sur la porte : le fait que celle-ci ne s'ouvre pas nous fait alors prendre conscience que notre geste n'était en réalité basé que sur une croyance. Cette signification minimale du concept de croyance est très étudiée aujourd'hui en cybernétique et en intelligence artificielle.

Dans un sens plus élaboré et plus épistémique, une croyance est en général une représentation des choses qu'un individu accepte comme vraies sans que cette représentation ait été préalablement confirmée par une ou des évidences d'observation. Autrement dit, une croyance est une représentation reconnue vraie sans preuve empirique. La croyance, selon cette définition, fait aussi partie de la vie de tous les jours : par exemple, une personne peut « croire » que le temps sera humide aujourd'hui et que l'eau du lac est froide, bien qu'elle n'ait pas encore regardé les prévisions météo ni plongé le gros orteil dans l'eau pour s'en assurer ; un astronome amateur peut adhérer à la thèse voulant qu'existent des formes de vies extraterrestres, cependant qu'aucune preuve scientifique n'a encore été apportée. Lorsque des analyses faites par des sondes spatiales confirmeront la présence de bactéries sur Mars ou sur Io, par exemple, il ne s'agira alors plus d'une croyance, mais d'une connaissance. En sautant à l'eau, la personne ne *croira* plus que l'eau est froide, mais *saura* si c'est le cas. Avant que la preuve n'ait été apportée que Copernic avait raison, l'assertion « la Terre tourne autour du Soleil et non l'inverse » ne pouvait être que l'objet d'une croyance. Après avoir été confirmée expérimentalement au 18e s. par l'astronome britannique James Bradley, la même assertion est devenue une connaissance. Avec preuve ou évidence à l'appui, le « je crois que... » fait place au « je sais que... ». En un certain sens, donc, ce qui distingue une croyance d'une connaissance est que dans le deuxième cas, la vérité de la représentation est établie, justifiée, alors que dans le premier, la vérité est simplement présumée. Nous reviendrons sur cette différence.

Les Grecs anciens avaient deux mots pour désigner la croyance entendue dans ce sens : *pistis* (traduit par « croyance ») et *doxá* (traduit par « opinion, avis »). Chez un philosophe comme Parménide (5e s. av. J.-C.), l'opinion était une croyance accordée au témoignage des sens :

croire ce que nos yeux nous montrent, ce que nos oreilles nous font entendre. Au sein du mouvement sophistique (dont nous parlerons au chap. 6), le terme *opinion* a pris le sens de « point de vue individuel » : ce qu'une personne croit vrai, ce qu'un individu tient pour vrai. Le philosophe athénien Platon est l'auteur du premier texte où est analysée la croyance du point de vue de son opposition à la science. Dans son dialogue intitulé *Théétète* (début du 4ᵉ s. av. J.-C.), où il critique les sophistes, Platon a défini la connaissance (scientifique) comme une croyance vraie justifiée, c'est-à-dire une croyance qui a été démontrée, qui s'est avérée conforme à un état de choses réel.

***

Ceci étant dit, qu'est-ce qu'une croyance spécifiquement religieuse ? En vertu de ce qui précède, une croyance religieuse est une représentation des choses enseignée par une religion (ce qu'on appelle un « dogme ») et qui est considérée comme vraie par le fidèle en toute indépendance du fait que cette vérité ait ou non été confirmée par des évidences extérieures au cadre de ce qui est admis et reconnu par cette même religion.

Autrement dit, une croyance religieuse est un dogme dont le fidèle reconnaît d'emblée la vérité, que celle-ci soit établie ou non, par exemple, par la science, le raisonnement philosophique, des évidences d'observation ou les dogmes d'une autre religion : le seul fait que ce dogme soit enseigné et reconnu par la religion à laquelle le fidèle adhère suffit à en fonder la vérité. Par exemple : la croyance en l'existence de l'âme et à sa survie dans l'au-delà, la croyance en la réincarnation, la croyance en la fin du monde, la croyance en un Dieu créateur et providentiel, la croyance en la résurrection, etc. Sur le plan psychologique, la croyance religieuse est inséparable d'une attitude : celle d'être disposé à accorder d'emblée créance aux dogmes de la religion à laquelle nous adhérons.

La croyance religieuse est à distinguer de la pratique religieuse : certains individus acceptent la vérité des dogmes d'une religion sans participer au culte, et inversement, certains participent au culte sans croire à la vérité des dogmes.

***

Ce thème de la croyance nous reconduit à la dichotomie entre « point de vue intérieur » et « point de vue extérieur » que nous avions rencontrée au chapitre précédent et, en suivant Eliade, appliquée à l'analyse du mythe. Il conviendrait ici également de parler de « croyance vivante » et de « croyance morte ».

Du point de vue du croyant lui-même (donc de l'intérieur), une croyance n'est pas simplement une une représentation non fondée des choses comme elle semble l'être de l'extérieur, mais bien plutôt une forme de véritable connaissance des choses : le fidèle « sait » que l'ange Gabriel, le dieu Enlil, la déesse Frigg ou les esprits de la forêt existent bel et bien, ou encore que le récit du Déluge et l'Épopée de Gilgamesh décrivent des événements qui sont réellement survenus. Le fidèle ressent la présence réelle de Marie, de Dionysos ou de Vénus, il ne se contente pas d'« y croire ». Il croit qu'il sait : il admet et reconnaît l'existence pleine et entière de ce à quoi il « croit » et voue un culte — parfois au point de ressentir une présence divine. Il en va de même pour celui qui croit à ce que raconte un mythe : à ses yeux, il ne s'agit pas d'une fiction, d'une simple fable, mais bien du récit des événements survenus dans la réalité *ab origine*. Vues de l'extérieur, les croyances passent bien souvent pour des vestiges d'une pensée archaïque et périmée en regard de l'état actuel des connaissances. La science considère ainsi la croyance religieuse comme une superstition, une représentation sans fondement ou sans justification rationnelle, issue de la peur ou de l'ignorance ; pour cette raison, l'attitude religieuse est généralement perçue en opposition avec l'esprit critique et positif propre aux approches qui se revendiquent de la rationalité.

Toutefois, vue de l'intérieur, une croyance religieuse renvoie à une représentation vraie qui reconduit tout droit à une sorte de pénétration ou de communion intérieure avec une réalité spirituelle qui échappe à celui qui adopte le point de vue extérieur. Pour les fondamentalistes catholiques par exemple, il relève d'une sorte d'évidence que la vérité des dogmes auxquels ils adhèrent échappe aux partisans de la théorie de l'évolution ou du Big Bang.

Le philosophe Rudolf Otto et le psychologue Carl Gustav Jung ont étudié cet aspect de la croyance en tant que vécu religieux. Comme nous le verrons, Otto a qualifié le vécu ou le sentiment religieux de « numineux » (d'après le latin *numen*, qui signifie « esprit » ou « dieu ») : vue de l'intérieur, l'expérience religieuse est une « expérience numineuse » ; les religions, avec leurs systèmes de « connaissance », impliquent une volonté chez les adeptes d'aller au-delà de l'Univers visible et banal, dans la « vraie réalité ». C'est une expérience *sui generis* de l'existence et c'est ce qui, psychologiquement, ferait la force et l'attrait du religieux auprès des êtres humains. La religion offrirait ainsi une expérience d'amplification du Monde, un élargissement de l'expérience ordinaire des choses, qui répond à un besoin naturel éprouvé par l'*Homo sapiens*, soit comprendre le sens profond des choses.

Les religions sont donc des ensembles ou des systèmes ordonnés de représentations de la réalité qui relèvent de « croyances » si nous les considérons de l'extérieur, ou bien de « connaissances », si nous les définissons sous l'angle de la perception et de l'interprétation qu'en ont les « croyants » eux-mêmes.

* * *

Les croyances religieuses tendent généralement à expliquer l'origine et le pourquoi des choses, ainsi que la destinée du genre humain ou celle de la communauté des croyants. Elles montrent le bien-fondé des moyens rituels par lesquels le fidèle peut entrer en communication, voire en communion, avec les réalités spirituelles dont il reconnaît et même ressent l'existence, et, parfois, enseignent la manière de bien mener son existence et de mieux vivre avec son destin.

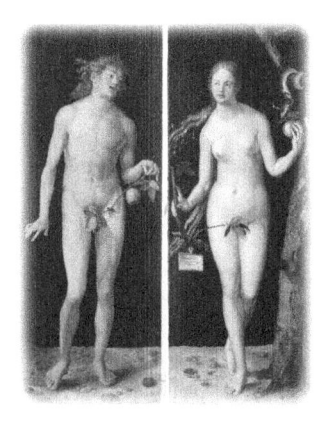

De gauche à droite : *Adam et Ève*, A. Dürer ; Tiamat et Mardouk, dieux primordiaux babyloniens.

Les croyances dites « cosmogoniques » sont celles qui se rapportent à l'origine du Monde (ou au début des temps), comme celles des récits de la Création présentés au tout début de la Bible, dans l'*Enûma Eliš* («Épopée de la Création») chez les Babyloniens ou encore dans le *Völuspá* («Prophétie de la voyante») des anciennes sociétés scandinaves, pour ne nommer que les plus connus. Les dieux impliqués dans la création du Monde sont ordinairement qualifiés de «primordiaux». Les croyances qui portent spécifiquement sur l'origine des dieux sont dites «théogoniques» (comme dans la *Théogonie* d'Hésiode, dont nous reparlerons).

Scène de L'Apocalypse: *Le Grand Dragon rouge et la femme enveloppée de soleil*, W. Blake.

On appelle «eschatologie» un ensemble de croyances qui portent sur la fin du Monde (ou fin des temps) et la destinée ultime des êtres humains.

Dans le christianisme, lors du Jugement dernier (tel que raconté de façon très symbolique dans le livre de l'Apocalypse, sur lequel se termine la Bible), les morts seront ressuscités et chaque être humain recevra un jugement divin définitif le renvoyant au Paradis ou en Enfer. Le mot *apocalypse* signifie «révélation». Le Livre de l'Apocalypse révèle ou lève le voile sur ce qu'il adviendra de l'humanité: un nouveau Monde sera créé (la Nouvelle Jérusalem), d'où Satan sera chassé, et les créatures qui auront été épargnées par Dieu pourront y vivre en paix pour l'éternité. Le péché d'Adam et Ève, qui a eu lieu au début des temps, sera définitivement absous sur le plan collectif. Le Ragnarök est le récit viking qui annonce et décrit la fin du Monde et la grande bataille du Vigrid où s'affronteront une dernière fois les Êtres surnaturels (dieux, Walkyries, Einherjar, géants, monstres…). L'histoire des religions est remplie de récits eschatologiques.

La foi

Mains en prière, A. Dürer.

Le thème de la croyance nous amène naturellement à nous tourner vers celui de la foi.

À l'instar du terme de *croyance*, celui de *foi* possède à l'origine une signification neutre et non religieuse. Il est un emprunt au latin classique *fides*, qui signifie « confiance » et « loyauté ». Avoir foi en quelqu'un, c'est avoir confiance en sa bienveillance et en ses bonnes intentions; avoir foi en la vie, c'est être certain que les événements de notre existence tourneront en notre faveur; avoir foi en la technologie ou en la science, c'est avoir confiance dans la capacité de ces dernières à contribuer à l'amélioration des sociétés humaines. Sur un plan neutre et psychologique, avoir la foi, c'est donc avoir confiance. La notion de foi est proche, aussi, de celle de fidélité — d'après le terme latin *fidelis*, qui dérive de *fides*: être fidèle à quelqu'un, c'est lui être loyal, c'est avoir confiance en lui et se montrer digne de confiance envers lui.

La tradition chrétienne a très tôt assimilé les concepts de foi et de fidélité : avoir la foi, c'est avoir confiance en Dieu ; être un « fidèle », c'est placer sa confiance dans sa religion, son autorité et ses dogmes. Chez les catholiques, le fidèle est celui qui accepte de croire et de placer sa confiance dans les enseignements de la Bible et les articles du Symbole des Apôtres : Dieu le Père et son Esprit (l'Esprit Saint), Jésus-Christ, l'Église, la communion des Saints, la rémission des péchés, la vie éternelle, etc. — c'est aussi ce qu'on appelle le *Credo* (« Je crois »), dont des versions différentes sont adoptées par les autres Églises chrétiennes (les orthodoxes, par exemple, reconnaissent plutôt le Symbole de Nicée-Constantinople).

Symbole des Apôtres, auteur inconnu.

La foi chrétienne désigne donc la manière dont est représentée l'attitude du bon croyant, le socle, le roc sur lequel repose sa confiance en Dieu. La foi est un acte de la volonté (ou une grâce, c'est-à-dire une faveur divine, un don de Dieu, selon les écoles) par lequel le fidèle accepte de croire et de placer sa confiance. Elle consiste pour ce dernier à accepter la vérité d'une représentation des choses sur la seule base de la confiance qu'il place dans son Église. La foi est plus que la simple croyance : elle est sa source, son fondement, sa pierre d'angle. Le fidèle croit parce qu'il a confiance, exactement comme une personne croit en une autre personne parce qu'elle a confiance en elle, exactement comme un étudiant croit à ce que raconte son professeur parce qu'il a confiance en lui.

Ces enseignements et ces croyances auxquelles il adhère par sa foi et qui ont été officialisées par l'Église sont, comme nous l'avons dit, des dogmes, c'est-à-dire des vérités de foi. Ce sont des « vérités » parce que le croyant les perçoit de l'intérieur, donc comme des « connaissances ». Il existe dans le catholicisme une tradition appelée « catéchisme », destinée à exposer, dans un but pédagogique, les principaux dogmes ou « articles de la foi » chrétienne dans lesquels le fidèle doit placer sa totale confiance. Dans le *Petit Catéchisme de l'Église catholique*, on professe par exemple que Dieu est le Créateur du monde, que l'être humain est composé d'un corps et d'une âme créés à Sa ressemblance, que Dieu nous a créés afin que nous puissions le connaître, l'aimer, le servir et être heureux avec Lui au Ciel pour l'éternité, que Dieu est un esprit infiniment parfait, qu'Il est éternel, qu'Il est partout simultanément, qu'Il voit tout, sait tout, peut tout faire, qu'Il est saint, juste et miséricordieux… Ces assertions qui expriment l'essence de la foi catholique sont d'origine « révélées », c'est-à-dire qu'elles ont été à l'origine transmises par Dieu et consignées dans les Saintes Écritures, notamment au travers de l'enseignement de Jésus-Christ. Ce sont des croyances ou des vérités de foi (vues de l'intérieur) qui doivent être acceptées telles qu'elles sont par le fidèle.

* * *

La foi et la croyance religieuses ont souvent été pensées dans l'histoire, surtout à partir des 18e et 19e s. comme opposées à la raison et à l'esprit critique. C'est que la rationalité, en un certain sens, renvoie à une attitude différente de celle qui consiste simplement à croire par confiance en une autorité. Le concept de raison possède une grande richesse de significations, mais celle qui est la plus importante ici, pour comprendre son opposition directe à la foi, en est une qui remonte à la tradition philosophique de l'Antiquité grecque. D'après cette tradition, une vérité est « rationnelle » si elle a été démontrée, c'est-à-dire confirmée au moyen d'une certaine procédure indépendante. Une vérité est rationnelle si la vérité de la représentation dans laquelle nous plaçons notre confiance n'a pas simplement été édictée par une autorité (religieuse, politique, traditionnelle ou autre), mais a été prouvée, montrée, attestée, confirmée par les faits ou un raisonnement logique, par exemple — nous en reparlerons au chapitre 7.

L'exigence liée à ce critère de la démonstration et de la preuve indépendante est aujourd'hui le cœur battant de l'activité scientifique. C'est précisément sur le terrain de cette exigence que l'Église catholique et la science se sont livré plusieurs fois bataille à l'époque moderne : au fond, ces combats exprimaient un conflit entre deux attitudes ou dispositions fondamentales face au Monde, deux manières de faire confiance, en quelque sorte, deux façons d'accorder créance à une représentation des choses. Nous reviendrons sur ces conflits au chapitre 8 et nous verrons qu'en ce qui concerne la connaissance de l'Univers, l'origine de l'être humain et la structure de la psyché humaine, l'Église catholique a été contrainte de battre en retraite et de reconnaître ses erreurs. La science a finalement triomphé sur l'Église relativement à certaines conceptions des choses que cette dernière endossait, parfois même à titre d'articles de foi fondamentaux.

La divinité

Qu'en est-il de Dieu ou des dieux, du problème de leur existence et de leur place en religion ? Il serait tout indiqué ici d'aborder de front cette question, mais nous ne le ferons pas. Pas ici. Nous y consacrerons plus tard des développements, car celle-ci est d'une richesse de sens et d'implications qui méritent une attention toute particulière.

Contentons-nous ici d'énoncer quelques idées directrices. Il paraît tout naturel d'aborder le thème de la divinité à l'occasion d'une méditation sur la nature de la religion. Toutefois, il faut savoir que la croyance religieuse en la divinité n'est pas universelle. Il existe plusieurs religions sans dieux, c'est le cas notamment des religions de la nature et de l'animisme dans les sociétés archaïques. Le bouddhisme, quatrième religion mondiale, n'est pas fondé sur le culte de la divinité. De plus, ce qui élève la complexité de la chose, c'est que la question de Dieu n'est pas exclusivement liée à la religion. Celle-ci a intéressé des générations d'intellectuels de tout genre à travers l'histoire, si bien que nous opposons parfois le dieu des religions au dieu des philosophes.

Nous reviendrons sur toutes ces nuances. L'important ici est de prendre acte du fait que la religion, si elle comporte universellement des croyances, n'implique pas toujours celle en la divinité, bien que les deux soient usuellement associées.

La connaissance mystique

Tel que mentionné précédemment, du point de vue de l'individu qui a la foi ou qui accorde créance à un récit mythique, une croyance n'apparaît pas comme une simple « croyance » au sens d'une représentation non fondée des choses, mais bel et bien comme une authentique connaissance des choses. Une croyance ne peut être distinguée de la connaissance que lorsqu'elle est vue de l'extérieur. Dans la perspective qui est celle de la science actuelle, la « croyance mythico-religieuse » est associée à la superstition fondée sur l'ignorance, en tout cas à une représentation fausse du Monde qui ne peut d'aucune façon être justifiée rationnellement ou suivant un certain protocole de vérification expérimentale.

Mais si nous désirons adopter pour l'instant une approche neutre, nous devons alors parler simplement de « connaissance » : d'une part, la « connaissance empirico-rationnelle », qui est celle que revendique aujourd'hui l'homme de science (le biologiste, le chimiste, le physicien, l'astronome, le géologue, le sociologue…) ; et d'autre part, la « connaissance mystique », à laquelle accède plutôt celui qui appréhende le Monde du point de vue mythico-religieux (tel que défini de l'intérieur), comme le chamane, le sorcier, le prêtre ou le mystique. Nous parlons aussi de « connaissance initiatique » dans les cas particuliers où cette connaissance mystique n'a été obtenue qu'au terme d'un processus d'initiation.

La connaissance mystique est abondamment décrite dans la littérature. Dans son ouvrage *L'Herbe du diable et la petite fumée* (1972), l'auteur à succès et anthropologue américain Carlos Castaneda (1925-1998) a raconté le cheminement initiatique qu'il aurait reçu d'un sorcier amérindien de la communauté yaqui au Mexique. Castaneda a dépeint cet enseignement comme une véritable forme de connaissance. Ce concept traverse également l'œuvre de saint Jean de la Croix (Juan de Yepes Álvarez, de son vrai nom, 1542-1591), le plus célèbre mystique espagnol du 16ᵉ s., avec Thérèse d'Ávila (1515-1582). Dans *La Nuit obscure*, *La Montée du Carmel*, *La Vive Flamme d'amour* et *Le Cantique spirituel*, celui-ci a décrit l'ascension spirituelle de l'âme vers Dieu et son union mystique avec Lui, expérience qu'il a reliée à une authentique forme de connaissance de la réalité.

Nous retrouvons aussi de multiples allusions à la connaissance mystique du Monde et de son fonctionnement dans les différentes mouvances ésotériques apparues à travers les âges, comme l'alchimie, l'hermétisme, la kabbalistique, le rosicrucisme et l'occultisme. Selon le gnosticisme, mouvement religieux apparu dans la tradition chrétienne dès son origine et développé au cours du Moyen Âge, le salut de l'âme n'est possible que par l'acquisition d'une forme de connaissance directement donnée par Dieu (ce qu'on appelle une « révélation »). Le terme *gnose* (à partir duquel a été forgé *gnosticisme*), est un emprunt au grec *gnôsis*, qui signifie justement « connaissance ».

Ce dernier terme peut donc désigner des formes d'expériences humaines qui ne sont pas réductibles aux connaissances telles que définies dans l'horizon de la rationalité scientifique. La connaissance mystique implique l'idée d'une communication et d'une communion avec le divin ou le surnaturel, sous toutes les formes que celui-ci peut recevoir dans les diverses cultures. Elle est un savoir tiré d'une expérience et d'une rencontre avec le surnaturel.

Pour faire un lien avec ce que nous avons dit au premier chapitre, la connaissance mystique est perçue par celui ou celle qui en fait l'expérience comme une forme de « dé-voilement » de la réalité, de « découvrement » du Monde. Le mystique accède à un « savoir » et à une « vérité » en mesure de transcender les apparences du monde ordinaire et de donner un sens à une réalité qui, autrement, resterait voilée, cachée, oubliée. En grec, le concept d'*alètheia* (« vérité »), utilisé par les philosophes qui se revendiquaient de la raison (*logós*), est de fait d'origine religieuse ! Il désignait quelque chose comme une force ou une parole en provenance du divin ou de ce qui dépasse l'être humain. Même lorsqu'il a été utilisé la première fois par Parménide (5e s. av. J.-C.), le terme *alètheia* figurait dans ce contexte mystico-religieux, si bien que nous pourrions dire que le savoir transmis par le philosophe dans son poème est une connaissance mystique ou initiatique. Parménide y a présenté une doctrine physique et cosmologique rationnelle, mais a affirmé aussi que cette connaissance lui avait été « révélée » par une déesse à la suite d'une envolée vers les cieux.

Nous irons prochainement rendre visite à Parménide. Il faut comprendre pour l'instant que le mysticisme, sous toutes ses formes, traduit une volonté profonde de l'être humain de vivre une expérience spirituelle supérieure, d'accéder à une « connaissance » de la réalité qui transcende le monde ordinaire et qui échappe au commun des « mortels ». Cet appel est psychologiquement très puissant et explique sans doute la persistance et l'omniprésence du mysticisme dans l'histoire mondiale des religions, des mouvements ésotériques en général et même de plusieurs courants anciens de la philosophie : elle offre une expérience du Monde que ne semble donner aucune autre forme d'expérience, ordinaire ou scientifique — nous verrons qu'il faut nuancer : des domaines scientifiques comme la cosmologie ou la physique, notamment la physique quantique, révèlent également une forme de mystère des choses, et les connaissances qu'ils délivrent échappent elles aussi à l'expérience ordinaire et intuitive de la réalité.

Le mythologique, le mythique et le religieux

Dans un souci de clarté pédagogique, nous avons jusqu'à présent traité plutôt isolément des modes de conscience mythique et religieuse. Dans les faits, mythe et religion entretiennent des rapports très intimes, qu'il convient enfin de mettre en exergue.

On entend par mythologie un ensemble de mythes qui fondent, ordonnent la vision du Monde et donnent un sens aux pratiques d'une société donnée. Chez les Grecs anciens, par exemple, le mythe de Narcisse, de Prométhée, de Jason et la Toison d'or, celui d'Œdipe, de Sisyphe, de Pandore ou encore de Dionysos formaient ce que nous appelons la « mythologie grecque ». Nous avons vu ce qu'est un mythe avec Eliade : nous pouvons dire qu'une mythologie exprime, sous différents aspects, la représentation qu'une civilisation donnée a du Monde, de l'origine des choses et des comportements, ainsi que des devoirs qu'ont les individus par rapport à la Nature, la cité et leurs dieux. La mythologie permet aux sociétés d'organiser concrètement les différents éléments de leur vie, tout en donnant à ces éléments une signification et une profondeur sacrées et religieuses. Ainsi, la mythologie n'était pas pour les Grecs qu'un grand catalogue de récits imaginaires ; il s'agissait plutôt d'un ensemble d'histoires se rapportant à des réalités qui leur permettaient de vivre, d'organiser leur quotidien et de donner sens à leur existence.

De gauche à droite : *Mosaïque de Noé*, auteur inconnu ; *Nativité*, Giotto.

Toutes les religions comportent des aspects mythologiques (des systèmes organisés de mythes), mais à des degrés très divers. Certaines religions sont beaucoup plus mythologiques que d'autres. L'ancienne religion grecque et l'hindouisme, par exemple, le sont davantage que le christianisme, et de loin. La plupart des mythes de la religion chrétienne, qui sont assez peu nombreux, proviennent de l'ancienne tradition du judaïsme et sont consignés dans la Torah (la Bible hébraïque) : le mythe de la Création du Monde, celui de l'histoire d'Adam et Ève dans le jardin d'Éden, de Noé et du Déluge, de la destruction des villes de Sodome et Gomorrhe, d'Abraham et de Sarah, de Moïse et de la séparation des eaux de la mer Rouge, du Décalogue (les Dix Commandements) et de l'Arche d'alliance, etc. D'autres mythes chrétiens sont tirés du Nouveau Testament, notamment des Évangiles, comme tous ceux qui se rapportent aux actions miraculeuses de Jésus et aux mystères entourant la nativité et la résurrection.

Dès le Moyen Âge, le christianisme a aussi motivé le développement de tout nouveaux mythes par ses contacts grandissants avec d'autres cultures et avec les traditions païennes (c'est-à-dire non chrétiennes). Le plus célèbre est certainement celui du roi Arthur et des chevaliers de la Table ronde, apparu au 12ᵉ s. La légende arthurienne est fondée sur la quête du Saint Graal — la coupe qu'aurait utilisée le Messie lors de la Cène (son dernier repas avec ses disciples) et qui aurait ensuite servi à recueillir son sang au moment de sa crucifixion. Il a existé une passion formidable pour cette histoire au Moyen Âge, qui était une époque où le mythologique occupait beaucoup de place, bien que ce mythe n'ait jamais été intégré officiellement à la doctrine chrétienne.

Toute cette mythologie chrétienne reste très modeste par comparaison avec celle des Grecs anciens, telle que rapportée notamment dans l'*Iliade* et l'*Odyssée* d'Homère, et la *Théogonie* d'Hésiode. Pour ce qui est de l'hindouisme, l'omniprésence de la mythologie est tout aussi extraordinaire. Pour s'en convaincre, il s'agit de lire le livre sacré du *Mahâbhârata* (la « Grande histoire des Bhârata »), un très ancien poème épique comptant 200 000 vers distribués en 18 livres, qui décrit l'histoire de la guerre entre les Pandava et les Kaurava (deux clans rivaux) pour la conquête du royaume, ainsi que les exploits du dieu Krishna et du héros guerrier Arjuna dans la partie centrale de l'ouvrage intitulée *Bhagavad-Gita* (le « Chant du Bienheureux »). Avec le *Râmâyana*, les anciens textes mythologiques du *Veda* et les *Puranas*, le *Mahâbhârata* est au fondement de l'hindouisme et de la mythologie hindoue, qui est d'une puissance imaginative absolument stupéfiante. Le mythe et la mythologie apparaissent donc comme des composantes essentielles des religions, même si leur importance varie considérablement d'une religion à une autre.

Toutefois, l'inverse n'est pas nécessairement vrai : le mythique et le mythologique n'impliquent pas toujours le religieux. Par exemple, maintes créatures mythiques qui peuplent le folklore des diverses cultures ne sont ni l'objet de pratiques, ni l'occasion d'un vécu sacré. L'abominable homme des neiges de l'Himalaya, par exemple, le kraken des Scandinaves, le monstre du Loch Ness en Écosse, le guerrier Finn McCool de la mythologie celtique irlandaise, le loup-garou ou encore le croque-mitaine ne sont pas issus de mythes religieux mais de mythes profanes : il n'existe pas d'Église qui voue un culte à ces créatures, que ce soit sous la forme de danses, de chants, d'offrandes ou encore de sacrifices (heureusement). La ligne de démarcation entre le mythique religieux et profane est parfois difficile à définir (que dire, par exemple, des extraterrestres, qui sont parfois l'objet de véritables cultes religieux ?), mais il reste qu'en principe, nous pouvons considérer le mythique comme une catégorie plus vaste que le religieux : autrement dit, tout religieux est mythique, mais tout mythique n'est pas nécessairement religieux. L'ethnologue français Claude Lévi-Strauss a écrit en ce sens que le mythe est poésie, mais que toute poésie n'est pas objet de foi. Les poèmes sont riches en évocations qui ouvrent sur des horizons symboliques et qui sont en ce sens de « nature mythique », mais ils ne sont pas pour autant des objets de foi intégrés à une religion.

À un autre niveau d'analyse, nous pouvons aussi affirmer que toute religion revêt un caractère mythique au sens où nous avons défini la conscience mythique au chapitre précédent. Autrement dit, toute religion repose sur un vécu ou un sentiment qui consiste à percevoir le Monde spirituellement (ou comme nous l'avons dit plus haut, « numineusement »), à ressentir une qualité, une aura sacrée, et à éprouver un lien (*religare*) avec une présence surnaturelle. Selon cette définition, il y aurait donc du « mythique » dans toute religion.

La religion comme fait social et expression d'une culture

É. Durkheim.

En 1912, l'anthropologue et intellectuel français Émile Durkheim (1858-1917) a fait paraître *Les Formes élémentaires de la pensée religieuse*. Dans cet essai, Durkheim a étudié la religion en tant que « fait social », ce qui n'avait jamais encore été fait de façon aussi systématique — c'est pourquoi on considère Durkheim comme l'un des pionniers de la sociologie scientifique. Qu'est-ce qu'un fait social ? Pour le dire simplement, il s'agit d'une réalité autonome qui exerce sur les individus une forme de contrainte extérieure et qui détermine leurs comportements. Dans cette optique, Durkheim a défendu la thèse selon laquelle la religion est le ciment qui assure la cohésion ou la « solidarité » sociale, et que, dans cette mesure, les croyances religieuses sont toujours des représentations collectives — comme le soutiendra aussi plus tard Lévy-Bruhl, qui a justement été l'un de ses collaborateurs. Chez Durkheim, la religion est fondamentalement l'expression de la culture dans laquelle elle est apparue et s'est développée, et spécifiquement le reflet des structures sociales. En ce sens, Durkheim a présenté le sacré comme étant à la fois l'essence du religieux et l'essence de la société elle-même. Et cela non pas uniquement pour les sociétés archaïques et les religions tribales, mais aussi pour les grandes religions des sociétés traditionnelles et développées. Durkheim a estimé que la religion définie et comprise ainsi avait valeur universelle.

**

Pour mettre en évidence les rapports étroits qui existent entre la religion et les structures sociales, prenons l'exemple du judaïsme, du christianisme, de l'islam et de l'hindouisme.

Le judaïsme et le christianisme

Le christianisme est apparu au 1er s. de notre ère dans le contexte d'une crise de la religion juive. Sans entrer dans le détail, mentionnons qu'en l'an 63 av. J.-C., à la suite de conquête du général Pompée, la Palestine (berceau du peuple juif) a perdu son indépendance politique et est devenue une province romaine (la Judée). L'époque à laquelle a vécu et enseigné Jésus de Nazareth était particulièrement difficile pour les Juifs, et le christianisme est apparu comme une réponse à la crise spirituelle et politico-sociale qui accablait leur communauté dans ce contexte de l'Empire romain. Contrairement à une certaine idée reçue, Jésus n'a jamais eu comme ambition de fonder une nouvelle religion : il cherchait plutôt une solution intérieure et morale aux problèmes du peuple juif, au sein duquel la tendance consistait à regarder la situation d'un point de vue politique. Après la mort de Jésus, le christianisme s'est développé dans l'Empire romain et a connu une croissance phénoménale. Les premiers adorateurs du Christ ou du Messie (dénommés « chrétiens ») ont subi d'impitoyables persécutions de la part des

Romains, mais en l'espace de deux siècles, on estime que le nombre des chrétiens est passé de 200 000 à 6 millions, soit 1 Romain sur 10 ! Les lois romaines contre le christianisme et les persécutions ont fini par être levées, et au début du 4ᵉ s. de notre ère, Constantin, le 34ᵉ empereur, a imposé le christianisme à titre de religion officielle de l'Empire, en remplacement de la religion traditionnelle.

Or, l'Empire romain s'était construit au cours des siècles par la soumission forcée d'une multitude de sociétés dont les cultures étaient très différentes. Si le christianisme a pu être érigé comme religion d'État de l'Empire romain, et exporté et adopté aussi facilement auprès des différentes sociétés qui existaient en son sein, c'est parce que, d'une certaine manière, sa spiritualité avait été vidée de son attachement trop étroit à la société juive d'où elle provenait et dont elle était l'expression. La religion juive repose sur une Loi (appelée *Halakha* ou « Loi juive ») composée d'un ensemble de règles qui sont très liées au peuple juif, à sa culture et à son histoire (voire à une certaine époque de son histoire). Le Talmud, l'un des textes fondamentaux du judaïsme, contient par exemple des centaines et des centaines de préceptes dont le sens est inséparable de la tradition juive. Aujourd'hui, une majorité de Juifs ne souscrit que partiellement aux préceptes de la Loi, à l'exception des Juifs hassidiques, qui tentent de la pratiquer dans toute sa rigueur (*Hassidout* signifie « pieux »). À l'époque de Jésus, les Juifs qui faisaient preuve de la même rigueur dans l'observance de la Loi étaient appelés les « pharisiens ».

Or, si le christianisme a pu se développer et être facilement adopté partout dans l'Empire romain, c'est parce que le message spirituel qu'il enseignait a été rendu plus neutre en regard de la tradition juive. Jésus ne fut pas à l'origine de la conception du Monde « déjudaïsée » qui permettra au christianisme d'émerger. Tout indique que Jésus lui-même, qui était juif, pratiquait à sa manière la Loi juive. Ce à quoi il s'opposait, c'était précisément l'interprétation trop rigide ou rigoriste qu'en donnait la faction pharisienne à son époque.

Celui qui a rendu le christianisme exportable, c'est Paul de Tarse (devenu saint Paul), un citoyen romain qui s'est converti au message de Jésus vers l'an 35 de notre ère et qui a été l'un des premiers à prêcher la « bonne nouvelle » aux peuples de l'Empire. Dans son Épître aux Romains (qui figure dans le Nouveau Testament), Paul a affirmé qu'il fallait se libérer de la Loi juive (voir 3:27 à 3:31), car l'être humain ne serait pas sauvé par elle, mais seulement par sa foi, accessible à tous les

Sermon de saint Paul à Athènes, Raphaël.

êtres humains. Dans son Épître aux Galates (les églises de Galatie, en Turquie), Paul a soulevé le caractère universel de la foi et du salut proposés par Jésus-Christ, salut qui ne pourra être atteint que par l'abandon de la Loi juive : « Ainsi, la Loi a été notre surveillant jusqu'à la venue du Christ. Maintenant que le temps de la foi est venu, nous ne dépendons plus de ce surveillant » (3:24).

Paul avait bien compris que la Loi juive était le calque de la société juive, avec son histoire et ses traditions, et que cela représentait un obstacle à la propagation du christianisme. Étant aini « déjudaïsée » et plus neutre sur le plan sociopolitique, le christianisme a pu être adopté par les diverses sociétés de l'époque dans tout le bassin méditerranéen et ensuite ailleurs en Europe. La meilleure illustration en est le conflit qui a eu lieu au début de l'histoire du christianisme entre les chrétiens de Jérusalem, adeptes de saint Jacques (Jacques le Juste), un ancien apôtre de Jésus et un fervent de la Loi juive, et les adeptes de saint Paul, qui n'était pas un Juif de Palestine, mais un citoyen romain qui n'avait jamais connu Jésus et qui s'affichait ouvertement contre le système de la Loi juive et chez qui la foi en Jésus était la seule condition du Salut. Nous voyons des traces de ces débats dans certaines lettres de saint Paul lui-même et dans les Actes des Apôtres de saint Luc, qui relate l'histoire des tous débuts de la communauté chrétienne. C'est pour cette raison que le rôle de saint Paul a vraiment été essentiel dans la formation et la diffusion du christianisme. Certains interprètes et théologiens du

19ᵉ s., surtout protestants, ont affirmé que le véritable fondateur du christianisme était donc saint Paul. Nous pouvons au moins admettre qu'il a apporté à la doctrine chrétienne ce qui lui était nécessaire pour devenir une grande religion universelle. Il aura fallu que sa spiritualité soit dégagée dès le départ des caractéristiques propres de la culture juive dont elle était l'expression.

L'islam

La Prière au Caire, J.-L. Gérôme.

L'islam a été fondé au début du 7ᵉ s. en Arabie dans la foulée des révélations reçues de la part de l'archange Gabriel par le prophète Mahomet et telles qu'elles ont été consignées dans le texte sacré du Coran (*al-Qor'ān* en arabe, qui signifie « la récitation »). Cette religion, avec ses croyances et ses cultes (les « piliers de l'islam »), s'est rapidement étendue au fur et à mesure de l'expansion islamique au cours des siècles qui ont suivi ; à son apogée, elle était pratiquée sur un territoire allant du Gange, en Inde, jusqu'à l'Espagne, en passant par tout le nord de l'Afrique. Aussi appelé aujourd'hui religion musulmane, l'islam est une religion abrahamique dans le sens où elle se rattache, comme le judaïsme et le christianisme, à l'ancienne tradition religieuse qui remonte au patriarche Abraham.

Bien que de façon peut-être moins marquée que dans le christianisme, il existe dans la foi islamique un certain caractère d'universalité, et c'est ce qui a favorisé son adoption par les très diverses cultures regroupées au sein des califats (comme les Perses et les Turcs, par exemple). Certes, on retrouve aussi dans l'islam des éléments qui sont restés rattachés aux traditions propres des sociétés de la péninsule arabique où il est né. Plusieurs des caractéristiques des anciennes tribus nomades ont en effet été transportées notamment dans la loi islamique (la *charia*). L'islam, comme la religion juive, comporte tout un système de lois, de normes et de règles. Le terme *islam* signifie d'ailleurs « soumission » (à *Allah*, « Dieu »), et *charia* veut dire « lois ». Toutefois, le succès de cette religion dans toute la péninsule arabique, puis dans tout l'empire, a été rendu possible parce que la loi islamique comportait suffisamment d'éléments universels.

L'hindouisme

Brahmā (divinité hindoue).

Troisième plus grande religion après l'islam et le christianisme, l'hindouisme est pratiqué aujourd'hui par près de 15 % des habitants du Monde. Comme le judaïsme pour la religion juive, la religion hindoue (et ses variantes) est restée intimement liée au peuple indien et à son histoire. C'est pourquoi cette religion, dans ses formes populaires à tout le moins, n'est pas facilement exportable dans d'autres sociétés. Par exemple, l'organisation hiérarchique de la société en quatre castes (*varnas* ou *jatis*, soit les prêtres, les guerriers, les paysans et les serviteurs) est inhérente à la structure même de la religion hindoue. Aujourd'hui, il existe des lois qui tentent d'éliminer les castes, jugées discriminatoires, mais dans les faits, celles-ci restent bien souvent reconnues et effectives. C'est là une des raisons essentielles pour lesquelles l'hindouisme est resté inséparable du peuple indien lui-même et de sa structure sociale particulière, ce qui explique pourquoi cette religion est toujours demeurée inhérente à la culture du sous-continent indien.

* * *

Ces illustrations montrent concrètement le lien étroit que la religion entretient avec les notions de peuple, de tradition et de culture. Les religions expriment, à des degrés divers, une certaine légalité, un certain ordre, qui est le reflet de la structure même de la culture où elles ont pris naissance, dans tous ses aspects (sociaux, politiques, judiciaires, etc.).

Revenons à Durkheim. En tant qu'expression d'une culture, une religion a donc par nature une dimension collective : elle implique le rassemblement d'une multitude d'individus sous une même représentation du Monde et des pratiques rituelles communautaires. Au cours des décennies qui ont suivi la parution de l'ouvrage de Durkheim, des ethnologues ont adhéré à cette idée voulant que la religion ait pour fonction fondamentale de donner à une population un certain ordre social, politique et spirituel, bref que la religion, étant une affaire collective, soit l'expression d'une culture. Elle s'imbriquerait dans l'ordre social et politique, aussi archaïque ou développé que cet ordre puisse être.

Nous parlions plus haut du fait que le christianisme était plus exportable que d'autres religions. Selon la culture où une religion est exportée, celle-ci subit une transformation, une sorte d'adaptation à la société d'accueil. Pour être adoptée par une société, la religion doit prendre les formes de la culture où elle se retrouve. La culture est donc loin d'être étrangère à la religion, et ceci est d'autant plus manifeste lorsqu'une même religion est adoptée par plusieurs cultures distinctes. Le christianisme africain est très différent de celui que nous retrouvons ailleurs, en Europe ou en Amérique du Nord, par exemple. Les formes archaïques des cultures africaines (l'animisme, par exemple) donnent une autre dynamique et une couleur locale au christianisme. Ainsi en est-il de l'islam africain, qui n'est pas celui des pays du Moyen-Orient, de l'Europe ou encore de l'Asie du Sud-Est, comme l'Indonésie. La religion ne se sépare pas de la culture, même lorsqu'elle comporte des éléments universels. On ne peut effectuer l'étude sociologique d'une religion en faisant abstraction de la culture dans laquelle elle est inscrite ou au sein de laquelle elle est apparue.

Deuxième partie
Le sacré ou l'expérience numineuse

Université de Marbourg,
Allemagne, Semestre d'automne 1920

Il est exactement 10 h 10. Le cours sur l'expérience religieuse est sur le point de commencer. *Herr Professor* Rudolf Otto, qui nous accueille, a rejoint il y a trois ans le corps professoral de cette prestigieuse institution, la Philipps-Universität Marburg, la plus ancienne université protestante au monde. Je suis actuellement dans la partie de l'université qui a été intégrée à un monastère construit au 13e s. Les gargouilles, les vieilles boiseries ornementales, le plancher qui grince sous les pas des étudiants qui affluent, l'impressionnant château de Marbourg dominant la vieille ville et qui apparaît par les fenêtres — tout cela contribue à me plonger dans une ambiance qui me rappelle davantage le Moyen Âge que l'époque contemporaine. Mais c'est une atmosphère qui me prédispose favorablement à entendre parler de l'expérience du sacré !

La Grande Guerre vient de se terminer. Le traité de Versailles est entré en application en janvier dernier, et malgré les graves sanctions imposées à l'Allemagne, la vie a déjà un peu repris son cours. La jeunesse étudiante recommence à fréquenter les universités. La salle est d'ailleurs aujourd'hui particulièrement bondée. Il faut dire aussi que le nouveau livre du professor Otto, *Le Sacré* (*Das Heilige*), paru il y a trois ans, en 1917, fait sensation et suscite beaucoup d'intérêt de la part des étudiants des facultés de théologie et de philosophie, qui ne désespèrent pas de croire à l'existence de cette importante dimension de l'existence. Le titre complet de l'ouvrage est *Le Sacré. Sur l'irrationnel de l'idée du divin et de sa relation au rationnel.*

Rudolf Otto est professeur de philosophie, de théologie, ainsi qu'historien de la religion, en Allemagne, depuis une bonne dizaine d'années. Même s'il est lui-même de confession luthérienne, Otto a toujours été guidé par l'intuition qu'existe une sorte de noyau que partagent toutes les religions dans le Monde, une espèce de sentiment religieux universel qu'il appelle le « sacré ». De l'avis d'Otto, ce sentiment a des racines qui plongent dans la psychologie humaine et rendent possible l'expérience religieuse elle-même, dans toute la diversité de ses expressions. Dit autrement, le sacré est chez Otto une sorte de disposition *a priori* de l'esprit humain : l'*Homo sapiens* porterait en lui une potentialité innée ou structurelle lui donnant la capacité d'expérimenter ou de ressentir le sacré, ce qui expliquerait pourquoi la religion est un phénomène connu des êtres humains de tout temps et de partout sur la planète. Otto ne le sait pas encore, mais son livre *Le Sacré* connaîtra un immense succès. Celui-ci sera traduit dans une vingtaine de langues et sera vu comme l'un des textes les plus importants du 20e s. écrit dans le domaine. L'ouvrage, et plus particulièrement la notion de sacré qui y est présentée, aura une grande influence sur la pensée de Mircea Eliade, notamment. Lorsqu'Otto mourra dans 20 ans, après une mystérieuse chute dans le vide, son corps sera enterré ici, au cimetière de Marbourg.

La voix résonnante du professeur me sort de ma petite distraction. Le cours est commencé depuis déjà quelques minutes.

OTTO. — … ce sentiment du sacré situé au cœur de toute expérience religieuse, j'ai convenu de lui trouver un nom qui fixe son caractère particulier et permet aussi d'en saisir et d'en indiquer éventuellement les phases de développement. Dans mon récent livre, j'ai forgé le terme *numineux*. Si *lumen* (« lumière ») a servi à créer *lumineux*, avec *numen*, on peut alors former *numineux*.

Le concept de numineux connaîtra un destin favorable. Nous en avons déjà parlé. Il a été développé par Otto de façon à être utilisé comme une sorte de notion englobante connotant la particularité du sentiment religieux universel et l'idée qu'il s'agit là d'un vécu foncièrement étranger au domaine de la rationalité. Le sacré est une expérience numineuse du Monde qui ne relève pas de l'ordre du rationnel.

Un étudiant. — Est-ce que le numineux peut s'exprimer de diverses façons?

Otto. — Bien sûr! Mais sa forme privilégiée est l'expérience que les Latins appelaient le *mysterium tremendum*.

Le même étudiant. — Le «mystère qui fait trembler»?

Otto. — Oui! Le Mystère qui fait trembler, tout à fait! Qui fait frissonner! Vous savez, la religion, avant d'être un système organisé de croyances et une compilation d'articles de foi, est fondamentalement un *vécu intérieur*, une expérience originaire qui n'est pas rationnelle ou intellectuelle, pour ainsi dire. La religion est d'abord et avant tout un *vécu* et une *émotion* qui nous saisit au fond de notre être. J'espère me faire bien entendre: être religieux, c'est FRISSONNER!

Je crois en effet que tout le monde à l'étage a bien entendu le mot!

Otto. — Il y a bien sûr d'autres formes de vécus qui peuvent nous faire frissonner sans être des expériences religieuses, comme la musique, les arts ou encore la science et la philosophie; toutefois, il y a dans l'expérience religieuse, que je qualifie précisément de numineuse, une forme particulière de tremblement, si je puis dire. Le terme latin *tremendum* comporte trois éléments: d'abord, le frisson ou l'effroi mystique...

Question d'une étudiante. — Vous voulez dire quelque chose comme une expérience de la peur?

Otto. — Pas exactement la peur. C'est plutôt quelque chose comme un ébahissement, vous savez, comme lorsque vous vivez une expérience qui vous marque, vous frappe et vous laisse bouche bée. C'est un frisson terrifiant au sens où l'on se sent saisi et figé dans le silence...

La deuxième propriété du *tremendum* est l'absolue supériorité de puissance. L'expérience numineuse s'exprime par le sentiment qu'on est en présence de quelque chose qui nous dépasse comme individu, c'est une expérience du plus grand que soi, d'une majesté qui nous éblouit et au regard de laquelle on se sent plutôt petit...

Une autre étudiante, dont la question est inaudible. — ...

Otto. — ... C'est un peu comme la majesté qu'on reconnaissait à l'époque aux monarques. Vous avez raison, jeune dame: lorsque les sujets du roi s'adressaient à lui en prononçant les mots «Votre Majesté», ils attribuaient à un être humain, en quelque sorte, une grandeur qui appartient à la divinité.

La même étudiante, mais cette fois en élevant la voix. — Dans l'histoire du judaïsme, la royauté a été un jour instaurée et celle-ci a été interprétée comme entrant en contradiction avec la royauté divine. Cela a occasionné des conflits : c'est comme si le roi s'était arrogé des propriétés n'appartenant qu'à Dieu, qui est le seul Roi.

Un autre étudiant. — C'est ce sentiment de majesté divine qui s'exprime pendant la *Salat* chez les musulmans lorsqu'ils se prosternent...

Otto. — En effet, vous avez bien compris cette idée du « plus grand que soi ». Troisième et dernière caractéristique de cette expérience du *tremendum* : l'énergie. L'individu qui fait l'expérience de la divinité est saisi d'une énergie, il est investi d'une puissance qu'il n'avait pas auparavant.

B. Pascal.

Ce que décrit le professeur Otto me fait penser à ce qu'affirment ressentir les mystiques, ces individus qui racontent avoir vécu ou vivre des formes de communications avec les puissances de l'au-delà. Je songe à ce que j'ai lu il y a longtemps au sujet de Blaise Pascal, ce mathématicien et physicien notable du 17e s. Pascal a raconté avoir vécu (précisément le 23 novembre 1654) une expérience spirituelle très intense au terme de laquelle il s'est converti à la religion. Il a consigné cette expérience dans le *Mémorial*, un texte qui revêtait tant d'importance à ses yeux qu'il l'a conservé sur lui le reste de sa vie, caché dans la doublure de son manteau ; il n'a d'ailleurs été découvert qu'après sa mort. À la suite de cette grande expérience spirituelle qui a changé sa vie, Pascal s'est mis à produire des textes de philosophie religieuse tels que *Les Provinciales*, un recueil de 18 lettres où il critique les jésuites et se porte avec une ardeur peu commune à la défense des jansénistes (un courant religieux catholique de l'époque), dont il partageait la foi... Si j'ai bien compris, c'est ce genre de surcroît de motivation à laquelle fait sans doute allusion le professeur Otto avec son concept d'énergie.

* * *

Après avoir caractérisé le *tremendum* au tableau, le professeur nous parle du *mysterium*, c'est-à-dire du mystère...

OTTO. — Il ne faut entendre ici ce terme dans son sens ordinaire de « secret » ou de « ce qui n'est pas compris ». Il faut entendre le mystère dans son sens religieux, soit le tout autre, ce qui nous déconcerte et dépasse totalement notre expérience familière du Monde. C'est un mystère qui nous prend, nous emporte, nous remplit et nous fige d'étonnement.

Le professeur insiste beaucoup sur le caractère « tout autre » de ce type particulier de vécu qu'est le mystère de l'expérience numineuse, c'est-à-dire son aspect totalement étranger ou extraordinaire en regard de la vie quotidienne du Monde. L'expérience numineuse relève de celle du *mysterium tremendum*, qui consiste à se savoir en présence d'une réalité supérieure absolument saisissante, étonnante, effrayante et énergisante.

* * *

Après une courte pause, le professeur Otto reprend son cours en mettant en lumière et en traitant d'autres aspects liés à l'expérience numineuse, tels que 1. le fascinant ; 2. l'énorme ; 3. le sublime ; et 4. la sainteté.

OTTO. — Premièrement, le « fascinant ». Il éblouit et conduit aux grandes expériences mythiques qui amplifient la réalité ; il renvoie à une émotion qui, dans sa forme suprême, hyperbolique, se distingue de la simple piété religieuse, acquise paisiblement par l'éducation...

Laissez-moi citer le philosophe américain William James. Dans son livre *Les Formes multiples de l'expérience religieuse. Essai de psychologie descriptive* (1901-1902), il a recensé toute une série de témoignages livrés par des individus et des personnages célèbres qui se sont convertis à la suite d'expériences « fascinantes ». En voici un exemple :

> Je me rappelle la nuit, et presque l'endroit même au sommet d'une colline, où mon âme s'ouvrit, pour ainsi dire, dans l'Infini : il y eut une rencontre, comme de deux fleuves bouillonnants, entre le monde intérieur et le monde extérieur. C'était comme si l'abîme ouvert dans mon âme par ma propre lutte intérieure avait suscité l'autre, l'abîme insondable qui s'étend au-delà des étoiles. J'étais là, seul avec mon Créateur, avec Celui sans qui rien n'existerait au monde, ni la beauté, ni l'amour, ni la tristesse, ni même la tentation. Je ne le cherchais pas, je sentais la parfaite harmonie de mon esprit et du sien. La conscience ordinaire du monde extérieur s'était évanouie en moi. Il ne me restait rien que l'exaltation d'une joie ineffable. Comment décrire une telle expérience ? C'était comme l'effet produit sur nous par un grand orchestre, quand toutes les notes se sont fondues en une vaste harmonie, où nous perdons la conscience de tout, sauf de l'émotion qui remplit notre âme et la fait presque éclater. Dans le silence parfait de la nuit vibrait un silence plus solennel encore. Il y avait dans les ténèbres une présence que je sentais d'autant plus qu'elle était invisible. Je ne pouvais pas plus douter de la présence de Dieu que de la mienne. S'il y en avait une moins réelle que l'autre, c'était la mienne[5].

Dans le même esprit, Jacob Böhme (le célèbre mystique allemand des 16ᵉ et 17ᵉ s.) avait dit que si une seule goutte de ce qu'il éprouvait tombait dans l'Enfer, celui-ci se métamorphoserait aussitôt en Paradis !

Voilà donc, en gros, pour l'aspect du « fascinant ».

OTTO. — Deuxièmement, l'« énorme ». C'est l'absolument inattendu, l'étrangement différent.

---

5. JAMES, W., *L'Expérience religieuse. Essai de psychologie descriptive*, trad. F. Abauzit, 1906, p. 57.

Le professeur Otto lit une longue citation de la pièce *Antigone* du grand tragédien grec Sophocle (5ᵉ s. av. J.-C.). Une erreur répandue consiste à se représenter le théâtre grec comme étant profane. Nous avons déjà souligné le fait que le concept de « profane » n'existait pas chez les Grecs, et que tout avait une dimension religieuse ou sacrée. Le théâtre n'y faisait pas exception : celui-ci était intimement lié à une expérience religieuse : les nouvelles tragédies étaient lancées à l'occasion de grandes fêtes dédiées à Dionysos ! Ces pièces de théâtre avaient toujours pour fonction de présenter la condition tragique de l'être humain dans ses relations avec la divinité. Le concept de *moira* servait justement à souligner chez les Grecs antiques le drame qu'était la vie humaine placée sous le contrôle arbitraire des divinités…

OTTO. — … Et dans le chant du cœur d'Antigone, nous lisons, en grec :
*Polla ta deina, kouden
Anthrôpou deinoteron pelei*[6]

UN ÉTUDIANT. — C'est-à-dire ?
OTTO. — « Nombreux sont les objets d'étonnement (de terreur, d'effroi), mais rien n'étonne plus que l'être humain lui-même. » L'énorme, c'est donc ce sentiment d'être en présence de quelque chose de totalement et d'étrangement différent, qui nous happe, nous foudroie sur place, nous étonne.

Le verbe *étonner* est bien choisi : il est un emprunt au latin *adtonare*, qui signifie « frapper par la foudre ». Il est apparenté au mot *tonnerre*.

OTTO. — Troisième aspect, le « sublime ». C'est l'idée de la beauté en tant qu'elle est source d'élévation de l'âme ; quelque chose élève l'âme de celui qui fait l'expérience du numineux.

---

6. SOPHOCLE, *Antigone*, trad. P. Mazon, texte grec et français, Paris, Les Belles Lettres, coll. « Classiques en poche », 1997, 2002, vers 332-333.

De gauche à droite: Portrait de Chateaubriand; F. de Lamennais.

Une petite mise en contexte conceptuelle et historique aidera à comprendre cet aspect qu'est le sublime. Il y a eu une renaissance de la spiritualité chrétienne au début du 19e s. Des penseurs du siècle des Lumières en ont été des précurseurs, comme le grand Jean-Jacques Rousseau. D'autres comme François-René de Chateaubriand et Félicité de Lamennais, au début du 19e s., ont beaucoup œuvré à valoriser le sentiment religieux à travers le sublime. Chez l'écrivain français Chateaubriand (1768-1848) par exemple, ce sentiment est très clairement mis de l'avant dès les premiers chapitres de son grand livre *Génie du christianisme*, publié en 1802. Chez lui, la force du christianisme, qui avait été mis à mal lors de la Révolution française, réside justement dans sa beauté et dans l'élévation de l'âme dont elle est l'occasion. C'est cette expérience du sublime qui s'exprime à son avis au travers des grandes doctrines chrétiennes et chez les grands hommes qui ont fait son histoire.

Donc, le sublime est présenté chez Otto comme une dimension du numineux. L'expérience religieuse profonde, numineuse, est enveloppée du sentiment de la beauté sublime qui élève l'âme au-dessus de l'ordinaire.

Otto. — Dernier aspect, la « sainteté ». Lorsque nous parlons de saint Paul ou de saint Pierre, par exemple, nous faisons référence à des individus qui ont été canonisés par l'Église en raison de leur rôle important dans l'histoire du christianisme. On parle ici d'une expérience de la sainteté: quelque chose dont on reconnaît la très grande valeur et qui impose un respect absolu de notre part.

* * *

Dans *Le Sacré*, Otto a donc donné une caractérisation très significative du sentiment et de l'expérience religieuse. Même si son texte semble parfois comporter certains biais liés à sa profession de foi luthérienne et négliger les religions orientales (le taoïsme, le bouddhisme, l'hindouisme, par exemple), Otto a proposé à partir de sa lecture du religieux une sorte de modèle universel pouvant servir à l'étude de toutes les religions. Il a par ailleurs contribué au développement de ce qu'on appelle en Allemagne la « science des religions » (*religionwissenchaft*).

Otto a permis de comprendre que la religion est plus qu'un simple « culte croyant » (un ensemble de pratiques rituelles et de croyances); vue de l'intérieur, il s'agit d'une expérience particulière, d'un sentiment tout à fait singulier. La religion, avant toute chose, est un vécu, et ce vécu dépasse totalement la sphère du rationnel. Ce sentiment du numineux donne donc une dimension, une épaisseur d'être et une valeur d'expérience plus riche.

Troisième partie
Le mythico-religieux à la lumière de l'inconscient collectif

La tâche que nous nous sommes donnée dans ce chapitre consiste à décrire et comprendre la pensée religieuse, autant dans la diversité étonnante de ses manifestations que dans les éléments au fondement la représentation des choses qu'elle présuppose. Poursuivons ici notre exploration du phénomène religieux du point de vue de la psychologie en espérant découvrir ce qu'il révèle au sujet de l'être humain et des mécanismes à l'œuvre dans sa perception du Monde.

La perspective développée par le médecin psychiatre Carl Gustav Jung fait partie de celles qui ont laissé leur marque au cours du 20e s. Né en 1875 à Kesswil et mort en 1961 à Küsnacht, en Suisse alémanique, Jung est l'auteur d'une approche originale sur les racines psychologiques de la pensée mythico-religieuse. Il a consacré sa vie à analyser différents aspects de cette pensée au travers de ses formes archaïques, traditionnelles et contemporaines, et à chercher à mettre en lumière ses origines profondes à partir de tout cet univers de la psyché humaine qui échappe à la conscience, c'est-à-dire en prenant appui sur ce que nous appelons communément l'«inconscient».

L'«inconscient»?

Les théories de l'inconscient

De gauche à droite : F. Nietzsche ; S. Freud ; P. Janet.

Jung n'est pas l'auteur de la première théorie de l'inconscient. Ces théories ont principalement vu le jour dans la tradition de la philosophie allemande au cours du 19ᵉ s. Eduard von Hartmann (1854-1906) s'est rendu célèbre dès 1869 grâce à la publication d'un ouvrage intitulé *Philosophie de l'Inconscient. Recherche d'une conception du monde*. Le philosophe allemand a postulé l'existence d'un inconscient (*Unbewußte*) situé au fondement même de la réalité et qui s'exprimerait chez les êtres vivants à travers les fonctions organiques et les instincts, telle une sorte de force vitale. Dans son ouvrage, Hartmann a émis l'idée que l'activité de l'inconscient pouvait être décelée également dans la religion, le langage, la vie sociale et l'histoire. Un autre philosophe allemand, Friedrich Nietzsche (1844-1900), a lui aussi développé, dans plusieurs de ses ouvrages, certaines thèses concernant l'existence de forces qui échappent à la conscience et qui s'exprimeraient via les instincts, les affects et les pulsions. Nietzsche était même d'avis que les manières que nous avons de comprendre et d'interpréter le Monde trouvent leurs sources profondes dans les puissances inconscientes qui nous déterminent en tant qu'individus. Dans son ouvrage *Par-delà le bien et le mal. Prélude d'une philosophie de l'avenir*, publié en 1886, Nietzsche a souhaité le développement d'une nouvelle forme de philosophie fondée non plus sur l'analyse de la conscience, mais sur une sorte de généalogie des forces qui sont plus profondes que celle-ci.

Dans l'histoire des théories de l'inconscient, Sigmund Freud (1856-1939) est sans aucun doute la figure la plus célèbre. Le médecin et neurologue autrichien a formulé au cours de sa vie deux versions de sa théorie de l'inconscient. La seconde, datant de 1920, est présentée dans le cadre d'une conception de la pensée ou de la psyché humaine (qu'il a appelée « appareil psychique ») divisée en trois parties ou instances — le « Ça » (*Es*), le « Moi » (*Ich*) et le « Surmoi » (*Über-Ich*) — qui possèdent chacune leurs propres fonctions et entretiennent mutuellement des relations étroites. Le Ça est l'instance inconsciente qui exprime les pulsions, les envies et les besoins instinctifs et biologiques fondamentaux : il ne tient aucunement compte de la morale en place, ni de la réalité extérieure elle-même. (Dans la première version de sa théorie, Freud avait affirmé que le Ça était entièrement et aveuglément soumis au *Lustprinzip*, « principe de plaisir », aussi appelé « libido » : il avait donc pour seule fonction d'inciter l'individu à rechercher la satisfaction de ses besoins et pulsions, et à fuir autant que possible toute douleur.) Le Surmoi, autre instance essentiellement inconsciente du psychisme humain, filtre quant à lui les pulsions et les besoins exprimés par le Ça selon les normes morales et culturelles en vigueur dans la famille et la société où vit l'individu. Enfin, le Moi est la personnalité prise dans son ensemble, le « pôle personnel » de l'individu, et qui est pour partie conscient, pour partie inconscient. Lorsqu'une pulsion en provenance du Ça est jugée inacceptable par le Surmoi (parce qu'elle est l'objet d'un interdit social), celui-ci refoule cette pulsion afin d'empêcher l'individu de la satisfaire et ainsi l'orienter vers d'autres options. Le Ça (inné et primitif) et le Surmoi (acquis et civilisé) peuvent donc entrer en conflit, et ces luttes remontent parfois jusqu'au Moi où elles sont extériorisées.

Dans le cadre de cette théorie, ce que Freud a appelé les « névroses » et qu'on nommait aussi à l'époque « maladies nerveuses » (des troubles psychiques tels que l'hystérie, les phobies, les obsessions, les névroses d'angoisse, le narcissisme, la dépression ou la neurasthénie, etc.) tire justement son origine des conflits inconscients. La nouvelle approche de la psychologie fondée par Freud, c'est-à-dire la psychanalyse, est une méthode qui permet d'examiner les conflits sous-jacents aux troubles psychiques et de les traiter. La psychanalyse est ainsi à la fois une science de l'appareil psychique et une thérapeutique (appelée « cure analytique »).

Dans ce petit panorama historique, mentionnons enfin la contribution du psychologue et médecin français Pierre Janet (1859-1947), un contemporain de Freud, qui a élaboré quant à lui une théorie du « subconscient » (*sub* signifie « sous », donc : « sous la conscience »). Janet est l'inventeur du terme, qu'il a introduit dans son ouvrage *Automatisme psychologique*, paru en 1889. Les travaux de Janet ont notamment porté sur les traumatismes et leur rôle dans la genèse de différents désordres psychologiques.

* * *

Pour ceux qui aimeraient lire à ce sujet, je vous recommande l'ouvrage impressionnant du psychiatre canadien Henri Ellenberger intitulé *Histoire de la découverte de l'inconscient*, paru en 2008 (voir les sources bibliographiques du chapitre 3, en fin d'ouvrage).

Les racines inconscientes de la pensée mythico-religieuse

Disciple de Freud pendant quelques années, Jung a lui-même pratiqué la psychanalyse tandis qu'il était médecin à la Clinique psychiatrique universitaire de Zurich. Jung était convaincu, comme Freud, que ce que nous appelons l'esprit humain, la pensée, bref tout ce dont nous avons immédiatement « conscience » (comme pour moi le fait de m'appeler Steeven Chapados et d'être en ce moment assis, en train d'écrire, à l'ombre du fort Chambly et de ses grands chênes), ne serait qu'une surface ou une façade de notre vie mentale globale, de notre

Carl Gustav Jung.

appareil psychique. Le psychisme humain est certes constitué de toute cette dimension de la conscience, mais il y existerait aussi, derrière elle, des éléments psychiques non conscients et qui seraient nécessaires pour rendre compte de ce qui se produit sur le plan de la conscience et de certains comportements humains.

Prenons l'exemple du trouble dissociatif de l'identité, mieux connu sous le nom de « trouble de la personnalité multiple ». Certains individus possèdent deux, trois, quatre personnalités différentes, voire davantage. Ce sont des cas que la médecine psychiatrique considère comme pathologiques, c'est-à-dire relatifs à des maladies ou à des troubles mentaux. Mais est-ce que ce que la dissociation de l'identité peut s'expliquer uniquement par le recours à la vie consciente de l'individu qui en souffre ? Il semble que non. L'individu n'a pas conscience lui-même de posséder ces diverses personnalités, chacune d'elles étant en quelque sorte non consciente de l'existence des autres. Il semble que cette pathologie étonnante ne puisse être élucidée qu'en investiguant du côté des processus qui ne relèvent pas de l'ordre du conscient. L'hypothèse est qu'il existerait donc des dimensions profondes et souterraines de la psyché humaine qui ne seraient pas conscientes et qui permettraient d'expliquer diverses manifestations, telles que la dissociation de personnalité. L'un des tout premiers cas recensés dans l'histoire de la psychanalyse est celui d'Anna O. (qui est un faux nom, destiné à l'époque à protéger l'anonymat de la patiente), sur lequel Josef Breuer et Sigmund Freud se sont attardés en 1895 dans les *Études sur l'hystérie*. Anna était paralysée des jambes. Les médecins soupçonnaient que l'origine de son trouble était neurologique, mais les recherches faites par Breuer et Freud ont suggéré que la cause était plutôt un traumatisme que la patiente avait vécu puis refoulé ; et une fois que ce trauma a été révélé, qu'il est remonté à la conscience, Anna a retrouvé la capacité à marcher ! Il apparaissait donc que la paralysie n'était qu'une manifestation de surface de mécanismes qui eux ne sont pas conscients, mais agissent sur le corps. Voilà ce que présuppose la psychanalyse et les théories de l'inconscient en général : un trouble ne peut s'expliquer et se guérir de lui-même, puisqu'il est l'effet d'une cause qui n'est pas apparente, qui est sous la surface, qui est inconsciente — toujours ce présupposé phare d'une réalité cachée sous les apparences et qu'il s'agit de dévoiler.

Freud et Jung étaient donc absolument convaincus que plusieurs des pathologies dont souffraient leurs patients révélaient l'existence de strates de vies non conscientes à l'intérieur de la psyché humaine et que celle-ci ne se résumait pas au vécu conscient ou encore au fonctionnement neurophysiologique du cerveau. Selon cette idée, nous vivons donc différentes choses sur le plan personnel, constructives ou négatives ; certaines d'entre elles sont mémorisées ou simplement oubliées ; d'autres, parce qu'elles sont trop désagréables ou qu'elles nous ont trop blessés, sont refoulées dans les limbes de l'inconscient, de sorte que nous n'en avons plus conscience, même si elles peuvent continuer à agir et se manifester de différentes manières dans notre vie, parfois de façon inoffensive (sous la forme de lapsus, d'actes manqués…), parfois sous des formes pathologiques plus ou moins graves.

Jung adhérait à cette hypothèse fondamentale de l'inconscient et de la psychanalyse freudienne. Mais sa propre expérience clinique l'a reconduit à développer sa propre théorie, qui a peu à peu divergé de celle de son ancien maître. En 1913-1914, Jung a fondé une nouvelle école, la « psychologie analytique » (*Analytische Psychologie*), aussi appelée « psychologie complexe » (*Komplexe Psychologie*) ou encore « psychologie des profondeurs » (*Tiefenpsychologie*). Cette approche a rapidement rallié plusieurs adeptes, opposés aux théories de Freud, qui se rassemblaient. D'abord rassemblés au Club de Zurich, les analystes jungiens ont rapidement formé des associations aux États-Unis et en Angleterre dès les années 1920.

* * *

Malgré la différence d'approche adoptée par Freud et par Jung, l'hypothèse de départ est restée la même en ce qui concerne la pensée mythico-religieuse ; l'explication de ses rouages profonds par le recours à des processus non conscients est non seulement utile, mais absolument indispensable. Freud et Jung ont tous deux soupçonné que quelque chose, dans cette manière particulière de voir le Monde, tirait son origine des forces et des besoins inconscients de l'être humain, et s'extériorisait de toutes sortes de façons. Jung a dit que l'objectif de la psychologie analytique était de « décrire les manifestations de l'inconscient », et dans le domaine du mythico-religieux, ces manifestations sont celles de la croyance, du rituel, de la foi, du sens du sacré, de la superstition, du mythe, etc. Cette idée est l'un des principaux fils conducteurs de l'œuvre de Jung.

Comme Freud, Jung était d'une érudition très impressionnante et a laissé derrière lui une œuvre fort considérable. Par exemple, uniquement sur le philosophe Nietzsche (l'un des précurseurs de la théorie de l'inconscient mentionné *ut supra*), Jung a donné des séminaires dans les années 1930 qui totalisent des centaines et des centaines de pages. Jung a été initié à la culture classique par son père, un pasteur protestant, et a appris le latin et le grec dès l'enfance. Jung a d'ailleurs laissé sa marque grâce à ses analyses très fines des textes alchimiques du Moyen Âge, lesquels étaient rédigés expressément dans un style très hermétique, très obscur — puisque les alchimistes ne souhaitaient justement pas que leurs écrits soient compréhensibles pour des non-initiés. Jung ne s'est pas intéressé à l'alchimie en vue de la pratiquer, bien sûr, mais pour comprendre encore une fois les mécanismes psychologiques inconscients qui sous-tendent cette pratique séculaire.

Jung a fait sa médecine à l'Université de Bâle en Suisse ; il s'est spécialisé en médecine psychiatrique et a obtenu son diplôme en l'an 1900. En 1902-1903, Jung a suivi au Collège de France les cours de Pierre Janet, l'auteur du concept de « subconscient » dont nous avons parlé plus haut, en plus de participer à ses pratiques cliniques à la célèbre École de la Salpêtrière à Paris. Sa thèse de doctorat en psychiatrie portait sur le cas de sa cousine, Hélène Preiswerk, une jeune femme qui se prétendait médium (c'est-à-dire capable de communiquer avec des esprits) et qui était relativement connue à l'époque. Jung a voulu déceler dans la pratique de la médiumnité des causes psychologiques d'ordre inconscient. Il s'est beaucoup intéressé au spiritisme, qu'il a lui-même pratiqué, toujours dans le même objectif, soit faire la lumière sur le phénomène d'un point de vue psychologique.

L'inconscient collectif

Tavistock Clinic, Londres, 1935

Transportons-nous en 1935 à Londres, à la Tavistock Clinic, où Jung a été invité à participer à un cycle de conférences organisé par l'Institut de psychologie médicale. L'homme a accepté de s'entretenir avec moi quelques minutes avant de s'adresser à l'auditoire et de présenter sa notion d'inconscient collectif et son approche originale de la psychanalyse. Voici la retranscription littérale de l'entretien :

L'auteur. — À l'instar de Freud, vous reconnaissez l'existence de l'inconscient derrière le conscient. Mais vous allez plus loin : vous affirmez qu'il existe non seulement un « inconscient personnel » — qui est celui que Freud a contribué à mettre en évidence grâce à ses recherches sur les névroses et qu'il a placé au fondement de sa psychanalyse —, mais aussi un inconscient collectif.

Jung. — *Ein kollektives Unterbewußtsein, ja !* Il existe tout un univers de phénomènes liés à l'expérience humaine et qui, à mon avis, ne peuvent être expliqués que par le seul truchement des mécanismes de l'inconscient personnel freudien.

L'auteur. — Qu'est-ce qui vous fait penser cela ?

Jung. — J'ai remarqué à la clinique où je travaille comme psychiatre qu'il existe des phénomènes pathologiques étranges, comme certains délires analogues à des comportements rapportés par les ethnologues à propos des hommes des sociétés primitives. J'ai aussi noté que la littérature regorge d'exemples de manifestations de la pensée mythique dans les diverses activités et pratiques des peuples à travers le Monde, à toutes les époques de l'histoire.

L'auteur. — De quels types d'activités parlez-vous ?

Jung. — L'alchimie, la parapsychologie (le spiritisme, la médiumnité…), les différentes traditions hermétiques, le gnosticisme et les diverses religions. Mais cette diversité n'est qu'apparente.

L'auteur. — En quel sens ?

Jung. — J'ai vu derrière cette diversité une sorte d'arrière-fond commun qui m'a reconduit à la découverte d'une réalité universelle, je veux dire une sorte de fondement unique inconscient à l'origine de toutes ces similarités observées dans les diverses cultures humaines.

L'auteur. — Si vous me permettez… Votre notion d'inconscient collectif rappelle un peu le concept de représentation collective utilisé par Lucien Lévy-Bruhl dans son livre *La Mentalité primitive* (1925). Lévy-Bruhl soutient, comme vous le savez, que les croyances partagées par les membres des sociétés archaïques ne sont jamais des croyances individuelles ; c'est toujours la collectivité qui donne à celles-ci leur signification. On retrouvait déjà cette idée chez Émile Durkheim dans ses *Formes élémentaires de la pensée religieuse*. Selon ce dernier, la religion a pour fonction d'assurer la cohésion ou la solidarité sociale, et les croyances religieuses sont dans cette mesure des représentations collectives reflétant les structures sociales.

JUNG. — C'est pour mettre en évidence cet aspect de l'inconscient qui transcende l'individu (comme les faits sociaux chez Durkheim) que j'ai aussi usé des expressions *transpersonnel, suprapersonnel, patrimoine représentatif* et même *inconscient archaïque* dans mes premiers écrits.

L'AUTEUR. — L'inconscient collectif est donc la dimension de l'inconscient qui dépasse la sphère de l'individualité.

JUNG. — Je pense que les croyances religieuses et les formes de représentations mythiques sont le produit des structures psychiques de l'inconscient collectif. J'ai aussi attribué à l'inconscient collectif, en m'inspirant de Rudolf Otto, une énergie « numineuse » qui se manifeste à la conscience de l'individu sous la forme d'un vécu sacré, à l'origine de toutes ces pratiques religieuses observées dans les sociétés humaines.

L'AUTEUR. — Depuis quelques décennies déjà, vous consacrez votre carrière à rechercher et expliciter ce fondement unique et universel de l'inconscient collectif. Le docteur Freud persiste encore aujourd'hui dans le refus de votre concept, bien que ses derniers écrits sur la religion montrent qu'il en a intégré certains éléments… Mais il reste que c'est cette notion d'inconscient collectif qui est à l'origine de votre séparation d'avec lui.

JUNG. — *Ja.* Freud a toujours spécifiquement refusé d'endosser ma théorie des archétypes de l'inconscient collectif.

Les archétypes de l'inconscient collectif

Jung écrira un livre sur cette théorie en 1954 intitulé *Les Racines de la conscience*. La théorie jungienne de l'inconscient collectif y sera présentée sous la forme d'une théorie des archétypes. Celle-ci avait été élaborée pour la première fois il y a longtemps, dans son ouvrage *Psychologie de l'inconscient*, paru en 1913, où Jung avait posé les fondements de sa fameuse psychologie analytique.

L'auteur. — Que sont les archétypes, *Herr Jung* ?

Jung. — Les structures innées de l'inconscient collectif que partagent les êtres humains de toutes les cultures.

Le terme *Archetyp* en allemand (et *archétype* en français) provient du latin *archetypum*, qui signifie « original, modèle ». Le mot latin est par ailleurs un emprunt au grec *arkhêtupos*, dérivé de *arkhêtupon*, qui signifie « modèle primitif ».

Jung. — Les archétypes sont des patrimoines communs non conscients, des sortes de « schèmes primordiaux » ou de « structures psychiques » *a priori*, qui déterminent la vie mentale des individus, leur comportement, leur façon d'exister et leur manière collective, mythique et symbolique de se représenter le Monde.

L'auteur. — Dire que ces structures psychiques sont *a priori*, c'est dire qu'elles sont « universelles » ? Or, si tel est le cas, ne devraient-elles pas se manifester de la même manière dans toutes les cultures ?

Jung. — Non. Elles prennent des formes différentes selon les cultures et les époques, mais possèdent suffisamment de similarités pour être analysées et vues comme des expressions des mêmes structures archétypiques de représentation...

L'auteur. — Vous voulez dire, telles que des variations sur le même thème ?

Jung. — Si vous voulez, *ja*. Sur le même thème inconscient. Les archétypes sont des structures psychiques primitives ou instinctives profondes, universelles et inconscientes, dont les représentations mythico-religieuses présentes dans les diverses cultures ne sont que des manifestations de surface. Les archétypes eux-mêmes ne peuvent faire l'objet d'une investigation directe : ils sont totalement abstraits et ne ressemblent à rien ; on ne peut y accéder que par l'analyse des schèmes récurrents et universels inscrits dans les motifs mythologiques, symboliques et religieux au sein des diverses cultures et qui en sont des extériorisations concrètes et objectives. Voilà donc à quoi se ramène l'essentiel de la dynamique créative de l'inconscient collectif dans le cadre de ma psychologie analytique ou des profondeurs. L'analyse permet d'aller au-delà des phénomènes de la vie psychique collective et de pénétrer dans les arcanes des structures inconscientes dont ils sont les manifestations.

L'auteur. — Vous pouvez me donner des exemples d'archétypes ?

De gauche à droite : Parvati, principe féminin suprême dans certains cultes hindous ; *La mort des amants : Iseut embrasse Tristan sur son lit de mort*, Évrard d'Espinques ; *Persée secourant Andromède*, J. Wtewael.

JUNG. — L'archétype de l'*Anima* est le schème structurant et universel de la figure féminine dans le psychisme de l'homme ; l'*Animus*, celui de la figure masculine dans le psychisme de la femme. Ces deux structures *a priori* de l'inconscient collectif sont extrêmement importantes, étant donné la place qu'occupe la sexualité dans le vécu humain. Cela explique aussi pourquoi le féminin et le masculin sont des représentations très importantes dans la symbolique religieuse, au même titre que celle de Marie dans le christianisme ou encore le *lingam* (ou *linga*) — le symbole phallique —, dans le culte hindou du dieu Shiva. Les grands dieux hindous comme Brahmā, Vishnou et Shiva sont aussi représentés comme possédant des énergies ou des puissances féminines appelées *shakti*. La représentation des sexes opposés est un motif récurrent dans les religions et les mythologies partout dans le monde depuis des millénaires…

L'AUTEUR. — Adam et Ève, Andromède et Persée, Tristan et Iseut, Parsifal et Kundry, Guenièvre et Lancelot, Marguerite et le docteur Faust…

JUNG. — Voilà ! L'« archétype de l'Ombre » correspond à l'ensemble des choses refoulées sur le plan de l'inconscient personnel et qui remontent à la surface de la conscience pour hanter l'individu. Ce refoulé se manifeste par des représentations archétypiques prenant diverses formes, par exemple le rêve ou, chez les gens qui souffrent de troubles psychotiques (comme la schizophrénie), des hallucinations ou des voix qui ne cessent de les harceler, de les critiquer ou de les inciter à faire certaines choses.

De gauche à droite : le démon Pazuzu ; Asmodée, démon biblique.

L'auteur. — L'ombre est la part d'ombre chez un individu ? Comme dans *L'Étrange Cas du docteur Jekyll et de M. Hyde* ou encore le personnage de Méphistophélès dans le conte du docteur Faust ?

Jung. — *Ja*. Sur le plan mythico-religieux, l'ombre est symbolisée par le mal et les personnages maléfiques, comme les démons dans le judéo-christianisme et dans l'islam, le dieu Pazuzu dans la religion de l'ancienne Mésopotamie, les *Pishacha* et les *Vetâlas* de la mythologie hindoue...

L'auteur. — Je pense à Dark Vader et Dark Sidious dans la saga de *La Guerre des étoiles*, qui sont des personnifications du mal. Ces figures de l'ombre sont encore omniprésentes dans le cinéma et la littérature contemporaine...

Jung. — L'« archétype du Soi » ou de la « Totalité » m'apparaît comme l'archétype central, celui qui correspond à l'harmonie du vécu humain et à la dynamique qui pousse l'individu vers son propre accomplissement, vers sa « totalité ». Le « Soi » est une structure inconsciente de la psyché qui incarne l'idéal de la réalisation de soi.

L'auteur. — Le Soi, c'est-à-dire le Moi ?

Jung. — Le Soi n'est pas le Moi : il s'oppose à lui. Le Moi, comme chez le docteur Freud, désigne plutôt le pôle conscient de la psyché humaine. Le Moi est la pointe de l'iceberg qui émerge à la surface et à partir de laquelle l'individu gère les impératifs de la vie quotidienne ;

le Soi correspond plutôt à cette réalité profonde, sous la surface, aux racines de la conscience, qui n'est pas elle-même consciente, mais qui peut se manifester par une prise de conscience du Moi.

Dans ses écrits, Jung insiste beaucoup sur l'idée qu'il existe une dialectique (une relation, un dialogue) que l'individu doit établir entre le Moi et le Soi : le Soi ne peut se réaliser qu'à la condition que le Moi, par lui-même, prenne conscience du Soi. C'est un travail sur soi-même, un travail dialectique, en ce sens. L'un des ouvrages les mieux connus de Jung, qui vient d'être publié (en 1933), porte justement le titre de *Dialectique du Moi et de l'inconscient*.

L'auteur. — Avez-vous nommé ce processus ou cette prise de conscience ?

Jung. — Le processus qui mène à la réalisation de Soi et où l'individu devient vraiment lui-même, je l'ai baptisé « individuation ». Il n'est possible que si le Moi intervient.

L'auteur. — D'où vous est venue cette idée ?

Jung. — J'ai développé la notion d'individuation à partir de mon expérience clinique avec mes propres patients et je l'ai placée au cœur de ma psychologie analytique.

L'auteur. — Ce processus est un travail : implique-t-il une forme de souffrance ?

Jung. — Je crois que la souffrance fait partie du processus de réalisation de Soi. J'ai remarqué que c'est souvent dans la souffrance névrotique que l'individu prend conscience de lui-même et que le Moi peut plus facilement entrer dans une dialectique avec l'inconscient pour atteindre cette harmonie à laquelle il est poussé par nature.

L'auteur. — Et que représente le Soi sur le plan collectif, c'est-à-dire en tant qu'archétype ?

Jung. — Sur le plan collectif, j'ai décelé le processus d'individuation dans plusieurs manifestations symboliques mythico-religieuses, notamment dans le dogme de la transsubstantiation. J'en parlerai dans mes futures publications…

Dans *Les Racines de la conscience* (1954), entre autres, Jung prendra pour exemple le dogme chrétien de la transsubstantiation, soit la croyance selon laquelle, lors de l'Eucharistie, le prêtre consacre le pain et le vin, qui changent alors de substance et deviennent le corps et le sang du Christ. C'est le sens du mot *transsubstantiation* (du latin *transsubstantiatio*) : il y a « changement de substance ». Les apparences du pain et du vin ne changent pas, mais leur « substance spirituelle » deviendrait réellement celle du corps et du sang du Christ, grâce à l'intervention du Saint Esprit. Cette transformation miraculeuse est le point culminant des messes catholique et orthodoxe (les protestants rejettent cependant cette thèse, jugeant que la transformation n'est que symbolique). Jung y consacrera toute une section de son ouvrage pour montrer qu'il y a dans ce culte un idéal du Soi et un processus d'individuation collectif.

JUNG. — J'ai vu aussi dans certaines pratiques tribales un analogue au mystère de la transsubstantiation : le repas totémique. Vous connaissez ?

L'AUTEUR. — Vaguement.

JUNG. — Dans plusieurs sociétés archaïques existe le totem, une réalité végétale ou animale perçue par les membres du clan comme leur patronyme.

L'AUTEUR. — Oui ! Comme chez les Iroquois, par exemple, chez qui existaient le clan de la tortue, de l'aigle ou encore de l'ours.

JUNG. — Chaque clan iroquois portait en effet l'un de ces noms, considérant que ses membres partageaient en quelque sorte la même substance. Le fait que le totem était vu comme le père originaire de ce clan révèle une vision très particulière du Monde : ces animaux n'étaient pas perçus à proprement parler dans leur réalité matérielle et quotidienne (la tortue dans l'étang ou l'aigle dans le ciel), mais bien en tant que « substance ». L'esprit de la tortue ou de l'aigle était aussi l'esprit du clan, le « totem », et tous deux partageaient la même substance : c'est le même esprit qui animait le clan et qui coulait dans les veines des membres de la communauté. L'animal était perçu comme sacré, donc intouchable ; on ne devait lui faire aucun mal.

L'AUTEUR. — Et vous parliez du repas totémique ?

JUNG. — *Ja*. Il arrive un certain moment de l'année où le totem, pour des raisons mystiques, doit être sacrifié et mangé. C'est ce que les ethnologues appellent le « repas totémique ». C'est un phénomène qui a été très répandu sur Terre dans plusieurs sociétés.

L'AUTEUR. — Et vous disiez avoir vu dans le dogme chrétien de la transsubstantiation quelque chose de similaire ?

Jung. — Le corps (le pain) et le sang (le vin) du Christ, qui s'est sacrifié sur la croix pour sauver l'humanité, sont consommés. Des schémas similaires ont existé dans plusieurs autres cultures, notamment chez les Aztèques, les Grecs (par exemple, les cultes d'Attis, d'Adonis et de Dionysos-Zagreus dans l'orphisme), les Romains (pensez au culte de Mithra, une figure qui ressemble à plusieurs égards à celle du Christ : il est celui qui sauve et qui est sacrifié rituellement…). Dans des traditions comme celles de l'hermétisme et de l'alchimie, nous retrouvons aussi cette idée d'un changement de substance… Il y a à l'évidence une sorte de motif récurrent dans ces pratiques et ces cultes qui proviennent selon moi des structures archétypiques inconscientes de l'esprit humain.

Vous me demandez donc des exemples d'archétypes : ceux du Soleil, de la Grand-Mère, de l'Arbre de la Vie, de l'Enfant-divin, de la Persona, du vieux sage, de la naissance, de la croix… voilà autant d'archétypes générateurs de motifs récurrents dans la diversité des manifestations mythico-religieuses observées dans les différentes cultures à travers le Monde depuis toujours.

L'auteur. — Comment parvenez-vous à faire la distinction entre ce qui relève de l'archétype en tant que tel, c'est-à-dire en tant que structure inconsciente *a priori* et donc universelle, et la façon dont celui-ci se manifeste à travers la symbolique mythico-religieuse propre aux diverses cultures et aux individus ?

Jung. — J'ai établi une distinction fondamentale entre l'archétype en tant que tel et la représentation archétypique. Pour bien comprendre cette distinction, prenons comme exemple les choses auxquelles nous rêvons ou les histoires racontées dans les mythes, et qui me semblent être des hauts lieux de représentations psychiques en provenance de l'inconscient collectif. Sur l'interprétation des rêves, j'ai été à cet égard très influencé par Freud (qui avait publié en l'an 1900 un livre intitulé justement *L'Interprétation des rêves*), quoiqu'en raison de l'existence de l'inconscient collectif, que Freud n'a jamais officiellement reconnu, ma méthode d'analyse et d'interprétation ait été différente de la sienne. Pour le dire simplement, les rêves sont des « représentations archétypiques ». Ces représentations sont des symboles, des images, et chaque individu a les siens propres, chacun se représente l'archétype qui est à l'œuvre à la lumière de son expérience individuelle, de sa culture, de son histoire familiale, de son vécu.

L'auteur. — L'archétype, quant à lui, est plutôt la structure universelle, bien qu'il se manifeste toujours à travers différentes formes, d'après les cultures et les individus.

Jung. — L'archétype est le même pour tout le monde, mais ne se présente à personne de la même manière. L'étude des mythologies, des traditions mystiques, de l'alchimie, du spiritisme, du gnosticisme, etc. montre selon moi qu'existe bel et bien un noyau archétypique universel qui se manifeste sous des formes ou des aspects divers dans la représentation et le symbolisme. Il y a donc une différence entre le principe, qui est commun, et les représentations, qui varient d'une culture à l'autre. L'archétype est le principe psychique inconscient, *a priori*, inné, et il relève de l'inconscient collectif ; l'image archétypique est quant à elle la manifestation particulière et concrète de ce principe.

* * *

Au sein de l'école de la psychologie analytique se développera au cours du 20e s. tout un engouement pour l'étude des archétypes à travers ses manifestations culturelles. L'une des plus illustres figures de cette école sera la Suisse Marie-Louise Von Franz (1915-1998), qui collabore actuellement avec Jung et qui deviendra de l'avis de plusieurs sa principale continuatrice. Von Franz se fera surtout connaître grâce à ses analyses psychologiques des contes de fées, comme celles qu'elle a livrées dans ses ouvrages *L'Individuation dans les contes de fées*, *Les Modèles archétypiques dans les contes de fées*, *L'Interprétation des contes de fées* et *L'Ombre et le mal dans les contes de fées*. Aux États-Unis, le psychologue James Hillman (1926-2011) fondera ce qu'il appellera la « psychologie archétypale », davantage axée sur la recherche des motifs archétypiques du comportement humain et sur la dimension thérapeutique de la psychologie jungienne.

Jung. — Les archétypes ne sont pas représentables à proprement parler, mais ce sont eux qui rendent possibles toutes représentations. Ils déterminent la structure mentale de l'être humain et expliquent la diversité des représentations, des symboles et des images que nous retrouvons dans les comportements individuels et les pratiques culturelles. Ce sont les archétypes qui donnent à l'être humain un accès à la réalité extérieure et qui modulent sa perception du Monde.

L'AUTEUR. — Cher professeur, je tire comme leçon de votre approche de la psychologie que la perception du Monde qu'a l'être humain est au fond le reflet de sa propre structure psychique inconsciente. Je vous remercie pour cet entretien fort enrichissant. Ce fut un authentique bonheur de discuter avec vous.

L'observé, reflet de l'observateur

E. Kant.

La thèse voulant que nous saisissions et percevions le Monde non pas tel qu'il est en soi, mais toujours à partir de notre propre structure en tant qu'être humain est au fondement de la psychologie analytique de Jung. Mais cette thèse a une histoire dont les racines principales remontent à la fin du 18e s. Elle a été théorisée pour la première fois par le grand philosophe allemand Emmanuel Kant (1724-1804) dans son monumental ouvrage *Critique de la raison pure* (publié en 1781), et reprise et développée par de très nombreux philosophes par la suite.

L'une des thèses fondamentales défendues par Kant est que nous ne percevons le Monde ou la réalité connaissable qu'à travers un certain nombre de catégories, de « cadres » universels qui structurent notre perception du Monde avant toute expérience faite de celui-ci. Kant a écrit en ce sens : « Nous ne connaissons (*a priori*) des choses que ce que nous y mettons nous-mêmes. » L'être humain ne pourrait donc atteindre la chose telle qu'elle est en soi (ce qu'il a appelé le « noumène »); seule la chose telle qu'elle apparaît (le « phénomène », pour parler comme les anciens Grecs) lui serait accessible.

Nous aurons l'occasion de reparler de la philosophie de Kant, qui est d'une grande richesse conceptuelle, mais il est important de comprendre ici que chez Jung, il s'agit au fond la même idée: nous saisissons toujours le Monde selon ce que nous sommes en tant qu'êtres humains, c'est-à-dire selon notre conscience et notre inconscient, qui sont structurés d'une certaine façon (les archétypes). Le Monde est toujours perçu et compris à travers les possibilités qu'offre notre psychisme humain, bref à travers ce que nous sommes, tout comme notre perception du Monde dépend du système sensoriel que nous possédons; munis des yeux du serpent, de la pieuvre ou de la mante religieuse, ou encore des organes de la chauve-souris, notre perception serait tout autre.

Il est un vieil adage médiéval qui suggère que cette idée défendue par Kant au 18e s. avait déjà été comprise par certains intellectuels: « Ce qui est perçu est toujours perçu selon le mode de perception de ce celui qui perçoit. » Cette façon d'appréhender les choses s'oppose à la tradition du réalisme, soit la doctrine énonçant que la réalité est conforme à la façon dont elle est perçue. Nous en reparlerons.

Les approches de Kant et de Jung mettent l'accent sur la dimension subjective de notre perception et de notre compréhension du Monde, c'est-à-dire sur le fait que nous ne percevons pas objectivement les choses, que nous les voyons toujours à travers une sorte de « miroir déformant », pour emprunter une image utilisée par saint Paul. Chez Jung, cette « déformation » est celle des structures archétypiques de la psyché humaine.

* * *

Cette excursion dans l'univers du mythico-religieux nous fait donc comprendre tout ce qu'il y a de complexe et de mystérieux dans notre expérience et notre connaissance du Monde. Selon les penseurs dont il a été question dans cette dernière partie du présent chapitre, nous ne percevons les choses qu'à travers notre nature d'*Homo sapiens*; la façon dont l'être humain existe et sa manière d'appréhender le Monde ne sont jamais que le reflet de ce qu'il est. Lorsqu'un individu perçoit des esprits autour de lui, ou que le religieux ressent un lien avec la divinité, ce qu'il comprend est le reflet de lui-même comme être humain, le miroir de ses besoins, de ses aspirations profondes, de sa structure psychique. Ainsi, d'une certaine manière, il *est* le Monde et le Monde *est* lui. Le psychisme de l'observateur est le creuset de ce que celui-ci perçoit et comprend du Monde. L'observé est le reflet de l'observateur.

Chapitre 4
Le Monde de la Nature

Première partie
Du *mythos* au *lógos*

L'exploration du vécu mythico-religieux entamée dans les deux derniers chapitres nous ouvre les yeux sur toute une richesse que recèlent le cœur, la conscience et l'inconscient de l'être humain depuis une époque qui remonte à la préhistoire. Ce voyage a mis en lumière un univers de signification caché dans une façon tout à fait singulière pour l'être humain de se percevoir, de se représenter et de se sentir, en consonance avec le Monde et l'éventail des êtres qui l'animent ou qui l'ont créé. Nous avons focalisé notre attention sur le mythico-religieux, une dimension qui permet de mieux comprendre la nature de l'être humain, sa psychologie et sa façon originaire d'exister dans le Monde. Nous avons volontairement délaissé l'aspect proprement ontologique auquel prétend se rapporter ce vécu, soit la question de l'existence « objective » de la « réalité surnaturelle » : par exemple, les esprits, les démons, les puissances, les dieux qui émergent dans le Monde phénoménal correspondent-ils à quelque chose de « véritablement réel » ? Ce sujet mérite d'être examiné avec grande attention, mais c'est une prochaine fois que nous le ferons.

Ce qui nous intéresse dans ce nouveau chapitre est plutôt de savoir quand et sous quelles formes se sont manifestées en Occident les premières représentations du Monde affranchies de la conscience mythico-religieuse, c'est-à-dire les premières formes de connaissances de la réalité fondées sur l'usage de la raison plutôt que sur la croyance au récit mythique. Ces façons inédites de regarder le Monde ont été qualifiées de « rationnelles » et associées à un nouveau type de discours dont la philosophie et la science sont les héritières. Nous tenterons de bien comprendre les éléments qui ont présidé à la naissance de ce discours, et nous découvrirons qui sont les penseurs à l'origine de ce changement de mentalité et ce qu'ils ont dit précisément à propos du Monde et de sa nature.

Pour répondre à toutes ces questions qui marquent le passage du *mythos* au *lógos* (du « mythe » à la « raison »), projetons-nous encore une fois dans le temps et dans l'espace, et donnons-nous la peine d'observer, de méditer et de comprendre.

L'Anatolie et l'Ionie

L'Anatolie est une région qui correspond aujourd'hui à la portion occidentale de la Turquie actuelle, soit, *grosso modo*, à la péninsule située entre la mer Noire (appelée à l'époque *Pontos Euxeinos* — « Pont-Euxin ») et la Méditerranée. Le terme grec *Anatolē* signifiant « lever de soleil », la région tire son nom du fait qu'elle était vue comme la portée d'entrée de l'Orient. Les Romains baptiseront plus tard cette province de leur empire Asie Mineure (*Asia Minor*, au sens de « Petite Asie »). L'Anatolie est formée de grands plateaux ceinturés de chaînes de montagnes (les Taurus au sud et les Alpes pontiques au nord) et ponctuée de volcans (comme le mont Erciyes, qui culmine à 4000 m). La région est occupée par des populations humaines depuis une époque très ancienne. Certains sites de peuplement, dont il subsiste encore des vestiges (comme Aşıklı Höyük, Çatal Höyük et Göbekli Tepe), sont datés d'aussi loin que le 8e et même le 9e millénaire, soit au début du Néolithique, caractérisé par l'invention de l'agriculture et de l'élevage, et la sédentarisation de l'*Homo sapiens*. De nombreuses populations ont occupé la région au cours des siècles, comme les Hattis, les Hittites (qui ont mis sur pied un royaume qui s'étendait de l'Anatolie jusqu'en Syrie, et qui ont découvert le fer), les Cimmériens sur la côte nord et les Phrygiens sur le plateau. L'Anatolie est l'un des berceaux des langues dites « indo-européennes », dont dérivent entre autres les langues germaniques, le grec, l'arménien, l'iranien, les langues italiques et les langues romanes, qui apparaîtront plus tard, dont le français, l'italien et l'espagnol. D'autres populations, d'origine sémitique, ont également occupé le territoire, telles que les Syriens et les Phéniciens (qui ont inventé l'écriture alphabétique — nous en reparlerons à l'occasion d'une future exploration du Monde du Langage).

Dans l'Antiquité, la péninsule anatolienne était divisée en plusieurs régions : la Lycie, la Pamphylie et la Cilicie au sud ; la Pisidie, la Cappadoce, la Lycaonie, l'Isaurie, la Phrygie et la Galatie au centre ; la Carie, l'Ionie, la Lydie et la Mysie (incluant l'Éolide, l'Abrettène et la Troade) à l'ouest ; et enfin la Bithynie, la Paphlagonie et le Pont au nord. Les royaumes installés sur ces territoires au cours des siècles semblent avoir vécu dans une relative indépendance politique, jusqu'à l'arrivée des Perses au milieu du 6e s. av. J.-C., qui les ont tous réunis au sein d'une même province (appelée « satrapie »).

* * *

Mille ans avant la fondation d'Athènes (soit vers l'an 1800 av. J.-C.), soit à l'époque dite de la « Grèce primitive », un peuple d'origine indo-européenne, les Achéens (*Akhaioî*), arrive des Balkans et envahit le territoire de la Grèce, dominant peu à peu les populations locales des régions de l'Épire, de la Thessalie, de la Béotie, de l'Attique, de l'Argolide dans le Péloponnèse, ainsi que des îles de Crète, de Rhodes et de Chypre. Ce sont les Achéens qui ont été impliqués dans la célébrissime histoire de la guerre de Troie, racontée par le poète Homère dans l'*Iliade* (8e s. av. J.-C.).

De gauche à droite : le théâtre d'Éphèse ; l'Agora de Smyrne.

Vers l'an 1200 av. J.-C., chassés progressivement par les Doriens, les Achéens ont fui vers le rivage occidental de l'Anatolie et certaines îles égéennes pour fonder de nouvelles cités, telles que Milet, Samos, Éphèse, Lébédos, Colophon, Téos, Érythrée, Clazomènes, Chios, Smyrne, Phocée et Lesbos. Les Achéens, les Éoliens, les Doriens et les Ioniens sont considérés comme les quatre grands groupes ethniques (*ethnē*) à l'origine du peuple grec, appelé peuple « hellène » ou « les Hellènes ».

C'est en Anatolie, précisément dans la région de l'Ionie, qu'ont vécu, pensé et enseigné les sages qui auraient été les tout premiers dépositaires en Occident d'une forme nouvelle de génie associée à la rationalité. L'appréhension de la réalité fondée sur l'usage du *lógos* (nous préciserons) serait ainsi une découverte ionienne.

Les cités d'Ionie ont bénéficié de conditions naturelles ayant favorisé considérablement leur prospérité économique — comme des terres riches et un climat parfait pour l'agriculture céréalière, l'oléiculture (la culture des olives) et l'élevage du bétail — ainsi que d'un littoral idéal pour la construction de grands ports de commerce maritimes. Sur le plan culturel, l'Ionie a été le théâtre d'une grande inventivité. C'est là qu'est apparu par exemple ce qu'on appelle en architecture l'« ordre » ou le « style ionique », caractérisé par une manière particulière de construire les colonnes (utilisées pour ériger les édifices publics et les temples religieux), c'est-à-dire en les surmontant de chapiteaux à volutes. L'historien grec Hérodote (480-425 av. J.-C.) parlait de l'Ionie à cette époque comme du centre du Monde. Malheureusement, au tout début du 5e s. av. J.-C., l'Ionie a été éjectée de cette position privilégiée avec la conquête perse, lors de laquelle plusieurs cités ont été détruites et les populations réduites en esclavage.

En l'état actuel de nos connaissances historiques, c'est donc au « centre du Monde » qu'auraient vécu les tout premiers êtres humains à avoir considéré le Monde d'un point de vue différent de celui qui avait toujours prévalu dans l'histoire. Au regard de *ce qu'est* le Monde, les savants ioniens seraient les pionniers dans cette attitude nouvelle consistant à privilégier ce que le *lógos* reconduit à penser plutôt que ce qui est véhiculé au travers du *mythos*.

Mais qu'est-ce qui justifie une telle affirmation ? Quelles sont les caractéristiques de ces premières formes de représentations du Monde dites « rationnelles » qui constitueraient une sortie hors de l'univers du récit mythico-religieux ? Qu'est-ce que la raison, qu'est-ce que la rationalité, et qu'est-ce qu'une représentation rationnelle du Monde ? C'est ce qu'il nous faut à présent commencer d'examiner. Rendons-nous pour l'instant dans la cité côtière de Milet, là où tout aurait précisément commencé, d'après les sources dont nous disposons. Plusieurs chapitres consacrés spécifiquement à la rationalité seront pour nous de futures occasions d'approfondir et de préciser le sujet, qui est d'une très grande richesse conceptuelle.

Milet

Reconstitution de Milet.

Milet, Ionie, Anatolie, 587 av. J.-C.

Nous sommes en 587 av. J.-C. ; 130 ans nous séparent de la naissance de Démocrite et 245 de celle d'Épicure. Nous nous trouvons au cœur de la première période historique de l'histoire grecque, appelée « époque archaïque », qui va perdurer jusqu'au début du 5e s. av. J.-C., soit jusqu'à la fin des guerres médiques (qui ont opposé les cités grecques aux Perses). Cette période précède l' « époque classique » et le « siècle de Périclès » (5e s. av. J.-C.), durant lequel Athènes deviendra la grande capitale économique, démocratique, culturelle et intellectuelle dont nous avons parlé au premier chapitre. Mais à l'époque où nous sommes, c'est *Milêtos* qui occupe le devant de la scène, et elle restera l'une des plus importantes et prospères cités du monde grec jusqu'à la conquête perse. Milet est une ville portuaire située au sud de l'Ionie (à la frontière avec la Carie), sur les rivages d'une grande baie, près de Myus et de Priène.

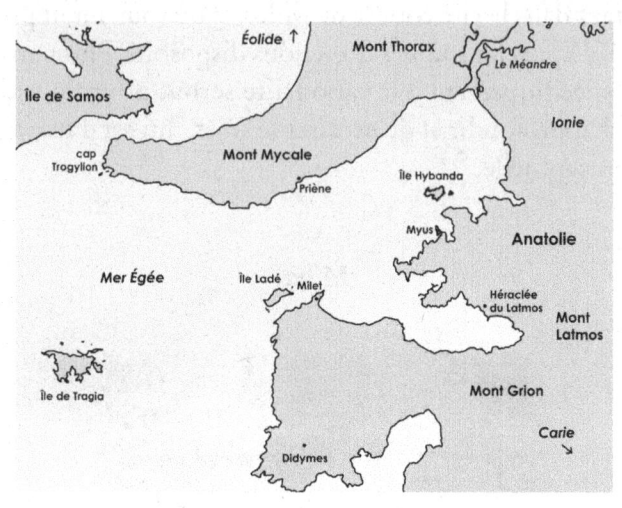

Carte de la région de Milet à l'époque archaïque.

Dirigée par un tyran nommé Thrasybule, la cité entre périodiquement en conflit armé avec le royaume de Lydie, à l'est, qui cherche de plus en plus à étendre sa domination sur la région et qui convoite particulièrement ses richesses. Thrasybule bénéficie heureusement de l'appui militaire de Périandre, tyran de Corinthe (une importante cité du Péloponnèse), grâce à une alliance conclue il y a une quarantaine d'années.

Le Méandre, *La Boucle des bœufs*, T. Cole.

Milet constitue un grand centre marchand et financier. Elle fait du commerce avec la Babylonie, l'Égypte (via Naucratis, une colonie grecque située dans le delta du Nil) et diverses populations de l'hinterland anatolien grâce aux accès offerts par le fleuve Méandre (*Maïandros*). La cité entretient également des relations commerciales très profitables avec son propre réseau de colonies établies sur toute la bordure côtière du Pont-Euxin (la mer Noire), comme Histria, Odessos, Apollonie du Pont, Sinope, Amisos, Kotyora, Trébizonde, Dioscurias, Phanagoria, Pantikapaion, Théodosie et Olbia du Pont. Milet jouit d'une telle domination commerciale sur cette grande région de la mer Noire qu'elle est à la tête d'un véritable empire maritime, le premier de toute l'histoire grecque.

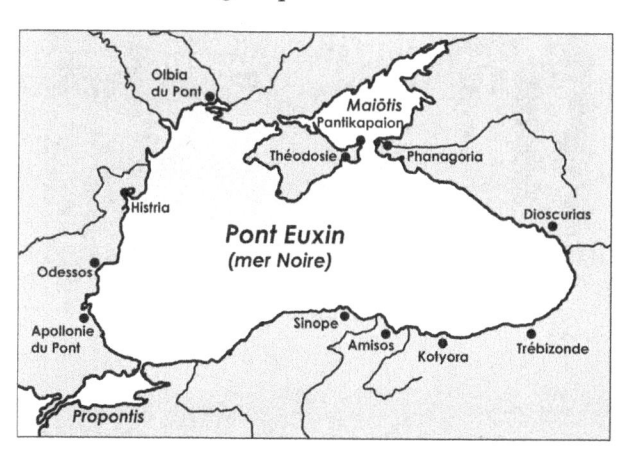

Réseau colonial de Milet au 7ᵉ-6ᵉ s. av. J.-C.

Toutes ces relations qu'entretient Milet avec l'extérieur, particulièrement avec l'Égypte et la Babylonie, font de cette cité un carrefour qui semble prédisposer favorablement ses habitants aux idées étrangères. Des historiens des 19ᵉ et 20ᵉ s. verront cet environnement et ces contacts culturels comme le facteur principal ayant contribué à faire de cette cité le berceau de la rationalité occidentale. Ce sont des hypothèses crédibles, mais ce ne sont que des hypothèses. La situation de Milet n'est pas unique. Les cités ioniennes ont, elles aussi, et de multiples manières, beaucoup de contacts avec des peuples orientaux ou qui sont en relation avec l'Orient, par exemple. Nous ne saurons peut-être jamais pourquoi Milet aura été la première ville hôtesse du fameux « miracle grec ». D'autres historiens, plus sceptiques, douteront du fait qu'il se soit véritablement produit ici un tel miracle, voyant dans les représentations du Monde développées par les Milésiens un simple prolongement de conceptions issues de civilisations plus anciennes. Nous en reparlerons en temps et lieu.

Au 21ᵉ s., d'impressionnants vestiges de Milet seront encore visibles près du petit village turc de Balat. Ceux-ci seront alors situés à cinq kilomètres du rivage, en raison de l'accumulation des sédiments déposés sur plus de deux millénaires par le fleuve Méandre.

Vestiges de l'agora de Milet.

Vestiges du théâtre de Milet.

C'est à Milet que naîtront plusieurs personnages qui passeront à l'histoire : l'ingénieur et architecte Hippodamos, qui concevra le port d'Athènes (Le Pirée) et promouvra des principes d'organisation urbanistiques qui deviendront célèbres, comme celui du plan en damier où les rues épousent la forme d'un quadrillage (c'est le fameux plan hippodamien adopté encore aujourd'hui par plusieurs villes à travers le monde, dont Manhattan); Aspasie, qui sera la *pallaké*, la « concubine », du grand Périclès (on dit qu'elle aurait écrit ses discours); l'historien et grand géographe Hécatée; le poète Phocylide; et peut-être Leucippe, père de l'atomisme et maître de Démocrite.

C'est aussi dans cette cité que vivent et enseignent les premiers esprits grecs pénétrés des lumières de la raison. Ces sages se rattachent à un mouvement de pensée connu sous le nom d'« école milésienne ». Les penseurs milésiens sont considérés comme les pères fondateurs de la rationalité occidentale dans la mesure où ils tentent de comprendre les choses autrement qu'à partir des schémas de pensée associés à la représentation mythico-religieuse du Monde. Le nouvel horizon de compréhension sur lequel ils ouvrent les yeux sera vu comme l'acte de naissance d'un type de pensée qui deviendra le cœur battant de l'activité philosophique et scientifique pour les siècles à venir. Allons à leur rencontre.

L'école milésienne

Les trois représentants connus de l'école milésienne se nomment Thalès, Anaximandre et Anaximène.

> Ce ne sont pas les dieux
> mais les nuages qui font pleuvoir.
> Paroles attribuées à THALÈS DE MILET

Thalês ho Milêsios est le fondateur (*archêgos*), à tout le moins le plus ancien représentant connu, de l'école milésienne et de cette façon inédite de voir le Monde du point de vue de la raison. D'après certaines sources, Thalès serait né vers 625 av. J.-C. dans une famille aisée établie ici à Milet. Jouissant d'une très grande réputation, Thalès sera considéré de son vivant comme l'un des Sept Sages de la Grèce, avec Périandre et Solon d'Athènes, notamment. Il passera sa vie ici, où il mourra en 547 av. J.-C., âgé de 78 ans.

Une remarque : avec des dates aussi reculées, certains de mes lecteurs peuvent avoir l'impression d'être dans la plus lointaine Antiquité. Mais ce n'est qu'une impression. À l'époque où nous sommes et à laquelle a vécu Thalès (6e s. av. J.-C.), l'Antiquité tire déjà à sa fin, d'une certaine façon. Selon la majorité des historiens, l'Antiquité débute dans la région méditerranéenne, avec l'invention de l'écriture par les Sumériens et les Égyptiens au 4ᵉ millénaire avant notre ère, soit précisément entre l'an 3400 et 3300 avant J.-C. L'Antiquité succède à la Préhistoire, la plus longue période de l'évolution de l'*Homo sapiens*, et précède immédiatement le Moyen Âge occidental. S'étendant sur près de 4000 ans, l'Antiquité s'achèvera avec la chute de l'Empire romain en Occident en l'an 476 de notre ère. Ainsi, à l'époque à laquelle a vécu Thalès sont donc déjà passés les trois quarts de l'Antiquité.

En marge de ses activités intellectuelles, Thalès se serait d'abord essayé au commerce, puis aurait œuvré comme conseiller politique et ingénieur militaire. Certaines sources lui attribuent un long séjour en Égypte lors de sa jeunesse, là où il aurait reçu sa première éducation, notamment dans le domaine de la géométrie, qu'il aurait introduite en pays grec dès son retour à Milet. D'ailleurs, Thalès serait l'auteur du plus ancien théorème géométrique de l'histoire : le classique théorème de Thalès, qui énonce la proportionnalité des triangles semblables comportant des parallélismes. Une source ancienne mentionne l'origine du théorème ou la manière dont il aurait été appliqué la première fois : lorsque Thalès était en Égypte, le pharaon Amasis lui aurait donné comme défi de mesurer la hauteur de la pyramide de Khéops (qui existait déjà depuis 20 siècles !). Thalès y serait parvenu simplement en calculant le rapport entre l'ombre projetée par le monument et celle projetée au même moment par un bâton dont il connaissait la grandeur. Thalès aurait impressionné Amasis en montrant que la proportion entre la hauteur de la pyramide et celle du bâton était identique à celle entre la longueur des deux ombres. Cette histoire est étonnante dans la mesure où il m'apparaît peu vraisemblable qu'un raisonnement élémentaire comme celui-ci ait pu surprendre le dirigeant d'une civilisation aussi avancée et surpasser les compétences de ses meilleurs architectes ! Je me souviens d'avoir moi-même fait un raisonnement analogue dans mon enfance : j'avais remarqué qu'à une certaine heure de la journée, la longueur de l'ombre d'un objet est égale à sa hauteur (cela se produit lorsque les rayons du soleil frappent l'objet avec un angle de 45 degrés). Or, à ce moment précis, j'avais compris que je pouvais mesurer la hauteur de n'importe quel objet en me basant simplement sur la longueur de son ombre ! Thalès aurait montré que le triangle formé par la pyramide et son ombre (*abc*) est semblable à celui formé par le bâton et son ombre (*def*), d'où le fameux théorème...

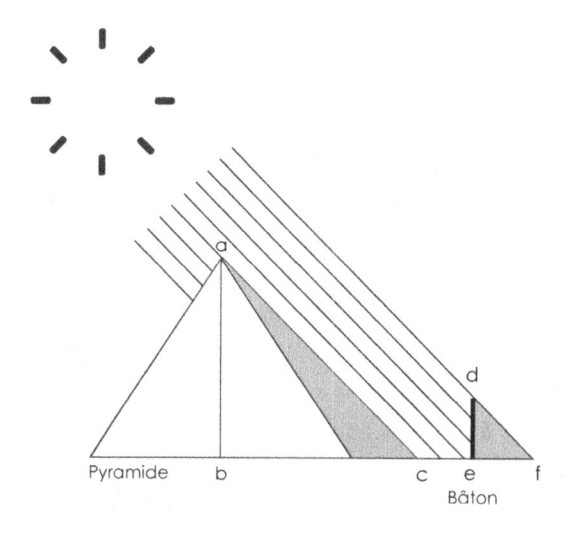

Que cette histoire soit vraie ou non, la géométrie aurait été introduite en Grèce par Thalès, qui sera aussi célèbre pour ses diverses contributions à l'astronomie. Il découvrira qu'une année terrestre dure non pas 365 jours, comme on l'avait toujours cru, mais 365 et ¼. Une source lui reconnaîtra aussi la prédiction d'une éclipse solaire, le 28 mai de l'an 585 av. J.-C. (d'après nos calculs actuels et notre calendrier), qui mettra un terme à une bataille (appelée aujourd'hui « bataille de l'Éclipse ») entre les Lydiens et les Mèdes. En matière d'astronomie nautique, Thalès découvrira de nouvelles méthodes de navigation appuyées sur des éphémérides, c'est-à-dire des tables où sont déterminées avec exactitude les positions futures des objets célestes (planètes et étoiles) en fonction des jours de l'année.

Une anecdote plutôt comique sera racontée au sujet de Thalès. Dans plus de deux siècles, Platon la formulera en ces termes :

> [Thalès] observait les astres et, comme il avait les yeux au ciel, il tomba dans un puits. Une servante de Thrace, fine et spirituelle, le railla, dit-on, en disant qu'il s'évertuait à savoir ce qui se passait dans le ciel, et qu'il ne prenait pas garde à ce qui était devant lui et à ses pieds[7].

---

7. PLATON, *Théétète*, trad. É. Chambry, Paris, GF-Flammarion, 1991 [1967], 173c-174b, p. 109.

Il n'y a pas de lien direct entre cette histoire et les expressions *être dans la lune* ou *dans les nuages*, ou encore *avoir la tête dans les étoiles*, mais il y a là quelque chose qui rappelle le stéréotype de l'individu distrait et détaché de la réalité quotidienne. Nous pouvons au moins y voir un préjugé consistant à associer la considération intellectuelle ou l'observation contemplative à une forme d'activité inutile sans rapport avec la « véritable réalité », censée être celle des impératifs du monde quotidien. Lorsqu'on se trouve en présence d'une personne qui est « dans la lune » ou « dans les nuages », on lui demande de « revenir sur terre », c'est-à-dire de reprendre contact avec la réalité. Aristote nous a raconté une autre histoire sur Thalès qui a de quoi faire regretter ses moqueries à la servante : ayant prévu, grâce à ses connaissances météorologiques, des récoltes d'olives abondantes pour la prochaine année, Thalès aurait loué à bas prix tous les pressoirs de la région et sous-loués ceux-ci à prix fort le moment venu, amassant ainsi une petite fortune qui prouva l'utilité de connaître le fonctionnement du Monde.

* * *

Ces petites histoires sont intéressantes, mais elles ne nous aident pas à comprendre précisément pourquoi on reconnaîtra Thalès comme le fondateur de la rationalité en Occident. Les Babyloniens, les Chaldéens, les Assyriens et les Égyptiens, par exemple, possédaient eux aussi de bonnes connaissances en astronomie et en mathématiques, et ce, depuis une époque bien antérieure à celle où nous sommes, cependant qu'aucun de ces peuples ne sera jamais considéré comme l'initiateur de la pensée rationnelle. Pour répondre à cette question, nous devons examiner la manière singulière de voir le Monde qu'ont les penseurs milésiens. Leurs yeux, ils les posent sur la *Nature*, et ils interrogent celle-ci du point de vue de la matière dont elle est faite et des processus physiques par lesquels les phénomènes naturels sont engendrés.

La Nature et sa matière

Nous sommes toujours en 587 av. J.-C. et Thalès est en voie d'engager l'humanité sur un sentier qu'elle semble n'avoir encore jamais emprunté. De cet homme remarquable, aucun écrit ne sera conservé. Pour

The Course of Empire: The Savage State, C. Thomas.

l'essentiel, les historiens ne connaîtront sa conception du Monde qu'à travers les écrits d'Aristote, qui vivra deux siècles après lui. Aristote dira de Thalès et de ses disciples qu'ils ont été des *phusikós philósophos*, c'est-à-dire des « philosophes de la Nature ». Il faut être prudent avec cette expression, car Aristote utilisera le terme *philosophie*, qui n'existe pas encore à l'époque où nous nous trouvons. Le mot *philósophos* n'apparaîtra en effet que dans quelques décennies, au sein des milieux pythagoriciens apparemment (comme nous le verrons au prochain chapitre). Thalès et ses disciples ne savent pas qu'ils sont des « philosophes ». Il vaut donc mieux les considérer comme des « penseurs » : ce sont des « penseurs de la Nature ».

Le terme *nature*, quant à lui, est approprié à condition d'être compris selon le sens originel de *phúsis*, qui désigne l'un des plus anciens concepts connus de la tradition intellectuelle grecque — avec le *lógos* (« raison, discours ») et l'*alètheia* (« vérité »). Le mot est un dérivé de *phúo*, qui signifie « naissance », « engendrement », « croissance », « développement ». La *phúsis* est « ce qui engendre », « ce qui fait naître », « ce qui fait croître ». La Nature aurait donc été vue chez les premiers Grecs comme la totalité des choses qui naissent, qui adviennent et qui se développent sous nos yeux.

La *phúsis* serait la source originelle de tout ce qui survient dans l'existence et se manifeste dans notre environnement: les fleurs qui jaillissent des boutons, les feuilles qui sortent des bourgeons, les êtres vivants qui donnent la vie, les enfants qui viennent au Monde… Dans un sens plus spécifique, la *phúsis* englobe l'ensemble des événements qui entrent dans la classe des phénomènes naturels et météorologiques: l'arc-en-ciel qui apparaît, les nuages qui s'amoncellent, le ciel qui s'obscurcit et l'orage qui éclate, les éclairs qui foudroient, le tonnerre qui assourdit, les jets de lave qui sortent d'un volcan, la terre qui tremble... Tous ces événements sont des manifestations de la *phúsis*.

Pour préciser davantage, la *phúsis*, c'est la Nature perçue en tant que processus de création, processus d'engendrement, force de développement. Plus tard, les Romains traduiront le terme *phúsis* par *natura* en latin, qui renvoie au « fait de naître », à l'« action de faire naître » (*natura* est d'ailleurs un dérivé du verbe latin *nascor*, qui signifie « naître »). La Nature, c'est ce qui fait naître : ce qui fait que des êtres viennent au Monde, que des choses surgissent dans le Monde. Chez les Romains, la signification du mot *natura* va évoluer. 1) Il prendra d'abord le sens d'« origine », d'« extraction », d'« inné » : par exemple, lorsqu'on dit d'un talent qu'il est « naturel », c'est qu'il est apparu avec la naissance ; une personne peut affirmer qu'elle est curieuse « par nature » pour signifier qu'elle est née curieuse. 2) Le terme renverra plus tard à l'« ordre des choses », au cosmos ou à l'Univers. 3) Il sera finalement compris comme « ce qu'est » une chose : dire ce qu'est la nature d'une chose signifie dire ce qu'elle est, c'est donner son essence (nous en reparlerons au chap. 6 avec Socrate, qui a été le premier à vraiment saisir le sens de ce concept). Cette dernière signification sera reprise par Lucrèce dans son livre *De rerum natura* (*De la nature des choses*), dont nous avons parlé au premier chapitre, et chez qui la « nature » de toutes choses renvoie au atomes dont elles sont faites.

Le terme français *nature*, qui apparaîtra au Moyen Âge (12e s.), est un emprunt au latin *natura* pris dans les deux derniers sens (« Univers » et « ce qu'est » une chose), ce qui nous éloigne du sens grec originel du terme *phúsis*. Si nous voulons donc comprendre ce qu'est le Monde du point de vue des sages de Milet, il faut que nous gardions à l'esprit le fait que la Nature, chez eux, est le processus fondamental de naissance, de surgissement, d'épanouissement, de croissance d'où provient tout ce qui apparaît ; elle est la source de chacun des phénomènes qui se produisent autour de nous.

→ → → → →	x x x
processus d'engendrement	résultats de l'engendrement
phúsis	(objets/phénomènes naturels)

Aristote va donc désigner les savants de l'école milésienne comme des « philosophes de la Nature », une expression qui convient seulement dans la mesure où la Nature que ceux-ci regardent est vue davantage sur le plan du processus que sur celui du résultat. Autrement dit, la Nature, c'est moins l'arbre lui-même que le processus qui l'a fait surgir de terre et le fait croître ; c'est moins le nuage qui passe que le processus au terme duquel celui-ci a pris forme ; c'est moins le papillon lui-même que le processus de métamorphose qui lui a donné naissance dans le cocon. Autrement dit, la *phúsis* est ce qui est à l'œuvre dans la fleur qui éclot et s'épanouit, la tige qui sort de terre et s'élance vers le ciel, la crosse de fougère qui se déroule, l'orage qui menace, le volcan qui fume, le raz-de-marée qui approche à l'horizon. La *phúsis*, c'est la création elle-même, le processus d'engendrement qui préside à la chose créée.

La distinction est importante. Beaucoup plus tard, au Moyen Âge, des savants établiront un peu dans le même esprit une différence entre la Nature comprise du point de vue de ses résultats (tel arbre, tel arc-en-ciel, telle averse) et du point de vue des processus créatifs qui sont à l'œuvre en amont de ces résultats. En suivant le grand philosophe arabe Averroès, des philosophes distingueront dès le 12ᵉ s. entre deux sens du mot *nature* : un sens passif (*natura naturata*, en latin), qui correspond à la Nature vue sous l'angle de ses résultats, et un sens actif (*natura naturans*), qui renvoie aux processus œuvrant dans la Nature. Ces expressions seront traduites en français dès le milieu du 13ᵉ s. par « nature naturée » et « nature naturante ». La distinction sera reprise et popularisée par le philosophe hollandais Baruch Spinoza au 17ᵉ s. : la Nature en tant que « puissance créatrice » et en tant qu'« ensemble des choses créées ».

Thalès et ses disciples sont donc des penseurs de la « nature naturante ». Ils interrogent la Nature de façon à comprendre l'origine des choses qui y apparaissent. C'est dans ce sens qu'il faut interpréter la formule *phusikós philósophos* qu'emploiera Aristote pour les désigner.

→ → → → →	× × ×
processus d'engendrement	résultats de l'engendrement
↓	↓
saisi par l'intelligence	saisis par les sens
	(les phénomènes)

Il utilisera également une autre expression. Dans son traité *Du Ciel*, il les nommera *prôtoi phusiologèsantes*, qui veut dire « premiers physiologues ». Le mot *physiologie* désigne ici l'étude de la Nature. Thalès et ses disciples sont des physiologues (*physiologoi*) : ils étudient, ils pensent la *phúsis*, ils en discourent, ils mènent une enquête sur elle ; ce sont des « enquêteurs ». Ils ne se contentent pas d'admirer les produits de la Nature, mais s'interrogent et cherchent à comprendre, par les ressources de leur pensée, par leur intelligence, les processus d'engendrement à l'œuvre derrière ce qui est perçu (nous y reviendrons). L'équivalent français de *physiologie* sera *physique*. Nous retrouvons d'ailleurs le terme *phúsis* dans *physi*-que. Le substantif *physique* sera forgé d'après le latin *physica*, une traduction du grec *physikê* désignant « l'étude » ou « la science de la Nature », suivant une tradition qui remontera à Aristote (nous conserverons de celui-ci, notamment, huit textes consacrés à la recherche sur la Nature et qui seront rassemblés sous le titre *Phusikê akroasis*, c'est-à-dire *Leçons de physique*).

* * *

Thalès et ses élèves sont donc des « physiologues » ou des « physiciens », selon que nous retenions le terme *phusiologèsantes* ou *phusikoi*, et l'école milésienne est une école de « physiologie » ou de « physique ». En désignant les Milésiens comme des philosophes de la Nature, Aristote mettra en évidence le fait que les traditions de la philosophie et de la physique se confondent parfaitement à l'origine : ce qu'on appellera plus tard « philosophie » est né sous la forme d'une physique, c'est-à-dire d'une recherche ou d'une enquête intellectuelle sur les processus naturels. Cette association entre physique et philosophie naturelle restera profondément ancrée dans la conscience occidentale. Dans plus de vingt siècles, en l'an 1687, Isaac Newton donnera pour titre *Principes mathématiques de philosophie naturelle* à son chef-d'œuvre — un ouvrage de physique pure. De fait, ce n'est qu'au cours du 19e s. que philosophie et physique seront clairement distinguées.

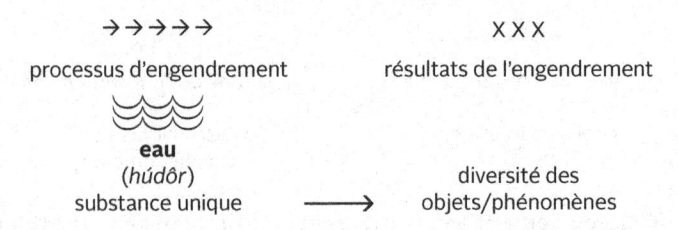

→→→→→	x x x
processus d'engendrement	résultats de l'engendrement
eau	
(*húdôr*)	diversité des
substance unique ⟶	objets/phénomènes

Ces précisions historiques, étymologiques et sémantiques étant données, revenons à notre homme. Thalès soutient la thèse selon laquelle l'eau se trouve au fondement de tous les processus naturels. L'*eau* s'écrit en grec *húdôr*, qui se préfixe *húdro-* (d'où, par exemple, les termes modernes *hydrologie* et *hydrogène*). Chez Thalès, la Nature est constituée d'eau au sens où tout ce qui est provient d'elle: ce qui surgit, ce qui sort, ce qui croît. Nous pouvons imaginer une multitude d'observations qui seraient à l'origine de cette conclusion: l'eau de pluie nécessaire à la germination des semences, la croissance des moissons et des végétaux en général, l'eau qui est vitale pour la survie de tout être vivant, les riches sédiments transportés par les cours d'eau, dont les alluvions du Méandre ou les crues du Nil en Égypte offrent le spectacle… L'eau apparaît à Thalès comme impliquée dans toute génération de la vie et dans toute croissance.

Aristote dira plus tard que ce que Thalès a en tête, c'est l'idée que l'eau est la matière fondamentale de la Nature. Elle constituerait la substance matérielle à la base de tout ce qui émerge et survient en elle. La Nature serait en son fondement faite d'eau: tout ce que nous percevons et qui survient dans la Nature serait le produit de cette matière liquide primordiale. L'eau serait la matière première, le matériau constitutif de tout ce que la *phúsis* engendre.

Encore une fois, la prudence s'impose. Le terme *matière* (*ulè*, en grec) ne fera pas l'objet d'une véritable réflexion avant Aristote. Toutefois, il y a quelque chose dans ce concept qui est pertinent, à savoir l'idée que tous les processus naturels s'expliquent à partir d'une «substance» ou d'un «matériau concret». De la germination des graines jusqu'à la floraison, de la formation des gouttes de rosée sur un pétale ou dans une toile d'araignée jusqu'à la pluie, des tourbillons, des tornades jusqu'aux raz-de-marée dévastateurs, tout dans la Nature se résoudrait selon Thalès en une seule et unique substance matérielle fondamentale: l'eau. Même ce que l'on ne perçoit pas comme étant fait d'eau le serait, derrière les apparences. Par exemple, l'air serait de l'eau raréfiée; la terre, de l'eau condensée. L'eau est donc chez Thalès la matière fondamentale et universelle à laquelle tout se ramènerait, sous différents états.

Il est intéressant de souligner ici que le terme français *matière* sera un emprunt au latin *materia*, qui désigne à l'origine la «partie solide de l'arbre,» le «tronc», puis le «bois de charpente», le «bois de construction». *Materia* est un dérivé du latin *mater*, qui signifie «mère», «matrice», comme si mère Nature ou dame Nature était ce dont tout naît, de la même façon qu'un bateau ou une maison naissent du bois. Le mot *matière* dans son sens originel transporte donc encore quelque chose de l'ancien concept grec de *phúsis*. Même le mot grec *ulè* (« matière ») signifiait à l'origine « forêt », « bois ». Aristote plus tard lui donnera le sens plus abstrait de « matériau ». Donc, l'eau est une « matière » au sens où elle est la mère ou la matrice originelle.

Le terme *élément* (*stoicheion*) sera également utilisé par Platon, Aristote et d'autres savants pour désigner le type de chose qu'est l'eau. Elle représenterait en ce sens l' « élément de la Nature », c'est-à-dire le corps simple qui forme la Nature à l'échelle fondamentale. Elle est « élément » en ce qu'il s'agit d'une substance qui conserve ses propriétés, qui demeure la même par-delà ses transformations apparentes. Dans le papillon, la fleur, l'abeille, l'éclair, le tourbillon, c'est toujours le même élément (l'eau) qui prend des apparences diverses.

* * *

Matière. Élément. Ces concepts n'existent pas encore, mais connotent l'idée d'une substance de base unique qui donne naissance à la diversité des choses observées dans la Nature : les graines de semences, les arbres, les forêts, la pluie, les nuages, les océans… absolument tout se résout en un unique substrat, concret, élémentaire. Ce qui est présupposé ici, c'est l'existence d'une unité ou d'une identité qui se profile et se maintient en deçà de la diversité. L'eau est chez Thalès ce qui reste identique à travers les multiples modifications qui affectent les choses de la Nature : l'eau qui s'évapore et qui forme de l'humidité, qui monte ensuite au ciel pour créer des nuages, les nuages qui produisent la pluie, la pluie qui tombe, qui arrose la terre et irrigue les oliveraies, où pousse le blé et mûrissent les olives… toute cette diversité et ces transformations se résolvent finalement à la même réalité, la même matière originelle, le même élément. L'eau est l'identité ou l'unité dans la diversité. Elle est ce qui demeure sous la multitude des transformations observables dans la Nature et ce qui permet du coup à l'intelligence d'en rendre compte. De cette matière informe naissent tous les éléments que nous percevons comme définis ou déterminés. Par-ci de la terre, par-là de l'air, ici du bois, là une montagne… mais cela n'est au fond que le produit visible d'une seule et même matière originelle sous-jacente, l'eau, puissance créatrice originelle.

Cette représentation de la Nature rappelle ce qu'on appelle aujourd'hui le « cycle hydrologique », ou « cycle de l'eau », qui décrit le mouvement de la masse d'eau sur Terre à travers ses différents états, liquide, solide ou gazeux. Toutes les étapes de ce cycle sont des formes diverses adoptées par la même masse d'eau sur Terre, elles illustrent bien l'idée d'une identité au travers de la diversité.

Anaximandre, l'indéterminé et le principe de la Nature

Thalès a un jeune disciple (*hétairos*), *Anaxímandros*, qui est plus jeune que lui d'une quinzaine d'années et avec qui il serait parent. La tradition lui attribuera la première carte géographique du monde connu. Anaximandre laissera aussi sa marque dans le domaine de l'astronomie pour avoir vraisemblablement inventé le gnomon (un instrument destiné à mesurer la hauteur du Soleil et déterminer l'heure dans un cadran solaire) et découvert les solstices, les équinoxes, ainsi que l'obliquité du Zodiaque. Il sera aussi le premier à comprendre que la Lune ne produit pas sa propre lumière, mais que celle-ci réfléchit celle du Soleil. Anaximandre sera surtout reconnu pour avoir développé la première représentation véritablement rationnelle du cosmos ou de l'Univers dans son ensemble. Pour cette raison, beaucoup d'historiens s'accorderont pour considérer le pupille de Thalès comme le fondateur de l'astronomie et de la cosmologie grecques.

Dans une trentaine d'années, Anaximandre couchera ses idées par écrit dans un ouvrage intitulé *De la nature* (*Peri Phuseôs*), dont seulement quelques lignes survivront à l'Antiquité. Ce livre sera le plus ancien texte philosophique ou scientifique connu de l'histoire occidentale. Anaximandre y donnera la première définition cohérente du concept de Nature (*phúsis*), dont nous venons de parler. Certaines sources (Strabon, Diogène Laërce) lui accorderont la paternité du mot *monde* pour parler de l'Univers. La tradition attribuera aussi à Anaximandre l'invention d'un tout nouveau concept, celui d'*arkhè*, qui signifie « origine » ou « commencement », et que l'on traduira habituellement par « principe ». Voilà qui se précise davantage : ce que rechercheraient les savants milésiens, c'est au fond le « principe de la Nature » (*arkhês phûseos*) — ou du Monde.

Un « principe » ?

Dans son sens premier, qui est aussi le plus général, le principe d'un phénomène désigne ce qui est au fondement de ce dernier, à l'origine causale de son existence, et dont on peut rendre raison par la connaissance. Le principe d'une chose est en quelque sorte la cause première ou génératrice de cette chose, qui, elle, en est l'effet, le produit, le résultat :

principe → chose(s)/phénomènes(s)
(cause première)   (effet[s] expliqué[s])

Pour prendre un exemple très simple : vous observez une éclipse lunaire et vous demandez à un astronome contemporain de vous en montrer le principe. Il vous répondra que ce phénomène est causé par le passage de la Terre entre le Soleil et la Lune, précisément par le passage de la Lune dans l'ombre projetée par la Terre. Ce positionnement des corps astronomiques est le principe du phénomène, il en est le fondement, l'origine causale, et sa connaissance permet de l'expliquer et, ce faisant, de le mettre en lumière, de le rendre intelligible, de le comprendre.

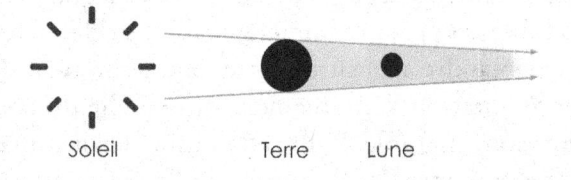

Soleil   Terre   Lune

La connaissance d'un principe est la marque d'une attitude rationnelle adoptée vis-à-vis du phénomène observé, dans la mesure où le principe rend raison de celui-ci ou l'explique. Dans notre exemple, la Lune est obscurcie en raison de son passage dans le cône d'ombre de la Terre. Le phénomène est alors compris.

Aristote dira que les premiers physiologues ont focalisé leurs recherches sur le principe matériel des phénomènes naturels. Chez Thalès, le principe de la Nature, c'est l'eau : l'eau qui est au fondement de toutes choses, qui est à ce titre la cause de toutes choses, qui permet d'expliquer toutes choses et de rendre raison de tout. L'eau et les différents états qui l'affectent forment le grand principe de la Nature, c'est-à-dire la réalité (qui est ici une matière première, un élément) à l'origine causale des divers phénomènes observés.

Le principe de la Nature que cherchaient à saisir les Milésiens était, semble-t-il, ultime, premier, au sens où il ne relevait pas lui-même d'un principe antérieur. Or, si l'on explique un phénomène par le recours à son principe, qu'en est-il de l'explication du principe ultime lui-même ? Logiquement, si le principe est cause première, il se passe alors de toute explication. S'il n'existe rien de plus fondamental que lui, alors c'est qu'il n'existe rien à partir de quoi il serait possible d'en rendre compte, d'en rendre raison, de l'expliquer. Chez Thalès, par exemple, rien n'explique l'eau, puisque rien n'est plus fondamental qu'elle : autrement dit, il n'y a rien de plus élémentaire que l'eau, donc elle ne serait l'effet de rien. C'est l'eau qui est la cause ultime et qui explique tout, mais en retour, rien ne l'explique elle-même, *ex definitione*, puisque c'est elle, l'eau, le principe qui explique tout. L'eau est l'élément à partir duquel tout advient dans la Nature, l'origine matérielle d'où procède tout ce qui surgit ; mais l'eau elle-même ne dérive de rien, elle n'a pas d'origine (c'est elle l'origine), elle n'a pas de fondement (c'est elle le fondement), elle ne peut recevoir d'explication (c'est elle qui explique), on ne peut rendre raison d'elle (c'est elle qui rend raison des choses).

Par parenthèse : dans 200 ans, bien que ce soit dans un autre contexte qu'une réflexion sur la Nature, Platon utilisera un terme précis pour qualifier le fait, pour un principe, d'être ultime et absolument premier. Il dira que le principe ultime de la réalité est *anhypothétique* (*anupóthetos*), voulant dire par là qu'il n'y a pour celui-ci rien d'antérieur (*hupothesis*, en grec, signifie « action de mettre dessous ») : un principe anhypothétique est littéralement un principe « en dessous duquel il n'y a rien », un principe « sans dessous ». Nous irons un jour rendre visite à Platon à son école, l'Académie, pour tenter d'y voir plus clair. Dans 900 ans, inspiré par Aristote, le philosophe et logicien Porphyre de Tyr (3e-4e s. apr. J.-C.) dira du principe ultime qu'il est « genre suprême » ou « généralissime ». L'*arkhè* étant l'entité la plus universelle qui soit, elle ne peut être conçue comme l'espèce d'un genre qui serait plus élevé ; c'est donc en ce sens qu'elle constitue le genre « dernier », sous lequel se range tout le reste de la réalité. Les philosophes modernes useront du terme *inconditionné* pour exprimer essentiellement la même idée. Nous y reviendrons à d'autres occasions.

***

> Ce d'où il y a génération des entités,
> en cela aussi se produit leur destruction,
> selon la nécessité.
>
> Anaximandre,
> d'après le témoignage de Simplicius
> (*Commentaire sur la physique d'Aristote*, 24, 13)

Revenons à Anaximandre, qui aurait donc été l'inventeur du concept de principe, et de la théorie voulant qu'il soit possible de rendre compte rationnellement d'une chose par la connaissance de son principe.

→ → → → →	x x x
processus d'engendrement (principe — *arkhè*)	résultats de l'engendrement (formes déterminées)

indéterminé
(*ápeiron*)
substance unique ⟶ diversité des phénomènes

L'idée selon laquelle il existerait un grand principe de la Nature fait consensus chez les penseurs Milésiens. Mais leurs hypothèses divergent sur l'identité de ce principe. Chez Thalès, c'est l'eau. Chez Anaximandre, ce sera plutôt ce qu'il appellera *ápeiron*, qui signifie précisément « indéterminé », « indéfini » ou « non défini », « sans limites » (selon une étymologie, le terme viendrait de *peiras*, qui signifie « limite »). Anaximandre fera de l'indéterminé la grande source originelle d'où tout provient et vers où tout retourne, c'est-à-dire la cause première de toute génération et de toute destruction dans le Monde. Étant le principe à la base de tout ce qui est, l'indéterminé n'a pas lui-même d'origine : c'est donc dire qu'il est éternel, en ce sens qu'il a toujours existé et existera toujours. Source de tout ce qui naît, se développe et meurt dans la Nature, principe premier, rien n'est plus fondamental que l'indéterminé : rien ne peut en être la cause, et rien ne peut donc l'expliquer. C'est lui, l'indéterminé, qui est la Cause et qui permet d'expliquer l'ensemble de toutes les formes déterminées observées dans le Monde.

La doctrine d'Anaximandre fera couler beaucoup d'encre à partir d'Aristote, qui sera le premier à tenter d'interpréter le sens de cette mystérieuse notion d'*ápeiron*. En effet, qu'est-ce que ce terme signifie, au juste ? L'*ápeiron* est-il un substrat matériel, une « substance » physique au sens d'une matière concrète (telle que l'eau, par exemple) ? Si tel est le cas, Anaximandre choisira-t-il ce terme par incapacité de l'identifier ou parce qu'il sera plutôt d'avis que le principe de la Nature correspond véritablement à une matière primitive sans déterminations, sans contours, sans caractéristiques propres ou qualités définies, une sorte de chaos ou de masse indifférenciée ? Si tel est le cas, l'*ápeiron* serait une sorte de matière différente de la matière ordinaire et déterminée à laquelle nous avons habituellement affaire dans notre environnement ; ce serait une espèce de matière exotique ou une matière première de la matière... Nous pouvons imaginer bien des choses, mais il semble que l'*ápeiron* ne sera pas conçu chez Anaximandre comme un élément de même statut que les éléments classiques (l'eau, l'air ou la terre, par exemple).

Une autre hypothèse consistera à affirmer que l'*ápeiron* d'Anaximandre est plutôt une réalité non physique ou immatérielle, d'où le choix du terme *indéterminé*, qui s'opposerait à la matière en tant que celle-ci est toujours quelque chose de déterminé. Aristote dira par exemple de l'*ápeiron* qu'il est un « principe divin ». Mais encore là, n'est-ce pas pour Aristote qu'une façon de souligner la majesté absolue de ce principe (le fait qu'il soit ultime et absolument premier), ou s'agit-il d'une chose qui, au sens propre, dépasse littéralement le monde physique, telle une sorte de principe métaphysique ? Mystère. Toutefois, si l'*ápeiron* n'est pas un substrat matériel, on peut se demander comment toutes les choses déterminées dans la Nature matérielle peuvent avoir été engendrées par lui. Comment des phénomènes naturels ancrés dans la réalité concrète de la matière pourraient-ils avoir une source, une origine dans une réalité qui transcende la matière ? Cela rappelle le problème auquel sera confronté le philosophe René Descartes au 17e s., qui se demandera comment l'âme, qui est immatérielle, peut bien agir sur le corps, qui est matériel : comment de l'immatériel peut-il exercer une action sur une chose matérielle ? (Nous en reparlerons.) Le philosophe du 20e s. Martin Heidegger, qui écrira des centaines de pages de commentaire sur Anaximandre, soutiendra l'idée que la philosophie de ce dernier nous échappe « par principe » puisque nous, les Modernes, aurons oublié depuis longtemps le sens véritable de l'Être, que les Milésiens connaissaient encore (nous reparlerons de l'Être) : ainsi, nous tenterions de comprendre le sens d'anciennes doctrines en prenant appui sur une vision du Monde et des concepts qui sont trop éloignés de ceux qu'avaient les anciens Grecs.

Anaximène

Anaximandre aura à son tour un disciple, *Anaximênês,* lui aussi natif de Milet. Anaximène naîtra vers 585 av. J.-C. (l'année de l'éclipse prédite par Thalès) et mourra à 60 ans. Il sera le dernier grand représentant connu de l'école milésienne.

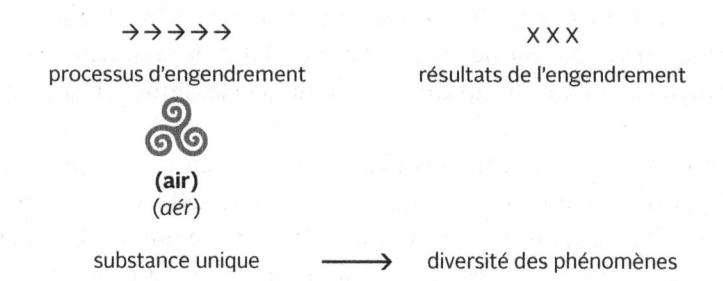

→→→→→   x x x
processus d'engendrement   résultats de l'engendrement

(air)
(aér)

substance unique ⟶ diversité des phénomènes

Chez Anaximène, le principe de la Nature ou la matière fondamentale dont tout est fait n'est ni l'eau ni l'indéterminé, mais l'air (*aér*). La Nature serait constituée d'air. Selon lui, tout ce qui surgit dans la Nature s'explique par des processus de condensation et de dilatation de l'air : le feu serait de l'air raréfié ; l'air comprimé créerait le vent, qui engendrerait les nuages, qui produiraient de l'eau. Celle-ci ne serait donc pas l'élément ultime, la substance première, mais, sous les apparences, un dérivé de l'air. L'eau comprimée ferait naître la terre qui, compressée davantage, produirait de la pierre. L'air est donc selon Anaximène ce de quoi tout est fait et ce à partir de quoi tout s'explique, du feu jusqu'aux roches : c'est le grand principe universel au fondement de tout ce qui survient et est observé au sein de cette source créatrice qu'est la *phúsis*. L'air est une substance matérielle (on peut le respirer), mais une matière subtile et invisible. Il ne devient visible que sous ses multiples formes raréfiées ou condensées.

Cette représentation aérienne du Monde sera adoptée et développée un siècle plus tard par le savant Diogène d'Apollonie (Apollonie du Pont étant le nom d'une colonie milésienne sur la côte de la mer

Noire, qui sera établie et dirigée par Anaximandre). Diogène ira plus loin que ce dernier en affirmant que l'air est une « forme d'intelligence » (*noēsis*) qui gouverne tout (une thèse qui sera défendue à Athènes par le philosophe Anaxagore — nous en reparlerons).

***

Concluons la première partie du présent chapitre en soulignant un fait de grande importance : en ce qui a trait à la manière de représenter le Monde, le discours rationnel en Occident s'est caractérisé dès l'origine par sa diversité. En l'état actuel de nos connaissances, celle-ci est le signe d'une audace, d'une volonté d'interroger le Monde librement, d'une ouverture aux idées nouvelles et d'un exercice du sens critique qui semblent tout à fait inédits dans l'histoire de l'*Homo sapiens*. Si les physiologues milésiens s'entendent tous sur l'idée fondamentale voulant que l'ensemble des phénomènes naturels soit explicable à partir d'un grand principe, l'identité de ce principe ne fait pas consensus, et il ne subsiste aucun témoignage historique attestant que l'un a voulu contraindre l'autre à penser comme lui. Ceci fait contraste avec la mentalité mythico-religieuse où prévaut une tendance plutôt forte à l'orthodoxie et un respect si sacré des traditions et de l'autorité que toute pensée critique, toute enquête personnelle originale et toute ouverture aux idées neuves sont, pour ainsi dire, interdites, pour le moins inconcevables.

Le passage du *mythos* au *lógos* constitue non seulement une transition entre deux façons différentes de se représenter le Monde, mais aussi une transformation dans l'attitude que l'on adopte à l'égard des moyens à utiliser pour le comprendre et pour tenter de s'approcher d'une vérité qui n'aurait pas encore été découverte. La tendance au dogmatisme fait progressivement place à une certaine ouverture critique et à la démonstration et l'argumentation, qui sont au cœur de l'expérience grecque de la rationalité (comme nous le verrons chez Socrate, qui a le mieux incarné cette attitude). Ce passage a eu un effet libérateur sur l'intelligence et le génie humains dont ce livre est la célébration.

Deuxième partie
La postérité de la physique ionienne

Les lumières de cette forme nouvelle de génie fondée sur le *lógos* ont rayonné très vite à travers l'Ionie. Les historiens des idées rangeront ainsi Thalès, Anaximandre et Anaximène dans le groupe des « premiers Ioniens ». Les physiciens ioniens ultérieurs seront quant à eux considérés comme des « Ioniens tardifs », bien que leurs représentations du Monde soient parfois assez éloignées de celles des Milésiens et que certaines d'entre elles aient été développées et enseignées ailleurs qu'en Ionie.

Font partie des Ioniens tardifs des savants comme Diogène d'Apollonie (le disciple d'Anaximène), Hippase de Métaponte (relié aussi à la tradition du pythagorisme ancien, dont nous reparlerons), Héraclite d'Éphèse, Empédocle d'Agrigente et Anaxagore de Clazomènes (qui sera le premier grand philosophe à enseigner à Athènes). Même les diverses écoles établies plus tard à Élée, Crotone et Tarente dans le sud de l'Italie, ainsi qu'à Abdère en Thrace (les atomistes), sont vues historiquement comme les héritières spirituelles de la physique ionienne. En effet, en réduisant la Nature au vide et aux atomes, par exemple, les atomistes ont proposé une réponse à la question des grands principes à partir desquels il est possible de rendre raison de tout. Dans l'ensemble, l'on doit à la tradition de la physique ionienne bon nombre d'avancées dans les domaines de la physique, de l'astronomie, de la cosmogonie, de la cosmologie, de la géométrie et de la biologie.

Parlons de deux Ioniens tardifs de renom : Héraclite et Empédocle.

> Ce monde été fait, par aucun des dieux
> ni par aucun des hommes ;
> il a toujours été et sera toujours
> feu éternellement vivant,
> s'allumant par mesure
> et s'éteignant par mesure.
>
> Héraclite, frag. 30,
> d'après Clément d'Alexandrie (*Stromates*, V, 104, 1)

Héraclite, H. ter Brugghen, 1628.

Hêrákleitos. Ce penseur énigmatique verra le jour dans un demi-siècle, vers l'an 540 av. J.-C., soit 85 ans après la naissance de Thalès. Héraclite naîtra à Éphèse, une cité ionienne située à quelque 50 kilomètres au nord de Milet. La tradition le dépeindra comme un misanthrope vivant reclus dans les montagnes ou dans une grotte. Pour le caractère déroutant de sa façon d'écrire et la manière dont il exprimera ses idées, Héraclite acquerra le surnom d'Obscur (*akhoteinós*).

Dans la représentation héraclitéenne du Monde, le substrat matériel originaire et universel de la Nature (qu'Héraclite appellera parfois *lógos*), c'est le feu (*pŭr*). Le Monde est *en* feu ! Chez lui, le feu régit tout, à l'échelle locale comme universelle ; cet élément représente, comme l'*ápeiron* d'Anaximandre, un destin auquel rien n'échappe, d'où tout provient et vers où tout retourne, de toute nécessité et de toute éternité.

En tant que matériau premier de la Nature, le feu n'est pas visible ni perceptible : nous ne percevons jamais que les apparences créées par lui, lorsqu'il se densifie ou se raréfie (à titre d'exemple, l'eau serait du feu condensé, ce qui en effet échappe à toute perception sensorielle).

Nous approfondirons notre compréhension de la représentation héraclitéenne du Monde à une prochaine occasion, car celle-ci déborde largement le cadre des recherches proprement physiques.

Fragments du poème *De la nature* d'Empédocle.

Empedoklês. Physicien, médecin et thaumaturge, Empédocle naîtra 50 ans après Héraclite, vers l'an 490 av. J.-C., à Agrigente, une magnifique colonie grecque située sur la côte méridionale de la Sicile actuelle. Près d'une décennie avant sa naissance, soit en 494 av. J.-C., Milet avait été conquise et détruite par les Perses. La tradition attribuera à Empédocle un ouvrage intitulé également *De la nature* (*Peri Phuseôs*). Empédocle exposera dans ce livre sa grande « doctrine des quatre racines » (*rizómata pánton*), qui sera plus tard connue sous le nom de *doctrine des quatre éléments* (le mot *élément* n'apparaîtra qu'au 4e s. av. J.-C., dans le dialogue de Platon intitulé *Timée*). À la différence de ses prédécesseurs, Empédocle soutiendra que le Monde n'est pas formé à partir d'un élément, mais bien de quatre : l'eau, l'air, le feu et la terre. Ce sont les quatre racines, principes ou substances matérielles fondamentales dont les combinaisons, dans des proportions diverses, forment tous les êtres rencontrés dans la Nature. Le Monde est *en* eau, *en* air, *en* feu et *en* terre. Aucun des éléments n'est plus fondamental qu'un autre, ils sont tous « co-originaires ».

S'ajouteront à ce substrat, chez Empédocle, deux « forces » opposées sous l'action desquelles les quatre éléments matériels se mélangent (*míxis*) et se dissocient (*diállaxis*), présidant au spectacle de tous ces corps que nous voyons apparaître, se transformer et disparaître dans le Monde :

1) une force de convergence, d'attraction ou de cohésion, qui pousse les éléments vers l'unification (qu'Empédocle appellera poétiquement *philótes*, traduit par « amour » ou « amitié ») ;

2) une force de divergence ou de division, qui entraîne au contraire les éléments vers la séparation ou la dispersion (qu'il appellera *neîkos*, c'est-à-dire la « haine », la « discorde »).

Chez Empédocle, la cohésion-répulsion gouverne depuis toujours les phénomènes naturels et, en s'opposant perpétuellement l'une à l'autre, ces puissances font du Monde la scène d'une sorte de grande « tragédie » éternelle. Ce sont ces mêmes « forces » qui animent le Monde des mortels, précipitant ceux-ci tantôt dans la concorde, tantôt dans la discorde. Empédocle expliquera aussi les phénomènes liés à la physiologie, à la génération des êtres vivants, à la santé et au caractère par des propriétés des quatre éléments et par le fait que ceux-ci se mélangent sous l'effet de la cohésion et de la répulsion. En parlant du corps humain, voici ce qu'Empédocle écrira :

> Les chairs se forment par tempérament des quatre éléments en proportions égales, les nerfs de feu et de terre unis au double d'eau, les ongles viennent aux animaux des nerfs qui se refroidissent à la surface au contact de l'air, les os sont formés par tempérament de deux parties d'eau, deux de terre et quatre de feu. La sueur et les larmes viennent du sang que la chaleur rend plus fluide et plus subtil et qui peut dès lors donner lieu à ces écoulements[8].

Le Monde sous tous ses aspects sera donc conçu chez Empédocle comme la résultante des combinaisons et des dissociations des éléments sous la gouverne de cette grande dynamique conflictuelle et universelle

---

8. TANNERY, *Pour l'histoire de la science hellène*, Paris, Felix Alcan, 1887, frag. d'Aétius, p. 327.

entre l'Amour et la Haine. Tout se réduit à cela : quatre racines fondamentales mélangées et séparées sous l'effet d'un couple de « forces ». Après Empédocle, la doctrine de la quadruple racine sera aménagée de façon à intégrer les quatre qualités fondamentales de la Nature, que certains savants ont distinguées avant lui : l'eau produit l'humidité ; l'air, le froid ; le feu, le chaud ; et la terre, le sec.

La théorie des quatre éléments obtiendra un grand succès. Elle sera reprise par les grands savants Platon et Aristote. Ce dernier ajoutera un cinquième élément, l'éther ou la quintessence, matière subtile dont seraient faites à son avis les planètes et les étoiles. Cette théorie supplantera la doctrine atomiste de la matière développée par Leucippe, Démocrite et plus tard Épicure. Au Moyen Âge, elle sera récupérée par une tradition ésotérique appelée alchimie. Fondée sur la doctrine des quatre éléments, la pratique alchimique cherchera à manipuler la matière de sorte à agir sur les combinaisons des éléments et à trouver la façon de transmuter les métaux « vils » en métaux « nobles » — ce qu'ils appelleront le « Grand Œuvre ». La doctrine des quatre éléments sera progressivement abandonnée à l'époque moderne et remplacée par la théorie atomiste (voir chap. 1, sect. « Sur les traces d'Épicure et de Lucrèce »). L'eau, l'air, le feu et la terre seront ramenés encore une fois à des combinaisons d'atomes, et ces matières perdront du coup leur statut d'éléments ou de corps simples de la Nature.

S'il est un vestige de la doctrine des quatre éléments qui sera intégré au domaine de la physique, c'est le concept de force, que connotaient chez Empédocle les termes *amour* et *haine*. La notion de force ne surviendra officiellement en physique qu'au cours du 17e s. Chez Kepler, par exemple, la « vertu » par laquelle le Soleil fait tourner la Terre et les planètes autour de lui sera conçue telle une force magnétique. Le physicien anglais Newton emploiera le mot *force* pour désigner, notamment, l'inertie et la gravitation. Chez lui, cette dernière est une « force d'attraction » de nature centripète qui agit à distance sur les corps matériels et dont l'intensité peut être calculée ; c'est en vertu de cette force, par exemple, que la Terre et la Lune s'attirent. Au cours du 18e s., le terme *force*, conjointement avec *attraction*, sera utilisée dans plusieurs autres domaines que la physique mécanique pour désigner toute forme d'agent actif et de cohésion susceptible d'expliquer un phénomène ou une dynamique collective quelconque. La notion de force servira à remplacer de vieux concepts obscurs comme ceux d'« affinité » ou de « sympathie », donnant naissance à un nouveau vocabulaire qui sera utilisé dans les domaines de l'économie (forces productives), de la chimie (forces chimiques), de la biologie (forces vitales), de la politique (rapports de force) et même dans le celui de la psychologie (forces psychiques, force intérieure, force de la volonté, forces inconscientes, force des instincts, force de caractère). Comme en témoigne un livre écrit à la fin de sa vie, le psychanalyste Sigmund Freud verra dans la conception empédocléenne de l'être humain une lointaine anticipation de sa propre théorie du psychisme humain, lieu du conflit entre deux forces opposées, *Éros* et *Thanatos* (les pulsions de vie et de mort). La notion de force, dont la première et la plus primitive occurrence semble remonter à Empédocle (et peut-être même à la *phúsis*) aura permis au génie humain d'explorer des territoires inconnus avec des outils conceptuels plus puissants : le Monde n'est pas que matière, il est aussi régi par des puissances physiques. Ces forces en tant que telles échappent à nos sens ; nous ne devinons leur existence que par les effets visibles qu'elles ont sur les corps matériels (par exemple, deux aimants qui s'attirent), et seule notre intelligence peut nous permettre de saisir la nature de ces phénomènes et d'ainsi lever un coin du grand voile qui les recouvre.

La réalité sous les apparences

> Il y a une harmonie dérobée,
> meilleure que l'apparente [...].
>
> HÉRACLITE, frag. 54.,
> d'après Hippolyte de Rome
> (*Réfutation de toutes les hérésies*, IX, 9, 5)

Les Ioniens ont légué à la postérité les toutes premières représentations rationnelles du Monde, de sa matière et des forces qui agissent sur elle. Que la Nature se réduise à l'eau, à l'air, au feu, à un mélange de ces éléments sous l'effet de l'attraction et de la répulsion ou à une masse indéterminée, tout cela importe peu. L'essentiel est de comprendre ce que tous ces candidats ont un point en commun : ce sont des « substances » ou des matrices polymorphes. L'eau, l'air, la terre, le feu, l'indéterminé, etc., sont en quelque sorte des matières « plastiques », c'est-à-dire qui ne possèdent pas de forme prédéfinie mais qui peuvent donner forme à tout. Ce sont les mêmes matériaux premiers qui agissent en sourdine derrière toutes les manifestations et qui les déterminent. Ces masses polymorphes sont ce qu'est la « Nature naturante », la Nature entendue comme processus de création (*phúsis*), la matrice originelle d'où émerge tout ce que nous rencontrons dans la « nature naturée ».

Plus tard, des savants comme Leucippe, Démocrite, Épicure et Lucrèce développeront eux aussi leur propre conception de la Nature et de la matière. Celle-ci sera fondée sur la notion d'atome plutôt que sur celle d'élément. Les atomistes ont sans doute soutenu que leur enquête sur la Nature était plus radicale que celles menées par les physiologues ioniens, dans la mesure où l'eau, l'air, etc. ne sont pas des substances premières, mais des produits dérivés : tous les éléments sont chez les atomistes des agrégats d'atomes, lesquels représentent alors les véritables principes du Monde.

Encore plus important : bien qu'il s'agisse de matières, d'éléments, ces substances polymorphes créatrices ne sont véritablement saisissables, l'ai-je dit, que par l'intelligence. Ce que nous percevons par les organes sensoriels (les objets déterminés : les fleurs, les papillons, les pierres, les phénomènes météo…) n'est qu'un produit de ces matières primitives. L'eau, l'air, le feu, existent à l'état pur et peuvent être perçus par les sens ; mais sous leurs autres formes, ces éléments ne sont plus directement perceptibles en tant que tels. Prenons la terre comme exemple : si je la perçois par les sens, c'est par l'intelligence que je comprends qu'elle n'est que de l'eau condensée, de l'air comprimé, ou encore une création de la mer, selon les versions. Même lorsque j'en saisis une poignée entre mes mains, l'eau, l'air ou le feu dont celle-ci est faite m'échappe. Les sens n'accèdent ainsi en général qu'aux apparences présentes dans la « nature naturée » : l'intelligence perçoit pour sa part ce qu'il y a d'identique au travers de la diversité de ces apparences, et donc accède au cœur du processus de création qu'est la Nature.

Voilà pourquoi Thalès et ses successeurs ont été des génies : ils ont tenté de saisir par la pensée le principe unique dont dériverait l'ensemble des choses auxquelles la Nature a donné naissance et qui se développent sous nos yeux. Comme les atomistes plus tard, les Milésiens ont cherché à comprendre la réalité cachée sous ce qui se présente à la perception immédiate, ils se sont risqués à « dé-voiler » la Nature, à dégager par la pensée ce qui sous-tend un phénomène perçu, dans l'espoir d'y « dé-couvrir » une nature plus fondamentale, une source mère dissimulée : l'eau, l'air, le feu, la terre ou l'indéterminé, dont tout provient, dont tout est fait et où tout est appelé à retourner. Comme nous venons de le dire, il n'est pas pertinent de savoir ici qui a raison, pas plus que de déterminer quel est le véritable principe de la Nature. L'essentiel est d'apercevoir chez ces individus d'une époque lointaine l'éclair du génie humain consistant à aller au-delà des phénomènes, au-delà de la manière dont les choses apparaissent, au-delà de la multitude des formes visibles dans la Nature, et de hasarder des hypothèses ingénieuses quant à la réalité sous-jacente qui permet au Monde de se manifester. La terre que nous cultivons, les fleurs que nous cueillons, le blé que nous consommons, la tornade que nous redoutons, les montagnes que nous traversons… voilà ce que depuis toujours nous avions pris pour la réalité vraie ! Les Milésiens, eux, n'y ont vu que des apparences : la réalité vraie était plutôt celle de la matière première dont toutes ces choses sont faites, et qui ne se laisse véritablement saisir que par l'intelligence. C'est par son moyen que nous comprenons, par exemple, que la terre et l'air chez Thalès ne sont pas, au fond, de la « terre » et de l'« air » tels que nous les percevons concrètement, mais bien des états différents de la même eau, que nous ne percevons pas comme telle (tout comme la glace qui n'apparaît pas immédiatement comme étant de l'eau). Anaximène aurait dit de l'air primordial qu'il est « invisible » (*opsei adèlos*), les sens ne percevant jamais que des états condensés ou dilués de celui-ci. Chez Héraclite, le feu originaire n'est capté par les sens que sous les formes densifiées et raréfiées qu'il épouse. L'indéterminé d'Anaximandre, qui ne possède aucune caractéristique définie, échappe radicalement lui aussi à toute perception sensorielle directe et ne peut être saisi que par l'intellect. Dans tous les cas, chez les physiologues ioniens, les organes des sens ne saisissent que les qualités — c'est-à-dire les formes changeantes et éphémères — d'une même substance fondamentale qui, bien que concrète et naturelle, reste en elle-même imperceptible et concevable uniquement par la pensée.

L'avènement de la rationalité

Chez les Grecs anciens, il était largement admis dans la population que les dieux étaient au gouvernement du Monde : la tradition foisonnait de récits mythiques rendant compte de ses origines, de son histoire, de son organisation, de son fonctionnement et de sa destinée. Plus d'un siècle avant Thalès, le poète grec Hésiode (*Hêsíodos*) avait consigné et organisé les anciens mythes de la tradition orale dans un ouvrage connu sous le titre de *Théogonie* (*Theogonía*), l'un des piliers de la mythologie grecque, qui fait le récit de la succession des générations de dieux (c'est le sens du titre : « genèse des dieux ») et de l'origine du Monde.

Au début du texte, Hésiode précise qu'il tient ses connaissances directement des filles de Zeus (appelées « Muses », inspiratrices des poètes), qui lui auraient rendu visite tandis qu'il s'occupait de ses troupeaux dans la campagne béotienne (c'est donc une connaissance mystique). Il y raconte qu'avant les dieux et le Monde était le Chaos (*Kháos*), sorte d'abîme indifférencié (qui rappelle l'*ápeiron* d'Anaximandre), duquel seraient nées les divinités primordiales : la Terre, personnifiée par Gaïa (*Gaîa*, la déesse mère), Érèbe (*Érebos*, le dieu des ténèbres et du royaume des morts ou des Enfers) et Nyx (*Núx*, divinité de la Nuit). Gaïa aurait ensuite engendré le Ciel et la Vie (*Ouranós*), ainsi que la Mer (*Póntos*). Hésiode relate aussi l'origine des Géants (*Gígantes*) et des Titans (*Titánes*), créatures de la déesse mère Gaïa et du dieu père Ouranos (le premier couple), qui ont dominé la mythologie grecque dans l'histoire ancienne. Chronos (*Krónos*), roi des Titans, marié à sa sœur Rhéa, ont engendré Zeus (*Zeús*, d'où provient le mot latin *deus*, qui se traduit en français par « dieu »), Hestia, Poséidon, Héra, Hadès et Déméter. Cette génération est appelée celle des « grands Olympiens ». Avec l'aide de ses alliés, Zeus a triomphé sur les Titans, il est devenu le roi des dieux et a instauré l'Ordre (*Eunomia*), la Justice (*Dikè*) et la Paix (*Eirenè*). Il a partagé l'Univers avec ses deux frères, et depuis, il règne sur le Ciel, Poséidon sur la Mer et Hadès sur les Enfers souterrains. Zeus a eu de nombreux enfants (avec sa sœur Héra, avec d'autres déesses et même avec une mortelle) : Arès, Héphaïstos, Apollon, Artémis, Dionysos, Athéna, Aphrodite et Hermès.

Zeus, Héra, leurs enfants ainsi que certains de leurs frères et sœurs forment la lignée des dieux olympiens, nommés ainsi du fait que les Grecs croyaient qu'ils habitaient (presque tous) au sommet du mont Olympe, point culminant de la Grèce, situé en Thessalie. Ce sont précisément ces divinités qui occupent l'avant-scène du panthéon et qui font l'objet de cultes religieux dans les très nombreux temples et sanctuaires du monde grec.

Dans la mythologie grecque (comme dans celles des autres sociétés), les dieux du panthéon personnifiaient diverses réalités. Les dieux primordiaux étaient surtout identifiés à des matières ou à des éléments tels que la terre (la Terre), l'air (le Ciel), l'eau (la Mer), etc. Les autres dieux, pour leur part, incarnaient des choses plus déterminées, comme des phénomènes naturels, des idéaux moraux, des sentiments, des attitudes, des institutions et des activités de la vie quotidienne : en tant que dieu du Ciel, Zeus était la divinité de la foudre et des phénomènes météorologiques en

Olympe, G. Tiepolo.

général (orages, tempêtes, tonnerres, sécheresses…) ; Poséidon était le dieu de la mer, des océans, des sources d'eau et des tremblements de terre (d'où son surnom d'Ébranleur des sols) ; Apollon, celui des arts, de la beauté, de la jeunesse, de la musique, de la lumière ; Athéna était la déesse de la sagesse et de la Raison, de la prudence, de la stratégie militaire, des artistes et des artisans ; Nikè, celle de la victoire ; Aphrodite, celle de l'amour et de la sexualité ; Déméter, celle des moissons ; Éole était le dieu du vent ; Dionysos, celui du vin, du débordement des passions, de la folie, de la fureur, du théâtre et de la tragédie…

Sur les choses de la Nature en général, mentionnons : les Anémoï, fils d'Éole, divinités des vents (il en existait d'ailleurs pour toutes les directions, celles du vent du nord, de l'est, du sud-est, de l'ouest, du sud-ouest, du nord-nord-ouest…) ; Séléné, déesse de la Lune ; Pyroeis, de la planète Mars ; Éosphoros, de Vénus ; Phaéton, de Jupiter ; Phaénon, de Saturne ; Éther, de l'air ; Iris, de l'arc-en-ciel ; Céto, des dangers océaniques et des monstres marins ; Hydros, des eaux ; Galène, des mers calmes ; Psamathée, des plages de sable ; Thaumas, des merveilles de la mer ; Attis, de la végétation ; Chloris, des fleurs ; Anatolè, du lever du Soleil ; Dysis, du coucher du Soleil ; Arctos, du ciel étoilé ; Iar, Théros,

Pthinoporon et Chimon, divinités du printemps, de l'été, de l'automne et de l'hiver ; Chrysus, esprit de l'or...

Une multitude d'autres divinités majeures ou mineures, des entités, des esprits ou des créatures de tous genres complétait le tableau et recouvrait tout le spectre de la vie humaine, jusque dans ses moindres détails : par exemple, Achlys était la divinité de la tristesse, Adicie, de l'injustice et des méfaits ; Épiphrôn, Hédoné, du plaisir ; Hybris, de l'immodération ; Philotès, de l'amitié ; Prophasis, des excuses ; Déimos, de la crainte ; Anaidéia, de la cruauté ; Aergie, de la paresse et l'indolence ; les Algées, des souffrances ; Dyssébéia, de l'impiété ; Technè, des compétences techniques ; Mousice, de la musique matinale ; Gymnasie, de la gymnastique et de l'exercice ; Palestre, de la lutte ; Dicé, de la justice ; Éros, de l'amour érotique ; Pothos, du désir sexuel ; Améchanie, de l'impuissance ; Gélos, du rire ; Édos, de la décence ; Arété, de la vertu (l'excellence morale) ; Alala, du cri de guerre ; les Kères, de la mort violente ; les Androctasies, du massacre sur le champ de bataille ; Bia, de la force et de la compulsion ; Éiréné, de la paix ; Nomos, de la loi ; Alètheia, de la vérité et de la sincérité ; Apaté et Dolos, de la fourberie ; Coalémos, de la stupidité ; les Oneiroi (comme Morphée), des rêves ; Phobos, de la phobie (d'où le mot) ; Thanatos (ministre de l'Hadès), de la mort ; Harpocrate, du silence ; Asclépios et Panacée, de la guérison ; Épione, de l'apaisement des douleurs ; Tyché, de la chance et du destin...

Dans leur souci de couvrir tous les aspects de la réalité (même ceux que les Grecs ignoraient encore), il aurait même existé à Athènes un temple ou un autel dédié au « dieu inconnu » (*Agnostos Theos*). La première occurrence de ce dieu se trouve chez saint Paul, qui a affirmé dans les Actes des Apôtres avoir annoncé aux Athéniens qu'il s'agissait de nul autre que du Dieu de la nouvelle foi chrétienne, le véritable « Seigneur du ciel et de la terre ».

Au 6e s. av. J.-C., Xénophane (dont nous avons parlé au chap. 2) avait soutenu la thèse voulant que les dieux du panthéon grec, entre autres, soient des projections anthropomorphiques, c'est-à-dire des divinités imaginées sous forme humaine. Les dieux sont représentés avec la même apparence que les êtres humains, pensent de la même façon, agissent de la même manière, sont capables autant de bonté que de méchanceté, ils ont les mêmes sentiments et les mêmes réactions face aux événements ; chaque aspect de la vie intérieure et extérieure de l'être humain est objectivé sous la forme d'une divinité qui prend, pour ainsi dire, une nature humaine. Pour Xénophane, c'était la preuve que les dieux du panthéon avaient été créés par l'imaginaire humain. Des Grecs de l'Antiquité ont découvert en Crète et en Sicile des crânes d'éléphants préhistoriques. Ces crânes possédaient un large trou par lequel passaient les muscles de la trompe. Étonnés, les Grecs ont pensé que ces artefacts étaient les vestiges d'une race de géants qui ne possédaient qu'un seul œil rond au milieu du front. Ils les ont baptisés *kýklôps* (cyclopes), qui signifie littéralement « œil rond ». Réflexe anthropomorphique : l'œil humain voit des formes humaines partout. Les dieux avaient des capacités et des caractéristiques physiques et mentales qui dépassaient de loin celles des êtres humains ordinaires (ils étaient immortels et omnipuissants, pouvaient se rendre invisibles…), mais ils n'étaient, selon Xénophane, que des êtres humains hypertrophiés par l'imagination.

***

Ce qui précède nous fait voir jusqu'à quel point le Monde, l'intégralité de ses composantes et le destin des êtres humains étaient perçus et ressentis chez les Grecs anciens comme étant entièrement placés sous la gouverne des dieux, et jusqu'à quel degré ils étaient pénétrés des volontés et des caprices divins. Cette conscience de l'omniprésence de la divinité nous aide par ailleurs à mieux apprécier le caractère révolutionnaire de cet effort intellectuel qu'ont accompli pour la première fois les physiciens ioniens en tentant de penser et d'expliquer le Monde en dehors de toute référence à la séculaire tradition mythologique et sans le recours à l'intervention divine. Ces explorateurs ont posé sur le Monde un regard neuf dont les traditions de la science et de la philosophie sont les héritières : les processus agissant au sein de la Nature sont eux-mêmes naturels, ils sont eux-mêmes inscrits à l'intérieur de la Nature, et non plus dans un ordre de réalité extérieur à elle, c'est-à-dire dans une « Surnature » ou un Monde des dieux. Le Monde est naturel, la matière constitutive du Monde est une matière naturelle. Nous ne parlons plus ici de l'esprit des eaux, des dieux aériens ou encore du *Kháos*, mais de l'eau, de l'air et de l'indéterminé en tant que substances naturelles. Certaines études mettent en évidence plusieurs similitudes entre les théories milésiennes et des schémas issus de la tradition mythologique grecque (et même égyptienne ou orientale, du fait de la situation de Milet), mais une différence fondamentale réside dans le fait que les principes invoqués par les physiologues milésiens sont immanents ou internes à la Nature. Ce sont, pour ainsi dire, des causes endogènes, et non plus exogènes : les principes ou les causes à l'origine des phénomènes font eux-mêmes partie de la Nature, ils sont les œuvres de la Nature en tant que telle. La Nature est expliquée naturellement, c'est-à-dire à partir de principes qui lui sont inhérents.

Les Babyloniens, qui étaient de grands observateurs du ciel — ils pouvaient vraisemblablement prévoir les éclipses — et de bons géomètres, par ailleurs, voyaient pourtant les sécheresses comme des œuvres du dieu Mardouk. Et les anciens Égyptiens, malgré leur savoir empirique et toutes les prouesses techniques dont ils étaient capables, croyaient encore que les crues du Nil étaient causées par Osiris. En l'état de nos connaissances, nous considérons les physiologues ioniens comme les premiers dans l'histoire de l'humanité à avoir perçu les phénomènes en tant que phénomènes naturels et à tenter d'expliquer la Nature par elle-même. Le recours à des principes naturels et à des causes endogènes est apparu chez eux comme une condition suffisante pour rendre raison de tout ce que la Nature génère. Le savant grec Anaxagore, par exemple, a expliqué les crues du Nil en invoquant la fonte des neiges dans les montagnes de Libye. Plutôt que de voir dans les tremblements de terre l'expression de colères divines, Thalès expliquait le phénomène par de simples turbulences sous-marines ou des éruptions d'eau chaude faisant bouger la Terre, qu'il se représentait comme une sorte de disque plat flottant sur un grand océan. L'explication de Thalès est fausse, mais celle-ci relève d'une logique radicalement différente de celle qui évoque le grand Ébranleur des sols. Il fait tempête ! Saute d'humeur de Zeus ? Pour Thalès, pas le moins du monde : « Ce sont les nuages qui font pleuvoir. » Explication anodine pour nous, mais qui n'a pas été donnée avant que ne se soit écoulée la quasi-totalité de l'histoire globale de l'être humain. Cela représente un petit pas pour l'individu, mais un bond de géant pour l'humanité — clin d'œil à Neil Armstrong, qui a posé le pied sur la Lune 25 siècles après que Thalès fut tombé dans un puits tandis qu'en pensant à elle, il refaisait le Monde.

* * *

Voilà précisément pourquoi nous pouvons dire que la pensée rationnelle est une découverte ionienne : la Nature est expliquée à partir d'elle-même, c'est-à-dire à partir de principes matériels et naturels qui ne doivent rien aux dieux. Expliquer le mouvement des nuages par des causes aériennes relève d'un schéma de pensée plus rationnel qu'invoquer à tout vent l'action des fils d'Éole. Est-ce que cela implique que les Milésiens étaient athées ? Non. Sans doute que les dieux continuaient d'exister pour eux, cachés quelque part dans les brumes du mont Olympe (*Oulumpos* signifie « sommet enroulé dans les nuages ») : mais leurs activités devaient se limiter à celle de jouer de la musique et de se repaître de nectars d'immortalité. Les physiologues ioniens pouvaient très bien croire en leurs dieux, peut-être même leur vouer un culte, fréquenter le sanctuaire d'Apollon à Didymes près de Milet, voire invoquer tel ou tel esprit dans leur vie personnelle, mais lorsqu'il était temps d'expliquer les phénomènes naturels, ceux-ci laissaient les dieux tranquilles, préférant s'en remettre à la force aveugle des éléments plutôt qu'à l'hypothèse des représailles divines.

Le rayonnement de la rationalité

Les physiologues ioniens ont été les initiateurs d'une véritable révolution intellectuelle. Ils ont été les premiers miraculés de la rationalité dans la mesure où ils ont substitué au traditionnel discours fondé sur l'*explication mythique* celui du discours fondé sur l'*explication naturaliste*. Assez vite, ce discours d'un genre nouveau, affranchi du récit et de l'explication mythiques, a été exporté vers d'autres domaines que celui des phénomènes naturels. Les Milésiens avaient eux-mêmes déjà étendu leurs recherches à la cosmogonie et à la cosmologie, soit l'étude de l'origine de l'Univers, de ses diverses parties et de l'organisation générale de celles-ci. Ils avaient offert, en prenant appui sur leurs conceptions respectives de la physique, une explication rationnelle de la genèse ou des processus naturels au terme desquels le Monde aurait acquis la forme générale sous laquelle il se présente aujourd'hui.

Thalès aurait soutenu la thèse selon laquelle la Terre, créée par la Mer (conformément au principe voulant que l'eau soit au fondement de tout), flotte sur un océan infini comme un grand disque plat. Chez son disciple Anaximandre, les différentes choses dont la Nature est constituée seraient nées d'une succession de différenciations survenues au sein de la masse indifférenciée primitive (l'indéterminé). Pour lui, la Terre aurait la forme d'une colonne et serait maintenue en suspension au centre de l'Univers infini. Anaximandre aurait aussi souscrit à la thèse de la pluralité des Mondes, qui a été reprise plus tard chez les atomistes Démocrite et Épicure (voir chap. 1). Il existerait une infinité d'autres Mondes, ceux-ci étant tous éphémères, apparaissant et disparaissant dans une sorte de grand cycle infini et éternel auquel rien n'échappe. Anaximandre aurait même défendu l'idée remarquable voulant que les diverses formes de vie terrestre aient une histoire et que les êtres humains aient évolué à partir des animaux, spécifiquement des poissons. Bien sûr, ce dernier n'en avait pas la preuve, mais à son avis, les fossiles étaient des vestiges matériels de ces anciennes formes de vie primordiales. La représentation du Monde proposée par Anaximandre est exceptionnelle en ce qu'elle explique, à partir d'un seul grand principe posé à l'origine (l'indéterminé), la génération de toutes les formes définies rencontrées dans la Nature, des Univers multiples jusqu'au règne des animaux, incluant les êtres humains. Dans la représentation anaximandrienne du Monde, l'être humain lui-même fait partie de la Nature : il ne peut être considéré séparément, puisqu'il en est le produit. Ce point de vue englobant sur le Monde a été adopté plus tard par les atomistes, notamment. Selon ces derniers, tout a été engendré à partir des seuls principes des atomes et du vide, depuis l'organisation générale des Univers jusqu'aux êtres humains et aux civilisations (comme l'a si bien expliqué le Romain Lucrèce dans son livre *De la nature des choses* — voir chap. 1).

Chez Anaximène, pour qui l'air constitue le principe matériel de toutes choses, la Terre est représentée comme un disque plat en suspension, recouvert d'un immense dôme où tournent les planètes et les étoiles. Ainsi, le Monde dans sa totalité est fait d'air, tout comme l'âme humaine, qui est tel un souffle (*pneuma*), et dont la fonction naturelle est de maintenir le corps vivant (nous reparlerons prochainement du concept d'âme comme principe vital chez les Grecs). Encore ici, être humain et Monde sont de la même étoffe.

Selon Héraclite, le feu primitif aurait d'abord donné naissance à la mer, qui à son tour aurait engendré la Terre et le « souffle brûlant » (signifiant peut-être le Soleil ou les corps célestes). Il aurait dit, d'après le témoignage de Clément d'Alexandrie (2e-3e s. apr. J.-C.), un savant grec chrétien : « Les changements du feu sont d'abord la mer, et, de la mer, pour moitié terre, moitié prestère (air brûlant). La mer se répand et se mesure au même compte qu'avant que la terre ne fût » (Frag. 31., *Stromates*, V, 104, 2 et 3).

Héraclite enseignait aussi que de façon périodique, l'ensemble du Monde s'embrase et que le processus d'engendrement de la Nature recommence chaque fois, comme dans une sorte d'équilibre cosmique. C'est là une vision des choses que reprendra plus tard le stoïcisme, un courant philosophique grec plus tardif, avec sa théorie de la « conflagration », selon laquelle le Monde, de façon cyclique et sous l'action purificatrice du feu, entre dans des phases de destruction et de renaissance à l'identique. Dans la vision englobante du Monde que l'on retrouve chez Héraclite, l'âme humaine n'échappe pas au grand retour éternel des choses, comme le philosophe semble l'évoquer ici : « Pour les âmes, la mort est de devenir eau ; pour l'eau, la mort est de devenir terre ; mais de la terre vient l'eau, de l'eau vient l'âme » (Frag. 36. Clément, *Stromates*, VI, 17, 2).

Chez Empédocle enfin, l'apparition du Monde est expliquée par la dispersion ou l'éparpillement progressif des quatre éléments sous l'effet de la force de répulsion (la Haine), à partir d'un état primordial et unifié qu'il a appelé la « sphère » (*sphairos*). Empédocle aurait adhéré lui aussi à la thèse d'une destruction future du Monde et d'un retour des éléments au sein de la sphère, sous l'effet de la force de cohésion (l'Amour). L'unité et la fusion cosmique brisée à l'origine par la Haine, et qui a donné naissance à tous les êtres différenciés, sera retrouvée sous l'action de l'Amour, qui entraînera la destruction de ces mêmes êtres. Le concept d'Univers qui évolue à partir d'un noyau indifférencié et qui est destiné à retourner à ce noyau primitif n'est pas sans évoquer les théories du Big Bang et du Big Crunch de la cosmologie contemporaine, dont nous aurons plus tard l'occasion de parler. L'on doit aussi à Empédocle l'idée selon laquelle les espèces vivantes ont évolué suivant une sorte de « sélection des mieux adaptées » qui présente des similitudes avec les théorie de Charles Darwin développée au 19e s. Chez Empédocle, lors de la création des êtres vivants, toutes sortes de combinaisons aléatoires d'éléments ont donné naissance à une diversité multiforme d'espèces, dont certaines, mal adaptées à leur environnement et donc incapables de survivre, sont disparues. Le génie grec est surprenant, d'autant plus que celui-ci s'est déployé dans un contexte extrêmement limité sur le plan des moyens d'expérimentation.

Plusieurs aspects de ces cosmogonies et cosmologies spéculatives sont faux du point de vue des acquis de la science contemporaine, mais ces représentations peuvent être considérées en elles-mêmes comme parfaitement rationnelles dans la mesure où elles sont radicalement matérialistes et naturalistes, arrachées aux anciennes représentations que véhiculait la tradition mythologique.

* * *

La médecine a tiré un profit considérable de l'avènement de la pensée rationnelle. Né vers l'an 460 av. J.-C. sur l'île de Cos, située à une quarantaine de kilomètres au sud de Milet, Hippocrate (*Hippokrátēs*) est passé à l'histoire pour avoir fondé une école de médecine où les maladies étaient expliquées par voie de causalité naturelle. Dans les sociétés archaïques et traditionnelles, les maladies avaient toujours été interprétées comme le résultat de châtiments divins, de malédictions, de mauvais sorts. Nous avons vu au chapitre 2 que la connaissance de l'origine mythique d'une chose confère à celui qui en dispose le pouvoir d'agir magiquement sur celle-ci et de la manipuler. La médecine archaïque est fondée sur la magie et sur le présupposé voulant que les maladies et les guérisons n'aient de lien avec le monde naturel qu'à travers la réalité surnaturelle à laquelle celui-ci participe : le sorcier ou *medicine man* pratique la guérison par le contrôle des puissances surnaturelles à l'origine des maladies et des symptômes. L'administration de remèdes s'accompagne de gestes, d'adjurations et d'incantations prononcées dans le but d'apaiser ou de chasser les esprits responsables. Chez les Grecs anciens, les traitements et l'octroi des médicaments (*phármaka*) étaient accompagnés de pratiques magiques, de cultes sacrificiels, de danses rituelles et de techniques de purification mystiques (les bains thermaux, par exemple), accomplis dans des temples et des sanctuaires situés à l'extérieur des villes.

Une soixantaine d'ouvrages écrits par des médecins de l'école d'Hippocrate ont été conservés. Le corpus hippocratique porte sur une très grande diversité de sujets : le cœur, les os, les articulations, la dentition, les poumons, l'épilepsie, les ulcères, les maladies des jeunes femmes, le développement et l'extraction du fœtus, la superfétation, les blessures et les fractures, les régimes et la santé, l'anatomie, la chirurgie, les médicaments purgatifs, le pronostic, les épidémies, etc. Bien que la superstition ne soit pas absolument absente de ces textes, ces ouvrages prennent tous une distance très explicite vis-à-vis de toute référence à l'action des dieux ou à une causalité surnaturelle dans le domaine de la santé et des maladies : la médecine s'est rationalisée, c'est-à-dire qu'elle a été amenée à comprendre son objet dans l'optique de l'explication naturaliste des choses. Dans un texte traitant de l'épilepsie (traditionnellement appelée « maladie sacrée »), Hippocrate soutient que même ce trouble de l'âme a des causes profanes, à l'instar des autres maladies corporelles. Tout y est présenté du point de vue de l'observation et du raisonnement : description des symptômes, évolution des affections, développement d'un vocabulaire technique, études de l'anatomie et du fonctionnement du corps fondées sur l'expérience clinique et parfois la dissection, etc.

Hippocrate.

Les médecins de la tradition hippocratique ont élaboré une doctrine capable de rendre compte de l'origine des maladies et de fixer des moyens curatifs : c'est la « théorie des humeurs », présentée dans un texte intitulé *De la nature de l'homme*, qui aurait été composé par le gendre d'Hippocrate. Cette théorie postule l'existence de quatre liquides circulant dans le corps humain et appelés *chymos* (jus, sève), terme qui a été traduit par « humeur » : 1. la bile jaune (qui vient du foie) ; 2. la bile noire (ou atrabile, produite par la rate) ; 3. la lymphe (flegme ou encore pituite, produite par le cerveau) ; et 4. le sang (provenant du cœur). Les humeurs sont directement apparentées aux éléments d'Empédocle et aux qualités fondamentales qui composent le corps humain : la bile jaune représente le feu (chaud et sec) ; la bile noire, la terre (froide et sèche) ; le sang, l'air (chaud et humide) ; et le flegme, l'eau (froide et humide). Comme ces éléments et ces qualités s'inscrivent dans une dynamique d'opposition mutuelle (le chaud s'oppose au froid, l'humide au sec...), les médecins hippocratiques ont établi que les maladies physiques et psychiques étaient les résultats du déséquilibre des humeurs. Tout ce qui était susceptible d'entraîner des variations dans cet équilibre était perçu comme une menace à la santé. Si le déséquilibre était léger, de simples « sautes d'humeur » survenaient ; s'il était plus prononcé, des maladies plus ou moins malignes pouvaient alors se manifester. Ainsi, le but auquel tendaient les soins et la médication était l'équilibre des humeurs.

La théorie des humeurs a connu un grand succès sous l'époque des Romains, qui l'ont déclinée en une version appliquée aux tempéraments : à la bile jaune (associée au feu) était relié le caractère colérique ; au flegme (l'eau), le caractère flegmatique (qui renvoie à un tempérament calme et maîtrisé) ; au sang (l'air), le caractère joyeux et chaleureux ; et enfin, à la bile noire (la terre), le caractère mélancolique et anxieux. Nous disons encore aujourd'hui d'une personne mélancolique et anxieuse qu'elle a des idées noires ou encore qu'elle se fait de la bile. Un individu possédant une humeur dominante avait, semble-t-il, le tempérament, le trait de caractère ou l'état d'âme correspondant à cette dernière. D'une personne en contrôle et cérébrale, nous disons qu'elle est froide ; d'une personne chaleureuse et au grand cœur, qu'elle a un tempérament sanguin ; du colérique, qu'il a un caractère bouillant — autant de formulations qui sont la marque de lointains héritages de la théorie hippocratique des humeurs et des tempéraments. Les expressions *être de bonne humeur/de mauvaise humeur* tirent également leurs origines de cette ancienne tradition. Et dans le vocabulaire psychiatrique contemporain (en témoigne *Le Manuel diagnostique et statistique des troubles mentaux* [DSM] de l'Association américaine de psychiatrie), on définit encore des pathologies telles que la dépression, l'anxiété et le trouble bipolaire comme des troubles de l'humeur (bien sûr, dans un contexte où la notion d'humeur a évolué).

Les médecins hippocratiques adhéraient aussi à la thèse selon laquelle les humeurs avaient tendance à dominer les autres selon le cycle saisonnier : en hiver (lié à l'eau) prédominaient la lymphe et les « maladies pituiteuses » (rhumes, bronchites...) ; au printemps (lié à l'air) dominaient le sang et les « maladies hémorragiques » ; durant l'été (lié au feu), la bile était échauffée, ce qui donnait lieu à des affections bilieuses et à des fièvres ; et en automne (lié à la terre), la prédominance de la bile noire provoquait le retour de la mélancolie. Ces informations générales étaient prises en compte par le médecin au moment du diagnostic et de l'élaboration du plan de traitement. Ces associations peuvent faire sourire aujourd'hui, mais il faut bien percevoir qu'elles révèlent incontestablement une évolution intellectuelle quant à la façon de comprendre la maladie, soit en l'associant au Monde naturel plutôt qu'aux caprices d'une divinité. La profession de médecin (*iatros*) est ainsi née en opposition avec celle de guérisseur, et cet événement est une nouvelle manifestation du passage du *mythos* au *lógos* chez les Grecs anciens.

La théorie des humeurs a été perpétuée au cours du Moyen Âge et certaines pratiques qui lui sont associées ont perduré très longtemps dans les pays occidentaux. La saignée, par exemple, a connu un regain d'intérêt au cours du 17e s. et a même été administrée au cours des 18e et 19e s. (le premier président américain George Washington a subi pareille intervention en 1799). Elle avait pour objectif de purger le corps des mauvaises humeurs, donc de rétablir l'équilibre et la santé.

La théorie des humeurs s'est révélée finalement fausse et a abouti dans la grande filière des *pseudo* théories médicales. Ses fondements ont été sapés par les avancées en anatomie, par une meilleure connaissance du rôle des différents organes, et par la découverte de la circulation sanguine et des bactéries et virus. Malgré tout, elle conserve le mérite d'avoir été la première théorie médicale à jeter un éclairage rationnel sur les obscurités du corps humain et ses pathologies, à lever le voile sur le fonctionnement du corps, la genèse des maladies et les processus du recouvrement de la santé. La médecine hippocratique a été l'un des plus puissants éclairs de génie dans l'histoire de l'*Homo sapiens* et, à ce titre, elle force le respect. Elle a posé sur le corps humain le même type de regard révolutionnaire que celui qu'ont posé les premiers physiologues sur la Nature en tentant de rendre raison de tous ses rouages à partir d'une causalité naturelle et en laissant les dieux et les esprits vaquer à d'autres activités. La médecine hippocratique représente en ce sens un prolongement de l'héritage de la physiologie ionienne. Aujourd'hui, Hippocrate est considéré comme le père de la médecine. Le serment que prêtent encore tous les médecins en Occident avant d'exercer leur profession vient de cet homme.

L'aube de la science

Dans ce chapitre, nous sommes entrés dans les rouages conceptuels du plus ancien projet connu fondé sur la recherche rationnelle du principe de la Nature et sur l'explication profane des phénomènes naturels, à l'échelle humaine comme à l'échelle cosmique. Depuis Aristote, la physique ionienne, avec les yeux neufs qu'elle a posés sur le Monde, est associée à la première manifestation de la rationalité en Occident, et elle est vue comme l'un des événements les plus significatifs, sinon le plus significatif de l'histoire du génie intellectuel de l'*Homo sapiens*. Nous nous sommes demandé au début de ce chapitre ce que signifient les termes *raison* et *rationalité*, et plus spécifiquement ce qu'est une représentation rationnelle du Monde. En ce qui concerne la physique ionienne, cette rationalité est qualifiée rétrospectivement de scientifique.

La science ionienne est encore très éloignée de la forme qu'épouse la science contemporaine, avec ses protocoles expérimentaux et son utilisation des mathématiques, notamment — nous y reviendrons. Il demeure toutefois que nous décelons dans les réflexions des premiers physiologues au moins quatre caractéristiques générales qui sont encore vues aujourd'hui comme des marques essentielles du discours scientifique. Celles-ci sont révolutionnaires dans la mesure où elles expriment, chacune à leur façon, une attitude nouvelle adoptée face aux phénomènes, qui contraste catégoriquement avec l'appréhension mythico-religieuse du Monde. Le type d'enquête que menaient les physiologues présuppose les idées suivantes :

1. L'inteprétation de la causalité dans la Nature (la production de tous les phénomènes naturels) d'un point de vue strictement naturaliste, c'est-à-dire dans une perspective indépendante du schéma d'explication propre au discours mythologique fondé sur le recours systématique à la causalité surnaturelle ou animiste. Le principe fondamental de la Nature — que celui-ci soit l'eau, l'air, le feu, l'indéterminé, etc. — est un principe naturel. En discriminant clairement entre l'ordre du naturel et l'ordre du surnaturel, les physiologues ioniens ont montré qu'il existe une forme de vision du Monde radicalement différente de celle qui avait toujours prédominé.
2. Une compréhension spécifique des phénomènes naturels en tant que produits de réalités matérielles. Les enquêtes physiologiques ioniennes étaient fondées sur une approche matérialiste du Monde. Dans cette foulée, les réflexions physiques, cosmologiques et

cosmogoniques développées par les physiologues et leurs successeurs (notamment les atomistes) laissent également entrevoir un certain souci pour l'observation empirique. En effet, ces réflexions ne semblent pas avoir été conduites par la pure spéculation, dans la mesure où elles dépeignent une image du Monde qui semble coïncider avec la façon dont nous l'expérimentons. Comme nous l'avons dit, cette réduction de la Nature à la matière n'implique pas que celle-ci soit spontanément disponible aux organes des sens, mais il reste que, même si cette matière n'est véritablement saisie que par l'intelligence, la représentation du Monde qui en ressort semble refléter réalistement l'ordre du Monde tel qu'il est donné dans l'expérience.

3. L'insertion de divers faits d'observation à l'intérieur d'un unique cadre théorique général qui en fournit l'explication. La notion importante ici est celle de théorie. Le programme ionien dépasse le simple exercice primaire de la collection disparate des faits : il vise l'adoption d'un point de vue englobant d'où il est possible d'organiser et de rendre raison de toute cette diversité empirique.

théorie
(cadre explicatif général)
↓
...x x x x x x x x x x x x x x x...
faits observés
(diversité empirique expliquée)

Par exemple chez Thalès, plusieurs faits observés (tornades, raz-de-marée, germination, averses...) sont expliqués par une seule et même théorie qui recourt à des processus hydrologiques. Il n'est plus question, comme dans le récit mythologique traditionnel, d'associer un dieu ou plusieurs dieux à la production d'un phénomène individuel, mais de tout ramener à un même grand cadre théorique qui sert d'explication générale. Selon certains interprètes, dont le philologue allemand Eduard Zeller, ce cheminement de la physique vers la théorisation constitue le principal apport de l'école milésienne, et de Thalès spécifiquement — ce qui justifierait son titre de fondateur de la science.

Ce nouveau schéma de pensée tire son origine du concept d'*arkhè* développé par Anaximandre, c'est-à-dire l'idée qu'un ensemble de phénomènes procède d'un seul et même grand principe fondamental et universel. C'est une autre façon de dire qu'une diversité de faits observés est ramenée sous l'unité théorique d'un principe intelligible. Ce principe permet de rendre raison, de faire la lumière sur les faits observés, de les dévoiler, de les rendre accessibles à l'intelligence. Le principe de la Nature permet d'accéder par la pensée à l'unité cachée derrière la diversité des apparences perçues par les sens et d'en apporter la compréhension.

* * *

Avant de présenter le quatrième et dernier point, ouvrons une courte parenthèse sur le sens du mot *théorie*.

Il a été formé au Moyen Âge (à la fin du 14ᵉ s.) à partir du latin *theoria*, qui signifiait « recherche » ou « spéculation ». Le terme latin lui-même est une traduction du grec *theôria*, qui signifiait chez Platon « contemplation, considération, méditation ». *Theôria* est un dérivé de *theôros*, qui voulait dire « spectateur » ou encore « consultant d'un oracle » (dans un contexte mythico-religieux). *Theôros* est la réunion de deux termes plus anciens, à savoir *thea*, qui signifie « spectacle » (d'où le mot *théâtre*) et *oros*, qui a le sens de « qui observe », donc « qui observe un spectacle ». Jeter un regard théorique (*theôrikos*) sur le monde connotait chez les anciens Grecs l'idée de contempler le grand spectacle qui s'y joue, d'observer les événements qui défilent et dont la Nature est le grand théâtre universel. *Théoriser* désigne à l'origine le fait de contempler par l'intelligence la course des planètes, le fil des saisons, les phénomènes naturels en général, en vue de les porter à la compréhension. Théoriser est une manifestation du génie de l'être humain. Les Ioniens ont découvert une façon nouvelle de contempler le Monde.

Dans la langue française, ce n'est que depuis le début du 17ᵉ s. que le terme *théorie* est utilisé avec le sens de « construction abstraite » ou de « modèle rationnel » (comme nous le verrons dans un futur chapitre consacré au Monde de la science). C'est à cette époque que des auteurs d'ouvrages d'astronomie et de physique ont commencé à proposer des systèmes rationnels destinés à expliquer différents phénomènes naturels et célestes. En 1635, le savant Noël Duret a fait paraître le tout premier ouvrage en français dont le titre comprend le mot *théorie* (*Nouvelle Théorie des planètes*). Le savant Gottfried Wilhelm Leibniz l'a aussi utilisé en 1670 (*Théorie du mouvement concret et du mouvement abstrait*), ainsi que le mathématicien et physicien suisse Jean Bernoulli (*Nouvelle Théorie du centre d'oscillation*, 1714) et le mathématicien français Maupertuis (*Discours sur la parallaxe de la Lune, pour perfectionner la Théorie de la Lune et celle de la Terre*, 1741). L'usage du terme s'est ensuite peu à peu généralisé. En anglais, les deux premières occurrences du mot *theory* remontent au philosophe irlandais George Berkeley (*An Essay Towards a New Theory of Vision*, 1709) et au savant anglais Thomas Young (dans son article « On the Theory of Light and Colours », publié en 1802). En allemand, le premier à user du terme *theorie* a été un musicien et physicien appelé Ernst Chladni en 1787 et en 1821 dans des ouvrages consacrés à la théorie acoustique. Le grand mathématicien allemand Carl Friedrich Gauss l'a également utilisé en 1840 dans son texte sur le géomagnétisme, ainsi que le physicien électricien expérimental Georg Ohm, dans un article publié en 1843 consacré à l'analyse du son. Au 19e s., un théoricien (qu'on appelait aussi parfois « théoriste ») désignait une personne qui construit une théorie ou qui examine un problème d'un point de vue théorique.

* * *

Retournons dans l'Antiquité, auprès des lointains précurseurs de cette attitude nouvelle (ionienne) face au spectacle du Monde. La contemplation du Monde et son explication à partir d'un grand principe ou d'un cadre théorique unique deviendront une marque caractéristique propre à la pensée intellectuelle grecque, qui a été à cette époque associée à un type de discours appelé philosophie (nous en reparlerons).

La théorisation a échappé aux Égyptiens, dont le savoir-faire, dans le domaine de la construction notamment, se fondait, semble-t-il, sur la simple expérience empirique et l'ingéniosité pratique. Les Égyptiens étaient avant tout préoccupés par les résultats techniques plutôt que par la perspective d'un savoir pour le savoir, c'est-à-dire par l'idée d'une pure connaissance des principes qui président à ces résultats. Cette attitude explique peut-être la stagnation des idées et des techniques de construction au cours de leur très longue histoire. Cette préférence des Égyptiens pour la pratique est aussi reflétée dans le domaine de l'astronomie, laquelle n'avait chez eux pour finalité essentielle que la mesure du temps, en fonction des impératifs de gestion et d'administration de l'Empire. Bien qu'ils aient fait l'objet de nombreuses représentations, la Lune, le Soleil, le mouvement des planètes, la migration annuelle des étoiles n'ont jamais été envisagés chez les Égyptiens sous l'angle de l'explication proprement théorique. Le mouvement des planètes n'était analysé chez eux que pour sa signification mystique, et que comme un outil destiné à établir des horoscopes. Il en allait de même pour les mathématiques, qui n'étaient pas étudiées pour elles-mêmes, mais toujours en vue de leur application concrète.

On a conservé un papyrus égyptien (appelé *Papyrus Rhind*) où sont présentées des techniques de multiplication et de division, ainsi qu'une méthode de résolution d'équations. Mais ces techniques étaient limitées aux problèmes pratiques d'arpentage, de construction et d'administration. Contrairement aux Grecs, ils n'ont laissé aucune trace de l'existence d'une théorie des nombres ou de démonstrations mathématiques. Ainsi, les Égyptiens savaient depuis très longtemps appliquer le théorème de Pythagore ($a^2 + b^2 = c^2$), sans toutefois être en mesure d'en faire la démonstration abstraite, sans être capables de comprendre pourquoi le carré de l'hypoténuse (c^2) est nécessairement égal à la somme des carrés des cathètes (a^2 et b^2), autrement dit sans disposer d'une authentique connaissance du théorème. Nous reparlerons de ce que signifie « démontrer » lors de notre visite à l'école d'Aristote, car cette notion, qui forme le cœur battant de la rationalité telle que les Grecs l'ont découverte et développée, requiert une attention toute particulière.

La perspective purement théorique a aussi échappé aux civilisations mésopotamiennes. L'astronomie néo-babylonienne (7e-6e s. av. J.-C.) se limitait à la description. Si les Chaldéens de l'époque tardive (2e-1er s. av. J.-C.) ont dressé des tables détaillées des mouvements des planètes — très utiles pour les prédictions — et utilisé les mathématiques pour rendre compte de la vitesse variable des planètes, ils n'ont toutefois jamais cherché à en donner une explication théorique générale, contrairement aux Grecs.

Dans son dialogue intitulé *Théétète* (consacré au thème de la connaissance « scientifique »), Platon a fait de Thalès de Milet le prototype du philosophe : il aurait été le premier à jeter sur la Nature un regard strictement théorique ou contemplatif, dégagé de toute ambition pratique. De ce point de vue, l'épisode de la chute de Thalès au fond d'un puits, rapportée par Platon dans ce même dialogue (174 *a*), peut être interprété comme l'acte de naissance symbolique de la pensée rationnelle et scientifique en Occident ! La science serait née d'une chute! Peut-être est-ce là ce qu'a voulu dire Démocrite en écrivant: «Dans un puits est la vérité» (DK, B 117). Cette chute n'est pas que la conséquence d'une banale distraction: elle témoigne d'une volonté de mieux comprendre le Monde.

Enfin, quatrième idée présupposée par les physiologues ioniens dans leur enquête sur la Nature:

4. La manifestation d'une ouverture au regard de l'argumentation, ou l'esprit critique. Tous les points qui précèdent ont contribué au développement de l'exigence visant à fonder la thèse que l'on soutient sur des arguments ou des raisons. Appréhender les phénomènes à travers le spectre des caprices divins échappe à toute argumentation et, en ce sens, à toute rationalité critique. Mais les voir comme étant, par exemple, des produits dérivés de l'eau, de l'air, du feu, d'un certain mélange d'éléments ou d'une série de différentiations survenues au sein de l'indéterminé, voilà qui requiert, en principe, un argumentaire. Nous ne connaissons pas avec certitude les arguments invoqués par les physiologues pour rendre raison de leurs positions respectives, mais il est raisonnable d'affirmer que l'idée d'identifier telle ou telle réalité matérielle comme principe de la Nature a dû être intégrée à un discours éloigné du dogmatisme et de toute approche fondée sur le *mythos*. La volonté d'interroger le Monde de façon à en déceler le principe d'intelligibilité semble avoir été accompagnée dès l'origine de celle d'expliquer pourquoi ce principe résiderait dans telle chose plutôt que dans telle autre.

* * *

Voilà pour le monde de la Nature et la naissance de la rationalité en Occident: nous pouvons dès maintenant contempler son épanouissement et ses ramifications. Pour ce faire, partons à la rencontre des pythagoriciens, de Socrate et d'Aristote.

Chapitre 5
Le Monde des Nombres

Première partie
Les pythagoriciens

Tarente,
Grande-Grèce (Italie du Sud), 388 av. J.-C.

Prochaine destination : la cité antique de Tarente. C'est là-bas que nous attend Archytas, un savant de renom et maître pythagoricien qui nous fera découvrir de nouvelles facettes du génie humain et une façon inédite de concevoir le Monde.

La Grande-Grèce

Le monde grec s'étend à l'époque où nous sommes (4e s. av. J.-C.) sur un territoire considérablement plus vaste que le pays qui porte aujourd'hui le nom de *Grèce* ou de *République hellénique*. Des cités sont établies non seulement en Grèce continentale (où se trouve notamment Athènes), mais aussi dans le Péloponnèse et sur les îles de la mer Égée. Sont rattachées par ailleurs aux cités-métropoles de nombreuses colonies-filles disséminées sur la côte méridionale de l'Italie, en Sicile, sur tout le pourtour de la mer Noire, en Anatolie (la côte ouest de la Turquie actuelle, où ont vécu les physiologues), ainsi que dans certaines régions du nord-est de l'Afrique (en Égypte et dans la Cyrénaïque, en

Libye), de la Corse, de l'Espagne et du sud de la France (comme les cités de *Nikaia*, l'actuelle Nice, et de *Massalía*, l'actuelle Marseille).

La colonisation grecque a eu lieu principalement au cours de l'époque archaïque (8e et 7e s. av. J.-C.). Ce mouvement des populations a été essentiellement motivé par l'accroissement démographique et le besoin d'acquérir de nouvelles terres qui en découle. La décision d'établir des colonies revenait aux cités elles-mêmes, mais celles-ci étaient conseillées, avalisées et solennisées par la célèbre Pythie de Delphes, l'oracle d'Apollon (c'est-à-dire l'intermédiaire humain du dieu). Une seconde grande vague de colonisation sera entreprise à l'époque hellénistique (fin 4e-2e s. av. J.-C.) lors de la constitution de l'empire d'Alexandre le Grand (l'empire macédonien), donnant naissance à de grandes cités comme Alexandrie et Ptolémaïs en Égypte, Antioche au Proche-Orient, Pergame en Turquie, Séleucie en Syrie et en Irak, ainsi que Dioscoride, une île de l'océan Indien (aujourd'hui Socotra, au Yémen).

La cité où nous nous transportons, Tarente, est une colonie grecque d'Italie située dans une région qui correspond au pourtour côtier de l'Italie du Sud et de la Sicile. Les Grecs l'appellent *hê megálê Hellás*, que nous traduisons par « Grande-Grèce » ou « Grande Hellade ».

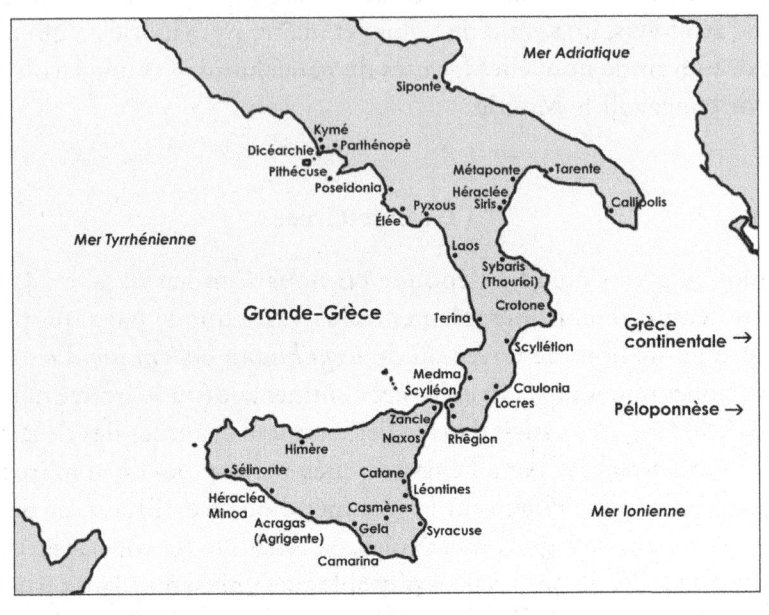

Carte de la Grande-Grèce au 6e-5e s. av. J.-C.

En longeant la côte italienne, on aperçoit les villes de Siponte, Callipolis, Tarente, Métaponte, Héraclée, Siris, Sybaris (Thourioi), Crotone, Scyllétion, Caulonia et Locres Épizéphiriennes, Rhêgion (l'actuelle Reggio de Calabre), Scylléon, Medma, Terina, Laos, Pyxous, Élée (où nous irons un jour écouter Parménide et discuter avec son disciple Zénon), Poseidonia, Parthénopè (l'actuelle Naples), Pithécuse (l'île d'Ischia), Dicéarchie et Kymé (Cumes). En Sicile, on retrouve Syracuse, Léontines, Catane, Naxos, Zanclè (Messine), Himère, Sélinonte, Héracléa Minoa, Acragas (Agrigente, où a vécu Empédocle, l'auteur de la théorie des quatre éléments), Casmènes, Gela et Camarina.

Ce sont les descendants de ces colonies grecques, dénommés plus tard *graeculi* (« petits Grecs » ou « Italiotes »), qui, les premiers, diffuseront la culture hellénique et la transmettront aux Romains avant que ces derniers n'envahissent les cités grecques à l'extérieur d'Italie, à partir du 1er s. av. J.-C.

Tarente

Le Soleil est radieux. La mer cristalline, d'un calme olympien. Le capitaine annonce que nous arriverons bientôt à Tarente, et il est encore tôt dans la matinée ! Nous naviguons depuis quelques jours à la jonction des mers Adriatique et Ionienne et nous nous rapprochons des côtes de la Messapia, la partie la plus sud-orientale de la Grande-Grèce. Cette région correspond de nos jours, *grosso modo*, à celle des Pouilles (*Puglia*) ou à la péninsule salentine (le « talon de la botte »). Un jeune sophiste avec qui je fais la traversée me racontait hier que les colons qui ont fondé Tarente, il y a plus de 300 ans déjà (les Parthénies, une population spartiate), avaient rencontré beaucoup d'hostilité de la part des peuplades locales, que ces conflits perdurent encore aujourd'hui et qu'il nous faut faire preuve de prudence si nous prévoyons nous hasarder en dehors des grands centres. Il y a une centaine d'années (en 473 av. J.-C.), une grande bataille a opposé les Tarentins aux Iapyges, un ensemble de tribus natives de la région. Le port de Tarente, situé sur une petite île, est le plus important de la côte sud en raison de sa position stratégique. C'est ici que font escale les voyageurs venus des métropoles lorsqu'ils visitent leurs colonies dans la région. De plus, la cité connaît depuis longtemps une importante activité halieutique (*halieutiké*, qui signifie « pêche ») et commerciale.

Tarente est enfin à portée de vue! Les contours de la ville, avec son imposante muraille et son grand temple, où j'ai rendez-vous, se précisent peu à peu. Mon compagnon de voyage se rend régulièrement ici. Comme Athènes, d'où celui-ci est natif, la cité a adopté depuis l'époque de sa victoire sur les Iapyges une constitution démocratique: un contraste avec les origines spartiates et le passé oligarchique de la colonie qui ne manque pas de surprendre. Quelques centaines de milliers de personnes vivent ici et dans la campagne environnante, ce qui fait de Tarente l'une des plus grandes cités du monde grec, voire du monde entier, à cette époque.

Nous amarrons enfin, dans le tumulte. Je me dirige sans perdre un instant vers le temple d'Artémis (déesse de la nature sauvage), situé à l'autre extrémité de l'île, un impressionnant monument de style dorique s'élevant au-dessus des bicoques de pêcheurs, des habitations et des bâtiments publics. Archytas m'y attend.

Archytas de Tarente

Toi qui mesurais la mer et la terre et le nombre infini des grains de sable, Archytas, tout entier te couvre l'humble don d'un peu de poussière près des larges flancs du Matinus, et il ne te sert de rien d'avoir exploré les demeures aériennes et parcouru la voûte du ciel, d'une âme destinée à la mort.

HORACE, *Odes*, I, 28

Buste d'Archytas (ou de Pythagore).

Archýtas est peut-être né ici à Tarente entre l'an 435 et 410 av. J.-C., d'après les sources, et il y passera toute sa vie. Il mourra tragiquement lors d'un naufrage au large de la colonie de Mattinata, plus au nord dans la région, d'après ce que certains déduiront des vers d'Horace. Archytas, l'un des plus éminents savants de l'époque à laquelle nous nous trouvons, est également le premier grand mathématicien pythagoricien. On lui attribuera le fait d'avoir solutionné le vieux problème du dédoublement du cube, grâce à une ingénieuse méthode de son invention (qui sera appelée « courbe d'Archytas »), et d'avoir découvert les trois premiers des cinq solides réguliers (la pyramide ou tétraèdre, le cube, et le dodécaèdre). Dans le domaine de ce qui sera dénommé peu après lui la mécanique, Archytas écrira sur les machines, et sera reconnu comme le créateur d'un oiseau en bois capable de voler sur plus de 200 mètres, peut-être grâce à un système de propulsion à vapeur ! Aristote fera de lui l'inventeur du hochet et de la crécelle pour les enfants, et, selon d'autres témoignages, il sera également à l'origine de la vis, un siècle avant Archimède de Syracuse. Une source attribuera par ailleurs à Archytas la paternité de la théorie musicale la plus avancée à cette époque, voulant que la hauteur d'un son dépende de la vitesse avec laquelle il se propage dans l'air jusqu'à nos oreilles (cette théorie, bien qu'elle soit fausse, sera adoptée par Platon et Aristote, et reprise durant toute l'Antiquité).

Archytas s'intéressera aussi à l'astronomie et à la cosmologie, c'est-à-dire l'étude de l'origine et de la structure de l'Univers, comme le faisaient autrefois les physiologues ioniens. Il soutiendra dans un livre de cosmologie (qui sera perdu) la thèse d'un Univers infini, comme chez les atomistes, affirmant que si l'on peut se tenir sur le « bord de l'Univers » (que les astronomes associent à la « sphère des étoiles »), le simple fait d'allonger le bras ou de tendre un bâton au-delà de cette frontière prouve l'existence d'un au-delà par rapport à la limite initiale. Le même raisonnement vaut pour la nouvelle extrémité atteinte par le bras ou le bâton, qu'il sera toujours possible de repousser, encore et encore. Ainsi, il ne pourrait exister d'extrémité absolue. Cet argument en faveur de l'infinité de l'Univers sera le plus connu de l'Antiquité. Il repose sur l'une des toutes premières expériences de pensée recensées dans l'histoire humaine. L'argument d'Archytas sera repris par les épicuriens et Lucrèce, notamment, qui en fera mention dans son *De rerum natura* (dont nous avons parlé au chap. 1). L'argument inspirera aussi le philosophe italien Giordano Bruno, brûlé vif à Rome en 1600 pour hérésie, et réapparaîtra même chez Newton à la fin du 17e s. Aujourd'hui, l'argument d'Archytas n'a plus de sens dans la mesure où les cosmologistes croient à un Univers fini, mais sans bords (nous y reviendrons, car pour en saisir le sens, il nous faudra au préalable comprendre la théorie de la gravitation chez Einstein).

Archytas est aussi un grand général. Il mènera avec succès d'importantes campagnes militaires contre des communautés barbares hostiles aux colons tarentins, comme les Messapiens à l'est et les Lucaniens à l'ouest. Il écrasera aussi une ligue de cités grecques dirigées par Crotone, ce qui fera de Tarente la cité la plus puissante de toute l'Italie du sud. Aucune défaite militaire ne lui sera attribuée ! Archytas est par ailleurs un citoyen très impliqué dans la politique de sa cité. Il sera le seul grand savant de l'Antiquité à avoir joué un rôle politique déterminant. Dans une vingtaine d'années, Archytas sera élu stratège (*stratêgos*) — titre qu'il obtiendra à sept reprises — et sa contribution sera jugée si importante pour la colonie et sa prospérité qu'elle sera comparée à celle de Périclès pour la ville d'Athènes au siècle dernier (ce qui n'est pas peu dire !). Reconnu pour son humanité et sa bienveillance, Archytas fera adopter des lois pour favoriser le partage des richesses et éviter les conflits sociaux. Certains spécialistes modernes croiront que la figure d'Archytas sera l'une des sources d'inspiration importantes pour Platon et sa théorie du philosophe-roi, dont nous reparlerons. Aristote écrira sur la philosophie d'Archytas un ouvrage en trois ou quatre volumes (qui ne survivra malheureusement pas dans son intégralité). La mémoire d'Archytas sera honorée par maints auteurs romains, notamment le grand Cicéron. Dans un lointain futur, en 1935, un cratère sur la Lune portera son nom.

* * *

Nous sommes donc en l'an 388 av. J.-C., plusieurs années avant les faits d'armes et les succès politiques que nous venons d'évoquer. Notre homme, qui se tient devant nous et nous accueille dans un petit jardin public aménagé devant le temple, impressionne par sa prestance, sa grande amabilité et son calme. Vêtu d'une simple tunique de lin blanche, portant autour de la tête un *tainía* (une sorte de turban) et arborant un pendentif orné d'une étoile à cinq branches (un pentagramme), Archytas exprime clairement son appartenance à la confrérie des pythagoriciens.

Deux individus accompagnent Archytas, à qui ce dernier me présente aussitôt: un jeune homme d'à peine 20 ans prénommé Eudoxe, qu'il désigne comme son élève, et un homme âgé au moins du double, à la stature impressionnante, un certain Aristoclès d'Athènes, connu aussi sous le nom de Platon (*platon* signifiant en grec « large »). Laissez-moi vous dire quelques mots de ces deux penseurs qui passeront à l'histoire.

Eudoxe (408-355 av. J.-C.) est un savant grec originaire de Cnide, une cité du sud de l'Anatolie. Eudoxe fréquente Archytas depuis deux ans dans l'objectif de parfaire ses connaissances en mathématiques. Il deviendra aussi, dans une dizaine d'années, un disciple et un homme de confiance de Platon, avec qui il a d'ailleurs séjourné en Égypte il y a quelques mois. Vers la fin de sa vie, s'intéressant à l'astronomie, Eudoxe fondera sa propre école à Cnide, sa ville natale, et élaborera la toute première théorie destinée à expliquer le mouvement apparent des planètes (dans son *Des vitesses – Peri tachōn*). D'après Eudoxe, inspiré de certaines idées pythagoriciennes émises par Platon dans le *Timée*, les « planètes », c'est-à-dire les astres errants (le Soleil, la Lune, Mercure, Vénus, Mars, Jupiter et Saturne — on ignorait dans l'Antiquité l'existence d'Uranus et de Neptune), seraient fixées à des sphères transparentes emboîtées les unes dans les autres qui effectuent une rotation autour d'une Terre immobile. Les étoiles aussi seraient rattachées à une sphère (appelée « sphère des fixes ») qui tourne autour de la Terre en 24 heures. Cette théorie dite des sphères homocentriques sera complétée et perfectionnée par le disciple d'Eudoxe, Callippe de Cyzique, puis par Aristote, dans une section de son livre consacré à la *Métaphysique*. La théorie recevra un écho très favorable de la part des astronomes durant le Moyen Âge. Il s'agit d'une théorie géocentrique, c'est-à-dire qui suppose que la Terre est immobile au centre de l'Univers et que les planètes et les étoiles tournent autour d'elle. Cette théorie ne sera renversée que par celle de Nicolas Copernic au 16e s., qui postulera plutôt que le Soleil est fixe et que la Terre, à l'instar des autres planètes, tourne autour de lui.

Platon est un citoyen athénien en exil. Depuis la condamnation à mort de son maître Socrate (survenue il y a 11 ans, en 399 av. J.-C.), il a entrepris une série de voyages qui l'ont amené à Héliopolis (en Égypte) et à Cyrène (dans l'actuelle Libye), en Sicile et ici à Tarente, attiré comme Eudoxe par les compétences d'Archytas dans les sciences mathématiques. À la suite de cette première rencontre (à laquelle nous avons la chance d'assister !), Platon et Archytas deviendront amis. Dans une vingtaine d'années, Archytas sauvera d'ailleurs Platon d'une mort certaine, planifiée par le tyran Denys II, lors de sa troisième visite à la cour royale de Syracuse en l'an 361 avant notre ère. La postérité conservera sous le nom de Platon une *Lettre à Archytas* où cette histoire sera racontée. Il existera plusieurs points de discorde entre Platon et Archytas, mais l'influence de ce dernier sur le philosophe athénien paraîtra avec évidence dans plusieurs de ses œuvres (notamment *La République*). Au cours de la prochaine année, soit en 387 av. J.-C., Platon retournera vivre à Athènes. Il achètera un sanctuaire dans lequel il fera construire sa propre école, l'Académie, qui constituera le premier grand centre d'enseignement de type universitaire de l'histoire occidentale. Platon va diriger l'institution, y enseigner, développer sa propre philosophie et la consigner dans une série de textes (ses fameux dialogues) qui survivront heureusement jusqu'à nos jours. Nous nous rendrons un jour à l'Académie, et j'aurai alors l'occasion de vous parler de la conception platonicienne du Monde, qui est très singulière et mérite une attention spéciale. En attendant, revenons à Archytas.

Archytas est un maître pythagoricien déjà très connu dans le monde grec. Depuis plusieurs années, il enseigne à Tarente les principes de la doctrine de Pythagore (appelée « pythagorisme ») et continuera de le faire encore longtemps, même lorsqu'il assumera ses fonctions politiques.

Pythagore

> Jamais aucun philosophe n'a mérité autant que lui de vivre dans la mémoire des hommes. [...] Il avait dans ses paroles tant d'éloquence et de grâce que chaque jour tous les habitants de la ville accouraient pour entendre ce sage qu'ils considéraient à l'égal d'un dieu.
>
> DIODORE DE SICILE

Le personnage est auréolé de mystère et les événements de sa vie relèvent tous de la légende. *Pythagóras* n'a laissé aucun écrit, et nous ne connaissons sa vie et sa doctrine qu'à travers des textes laissés par ses disciples — ses plus anciens écrits remontent à plus d'un siècle après sa mort (l'un des plus connus étant intitulé les *Vers dorés de Pythagore*, attribués à un certain Lysis de Tarente). L'homme est dépeint par plusieurs sources comme l'un des plus grands esprits de la Grèce. Une tradition future verra même en lui le père de toutes les grandes vérités, celles que tous les autres grands savants ultérieurs, incluant Platon et Aristote, n'auraient que reprises et reformulées.

La naissance de Pythagore aurait été prédite par la Pythie de Delphes, d'où le nom qui lui a été donné, qui signifie littéralement « annoncé par la Pythie » (*Pyth-agóras*). Pythagore est natif de Samos, une île située en mer Égée, au large de Milet. Sa date de naissance varie d'après les sources, mais les historiens s'entendent souvent par la fixer aux environs de l'an 580 av. J.-C. Pythagore serait donc né presque un demi-siècle après Thalès, 120 ans avant Démocrite, 160 ans avant Archytas et 240 ans avant Épicure. Il était un contemporain d'Anaximène de Milet et de Xénophane de Colophon, et certaines sources rapportent qu'il aurait suivi les leçons d'Anaximandre et même du vieux Thalès. Pythagore serait mort en 497 av. J.-C., à Métaponte, une colonie située à peine à 50 km d'ici, en suivant la route qui longe le golfe de Tarente.

Pythagore aurait quitté Samos vers l'âge de 18 ans pour aller s'instruire en Phénicie, en Égypte, en Babylonie (où il aurait été détenu en captivité par les Perses durant une décennie), en Grèce continentale et en Crète. Il aurait été formé à des disciplines telles que la géométrie et l'astronomie, il aurait reçu les enseignements de plusieurs grands sages, et il aurait été initié à différentes sociétés qui délivraient des enseignements secrets, notamment l'orphisme, le chamanisme apollinien et les Mystères égyptiens. Âgé de 40 ans (donc vers 535 av. J.-C.), Pythagore s'est installé dans la région, à Crotone, avec sa femme, ses enfants et ses serviteurs. Il y a acquis rapidement une grande réputation et, trois ans après son arrivée, il a fondé sa propre école. Pythagore aurait ensuite institué de nouvelles communautés ailleurs en Italie du Sud (à Métaponte, Sybaris, Caulonia, Locres et Rhêgion) et en Sicile (à Syracuse et à Catane). Ces écoles étaient organisées sous la forme d'hétairies (soit des sectes ou des confréries initiatiques) qui offraient des enseignements ésotériques où étaient mêlés sciences, mathématiques, mysticisme et politique — nous y reviendrons.

Le jeune sophiste avec qui j'ai fait la traversée m'a aussi raconté qu'il y a 120 ans, une communauté pythagoricienne entière a été massacrée dans l'ancienne colonie de Sybaris lors d'une révolte populaire dirigée contre Pythagore. Milon de Crotone, qui était le beau-fils de Pythagore, aurait obtenu vengeance en dirigeant son armée vers Sybaris et en rasant la colonie ! Vers la fin de sa vie, pour des raisons politiques, Pythagore aurait quitté Crotone pour s'installer à Métaponte, où il était, semble-t-il, considéré comme l'égal d'un dieu — on lui attribuait d'ailleurs toutes sortes de pouvoirs paranormaux, notamment dans le domaine de la divination, de la magie et de la guérison miraculeuse.

Pythagore, détail de *L'École d'Athènes*, Raphaël.

Plusieurs des disciples directs de Pythagore sont devenus célèbres, notamment le savant Alcméon de Crotone et le mathématicien Hippase de Métaponte (qui a été l'un des maîtres d'Héraclite l'Obscur, dont nous avons parlé au chapitre précédent). À Crotone, vers l'an 450 av. J.-C., ont eu lieu de nouvelles persécutions dirigées contre les pythagoriciens, essentiellement pour des motifs politiques. On raconte que la maison de Milon a été incendiée, ce qui a causé la mort d'une quarantaine de pythagoriciens qui s'y étaient réfugiés. L'auteur des *Vers dorés de Pythagore*, Lysis, a été l'un des survivants de ce massacre (avec Philolaos de Crotone). Cet événement a provoqué la dispersion des adeptes et la fondation de nouvelles écoles dans d'autres colonies de la région, notamment à Tarente, considérée aujourd'hui comme le dernier bastion du pythagorisme. Archytas est l'ultime représentant de cette tradition qui remonte à Pythagore en personne.

* * *

Notre hôte Archytas nous conduit au-delà du centre urbain, concentré sur l'île, jusque dans la campagne environnante. Archytas est une célébrité ici, à en juger par les marques évidentes de respect qu'il reçoit de tous les habitants, riches ou pauvres, hommes ou femmes, adultes ou enfants, libres ou esclaves, bref de tous ceux dont nous croisons la route. En compagnie de Platon et d'Eudoxe, absorbés dans une discussion profonde sur les mouvements planétaires, nous empruntons une petite route qui borde le récif vers le sud et qui conduit à un groupe de bâtiments ainsi qu'à une grande maison blanche en front de mer, baignée des couleurs et des si belles lumières de la Méditerranée. J'ai devant les yeux le domaine des pythagoriciens de Tarente ! Un grand triangle équilatéral symbolisant le « nombre divin » (le nombre 10) est affiché au fronton de la maison principale. La villa possède un immense jardin lié à une cour intérieure où sont rassemblés, en petits groupes d'une trentaine de personnes, les membres de la confrérie, dont le nombre total doit atteindre 250. Ce havre à l'atmosphère harmonieuse me rappelle un peu, en plus vaste, celui qu'Épicure établira en banlieue d'Athènes, dans 80 ans.

Dès notre arrivée, une magnifique femme d'une quarantaine d'années, aux grands yeux couleur olive et aux longs cheveux, vêtue d'un péplos blanc et arborant elle aussi le pentagramme sur ses bijoux, nous accueille chaleureusement d'un grand sourire empreint de sincérité. C'est elle, nous explique Archytas, qui veille au bon fonctionnement des affaires de la congrégation tarentine. La femme nous conduit aussitôt vers un groupe de serviteurs qui nous donnent à boire et à manger.

ARCHYTAS. — Thémistokleia, avec qui j'ai le plaisir et l'honneur de diriger notre communauté depuis plusieurs années, est une descendante directe du grand homme.

C'est ainsi que certains pythagoriciens, suivant une vieille tradition qui vient d'Hippase, appelaient Pythagore.

ARCHYTAS. — Elle est l'arrière-petite-fille de Myïa, fille du grand homme, et du célèbre champion olympique Milon de Crotone. Elle porte le nom d'une prêtresse de Delphes auprès de qui le grand homme a été formé dans le domaine de la morale et que nous reconnaissons comme la toute première femme philosophe.

« Philosophe » ?

D'après une légende qui sera rapportée par Héraclide du Pont (un futur disciple de Platon et plus tard d'Aristote), un roi qui avait été impressionné par l'éloquence et la profondeur des discours de Pythagore aurait demandé à celui-ci de se présenter et de lui dire quel était cet art dont il avait une si grande maîtrise. Pythagore aurait simplement répondu qu'il était un « philosophe ». Il aurait inventé le mot *philosophos*, qui signifie littéralement « amoureux de la sagesse », en combinant les termes *philein* (soit « aimer », « désirer ») et *sophia* (qui renvoie à la « sagesse », dans un sens lié à celui de « connaissance »). Un philosophe est donc un individu qui tend vers la sagesse, qui désire connaître, qui cherche à savoir. Pythagore n'a pas affirmé qu'il était sage — seule la divinité l'était, à son avis —, mais plus humblement qu'il aspirait à l'être, qu'il visait à le devenir. Il n'a pas répondu qu'il savait, mais qu'il était à la recherche du savoir. Voilà donc d'où viendrait le terme, selon cette tradition qui remonte à Héraclide.

Le mot *philosophie* (*philosophía*) a été forgé plus tard et adopté par plusieurs autres savants pour désigner essentiellement deux choses :

1. La quête du savoir en tant que telle, c'est-à-dire la recherche sur la nature des choses et du Monde en général, se confondant *grosso modo* avec ce que nous appelons aujourd'hui la science : chez les Grecs, un philosophe est un homme de science, un « chercheur » ; un homme de science est un philosophe dans la mesure où il cherche à connaître. C'est pourquoi nous avons dit au chapitre précédent que les physiologues ioniens (Thalès, Anaximandre, Anaximène…) étaient des philosophes avant la lettre, ou les premiers hommes de science, dans la mesure où ils étaient à la recherche du grand principe à partir duquel est expliqué l'ensemble des phénomènes naturels. Aristote, qui dira s'inscrire dans la continuité de cette tradition, identifiera la philosophie à la recherche des principes les plus généraux de tout ce qui est. Chez Platon, la philosophie sera associée à un type de connaissances appelé *épistêmê*, que nous traduisons par « science » : le philosophe est en quête de « savoir scientifique », contrairement à ceux qui ne pratiquent pas la philosophie et qui se contentent d'avoir des opinions ou des avis (*doxá*). Nous en reparlerons, en temps et lieu.

2. La recherche du bonheur et de la vie bonne, laquelle était aussi un objet de préoccupation chez Pythagore. Après ce dernier, Socrate se présentera lui aussi comme un philosophe, en infléchissant explicitement le terme dans le sens d'une « recherche sur soi-même » et de la « façon de mener sa vie selon la vertu » (nous verrons cela au prochain chapitre).

La philosophie a donc eu dès l'origine un sens épistémique (c'est-à-dire associé à la recherche du savoir) et un sens éthique et existentiel (lié à la recherche du bonheur et de la vie vertueuse). La sagesse à laquelle aspire le philosophe est de nature à la fois théorique (elle s'exprime au travers de la connaissance des choses en général) et pratique (elle se manifeste dans le fait d'adopter le bon mode de vie pour pouvoir être heureux). La philosophie conservera pour toujours cette double orientation théorique-pratique. Celle-ci sera particulièrement manifeste chez un philosophe comme Épicure, qui, comme nous l'avons vu au premier chapitre, considérera que la physique a pour finalité de nous libérer des inquiétudes liées à une mauvaise compréhension des processus naturels, d'apaiser notre âme, de la conduire à l'ataraxie, bref de nous acheminer vers le bonheur.

Le pythagorisme

Après notre repas, Eudoxe et Platon se retirent pour faire la sieste et rêver encore un peu aux corps célestes. Thémistokleia entreprend de me faire visiter les lieux, le temps qu'Archytas termine une séance d'exercices et règle certaines affaires.

Ouvertes aux hommes comme aux femmes, aux citoyens comme aux étrangers, les fraternités pythagoriciennes sont des sociétés initiatiques, c'est-à-dire qu'elles ne transmettent leurs enseignements ésotériques (secrets) qu'aux individus qui ont été admis en leur sein en vertu d'un protocole plutôt rigoureux.

THÉMISTOKLEIA. — Les personnes regroupées près de notre vignoble à votre gauche sont les *postulants*. Ceux-ci sont recrutés parmi l'auditoire qui vient assister aux discours publics que nous organisons périodiquement, ici à Tarente. Nous choisissons ces candidats très scrupuleusement selon leur tempérament, leur morphologie physique, leurs penchants, leurs origines familiales, la manière dont ils conduisent leur vie, leurs dispositions aux études et à l'apprentissage… Il s'agit d'un long processus qui s'étend sur deux ou trois ans.

L'École pythagoricienne, F. Bronnikov.

L'auteur. — Thémistokleia, dites-moi, qui sont les individus regroupés là-bas près du récif, qui semblent vénérer le Soleil ?

Thémistokleia. — Ils vénèrent le grand homme (Pythagore). Ce sont ceux qui, parmi les postulants, ont accédé au premier degré initiatique. Nous appelons ces novices « acousmaticiens », c'est-à-dire « auditeurs », « ceux qui écoutent ». Les *acousmatikoi* sont tenus au silence et éduqués pendant cinq ans aux principes moraux et non démonstratifs de notre doctrine.

L'auteur. — Tenus au silence pendant cinq ans ? Ils y parviennent ?

Thémistokleia. — Pas tous, en effet ! Ils sont tenus de tout mémoriser, et ne peuvent ni écrire, ni répéter en dehors de ces murs ce qu'on y enseigne. Je suis spécialement chargée de ce groupe.

En retournant vers la villa, nous passons devant un petit centre d'études aménagé à même le jardin, meublé de tables et d'étagères remplies de rouleaux de papyrus et d'instruments de musique, dont une impressionnante collection de lyres. Une bonne cinquantaine d'initiés, tous vêtus de larges vêtements blancs et portant le *tainía*, sont absorbés dans leurs travaux, discutant à voix basse. Au passage, je remarque sur le sol une mosaïque de pierres sur laquelle certains tracent des grandes figures géométriques et manipulent toutes sortes d'instruments de mesure...

THÉMISTOKLEIA. — Voici les mathématiciens (le mot grec *mathematikoi* signifie « savants » — d'après *mathemata*, qui veut dire « étude »). Ces initiés ont officiellement rejoint notre communauté et ils sont formés aux enseignements ésotériques et démonstratifs de notre doctrine. Archytas assume la direction de l'aile mathématique et il croit qu'Eudoxe pourra l'assister dans cette fonction, sitôt sa formation terminée.

L'AUTEUR. — Ces enseignements dont vous parlez portent sur la géométrie ?

THÉMISTOKLEIA. — En partie. Ce mois-ci, c'est au programme. Nous avons ici de grands cycles d'études dans les domaines du sacré, de la politique et, à cette période de l'année, des mathématiques. Suivant la tradition, nous divisons le programme des sciences en deux groupes de cours théorétiques (théoriques) : un premier qui porte sur l'astronomie, la géométrie, la logistique (la théorie des nombres et des proportions, appelée aussi « arithmétique » — d'après le grec *arithmêtikê*) — et la musique (*moûsikê*). Notre maître Archytas estime que l'arithmétique et la musique sont des disciplines sœurs. Dans le second groupe, nous retrouvons les cours de sciences naturelles ou de physique, comme la météorologie (l'étude des météores, c'est-à-dire des phénomènes célestes : arcs-en-ciel, orages...), la médecine et la science des machines. Les disciplines de ces deux groupes appartiennent aux sciences démonstratives.

Archytas et Thémistokleia l'ignorent, mais le premier cycle de cours (astronomie, géométrie, arithmétique et musique) connaîtra un grand destin. Il formera au Moyen Âge l'une des bases de l'enseignement universitaire (appelé *quadrivium* en latin).

L'aile mathématique du pythagorisme a été représentée par Hippase de Métaponte, un disciple direct de Pythagore, avant de reposer entre les mains de Philolaos de Crotone, puis de notre hôte Archytas. Ses élèves Eudoxe de Cnide, Simmias et Cébès de Thèbes prendront la relève par la suite.

* * *

Nous sommes de retour dans la cour intérieure, où nous avons étanché tout à l'heure notre faim et notre soif. Archytas nous y attend. Deux autres femmes viennent nous rejoindre, Abrotéléia et Pisirrhonde.

Thémistokleia. — Ceux et celles qui sont reçus dans notre communauté mettent leurs biens en commun. Tout ceci, cette belle demeure, ces jardins, ce vignoble et ces équipements destinés aux études appartiennent à nous tous !

L'auteur. — À l'heure du repas, j'ai deviné que vous adoptez ici une diète végétarienne.

Thémistokleia. — Oui. Nous promouvons, entre autres choses, le bien-être animal, à l'instar de nos ancêtres. Nos vêtements sont faits de lin, et non pas de laine. Vous savez, nous devons tous ici nous conformer à un genre de vie.

Un genre de vie qui sera appelé plus tard *bíos pytagorikós* (« vie pythagorique »).

Thémistokleia. — Outre le respect de règles précises quant à notre alimentation, notre existence est régie par la pratique quotidienne de différents rituels sacrés, de cérémonies et d'exercices de purification du corps et de l'âme. Nous chantons et dansons fréquemment tous ensemble, près de la falaise ! Chacun de nous est tenu au respect inconditionnel des autres, il doit apprendre à se connaître lui-même, cultiver l'abstinence sexuelle et surtout veiller assidûment au développement de ses facultés intellectuelles. Nous encourageons beaucoup aussi la gymnastique, la marche et les sports athlétiques.

Pisirrhonde. — Le grand homme lui-même a été champion de pugilat. Et vous saviez que l'arrière-arrière-grand-père de Thémistokleia, Milon, a même remporté les jeux panhelléniques quatre fois de suite !

Et il s'ensuit une très longue discussion sur les origines familiales respectives de tous les participants à notre discussion, choses auxquelles les pythagoriciens accordent manifestement une grande importance. Platon et Eudoxe viennent nous rejoindre au moment où Archytas, Thémistokleia et Abrotéléia nous parlent des personnes qu'ils ont été dans des vies antérieures.

La transmigration des âmes

En matière de croyance religieuse, celle de la « transmigration des âmes » occupe la place centrale au sein du pythagorisme.

ARCHYTAS. — Mon prédécesseur, Eurytos, le disciple de Philolaos qui avait enseigné ici à Tarente après le massacre de Crotone, m'a appris lorsque j'étais encore très jeune que le grand homme avait été le plus éminent des sages au sujet de l'âme et de ce qu'il advient d'elle après la mort.

ABROTÉLÉIA. — L'être humain est un couple d'opposés : il est corps (*sôma*) et il est âme (*psychê*). L'âme est enfermée dans le corps comme dans un tombeau (*sêma*). Le corps n'est pas vivant par lui-même, mais le devient grâce à l'âme, qui est en lui et qui est à l'origine de tous ses mouvements. Ce que nous appelons la mort est une libération de l'âme. Immortelle et immatérielle, elle quitte notre corps pour migrer vers un autre, animal ou humain.

THÉMISTOKLEIA. — C'est pourquoi nous nous abstenons ici de manger la chair des animaux, comme je vous le disais tout à l'heure, sauf dans certains cas où les bêtes sont sacrifiées suivant le culte traditionnel des dieux.

PISIRRHONDE. — Ce que nous appelons la vie n'est qu'un grand cycle de naissances et de renaissances. Un disciple de Philolaos avait estimé que ces cycles étaient séparés de périodes égales à 216 ans. D'une vie à l'autre, l'âme est conservée et la même personne, avec son tempérament et ses émotions, est ainsi perpétuée.

ABROTÉLÉIA. — Le grand homme avait reçu d'Hermès le don de se souvenir de ses anciennes vies : il se rappelait avoir été Éthalidès, le fils du dieu ; Euphorbe, le prêtre d'Apollon ; le chamane Hermotime ; et enfin Pyrrhus, un pêcheur de l'île de Délos…

***

Cette doctrine de la « transmigration des âmes » correspond à celle de la « métempsychose » (*metempsúkhôsis*), croyance selon laquelle l'âme passe ou se déplace d'un corps à un autre. L'âme, qui est immortelle et immatérielle, voyage d'un corps matériel à un autre, que celui-ci soit végétal, animal ou humain. Sur le plan terminologique, il est plus juste de parler de « métensomatose », dans la mesure où ce n'est pas l'âme elle-même qui change (celle-ci demeure au contraire identique), mais le corps : l'âme change de corps, passe de corps en corps. Il est possible que Pythagore ait lui-même emprunté cette doctrine à l'orphisme, un culte « à mystères » auquel il avait été initié dans sa jeunesse. Empédocle, qui selon certains spécialistes aurait été pythagoricien, avait lui aussi adhéré à cette doctrine. La métensomatose existe également dans la religion hindouiste : d'après l'enseignement du Veda (qui remonte à plusieurs centaines d'années avant Pythagore, et peut-être à une tradition orale encore plus ancienne), l'âme (appelée *atman*) s'échapperait lors de l'incinération et poursuivrait son cheminement individuel à travers d'autres corps... Pythagore aurait-il voyagé en Inde au cours de sa jeunesse ? Certains historiens admettent cette hypothèse. La doctrine de la transmigration des âmes sera promue plus tard par Platon (dans le *Ménon*, le *Phédon*, *La République*, notamment) et rejetée par Aristote, qui ne croira pas à l'immortalité de l'âme (chez lui, l'âme est inséparable du corps et disparaît avec la mort).

Les Grecs en général adhéraient à l'immortalité de l'âme et à la métensomatose. Nous trouvons dans la langue grecque un autre terme qui exprime cette croyance, soit *palingenesía* (« palingénésie », qui signifie littéralement « nouvelle naissance », « re-génération », « retour à la vie »). Ce mot est plus proche de l'expression qu'aurait utilisée Pythagore lui-même en parlant de *palin ginetaï* (« re-naître »). Le terme *réincarnation*, d'origine latine, exprime aussi l'idée d'un « retour dans la chair ». Il faut cependant être prudent quant à l'usage de celui-ci, car à l'origine il ne renvoyait pas à la doctrine de la transmigration des âmes, que le christianisme rejetait totalement. Le mot a été forgé d'après le terme *incarnatus*, qui désigne le fait, pour Dieu, de s'être *fait chair* dans la personne de Jésus-Christ.

Le Monde est Nombre

Archytas. — Cette planète brillante à l'ouest, vous la connaissez ? C'est *phosphóros* (Vénus). Elle apparaît toujours la première, le soir venu. Et quelle est la planète qui est la dernière à disparaître au petit matin, et qui se trouve à l'est ? Le grand homme l'a découvert : il s'agit exactement de la même : *phosphóros*.

L'auteur. — Fascinant ! Vous savez, la contemplation de ce grand spectacle des planètes et des étoiles dans le ciel suscite en moi un tel ravissement que je me trouve comme paralysé et les mots me manquent pour l'exprimer…

Eudoxe. — Mais vous écouter suffit à me faire comprendre votre sentiment, car j'éprouve le même ! C'est en l'ayant ressenti étant encore enfant que j'ai su que je deviendrai un jour astronome. Et me voilà aujourd'hui ! L'étude du ciel est l'une des motivations principales de ma présence ici.

Platon. — Nous discutions ensemble ce matin à propos des mouvements planétaires. Les planètes décrivent des mouvements dans le ciel que nous pouvons observer de nuit en nuit. Ces mouvements sont exactement les mêmes depuis que les êtres humains les étudient. Les planètes obéissent à une sorte de régularité éternelle qui est absolument stupéfiante, sans oublier la rotation parfaite et tout aussi régulière des étoiles au cours de la nuit. Par ailleurs, il n'est pas moins intrigant de voir que ces planètes semblent suspendues dans le vide, sans que rien les supporte ni ne les entraîne dans leurs mouvements. J'espère un jour être en mesure de découvrir le principe caché de ce phénomène.

Archytas. — Tous ces mouvements célestes, quel que soit le support matériel qui les rend possibles, relèvent d'un ordre mathématique. Ce grand spectacle dont vous parlez et qui s'offre à nous est Nombre.

L'auteur. — Le ciel est Nombre ?

Archytas. — Mais tout est Nombre, cher ami !

Thémistokleia. — J'en conviens, c'est une idée que nos néophytes trouvent difficile à comprendre, mais que mes mathématiciens mettent ici en pratique tous les jours, et que les prochaines générations de savants appliqueront à un éventail de phénomènes de plus en plus étendu.

Archytas. — Tout est Nombre. Mon ancien maître, le vieux Philolaos, l'avait bien enseigné : tout ce qui apparaît à nos sens — les étoiles, la course des planètes, les choses ici-bas, comme ces pierres que nous laissons tomber et cette mer avec ses vagues, ses marées et sa multitude de grains de sable — est constitué de Nombres et connaissable à travers eux. Les Nombres sont ce de quoi toute chose est faite.

L'auteur. — Vous voulez dire que les Nombres sont comme les constituants des choses ? Ou encore des *atomos idea*, pour parler comme le vieux Démocrite ?

Archytas. — Ce ne sont pas, comme l'enseignaient les anciens physiologues, des constituants matériels à l'instar de l'eau ou de l'air, par exemple. Les Nombres sont plutôt les principes (*archè*), les sources ou les racines intelligibles de toute chose. Les Nombres sont les constituants ou les éléments intelligibles des corps matériels.

L'auteur. — Intelligibles ?

Platon. — Ils sont intelligibles dans le sens où il s'agit de principes immatériels — par opposition à matériel. Échappant de ce fait à toute perception sensorielle, ils ne peuvent être saisis qu'au moyen de notre intelligence.

Archytas. — Oui, les Nombres ne peuvent être représentés que par la pensée. Ils peuvent être définis comme des formes atomiques, à condition donc de ne pas attribuer à ces formes une réalité matérielle. Les Nombres sont des *minima* ou des formes atomiques immatérielles. Ils échapent à donc à toute observation et ne peuvent être appréhendés que par une intelligence éduquée à cette fin.

Thémistokleia. — Les Nombres sont immatériels et intelligibles, mais nous ne pensons pas que ce soient des entités autonomes en regard du Monde, de simples symboles ou des constructions abstraites. Nous pensons au contraire qu'ils représentent les principes premiers du Monde, qu'ils sont à l'œuvre partout en lui, qu'ils constituent chaque chose et déterminent sa manière de se comporter. Et bien davantage : les Nombres n'agissent pas que dans les structures du Monde matériel ; ils interviennent aussi dans le domaine des relations politiques et des actions morales, qui s'expliquent toutes en termes de Nombres et de proportions mathématiques. Toute concorde qui existe entre les humains et qui rend possible l'État est affaire de proportions et n'existe que dans la mesure où nous possédons tous la faculté de calculer.

J'attire votre attention sur le terme *proportion* utilisé par notre hôtesse. Le fait que le mot grec *lógos* (« raison », « discours ») ait aussi eu le sens de « proportion », « rapport », « relation » est significatif. Une proportion est un « rapport rationnel » entre des éléments, et l'esprit humain découvre celui-ci par le calcul.

Archytas. — Sur le plan individuel, la vie bonne est aussi fondée sur le calcul et est affaire de proportion, de mesure. C'est par le calcul que nous limitons nos actions dans la poursuite des plaisirs de manière à éviter les excès ou la démesure (*hybris*).

Je croirais entendre parler ici les futurs épicuriens… Les concepts de mesure, de pondération, de modération sont très ancrés dans la compréhension grecque des choses.

L'AUTEUR. — Comprendre le Monde et ses phénomènes, c'est calculer, et vous dites que bien vivre se réduit aussi à un calcul ?
THÉMISTOKLEIA. — Nous enseignons ici que l'âme possède deux parties, une partie rationnelle et une partie affective, de laquelle proviennent nos émotions et nos appétits. Or, en toute chose, l'être humain doit fonder son action sur la partie rationnelle. Considérez par exemple un individu en proie au plus grand des plaisirs de la chair. Dans cet état, il ne lui est plus possible d'agir d'après la raison et de prendre des décisions calculées : les passions l'emportent. Le plaisir s'oppose par nature à la raison, et plus nous nous laissons aller à lui, moins nous raisonnons. Ne pas agir sur le coup de la colère, ne pas suivre nos envies les plus immédiates, garder en toutes circonstances le contrôle sur soi-même, voilà ce qui relève d'un calcul.
ARCHYTAS. — Tout — le Monde dans sa totalité, incluant notre façon de vivre en lui — est Nombre, et le Nombre peut être connu par l'arithmétique, qui est précisément l'art du calcul. La tâche essentielle de l'intelligence humaine est de dévoiler le Nombre derrière toute chose qui apparaît. L'art de calculer est le fondement de toute science et de toute sagesse de vie. Par le calcul, le rideau des phénomènes tombe et le sage, par le moyen de sa seule pensée, accède aux coulisses du Monde et aux rouages mathématiques de son spectacle.

Le génie pythagoricien à l'œuvre…

* * *

> *Musica est exercitium arithmeticae*
> *occultum nescientis se numerare animi.*
> (« La musique est un exercice d'arithmétique caché
> où l'âme ne sait pas ce qu'elle compte. »)
> G. W. LEIBNIZ, 17ᵉ s.

Dès le lendemain, après les chants, les rituels et la promenade du matin, nous reprenons la conversation de la veille, à laquelle j'ai pensé presque toute la nuit...

L'auteur. — Cette idée selon laquelle tout est Nombre me fascine. Ne renvoie-t-elle qu'à un énoncé de principe servant de guide à un programme de recherche, ou avez-vous déjà découvert des Nombres ou des proportions mathématiques effectivement à l'œuvre, quelque part ?

Un membre de la faction des mathématiciens qui se tient près de moi me demande de le suivre jusqu'au petit centre d'études que j'ai aperçu à mon arrivée.

Le savant. — Le Nombre est l'ordre intelligible du Monde. Le cosmos est un ordre mathématique qu'il est possible de connaître.
L'auteur. — Très bien, mais d'où tenez-vous cette idée ? Pourriez-vous me donner un exemple ? Avez-vous une preuve de ce que vous avancez ?
Le savant. — Le grand homme a découvert que la musique, par exemple, est de nature mathématique. À l'aide d'un monocorde de sa fabrication (un instrument à une seule corde muni d'un chevalet mobile et d'un chevalet fixe), il a démontré que la hauteur d'un son est inversement proportionnelle à la longueur de la corde que l'on fait vibrer : autrement dit, que plus la corde est longue, plus le son émis est bas, et que plus la corde est courte, plus le son émis est haut. Notre maître Archytas explique ce phénomène en affirmant qu'une corde plus courte émet des sons qui se propagent plus rapidement dans l'air jusqu'à nos oreilles que ceux produits par une corde plus longue.

Il est vrai qu'il existe un lien proportionnel entre la hauteur d'un son et la longueur de la corde qui émet ce son, sauf qu'Archytas et ses mathématiciens ne sauront jamais que l'explication qu'ils en donnent est fausse : il est aujourd'hui démontré que tous les sons voyagent à la même vitesse dans un même milieu et que la hauteur d'un son dépend plutôt de sa fréquence (ce qui ne sera compris qu'au 19ᵉ s.). Mais revenons à notre mathématicien...

Le savant. — Le chevalet mobile de notre monocorde est brisé... Mais prenons cet autre instrument, qui est une lyre sur laquelle j'ai tendu quatre cordes. La première corde a une longueur d'une unité. La deuxième corde a une longueur égale aux trois quarts de la première ; la troisième, aux deux tiers de celle-ci, et la quatrième n'en mesure que la moitié.

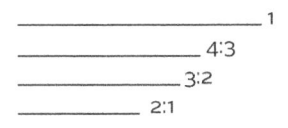

```
_____ 1
_____ 4:3
_____ 3:2
_____ 2:1
```

Pincez la première corde...

Je m'exécute.

L'auteur. — C'est la note... *K* (*kappa*) ?

Cela correspond au *do*. Dans l'Antiquité, il était très commun d'employer les lettres de l'alphabet pour désigner les notes musicales. Au 6ᵉ s., le savant Boèce utilisera les lettres de l'alphabet latin (*A*, *B*, *C*...). La notation *do*, *ré*, *mi*, *fa*, *sol*, *la*, *si* ne sera adoptée qu'à partir du 11ᵉ s.

Le savant. — Oui. C'est la note fondamentale. Pincez la deuxième corde...

L'auteur. — C'est un Φ (*phi*, c'est-à-dire la note *fa*) ?

Le savant. — Une corde dont la longueur n'est égale qu'aux trois quarts de la première produit une note séparée de celle-ci de quatre degrés, intervalle que le grand homme a baptisé le *diatessarôn*.

En théorie musicale moderne, cela équivaut à la quarte. Donc, nous avons ici produit la quarte du *do*. Je pince la troisième corde...

L'auteur. — *Gamma* (Γ ; un *sol*) ?

Le savant. — Oui. Une séparation de cinq degrés de la note fondamentale équivaut au *diapente*. Après le *diapasôn*, cet intervalle est celui qui produit la consonance la plus harmonieuse et la plus pure. Notre maître Archytas a développé tout un accord musical construit uniquement sur le *diapente*.

Le *diapente* correspond aujourd'hui à la quinte. Ce qui sera appelé plus tard la « gamme pythagoricienne » permettra d'établir une échelle chromatique qui sera utilisée pendant tout le Moyen Âge. Cette gamme figure parmi les plus géniales découvertes de Pythagore.

Enfin, je pince la dernière...

L'auteur. — Oh! C'est un *kappa* (*K*) augmenté (soit le *do* à l'octave).
Le savant. — C'est le *diapasôn*, qui complète la gamme.
L'auteur. — Impressionnant!
Le savant. — Vous devez conclure, cher ami, par ce que je viens de vous démontrer, que le son est Nombre. Que la musique tout entière est Nombre! Les proportions harmoniques sont des rapports de Nombres (*4:3*, *3:2* et *2:1*), et ce sont ces rapports qui déterminent les intervalles. L'harmonie musicale est Nombre. Qu'il le sache ou non, le musicien est un arithméticien. Vous arriverez exactement aux mêmes conclusions en analysant les sons produits par une flûte ou une flûte de Pan : si une colonne d'air d'une certaine longueur produit une note et que vous réduisez cette longueur de moitié, celle-ci produira la même note augmentée (supérieure d'une octave), et la même note diminuée (inférieure d'une octave) si vous doublez la longueur de la colonne.

** * ***

Fortement impressionné, je retourne auprès d'Archytas...

Archytas. — Maintenant, cher ami, faites un effort pour comprendre que derrière toute apparence, derrière tout ce que vous percevez avec vos oreilles et vos yeux se cache l'œuvre des Nombres, et que cette œuvre est intelligible, c'est-à-dire qu'elle ne peut être comprise que par le raisonnement, l'intelligence, la pensée.
Thémistokleia (en souriant). — Philolaos affirmait que toute chose est connaissable à travers les Nombres, que le Monde tout entier est Nombre, qu'il est un cosmos...

Le terme *kósmos* est utilisé par les penseurs grecs dans un sens qui est proche de celui d'*Univers*. Ce que nous traduisons aujourd'hui par « Univers » se dit en grec ancien *to holon* ou *to pan*, ce qui signifie littéralement le « Tout », soit la « totalité de ce qui existe ». L'Univers, c'est la réalité prise dans sa globalité, par opposition à toutes les choses particulières qui composent cet Univers (les planètes, les étoiles, les pierres, les maisons, les grains de sable, etc.). Chez les physiologues milésiens, comme nous l'avons dit, la « totalité de ce qui existe » était désignée par le terme de *phúsis*, que nous traduisons par « nature ». Anaximandre aurait peut-être été le premier à utiliser le terme *monde*. Chez les atomistes anciens (Démocrite, Épicure, Lucrèce), la réalité prise dans son ensemble était plutôt identifiée à la totalité infinie du vide et des atomes qui évoluent dans ce vide, se combinant diversement et se dissociant depuis toujours. Aristote parlera pour sa part d'*ouranos* (« ciel ») pour désigner le Tout.

Les pythagoriciens, quant, à eux utilisent le mot *kósmos*, qui signifie « mise en ordre, mise en forme, organisation, arrangement ». Ce terme a aussi été traduit en français par *monde* : en effet, *kósmos* correspond à *mundus* en latin, d'où provient le mot *monde*. Le Monde, c'est la totalité de ce qui est, c'est l'Univers. Mais chez les pythagoriciens, il est encore plus que cela : il est ordre, structure, ordonnancement, arrangement, règlement. Il s'oppose à *kháos* (traduit par *chaos*), qui signifie « faille, béance, gouffre », et connote l'idée d'une absence d'ordre (un désordre) ou de structure, d'une privation d'arrangement ou encore d'un dérèglement. Chez les pythagoriciens, la Nature, l'Univers ou le Monde n'est pas un désordre, mais, tout au contraire, un ordre. Et cet ordre implique aussi une forme de beauté : le Monde est beau dans la mesure où il est arrangé, dans la mesure où tous les éléments qui le composent occupent une place définie, formant ainsi une sorte de grande totalité harmonieuse. Lorsque nous disons à nos enfants de ranger leur chambre, de mettre les choses à leur place parce que nous exigeons d'eux qu'ils « fassent une belle chambre », nous pensons comme des pythagoriciens, sans le savoir. Nous supposons qu'ordre et beauté vont de pair, que ce qui est beau est ordonné et que ce qui est ordonné est beau. Une chambre en désordre n'étant pas une belle chambre, nous fixons donc des règlements pour mettre un peu d'ordre. Les pythagoriciens voyaient ainsi le Monde dans son ensemble : il y a un ordre dans le Monde et la contemplation de cet ordre provoque une forte impression de ravissement et de beauté. Le Monde est une belle et grande totalité ordonnée et harmonieuse, où tout occupe une place déterminée : il est un *kósmos*.

L'AUTEUR. — Mais pourquoi donc ? D'où provient cet ordre des choses ?

THÉMISTOKLEIA. — Nous vous l'avons dit maintes fois, c'est parce que le Monde est Nombre ! C'est le Nombre, fondement de tout — des intervalles musicaux jusqu'à la course des planètes —, qui fait de la Totalité un *kósmos*.

Le savant. — L'ordre du Monde est mathématique et peut être exprimé dans les termes de l'arithmétique. C'est cette réalité qui gouverne toute chose et qui confère à cette Totalité sa beauté.

L'auteur. — Je vois. Mais vous n'êtes pas sans connaître aussi les thèses de Démocrite d'Abdère, que nous avons évoqué hier et qui ramène la Totalité à l'ensemble des *atomos idea* (des « formes atomiques ») et à leur combinaison dans le vide ? Chez lui, rien n'est plus fondamental que les atomes et le vide, et il n'existe rien d'autre. Les théories matérialistes des anciens physiologues de Milet ne vous sont sans doute pas étrangères non plus.

Thémistokleia. — Amyclas, un ami commun à Platon et à moi, connaît bien le vieux Démocrite et sa doctrine. Philolaos la lui avait aussi enseignée, autrefois. Nous ne sommes pas contre l'idée qu'il puisse effectivement exister des *atomos idea* dans la Nature à condition d'admettre qu'elles sont elles-mêmes constituées de Nombres, et que ce sont plutôt ces derniers qui se trouvent au fondement de ce qui est engendré et détruit ou, autrement dit, du Tout.

Archytas. — Le talon d'Achille de la théorie de Démocrite ne réside pas dans l'affirmation voulant qu'existent des *atomos idea*, mais dans le fait que les mouvements de ceux-ci soient décrits comme aléatoires : c'est en recourant à l'hypothèse du hasard que Démocrite conçoit les combinaisons et les dissociations, comme les particules de poussière qui vagabondent dans un rayon de Soleil. Nous pensons plutôt que les mouvements de ces *atomos idea* obéissent à des régularités mathématiques, et que c'est en vertu de cela que, pris dans son ensemble, le Monde est une totalité ordonnée et harmonieuse, où tous les *atomos idea* ont leur place, en quelque sorte, et obéissent éternellement aux mêmes principes. Sans le gouvernement des Nombres, le chaos règnerait à l'échelle des *atomos idea* et à donc à l'échelle du Monde tout entier. Au contraire, le Monde est Nombre, et tout ce qui le compose est soumis à son gouvernement, jusqu'à la moindre parcelle de matière. Et pareillement, dire de l'eau, du feu, de l'air ou de l'indéterminé qu'ils sont les principes premiers de la Nature n'explique pas l'organisation du Monde en tant que cosmos.

Deuxième partie
La postérité du pythagorisme

Histoire de la tradition pythagoricienne

Plusieurs spécialistes divisent l'histoire du pythagorisme en trois grandes périodes.

1. La première est appelée paléopythagorisme (ou pythagorisme ancien). Elle commence avec Pythagore au 6e s. av. J.-C. et se poursuit avec ses auditeurs, disciples et successeurs directs (qui l'ont connu de son vivant), tels que Théanô (qui aurait été son épouse ou sa fille), son fils Mnésarque ou Telauges, Aristée de Crotone, Boulagoras, Gartydas de Crotone, Théagès, Brontinos, Alcméon de Crotone, le poète Épicharme de Cos, Xouthos et Hippase de Métaponte.
2. Le « médiopythagorisme » (ou « pythagorisme moyen ») est le nom donné à la tradition qui a prolongé et enrichi l'héritage du pythagorisme ancien au cours du 5e et de la première moitié du 4e s. av. J.-C. Parmi ses représentants figurent Philolaos et Lysis de Crotone, Eurytos, Xénophile de Chalcis, Échécrate, Archytas de Tarente, Timée de Locres, Eudoxe de Cnide, Hicétas de Syracuse et Ecphantos.

Même s'il n'est pas un pythagoricien au sens strict du terme, Platon a aussi contribué à la diffusion de cette tradition grâce à des textes teintés de pythagorisme, comme le *Timée* (où apparaît Timée de Locres dans une conversation avec Socrate) et les *Lois*. Dans le sud de l'Italie, la tradition médiopythagoricienne s'est éteinte au milieu du 4e s. av. J.-C., après la mort d'Archytas. Elle a survécu un temps à Rome chez des auteurs comme Appius Claudius Caecus (fin du 4e s. av. J.-C.), le général et homme d'État Scipion Émilien, ainsi que l'auteur et magistrat Caton l'Ancien (de la fin du 3ᵉ au début du 2ᵉ s. av. J.-C.).

3. Enfin, le « néopythagorisme » correspond au renouveau de la tradition pythagoricienne en Grèce dès le milieu du 1ᵉʳ s. av. J.-C. ainsi qu'à la fondation d'écoles à Rome et à Alexandrie à la même époque. Ce courant du pythagorisme a été de loin le plus influent sur le plan historique. C'est de lui que provient l'idée selon laquelle tous les grands philosophes antérieurs, notamment Platon et Aristote, n'auraient que repris et développé des vérités toutes saisies au commencement par Pythagore lui-même.

En 1917 à Rome, dans le quartier de Prenestino-Labicano, une basilique souterraine a été découverte par accident, après l'effondrement du toit de son vestibule. Il est probable que La basilique souterraine de la porte Majeure (*Basilica sotterranea di Porta Maggiore*), dont la construction remonterait au 1ᵉʳ s. de notre ère (à l'époque de Néron), soit un temple néopythagoricien.

On peut difficilement considérer le néopythagorisme comme une authentique tradition pythagoricienne tant il a été mélangé aux doctrines de Platon et d'Aristote. Déjà, les premiers successeurs de Platon à la tête de l'Académie

Voûte de la basilique souterraine de la porte Majeure à Rome.

(Speusippe et Xénocrate) avaient associé les Idées aux Nombres, donnant ainsi une inflexion pythagoricienne au platonisme (nous reviendrons sur la notion d'Idée chez Platon). Dès le 3ᵉ s. de notre ère, l'école platonicienne est entrée dans une phase de son histoire appelée « néoplatonisme », et c'est à travers lui que le pythagorisme a survécu. Appartiennent à cette école néoplatonicienne de Rome d'éminents philosophes comme Plotin, Porphyre de Tyr et son disciple Jamblique aux 3ᵉ et 4ᵉ s. Ces deux derniers ont tous deux rédigé une *Vie de Pythagore* (ou plus exactement une *Vie pythagorique*). Une école néoplatonicienne a aussi existé à Athènes aux 5ᵉ et 6ᵉ s., ainsi qu'à Alexandrie du 5ᵉ s. au milieu du 7ᵉ s., jusqu'à la conquête de l'Égypte par les Arabes musulmans. Nous reparlerons du néoplatonisme et de sa représentation du Monde au chapitre 8.

En Occident, le pythagorisme lui-même n'a pas survécu à l'avènement et à l'adoption du christianisme sous l'Empire romain, bien que la figure de Pythagore ait été louangée par plusieurs hommes d'Église dans les premiers siècles de notre ère, notamment par saint Augustin. L'École néoplatonicienne d'Athènes, ainsi que les autres écoles philosophiques (notamment l'Académie de Platon), dont les enseignements étaient incompatibles avec le dogme chrétien, ont été contraintes de fermer leurs portes en l'an 529, sur les ordres de l'empereur Justinien 1ᵉʳ. À cette époque, Pythagore était mort depuis plus d'un millénaire et Archytas, depuis 876 ans.

Épîtres des Frères de la pureté, Irakischer Maler.

Au Moyen Âge, le pythagorisme n'a été perpétué que dans certains milieux savants en terres d'Islam, notamment à travers des travaux menés dans le domaine de l'alchimie (comme chez Jâbir Ibn Hayyân ou Geber, au 8ᵉ s.) et de la théorie musicale (chez al-Kindî, 9ᵉ s., surnommé le philosophe des Arabes). Un important texte scientifique et philosophique ismaélien du 9ᵉ ou 10ᵉ s., intitulé *Épîtres des Frères de la pureté* (*Ikhwan al-Safa*), a repris et développé, dans un esprit à la fois conforme à la religion musulmane et au mysticisme néopythagoricien, la thèse fondamentale énonçant que le Monde est Nombre.

M. Ficin (à gauche), détail de la fresque de la Chapelle Tornabuoni, D. Ghirlandaio.

Ce que les savants du Moyen Âge européen ont conservé de Pythagore se résume à la fondation des mathématiques et de la musique. Sa doctrine n'a connu un regain d'intérêt qu'après sa redécouverte à la Renaissance (15ᵉ-16ᵉ s.) grâce au passage en Europe de la littérature gréco-latine via la tradition arabo-musulmane. Parmi les figures les plus connues du pythagorisme renaissant et moderne, mentionnons le savant et philosophe humaniste italien Marsile Ficin (1433-1499), qui a traduit en latin plusieurs textes issus de la tradition pythagorico-néoplatonicienne (notamment la *Vie pythagorique* de Porphyre et Jamblique), contribuant à faire connaître Pythagore et sa doctrine auprès des savants de l'époque. Mentionnons aussi au passage le théologien et humaniste Johannes Reuchlin (1455-1522) et l'auteur populaire anglais Thomas Tryon (1634-1703), qui ont diffusé cette tradition en Allemagne et en Grande-Bretagne, respectivement.

On se souviendra que les pythagoriciens anciens pratiquaient vraisemblablement le végétarisme et promouvaient le bien-être animal. Thomas Tryon est le premier à avoir défendu l'idée que les animaux possèdent des droits (*rights*), dans son livre *The Way to Health, Long Life and Happiness*, paru en 1683. Cela fait de lui un lointain précurseur de l'animalisme, cette théorie éthique voulant que l'être humain ait des devoirs moraux envers les autres espèces animales étant donné qu'elles sont, tout comme lui, des êtres sensibles, capables de ressentir la douleur. Il croyait en l'existence d'une véritable religion originelle de l'humanité, qu'il a tenté de retrouver en réconciliant des enseignements tirés des textes bibliques, de la tradition pythagoricienne et de l'hindouisme ancien (le brahmanisme). Estimant que l'un des piliers fondamentaux de cette religion oubliée était le pacifisme et la bienveillance à l'égard des animaux, il a présenté le végétarisme comme une condition de l'évolution spirituelle de l'être humain et de son Salut.

Le mysticisme pythagoricien

La représentation mathématique et rationnelle du Monde défendue par les pythagoriciens antiques ne manque pas d'impressionner. Mais il faut être averti du fait que le pythagorisme était aussi une doctrine profondément mystico-religieuse au sens où les croyances occultes et les pratiques rituelles occupaient l'avant-scène. Les témoignages les plus anciens sur Pythagore le présentent comme un homme qui adhérait davantage à une représentation mythique du cosmos davantage qu'à une représentation strictement « rationnelle » et « scientifique », dans le sens actuel que nous donnons à ces épithètes. Pythagore croyait, par exemple, que les corps célestes (le Soleil, la Lune, les planètes, les étoiles) se meuvent dans le ciel conformément aux rapports mathématiques qui régissent les intervalles musicaux et produisent une « musique céleste », que celui-ci prétendait entendre ! Pareille croyance mystique est à l'origine de la thèse défendue par les pythagoriciens (notamment par Archytas et Platon) selon laquelle des disciplines comme la musique et l'astronomie sont des sciences apparentées. Les pythagoriciens ont même attribué à la musique non seulement une portée cosmique, mais aussi des vertus médicinales (des mélodies pouvaient guérir certaines maladies) et psychothérapeutiques (la musique pouvait rétablir l'équilibre de l'âme). Même l'arithmétique pythagoricienne était enchâssée dans une « arithmologie » ou une « arithmosophie ». Les pythagoriciens associaient aux nombres une valeur symbolique et ésotérique. Par exemple, le nombre 4 représentait l'essence de la justice ; le 5, celle de la vie et de la renaissance ; le 6, celle de l'âme ; le 8, celle de l'amour... Le nombre parfait, le plus divin et le plus sacré, était la décade (le nombre 10), appelée « tétrade » ou *tétraktys*. Elle équivaut à la somme des quatre premiers nombres (1+2+3+4), qui constituent autant de nombres premiers (1 et 3) que de nombres composés (2 et 4). De plus, la tétrade renferme les proportions harmoniques (les intervalles de *diatessarôn*, de *diapente* et de *diapasôn*, c'est-à-dire de quarte, de quinte et d'octave), décrits respectivement comme les rapports numériques *4:3*, *3:2* et *2:1*. La tétrade, symbole de l'ordre mathématique du cosmos, était représentée sous la forme d'un triangle équilatéral dont chaque côté est formé de quatre unités (d'où le mot *tétrade*, qui provient de *tetra*, qui signifie « quatre »).

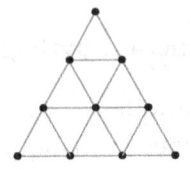

Les pythagoriciens semblaient vouer à la tétrade un véritable culte. Une prière allait comme suit :

> Bénis-nous, nombre divin, toi qui as engendré les dieux et les hommes !
> O sainte Tétraktys, toi qui contiens la racine et le flux éternel de la création ! Car le nombre divin débute par l'unité pure et profonde et atteint ensuite le quatre sacré, ensuite il engendre la mère de tout, qui relie tout, le premier-né, celui qui ne dévie jamais, qui ne se lasse jamais, le Dix sacré, qui détient la clef de toutes choses.

Tout cet arrière-fond mystique du pythagorisme était totalement absent de la physique ionienne, de l'atomisme et de l'épicurisme, où tout l'Univers se résolvait en de simples réalités matérielles (l'eau, l'air, les atomes...). Chez les pythagoriciens, le Monde matériel ne constituait qu'un pan de ce qui existe : en lui se dissimilait toute la réalité intelligible du Nombre. Cette dimension numérique ou mathématique immatérielle gouvernait la dimension matérielle et en déterminait les structures fondamentales. Matérialisme ou idéalisme ? Le Monde est-il, en son fondement ultime, une réalité matérielle (comme celle des éléments ou des atomes) ou une réalité mathématique (comme chez les pythagoriciens) ? Toujours actuelle, cette question fait encore l'objet de débats parmi les philosophes des sciences — nous en reparlerons en fin de chapitre.

L'observation des Nombres dans le Monde

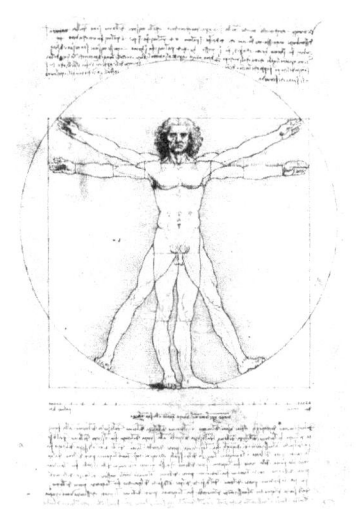

L'Homme de Vitruve, L. de Vinci.

À la fin du 15ᵉ s., le savant italien Léonard de Vinci (1452-1519) a réalisé un dessin connu sous le titre de *L'Homme de Vitruve*, qui illustre le corps humain du point de vue de ses proportions géométriques prétendument parfaites, d'où son inscription dans un cercle et un carré. Ce dessin a été fait d'après des indications données par Vitruve, un architecte romain du 1ᵉʳ s. av. J.-C., dans son livre *De l'architecture* (*De architectura*). Selon le texte qui accompagne l'illustration, Vitruve et le génie florentin adhéraient tous deux une cette croyance voulant que la Nature ait distribué les mesures du corps humain dans certaines proportions idéales, comme si le Monde matériel était secrètement déterminé par des rapports mathématiques qu'il s'agirait d'observer et de faire voir.

Nous verrons plus loin que cette perspective particulière adoptée sur la réalité a connu un destin extraordinaire dans la mesure où elle a donné naissance à la science moderne au 17ᵉ s. à travers la recherche des lois de la nature et leur mise en équation. La formulation de ces lois dans la langue des mathématiques a été rendue possible grâce au progrès considérable de cette discipline au cours de la période précédente, la Renaissance. Ce progrès avait été stimulé par la publication et la diffusion au 15ᵉ s. du texte complet des *Éléments* d'Euclide (un traité grec de géométrie datant du 3ᵉ s. av. J.-C.), ainsi que par l'efficacité des nouvelles méthodes de calcul trigonométriques et algébriques héritées des savants musulmans au cours du Moyen Âge. Mais avant d'être appliquées au registre des problèmes rencontrés en astronomie et en physique (par des savants comme Kepler, Galilée et Newton, notamment), les techniques mathématiques ont été utilisées dans d'autres disciplines, notamment les arts et la cartographie. Dans le domaine artistique, la géométrie a par exemple galvanisé, dès la fin du 15ᵉ s., toute une série de travaux sur la perspective, entrepris en Italie par des savants comme Léonard de Vinci et Piero della Francesca (qui a introduit le concept de point de fuite), ainsi qu'en Allemagne par Albrecht Dürer.

$$\varphi$$

Dans la tradition ésotérique et mystique, il a existé plusieurs tentatives visant à repérer dans les apparences du Monde la présence mystérieuse de Nombres et de rapports numériques. La plus connue d'entre elles se rapporte au fameux « nombre d'or » qui serait présent partout, autant dans des productions de la Nature que dans des œuvres artistiques, musicales et architecturales. Les choses dont les proportions sont réglées sur ce nombre seraient censées participer de la perfection et, pour certains, d'une sorte de grande harmonie cosmique globale et secrète...

Le « nombre d'or » ?

Appelé anciennement « proportion dorée » ou « section dorée » (*sectio aurea*, en latin), celui-ci est fréquemment symbolisé par la lettre grecque φ (*phi*), en hommage au sculpteur Phidias, qui en aurait fait usage lors de la construction du Parthénon au 5ᵉ s. av. J.-C. La lettre φ représente un rapport de proportion. Sa valeur est donnée par le seul rapport possible entre une grande et une petite longueur (L et l), qui est lui-même identique au rapport entre la somme de ces deux longueurs (L + l) et la plus grande.

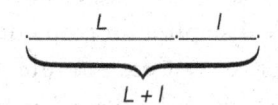

Autrement dit, deux longueurs sont reliées par le nombre d'or si leur quotient est égal au quotient de leur somme sur la plus grande.

$$\frac{L}{l} = \frac{L+l}{L} \equiv \varphi$$

La lettre φ représente un nombre irrationnel dont la valeur arrondie est de 1,618. Ce nombre possède des propriétés mathématiques étonnantes : on obtient par exemple son carré en lui ajoutant 1 ($\varphi^2 = \varphi + 1$) et son inverse en lui retirant 1 ($1/\varphi = \varphi - 1$). Les formes géométriques qui respectent cette proportion sont dites « d'or » : un rectangle d'or est un rectangle dont le rapport entre la longueur et la largeur est égal à 1,618 ; même chose pour le triangle d'or, dont l'un des côtés vaut 1 et les deux autres 1,618, ou l'inverse.

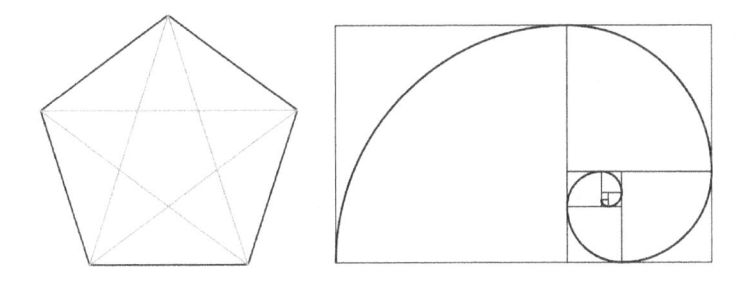

Le nombre d'or apparaît toujours dans le pentagone et dans l'étoile à 5 branches (le pentagramme) tracée à l'intérieur de celui-ci. On appelle « spirale d'or » une spirale dont le facteur de croissance est de 1,618, c'est-à-dire qui, à chaque quart de tour, s'élargit dans une proportion égale au nombre d'or.

La plus ancienne formulation claire et explicite de cette proportion remonte à Euclide. Dans le 6ᵉ livre de ses *Éléments* (3ᵉ s. av. J.-C.), il en fait mention en tant que « découpage en extrême et moyenne raison » (on se souviendra que le terme *raison*, qui traduit *lógos*, avait aussi chez les Grecs le sens de « proportion »). On en retrouverait cependant des évocations plus tôt chez Platon et Eudoxe de Cnide. Certains pensent même que le nombre d'or était déjà connu des anciens Égyptiens, comme semble l'attester la grande pyramide de Khéops, construite 21 siècles avant Platon : en effet, on le retrouverait dans le rapport entre la longueur des pentes et la demi-longueur des côtés de la pyramide !

Au cours de l'histoire, le nombre d'or a aussi été repéré dans plusieurs œuvres artistiques, par exemple *L'Homme de Vitruve* de de Vinci, comme si les proportions idéales du corps humain avaient été elles aussi secrètement fixées par le nombre d'or. Dans le dessin, le rapport entre la distance séparant le sommet de la tête et le nombril et celle séparant le nombril et les pieds est en effet assez proche de φ.

On rencontre aussi le nombre d'or dans le pur domaine des mathématiques. La suite de Fibonacci a été nommée d'après Leonardo Fibonacci (v. 1175-v. 1250), auteur du premier ouvrage en latin consacré à l'algèbre. Par le biais de son *Livre de calcul* (*Liber abbaci*), rédigé en l'an 1202, le mathématicien italien a introduit en Occident la représentation écrite des chiffres *0, 1, 2, 3, 4, 5, 6, 7, 8, 9* et le système d'écriture décimal — empruntés aux savants musulmans — à une époque où le système des chiffres romains était encore en usage. Quant à la suite qui porte son nom, il s'agit d'une suite de nombres entiers naturels où chacun d'eux est obtenu par l'addition des deux nombres qui précédent.

1, 1, 2, 3, 5, 8, 13, 21, 34, 55, 89, 144, 233, 377, 610,
987, 1 597, 2 584, 4 181, 6 765, 10 946, 17 711,
28 657, 46 368, 75 025, 121 393, 196 418, 317 811…

Il est surprenant que certaines structures observées dans la Nature correspondent à des nombres inscrits dans cette suite, comme si leur construction avait été mystérieusement réglée sur eux. C'est le cas de certaines phyllotaxies végétales, comme les arrangements spiralés formés par les écailles de la pomme de pin. Le nombre de spirales et d'écailles du cône des conifères équivaut toujours à deux nombres de la suite de Fibonacci : 8 spirales de 13 écailles dans un sens, et 13 spirales de 8 écailles dans l'autre ! Les fleurons sur le capitule du tournesol présentent des couples d'entiers (21-34, 34-55, 55-89) qui sont aussi des nombres consécutifs de la suite. Il existe plusieurs autres exemples, comme le nombre moyen de pétales de la marguerite (égal à 34, 55 ou 89)…

Fait très curieux par surcroît, il se trouve que la division de n'importe quel nombre de la suite de Fibonacci par le nombre précédent est égale au nombre d'or, et ce, avec un degré de précision croissant à mesure qu'augmente la valeur des nombres considérés !

13/8 = 1,625
21/13 = 1,6153846153846
34/21 = 1,6190476190476
610/377 = 1,6180371352785
6 765/4 181 = 1,6180339631667
196 418/121 393 = 1,6180339887802
317 811/196 418 = 1,6180339887383
(...)

Cette proximité entre la suite de Fibonacci et la lettre φ signifierait (d'un point de vue mystique, je précise) que partout dans le Monde où des structures semblent se régler sur des nombres de la suite, celles-ci participeraient d'un ordre déterminé en sourdine par le nombre d'or. Ainsi, la spirale de Fibonacci serait une très bonne approximation de la spirale d'or. Il semblerait que cette proximité entre la suite de Fibonacci et le nombre d'or ait été connue dès le début du 16e s. Dans un ouvrage datant de 1509 (*Divina proportione*), le moine franciscain italien Luca Pacioli a baptisé le nombre d'or « divine proportion », estimant que seul Dieu pouvait en avoir été l'Auteur.

Le nombre d'or a donc été repéré un peu partout, et a plusieurs l'ont considéré comme étant l'ultime clé de la compréhension mystique de la nature cachée du Monde.

De gauche à droite : étoile royale ; *araschnia levana* ; fronde de fougère.

D'autres perçoivent aujourd'hui l'œuvre des mathématiques dans la symétrie géométrique qu'affichent les plans d'organisation de la quasi-totalité des êtres vivants. Cette symétrie biologique est de type radiaire ou radial (elle est fondée sur un point central, comme chez les oursins), axial (elle est organisée autour d'un axe principal, comme les branches d'un arbre par rapport au tronc ou les feuilles d'une plante par rapport à la tige), bilatéral (où sont distingués un côté droit et un côté gauche, comme chez les animaux) ou encore mixte (elle diffère selon les parties du corps, comme chez la pieuvre). Un exemple frappant de symétrie bilatérale se trouve chez le papillon, dont chacune des ailes est l'image inversée exacte de l'autre. Il en est de même des mains des humains et des autres primates, dont l'une est comme le reflet de l'autre dans un miroir.

De gauche à droite : coraux hexacorallaires, *Kunstformen der Natur*, E. Haeckel ; image numérisée d'un nautile.

Des organismes affichent des symétries radiaires trimériques (ou d'ordre 3, comme chez le trèfle), tétramériques (ou d'ordre 4, comme chez certaines méduses, notamment la cuboméduse, en forme de cube), pentamériques (ou d'ordre 5, comme chez certaines espèces d'étoiles de mer), hexamériques (ou d'ordre 6, comme chez les anémones et certains coraux), etc. Des plans d'organisation sont réglés sur la spirale logarithmique, comme la coquille du nautile (un mollusque), certaines galaxies, les cyclones et les fleurons du tournesol.

Galaxie spirale NGC 6384.

La symétrie existe également dans le règne minéral (dans les cristaux) et même sur le plan moléculaire (dans les structures géométriques formées par les atomes). La symétrie est présente partout dans la Nature, vivante ou inerte, et à toutes les échelles.

De gauche à droite : triangle de Sierpiński (un objet fractal) ; inflorescences du chou romanesco.

Un autre objet mathématique connaît un grand succès dans sa capacité à décrire différentes choses de la Nature, à savoir la fractale. Les fractales sont des courbes ou des surfaces mathématiques qui présentent une autosimilarité (*self similarity*) ou homothétie d'échelle, c'est-à-dire une même structure à toutes les échelles.

Dans son livre intitulé *Les Objets fractals. Forme, hasard et dimension*, publié en 1974, le mathématicien franco-américain Benoît Mandelbrot a donné luxuriance d'exemples tirés de domaines aussi variés que l'hydrologie, la mécanique des fluides, l'anatomie, l'urbanisme, l'économie et l'activité boursière, entre autres, qui sont descriptibles par le moyen des fractales. Parmi les plus fameux figurent la formation des cristaux de givre sur une surface froide et la forme des fleurons du chou romanesco.

La mathématisation de la Nature

La thèse pythagoricienne qui énonce que « tout est Nombre » s'est frayée un chemin jusqu'au cœur de la nouvelle science développée en Europe au 17e s. Nous avons assisté au renouveau de l'atomisme à la même époque et nous avons eu l'occasion de parler de son influence (chap. 1), mais le projet d'une mathématisation de la Nature a été le pilier central de la science moderne.

Rome, 20 octobre 1623

La science moderne elle-même est née au 17ᵉ s. de la redécouverte de la thèse séculaire selon laquelle le Monde est un cosmos gouverné par les Nombres, et de l'idée voulant que le meilleur moyen de percer ses secrets réside dans les mathématiques — le fait d'y avoir recours pour exprimer les « lois de la nature » constitue d'ailleurs la caractéristique principale de la physique moderne. Dans l'histoire moderne des sciences, la première formulation explicite de la thèse pythagoricienne remonte au mois d'octobre de l'an 1623.

De gauche à droite : portrait de Galilée ; *L'Essayeur*.

C'est à cette date que le savant italien Galilée a fait paraître à Rome un ouvrage intitulé *L'Essayeur* (*Il saggiatore*), dans lequel il soutient que le livre de l'univers est écrit en langue mathématique et que ses « caractères sont des triangles, des cercles et autres figures géométriques, sans le moyen desquels il est humainement impossible d'en comprendre un mot ». Nous pourrions presque croire que le fantôme d'Archytas a guidé la main de Galilée au moment de coucher ces lignes sur le papier, ou encore que Galilée est lui-même une autre des nombreuses réincarnations de Pythagore…

À l'époque de Galilée, la physique était dominée par la conception de la Nature d'Aristote, qui faisait autorité dans toutes les universités européennes depuis le Moyen Âge. Aristote avait bien établi à quelques reprises des rapports mathématiques dans le cadre de ses travaux sur le mouvement des corps, mais la philosophie de la Nature qu'il avait développée rendait très problématique l'application d'une méthode de recherche fondée sur le « quantifiable ». La doctrine d'Aristote a donc représenté pendant des siècles l'obstacle le plus significatif à l'élaboration d'une science définie comme « science de la mesure ».

Plusieurs savants musulmans du Moyen Âge avaient aussi le génie d'utiliser les mathématiques dans leurs travaux d'astronomie. L'une des contributions les plus notables a été celle du savant persan al-Tusi (1201-1274). Celui-ci a été le directeur de l'observatoire d'État de Maragha dans le nord-ouest de l'Iran, le premier grand observatoire astronomique de l'histoire mondiale, construit et financé par les conquérants mongols. Dans son *Tahir al-majisti* (publié en 1247), al-Tusi a mis au point un modèle (appelé « couple d'al-Tusi ») qui permet de produire une hypocycloïde capable d'expliquer géométriquement les trajectoires des planètes sans utiliser certains artifices légués par les anciens astronomes. Le couple d'al-Tusi a été perfectionné par le savant damascène ibn al-Shâtir au 14ᵉ s. avant d'être transmis en Italie et vraisemblablement repris par Nicolas Copernic dans son grand livre *Des révolutions des orbes célestes*, paru en 1543. Cependant, ce type d'usage des mathématiques est resté limité à la simple construction de modèles destinés à rendre compte géométriquement des mouvements planétaires, et non pas à exprimer les lois de la nature sous la forme d'une équation en tant que telle. Les premières tentatives en ce sens remontent bien au Moyen Âge européen, mais celles-ci sont somme toute demeurées très marginales et sans effet réel sur l'évolution de la physique. Le savant anglais Thomas Bradwardine (1290-1349) par exemple, dans son *Traité des proportions* (écrit en 1328), était parvenu à établir une relation mathématique entre la vitesse d'un corps en mouvement, la grandeur de la force motrice responsable de ce mouvement et l'intensité de la résistance du milieu dans lequel le corps est mû. Inspiré par les travaux de Bradwardine, le savant Nicole Oresme, de l'école parisienne, a appliqué les mathématiques au mouvement des planètes, des projectiles et des corps en chute libre.

Contrairement à une certaine idée reçue, il a donc bel et bien existé avant l'époque moderne des projets ayant visé à apporter des résultats quantitatifs dans le domaine des mouvements planétaires et de la mécanique. Mais il est vrai qu'il a fallu attendre les 17ᵉ et 18ᵉ s. pour que naisse une authentique tradition de mise en équation mathématique de la Nature, et c'est elle qui a véritablement jeté les bases de ce que nous appelons la « science moderne ».

***

Les deux premières grandes réalisations historiques de cette entreprise qui a changé le Monde sont l'œuvre de Kepler et de Galilée. D'abord, quelques mots au sujet de Kepler (nous reviendrons ensuite à Galilée).

J. Kepler.

Quelques années à peine avant *L'Essayeur* de Galilée, Johannes Kepler (1571-1630) était parvenu à formuler trois lois du mouvement des planètes. L'astronome allemand avait réussi cet exploit grâce aux mesures astronomiques ultra-précises qui avaient été compilées pendant des années par son maître Tycho Brahé (un astronome danois) et dont il avait hérité.

1. La première loi de Kepler, appelée « loi des orbites » (publiée dans *Astronomie nouvelle*, 1609), énonce que les planètes décrivent des orbites elliptiques desquelles le Soleil constitue l'un des foyers, et non pas des orbites circulaires, comme l'avait cru son prédécesseur Nicolas Copernic ainsi que tous les astronomes avant lui, jusque dans l'Antiquité.

2. La deuxième loi, dite « loi des aires », publiée elle aussi dans *Astronomie nouvelle*, établit que le segment qui relie le Soleil à chacune des planètes (ce que nous appelons aujourd'hui le « rayon vecteur ») balaie des aires égales dans des temps égaux. Comme l'orbite d'une planète prend une forme elliptique (loi 1), la vitesse de celle-ci varie, croissant et décroissant selon la distance qui la sépare du Soleil. Cela contrevient encore à la croyance séculaire qu'avaient partagée Copernic et tous les astronomes, voulant que la vitesse orbitale soit uniforme.
3. La dernière loi de Kepler est parue dans son livre *L'Harmonie du monde* (*Harmonices Mundi*) publié en 1619. Cette loi (appelée « loi des périodes » ou loi « harmonique de Kepler ») pose un rapport mathématique entre le temps pris par une planète pour accomplir son parcours orbital elliptique et sa distance moyenne du Soleil. Autrement dit, Kepler a découvert qu'il existe un lien mathématique entre la distance qui sépare une planète du Soleil (le « demi-grand axe ») et le temps pris par celle-ci pour faire un tour complet du Soleil (sa « période »). La loi énonce précisément que le carré de la période de révolution sidérale d'une planète (notée aujourd'hui P ou T) est proportionnel au cube du demi-grand axe de l'ellipse que celle-ci décrit autour du Soleil (noté habituellement a). La formule est donc: T^2/a^3. Et Kepler a découvert que ce rapport mathématique vaut pour toutes les planètes! Connaissant la distance qui sépare la Terre du Soleil, nous pouvons grâce à cette formule déterminer la période orbitale de la Terre (365 jours). Pour la planète Mercure, elle correspond ainsi à 88 jours; pour Mars, à 1,88 an; pour Jupiter, à 11,86 ans; et pour Saturne, à 29,17 ans. Dans son livre de 1621 intitulé en latin *Epitome Astronomiae Copernicanae*, Kepler a même découvert que la loi s'applique aussi au mouvement des lunes de Jupiter, que Galilée venait de découvrir. Les mathématiques révèlent et confirment que le système solaire est un arrangement ou un règlement harmonieux, un ordre rationnel, bref, un cosmos.

Les lois de Kepler sont de simples lois empiriques, c'est-à-dire descriptives et non explicatives: la première décrit, par exemple, la forme des orbites planétaires, sans toutefois en donner la raison; la dernière établit un lien entre la distance de la planète par rapport au Soleil et sa période, mais sans expliquer pourquoi il en est ainsi. Il faudra attendre pour ce faire la théorie de la gravitation de Newton, et encore mieux, celle d'Einstein.

Il demeure que cette loi des périodes est la toute première véritable loi quantitative ou mathématique de l'histoire moderne des sciences. Des historiens accordent d'ailleurs à Kepler, plutôt qu'à Galilée, le titre de père de la science moderne.

* * *

Nous ne retenons aujourd'hui de lui, rétrospectivement, que ses lois du mouvement planétaire, mais l'œuvre de Kepler est en réalité toute pénétrée d'occultisme et de mysticisme pythagoricien. Le nombre d'or, dont nous avons parlé plus haut, a exercé une grande fascination sur Kepler, qui le considérait comme l'un des deux grands trésors de la géométrie, l'autre étant le théorème de Pythagore.

Dans *L'Harmonie du monde* (*Harmonices Mundi*), la loi des périodes n'apparaît qu'à la toute fin. L'ouvrage est essentiellement et prioritairement consacré au développement d'une grande conception de l'Univers fondé sur les rapports mathématiques qu'entretiennent le Monde matériel et le Monde spirituel, et à l'échafaudage d'une théorie de l'harmonie cosmique et de Dieu dont l'harmonie musicale serait le reflet. Déjà dans son premier livre publié en 1596 sous le titre *Mystère cosmographique* ou *Le Secret du monde* (*Mysterium Cosmographicum*), Kepler avait présenté un modèle de l'Univers où les différentes sphères célestes planétaires, sur lesquelles sont fixées les planètes — d'après la théorie d'Eudoxe de Cnide —, s'emboîtent à l'intérieur des cinq polyèdres réguliers de la géométrie classique (appelés « solides de Platon »), à savoir le tétraèdre (quatre faces), le cube (six faces), l'octaèdre (huit faces), le dodécaèdre (douze faces) et l'icosaèdre (vingt faces).

Dans cet authentique traité d'astronomie mystique, le jeune Kepler, du haut de ses 24 ans, prétendait que la connaissance de tout cet ordre géométrique sous-jacent levait enfin le voile sur le grand mystère du cosmos ! C'est d'ailleurs précisément le sens du titre de son ouvrage : Kepler croyait en l'existence d'un *Monde harmonieux* qui serait l'expression de la perfection divine et avec lequel résonnerait mystiquement l'individu. Selon lui, le nombre de planètes connues à l'époque (Uranus et Neptune n'ayant été découvertes qu'aux 18e et 19e s.) n'était donc pas le fruit du hasard, mais bien le résultat d'un ordre mathématique établi à l'origine par Dieu, le grand Architecte de l'Univers.

* * *

Pour la petite histoire: Kepler est un précurseur de la science-fiction. Dans *Le Songe ou l'Astronomie lunaire* (*Somnium, seu opus posthumum de astronomia lunari*), écrit en 1608 mais publié après sa mort par son fils en 1634, Kepler a raconté le voyage d'un Terrien sur la Lune, qu'il a imaginée habitée. Il y a fait une description précise de la surface lunaire, ainsi que de la surface terrestre vue de la Lune.

* * *

Revenons sur Terre, en Italie, et à Galilée précisément, qui est reconnu habituellement comme le père de la science moderne et qui a partagé lui aussi des croyances mystiques d'origine pythagoricienne.

Discours concernant deux sciences nouvelles, Galilée.

Comme je l'ai dit plus haut, le savant italien a affirmé dans *L'Essayeur* que les mathématiques étaient la langue dans laquelle la Nature était écrite. La mieux connue des formules léguées par Galilée se rapporte au mouvement des corps graves, c'est-à-dire le mouvement des corps en chute libre (qui tombent sous l'effet de leur poids). La formule a été présentée dans son dernier ouvrage intitulé *Discours concernant deux sciences nouvelles* (publié à Leyde en 1638), qui couronne l'ensemble de sa carrière et qui est vu comme son grand testament scientifique.

Imaginons un corps (par exemple, une pierre) que nous laissons tomber du haut d'un récif. Galilée a découvert que la distance parcourue par ce corps varie comme le carré du temps de chute, autrement dit, que la distance parcourue par le corps est proportionnelle au carré du temps écoulé. Je cite Galilée : « Si un mobile, partant du repos, tombe avec un mouvement uniformément accéléré, les espaces parcourus en des temps quelconques par ce même mobile sont entre eux en raison double des temps, c'est-à-dire comme les carrés de ces mêmes temps » (*Discours*, III, 209).

On exprime aujourd'hui cette relation par l'équation $d = t^2$ (d étant la distance et t le temps de chute). Cette formule traduit une accélération du corps en chute libre, c'est-à-dire une augmentation progressive de sa vitesse (plus l'objet tombe longtemps, plus sa vitesse augmente) : le corps tombe d'abord à faible vitesse, mais celle-ci s'accroît en proportion double du temps de chute. En laissant tomber une pierre du haut d'un récif d'une hauteur donnée, celle-ci va tomber en accélérant et atteindre le sol en un certain temps. Si je laisse tomber une pierre du haut d'un récif quatre fois plus haut, la pierre mettra seulement deux fois plus de temps pour arriver au sol. Sur Terre, cette accélération a été mesurée à près de 10 m/s^{-2}, soit 10 mètres par seconde à chaque seconde (nous en reparlerons).

Galilée a découvert que l'accélération des corps est indépendante du poids de ces corps. Il a démontré ceci dans la troisième partie de ses *Discours*. Trois pierres pesant, par exemple, 1 kg, 10 kg et 100 kg, et lancées au même moment dans le vide atteindront le sol simultanément. Tous les objets obéissent sans exception à la même loi mathématique ! Si un objet moins lourd atteint le sol plus tardivement qu'un objet plus lourd (une plume et un marteau que nous laisserions tomber, par exemple), cela est seulement dû à la résistance de l'air, donc à un facteur extérieur qui n'a rien à voir avec la gravité elle-même. Mais dans un milieu idéal sans résistance (dans le vide), la plume et le marteau atteindront le sol exactement en même temps. Cette idée est révolutionnaire : depuis l'Antiquité, les physiciens avaient toujours considéré comme une évidence le fait que les corps plus lourds tombent plus rapidement que ceux qui sont plus légers. Souvenons-nous qu'au premier chapitre, nous avions caractérisé le génie humain comme la capacité de comprendre une chose telle qu'elle existe derrière les apparences sous lesquelles elle se présente aux yeux de tout le monde. C'est ce à quoi Galilée est parvenu.

Le marteau et la plume qui atteignent donc le sol au même moment : cela a été démontré et diffusé publiquement par l'astronaute David Scott lors de la mission Apollo 15 en 1971. Mais comment Galilée en est-il venu à établir cette loi sur Terre, à une époque où il n'existait aucun moyen de faire des expériences dans le vide ? La légende raconte qu'il aurait découvert l'uniformité de la vitesse de chute et en aurait établi la preuve expérimentale en laissant tomber des boulets de canon de poids différents du haut de la tour de Pise. Sauf que Galilée lui-même n'a jamais parlé de cette expérience dans ses livres ! Il semblerait qu'elle ait plutôt été réalisée par son élève Vincenzo Viviani, et simplement pour démontrer devant public la théorie qui avait déjà été établie par Galilée.

Galilée est parvenu à cette loi par la mesure et le calcul. Il a utilisé notamment des billes sur des plans inclinés. Ce dispositif lui permettait de ralentir le temps de chute et d'obtenir des mesures plus précises. À cette époque, le chronomètre n'existait pas. Galilée a utilisé diverses méthodes pour compter le temps, entre autres des clochettes alignées le long de ces plans inclinés et qui sonnaient au passage de la bille. Il a intercalé ces clochettes de manière à ce qu'elles tintent de façon régulière, soit à des intervalles de 1, 3, 5 et 7. C'est ainsi qu'il en venu à établir que $d = t^2$ (que la distance varie en fonction du carré du temps). Beaucoup d'historiens voient précisément dans cette expérience l'acte de naissance de la science moderne !

Ce qui est moins bien connu, c'est que Galilée a utilisé un argument pythagoricien pour démontrer que la chute des corps est un mouvement naturel en vertu de l'ordre mathématique du Monde. Dans ses *Discours*, il a repris la thèse pythagoricienne qui énonce la supériorité des nombres impairs sur les nombres pairs. Les pythagoriciens fondaient cette supériorité sur certaines propriétés remarquables communes aux nombres impairs, par exemple le fait que leur somme est toujours égale à la série des nombres carrés ($1 + 3 = 2^2$; $1 + 3 + 5 = 3^2$; $1 + 3 + 5 + 7 = 4^2$, $1 + 3 + 5 + 7 + 9 = 5^2$, etc.). Galilée a conclu que s'il est vrai que « tout est Nombre », alors ces propriétés des nombres impairs doivent décrire la nature des choses. Les intervalles entre les clochettes situées sur le plan incliné étant de 1, 3, 5 et 7, il est tout naturel alors que la chute des corps obéisse à une loi énonçant que la distance parcourue est égale au carré des temps ! Selon Galilée, la loi décrit un mouvement qui est inscrit dans la nature des choses d'après la structure numérique du Monde. Ces vieux réflexes pythagoriciens sont aussi présents ailleurs dans les *Discours*, notamment lors de l'analyse du mouvement des projectiles.

Nous reviendrons une prochaine fois sur la loi galiléenne dans le cadre d'une réflexion plus approfondie sur la gravité, un phénomène qui a mis au défi les plus grands génies que la Terre ait jamais connus. Pour l'instant, l'important est de comprendre que c'est précisément la découverte de cette loi qui a valu au savant italien d'être aujourd'hui considéré par la plupart des historiens comme le père de la physique mathématique moderne.

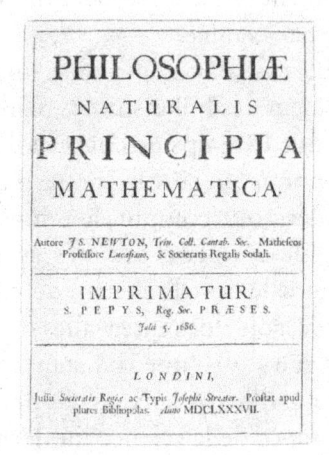

De gauche à droite : I. Newton ; première édition des *Principes*.

Galilée est mort depuis 45 ans et Archytas depuis plus de 20 siècles lorsque paraît à Londres, le 5 juillet 1687, le *magnum opus* du savant anglais Isaac Newton, voire le chef-d'œuvre de la science moderne tout court — un ouvrage qui porte un titre rappelant le pythagorisme : les *Principes mathématiques de la philosophie naturelle*. Dans ce livre révolutionnaire, Newton présente sur plusieurs centaines de pages sa théorie universelle des corps en mouvement sous l'effet des forces qui agissent sur eux, sur Terre comme dans le vide de l'espace. Composés au cours d'une période de cinq ans, les *Principes* sont une synthèse rationnelle des réflexions, travaux et résultats accumulés par Newton pendant une trentaine d'années. L'ouvrage expose les lois universelles du mouvement (fondant ce que nous appelons la « dynamique ») de même qu'une déduction mathématique de la loi d'attraction gravitationnelle.

Nous reviendrons sur cette loi dans un prochain chapitre consacré au thème de la gravitation, mais il est important de comprendre ici que Newton a montré le caractère universel de la gravitation en l'appliquant à la très grande majorité des mouvements terrestres et des phénomènes d'astronomie planétaire connus à son époque, livrant ainsi une sorte de description de l'architecture générale et mathématique du cosmos.

Newton a découvert que la gravitation universelle régit à la fois la chute des corps sur Terre (dont Galilée avait donné la loi dans ses *Discours*) et la trajectoire des planètes autour du Soleil (telle que déterminée par Kepler). Les lois de Galilée et de Kepler se déduisent toutes deux de la grande loi de Newton ! Tout s'explique par la gravitation, autrement dit, depuis la chute d'une pomme sur le sol jusqu'aux mouvements de la Lune autour de la Terre et de la Terre autour du Soleil. L'ensemble des phénomènes physiques terrestres et célestes peut être désormais mesuré, réduit au Nombre.

Pour cet exploit intellectuel remarquable, auquel s'ajoute la synthèse et la démonstration de toutes les découvertes accomplies en physique par ses prédécesseurs, l'ouvrage de Newton est considéré non seulement comme la clef de voûte de toute l'histoire de la mécanique classique, le sommet de la physique mathématique des Temps modernes, mais aussi comme l'un des ouvrages les plus importants jamais écrits de toute l'histoire des sciences, voire de celle du génie humain en général. Dès les années 1720 (donc une trentaine d'années à peine après sa parution), les *Principes* incarnaient le progrès le plus significatif de l'histoire de la physique moderne. Le système de Newton a été considéré du 18e s. jusqu'au milieu du 19e s. comme le modèle exemplaire que tout domaine du savoir devrait atteindre idéalement.

* * *

Souvenons-nous de cette soirée magnifique, passée en agréable compagnie, sur le bord d'un récif à Tarente, il y a des siècles…

ARCHYTAS. — Tous ces mouvements célestes, quel que soit le support matériel qui les rend possibles, relèvent d'un ordre mathématique. Tout ce grand spectacle dont vous parlez et qui s'offre à nous est Nombre.

L'AUTEUR. — Le ciel est Nombre ?

Archytas. — Mais tout est Nombre, cher ami !

Thémistokleia. — J'en conviens, c'est une idée que nos néophytes trouvent difficile à comprendre, mais que mes mathématiciens mettent ici en pratique tous les jours et que les prochaines générations de savants appliqueront à un éventail de phénomènes de plus en plus étendu.

Archytas. — Tout est Nombre. Mon ancien maître, le vieux Philolaos, l'avait bien enseigné : tout ce qui apparaît à nos sens — les étoiles, la course des planètes, les choses ici-bas, comme ces pierres que nous laissons tomber et cette mer avec ses vagues, ses marées et sa multitude de grains de sable — est constitué de Nombres et connaissable à travers eux. Les Nombres sont ce dont toute chose est faite.

**

Dans les sciences d'aujourd'hui, les Nombres ont investi tous les domaines d'études, depuis la description des particules élémentaires en mécanique quantique jusqu'à la modélisation du climat en climatologie et l'évolution globale de l'Univers en cosmologie. Des équations décrivent autant la symétrie observée à l'échelle des molécules que les formes géométriques rencontrées dans les œuvres de la Nature et la dynamique des galaxies. Les mathématiques offrent aujourd'hui un outil d'une puissance extraordinaire pour analyser et comprendre le Monde au-delà de toute apparence, de près comme de loin. Les équations de la mécanique quantique décrivent le Monde et prédisent les événements microscopiques avec le degré de finesse et le taux de réussite les plus élevés jamais atteints dans toute l'histoire de l'humanité (nous en reparlerons dans un prochain chapitre consacré au Monde des Atomes).

**

Dans le domaine de la physique, il existe un certain nombre de grandeurs absolues qui ne varient ni en fonction de l'espace, ni en fonction du temps. Ces constantes dites « fondamentales » sont si essentielles qu'on les considère comme des « principes premiers » de l'Univers, pour parler à la manière des anciens physiologues ioniens, c'est-à-dire comme des grandeurs qui ne sont pas explicables par le recours à des principes qui seraient antérieurs à eux et qui feraient l'objet d'une théorie donnée. Rien n'explique les constantes, mais ce sont elles qui, en étant intégrées aux équations mathématiques de la physique, permettent d'écrire les lois de la Nature. Parmi les mieux connues figurent c, G et h.

Qu'est-ce que le c ?

Il s'agit du symbole de la vitesse de la lumière dans le vide (c pour *célérité*, qui signifie « vitesse »). Sa valeur est très proche des 300 000 km par seconde, soit un peu plus de 1 milliard de km/h. C'est l'astronome danois Ole Rømer qui a découvert en 1671 que la lumière ne se propage pas instantanément, contrairement à ce que l'on pourrait croire d'après l'expérience que nous en faisons dans la vie quotidienne, mais qu'elle a une vitesse finie. C'est ainsi que nous avons pris conscience, par exemple, que nous percevons les étoiles, situées à une très grande distance de nous, avec un décalage égal au temps que met leur lumière à traverser l'espace pour parvenir jusqu'à nos yeux — que nous voyons les étoiles, autrement dit, dans le passé, jamais dans le présent. Lorsqu'on dit d'une étoile qu'elle est située à 50 années-lumière, cela signifie que sa lumière a mis 50 ans à arriver à nous, et que nous la percevons telle qu'elle était il y a cinq décennies. S'il advenait que celle-ci explose en ce moment même où j'écris ces lignes, on ne pourrait percevoir la lumière de l'événement qu'en l'an 2069. Cela explique aussi pourquoi les communications entre la Terre et les sondes spatiales connaissent toujours certains décalages temporels. Les informations envoyées par les sondes martiennes, par exemple, mettent plusieurs dizaines de minutes à nous parvenir.

En 1905, dans sa théorie de la relativité restreinte, Einstein a fait de c la vitesse limite que peut atteindre toute particule dans l'Univers. Autrement dit, il a postulé que la vitesse de la lumière est une vitesse absolument infranchissable. Dans le cas des corps matériels, les vitesses s'additionnent : si je marche à 5 km/h à bord d'un train qui se déplace à 100 km/h dans la même direction que moi, ma vitesse de déplacement (par rapport à un observateur immobile sur la terre ferme) sera donc de 105 km/h. Cependant, si, tout en marchant, j'allume une lampe de poche et que j'éclaire devant moi, la vitesse de propagation de la lumière ne s'additionnera pas à la mienne et celle du train : le faisceau lumineux ne se déplacera donc pas à 300 105 km/s, mais invariablement à 300 000 km/s. C'est ce que veulent dire les physiciens lorsqu'ils affirment que la lumière voyage à la vitesse c indépendamment du mouvement de sa source et quel que soit le cadre de référence de celui qui mesure cette vitesse : que je sois à bord d'un train en déplacement par rapport à la Terre, que je reste stationnaire au regard de la surface terrestre, ou encore que je sois assis ou en train de marcher tandis que j'allume la lampe de poche, la lumière aura toujours et très exactement la même valeur. En ce sens, c est une constante fondamentale de la physique et dit quelque chose de la manière dont la Nature se comporte à l'échelle la plus élémentaire possible. L'un des plus grands coups de génie d'Einstein se rapporte à cette constante. C'est elle qui lui a permis de relier l'espace et le temps et de montrer que ces deux paramètres ne forment, au-delà des apparences, qu'une seule et même réalité fondamentale (qu'il a appelée « espace-temps »), et que ce qui influe sur l'espace influe donc aussi sur le temps, et inversement — nous aurons l'occasion d'en reparler. La constante c se retrouve aussi chez Einstein dans la formule $E = mc^2$, laquelle est sans aucun doute la plus célèbre de tous les temps dans le domaine de la physique. Cette formule reconnue aujourd'hui comme le symbole absolu du génie humain a changé le Monde. Mais que dit-elle ? Elle pose une équivalence physique entre la masse (m) et l'énergie (E) d'un corps : autrement dit, dans la Nature, la masse d'un corps et l'énergie que celui-ci contient sont, au-delà des apparences, des manifestations différentes d'une seule et même réalité fondamentale (c'est le principe qui sous-tend les processus de fission et de fusion nucléaires, où la matière est transformée en énergie et l'énergie en matière).

Qu'est-ce que le G ?

Le symbole G renvoie à la constante gravitationnelle ou à la gravitation universelle : c'est cette constante qui figure à l'origine dans la loi de la gravitation universelle d'Isaac Newton. Chez lui, elle entre dans le calcul de la grandeur de la force de gravitation entre les corps massifs, laquelle est proportionnelle au produit de leurs masses et inversement proportionnelle au carré de la distance qui les sépare (nous verrons cela dans un prochain chapitre). Newton ne connaissait pas la valeur exacte de cette constante. Celle-ci a été estimée la première fois un siècle après lui par le savant anglais Henry Cavendish, en 1798. La constante G a depuis été précisée davantage et reprise par plusieurs savants pour décrire un éventail d'autres phénomènes physiques.

Qu'est-ce que le h ?

Le h correspond à la « constante de Planck ». Issue de la mécanique quantique, celle-ci décrit la taille des quanta, c'est-à-dire des petits grains ou paquets individuels sous la forme desquels l'énergie est émise. On doit cette conception « atomistique » ou discontinue de l'énergie au physicien allemand Max Planck, que nous irons rencontrer un jour, en compagnie d'Einstein, à bord d'un train.

***

L'idée générale qu'il faut saisir ici est la suivante : le Monde tel qu'étudié par la physique repose en dernière instance sur des fondations qui ne varient ni en fonction de l'espace, ni en fonction du temps, c'est-à-dire qui valent partout dans l'Univers, et ce, depuis que son origine. Ces régularités ultimes servent de piliers à la compréhension de tous les phénomènes physiques de la Nature et de l'Univers pris dans sa totalité. Ces sont des Nombres, et leur valeur ne saurait varier sans que, du coup, l'Univers ait une apparence très différente de celle qui est actuellement observée. Si, par exemple, le rapport entre la masse d'un proton et d'un électron n'était pas exactement de 1/1836, ou encore si 1/1,0138 n'était pas précisément l'expression du rapport entre la masse d'un neutron et celle d'un proton, les atomes auraient été instables, le Monde aurait été tout autre, et vous ne seriez vraisemblablement pas en train de lire ce livre — comme je ne serais pas venu au Monde, il n'aurait jamais été écrit ! Cela n'est pas sans rappeler le savant grec Démocrite (5e s. av. J.-C.) qui avait soutenu la thèse d'une pluralité infinie de Mondes tous différents les uns des autres. Certains cosmologistes contemporains émettent l'hypothèse selon laquelle il existe plusieurs Univers alternatifs où la Nature se comporte différemment, en fonction de la valeur qu'y prennent les constantes fondamentales.

De gauche à droite : C. F. Gauss ; P.-S. de Laplace.

Les mathématiques reçoivent aujourd'hui des applications très variées en dehors du champ spécifique de la physique. Les diverses méthodes statistiques, par exemple, sont utilisées dans la quasi-totalité des domaines du savoir et des activités humaines, notamment la biologie, la génomique, la médecine, la psychologie, la sociologie, l'écologie, la climatologie, l'économie, la démographie, l'ingénierie, l'informatique, la production industrielle et le marketing. Elles permettent d'obtenir des connaissances sur des positions (moyenne, médiane...) et des dispersions de valeurs (comme l'écart type) contenues dans des séries de quantités aléatoires, telles que des notes d'évaluation obtenues par un étudiant ou des données météo. Les méthodes statistiques ont été expressément conçues pour mettre ces caractéristiques en évidence, mais elles permettent aussi d'extraire des informations fiables concernant des groupes d'objets ou de phénomènes à partir d'échantillons représentatifs, et d'obenir sur le Monde et son fonctionnement des connaissances autrement inaccessibles.

Les statistiques sont supportées par la théorie des probabilités et forment avec elle les sciences dites « de l'aléatoire ». La théorie des probabilités permet de dégager et de connaître des régularités dans le comportement adopté par différentes choses, dans la Nature ou le Monde social, qui dépendent du hasard (entendons : d'un grand nombre de facteurs indépendants, connus ou inconnus) et de faire des prévisions. On appelle ces régularités « lois de probabilité ».

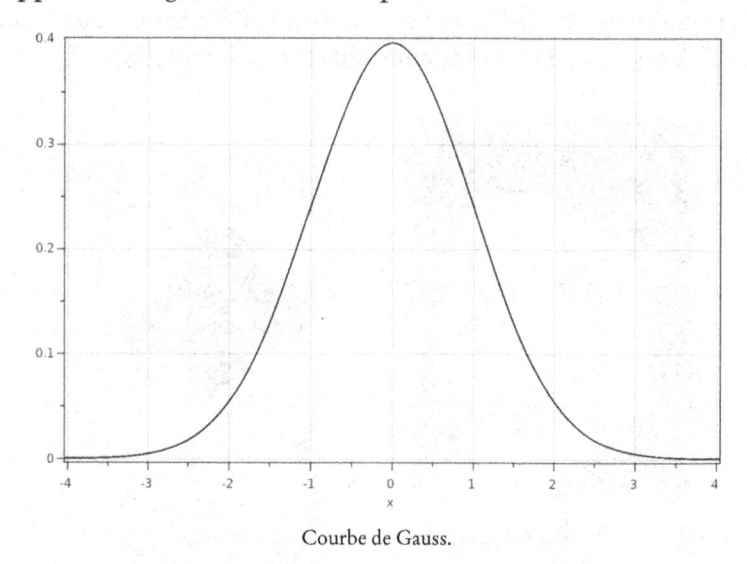

Courbe de Gauss.

Les plus utilisées de ces lois en science sont les lois normales, qui montrent comment se distribuent *normalement* les probabilités d'apparition de phénomènes « aléatoires ». Sur un graphique, elles prennent la forme générale de cloches plus ou moins aplaties appelées « courbes de Gauss », d'après le nom du mathématicien allemand Carl Friedrich Gauss (1777-1855). Ces cloches montrent que certains phénomènes ont une tendance naturelle à évoluer vers une loi de probabilité normale. Elles sont définies mathématiquement par une fonction appelée « fonction de densité de probabilité », grâce à laquelle on peut calculer avec précision les fréquences d'apparition d'un phénomène donné. Plus la valeur est éloignée du centre de la cloche (qui représente la moyenne et la médiane) dans un sens ou dans l'autre, plus la probabilité diminue (plus le phénomène est rare).

Cette tendance de toute séquence de variables « aléatoires » vers une loi normale est l'objet d'un théorème appelé « théorème central limite », qui a été démontré la première fois par le savant français Pierre-Simon de Laplace dans des *Mémoires* publiés en 1809.

* * *

Les mathématiques ont aujourd'hui trouvé un terreau fertile dans le domaine de la climatologie, qui étudie un objet (le climat) soumis à une très grande quantité de variables. Elles ont fourni un éventail d'outils (tels que le filtre de Kalman, le krigeage, le test de Student, la théorie des valeurs extrêmes…) employés pour modéliser le climat et estimer différentes choses, notamment le nombre de degrés auquel s'élève le réchauffement climatique depuis la fin du 19e s., les probabilités que ce réchauffement soit le résultat de l'activité humaine (et non pas de facteurs naturels comme l'énergie du Soleil, les éruptions volcaniques, les courants océaniques…) ou encore le nombre de tonnes de carbone que l'humanité peut encore brûler avant de mettre sa propre survie en péril. Ces outils mathématiques, mondialement reconnus par la communauté scientifique, sont abondamment utilisés par le Groupe d'experts intergouvernemental sur l'évolution du climat (GIEC), qui regroupe des chercheurs en provenance de près de 200 pays. Les rapports d'évaluation produits périodiquement par le GIEC se distribuent sur trois volumes hautement techniques de 1500 pages chacun, incluant un rapport de synthèse et un résumé vulgarisé pour tous les gouvernements afin de les aider à prendre des décisions éclairées sur l'avenir de notre Monde et ce que nous souhaitons léguer aux futures générations.

* * *

De nos jours, la plupart des phénomènes étudiés par les sciences naturelles et humaines ont été décrits dans le langage des mathématiques, même ceux qui semblent se réduire difficilement à une formule abstraite. Par exemple, il existe une équation qui, aux dires de plusieurs chercheurs, permet de décrire l'intelligence ! C'est la formule ou le théorème de Bayes, nommé ainsi d'après le mathématicien britannique du 18ᵉ s. Thomas Bayes (1702-1761).

$$P(A/B) = \frac{P(B/A) \times P(A)}{P(B)}$$

D'après cette formule donnée par Pierre-Simon de Laplace, *P(A)* et *P(B)* désignent les probabilités que les phénomènes *A* et *B* se produisent respectivement; *P(A/B)* désigne la probabilité que *A* survienne sachant que *B* est survenu; *P(A/B)* désigne la probabilité que *B* survienne sachant que *A* est survenu. La formule fournirait une description de l'intelligence dans la mesure où elle permettrait d'estimer la plausibilité de certaines hypothèses touchant la cause de certains phénomènes observés, autrement dit, de calculer la probabilité qu'un phénomène ait telle ou telle cause. Ce processus de « calcul de la cause » représenterait la façon dont notre intelligence fonctionne fondamentalement lorsque nous sommes dans une situation d'incertitude quant aux causes d'un phénomène. Par exemple, vous ressentez soudainement une bouffée de chaleur sans en connaître la raison. Vous admettez alors différentes hypothèses:

H 1 : Vous avez une infection.
H 2 : L'air climatisé a cessé de fonctionner.
H 3 : Vous avez un épisode d'hypoglycémie.
H 4 : Vous êtes enceinte.
H 5 : Vous faites une réaction allergique.
H 6 : Vous avez une baisse de pression.
(…)

Puis, vous comparez ces hypothèses en leur accordant un degré de crédibilité selon l'état de vos connaissances et vos croyances sur le Monde à un certain moment donné. La formule dit que la probabilité *P(A/B)* que cette bouffée de chaleur puisse être expliquée par un épisode d'hypoglycémie (*H 3*) est égale à la probabilité *P(B/A)* d'avoir une bouffée de chaleur si vous avez un épisode d'hypoglycémie, multipliée par la probabilité *P(A)* d'avoir un tel épisode, divisée par la probabilité *P(B)* d'avoir une bouffée de chaleur indépendamment de toute autre cause possible (*H 1*, *H 2*, *H 4*, *H 5*, *H 6*).

Les calculs bayésiens suivent un schéma logique appelé « inférence », c'est-à-dire qu'ils vont de l'observation d'un phénomène ou d'un effet vers sa cause (nous en reparlerons, il s'agit de l'opération logique inverse de la déduction, qui va de la cause vers l'effet). Et ces calculs s'ajustent au fur et à mesure selon les connaissances acquises. Si vous lisez des articles scientifiques sur l'hypoglycémie et les bouffées de chaleur, il se pourrait que vous révisiez à la hausse ou à la baisse la plausibilité que vous accordiez à l'hypothèse *H 3* et que cela influe sur celle que vous accordez aux autres hypothèses.

Les calculs bayésiens sont techniquement ardus à réaliser, mais des logiciels permettent de les effectuer avec une très grande efficacité. Ces calculs sont appliqués aujourd'hui à des phénomènes très complexes et multifactoriels, comme les cancers. Certains spécialistes en neurosciences et en sciences du comportement pensent même que notre cerveau serait une sorte de machine biologique qui aurait évolué de manière à se représenter le Monde et à interpréter les événements qui s'y produisent en faisant de calculs de ce genre. C'est la thèse soutenue, par exemple, par le neuroscientifique britannique de renom Karl Friston : des circuits neuronaux attribueraient des probabilités à des causes possibles tout en ajustant continûment celles-ci aux connaissances et aux croyances nouvellement acquises par l'individu. Friston adhère à ce qu'on appelle les « approches bayésiennes de la fonction cérébrale » (*Bayesian approaches to brain function*), selon lesquelles le cerveau, placé devant un phénomène aux causes incertaines, fonctionne naturellement selon un schéma probabiliste.

* * *

D'autres formules aussi élégantes et abstraites les unes que les autres visent à décrire des réalités diverses telles que l'écoulement du temps, la simplicité sous-jacente à tout système complexe observé dans la Nature, le caractère abstrait des objets mathématiques ou encore l'apparition, l'évolution et l'annihilation de toutes les particules élémentaires dans l'Univers. L'Univers lui-même pourrait être un jour décrit au moyen d'une simple formule ! En 2012, *ER=EPR* a ainsi été proposée par les éminents physiciens Leonard Susskind et Juan Martín Maldacena. Cette formule n'a pas encore été démontrée, mais elle s'inscrit dans un grand projet de la communauté des physiciens qui a pour objectif d'élaborer une théorie du Tout, aussi appelée théorie unificatrice (ou en anglais *TOE* ou *ToE*, pour *Theory of Everything*).

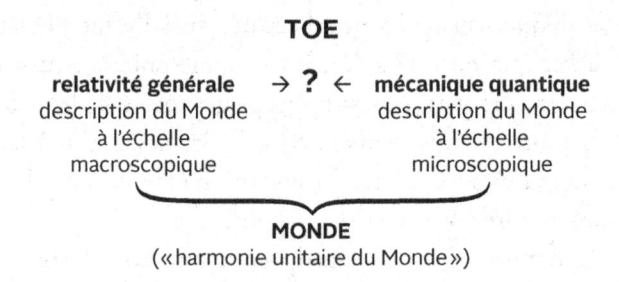

TOE

relativité générale → **?** ← **mécanique quantique**
description du Monde à l'échelle macroscopique   description du Monde à l'échelle microscopique

MONDE
(« harmonie unitaire du Monde »)

Le grand projet vise à combler, à l'intérieur d'un modèle mathématique unique, cohérent et exhaustif, le gouffre qui existe entre deux manières radicalement différentes — voire contradictoires — d'expliquer mathématiquement le Monde, l'une sur le plan macroscopique, qui est l'objet de la théorie de la gravitation d'Albert Einstein, appelée théorie de la relativité générale (qui se rapporte à la dynamique globale de la matière dans l'Univers) ; l'autre sur le plan microscopique, qui est l'objet de la mécanique quantique (qui décrit le comportement de la matière à l'échelle de l'infiniment petit). Einstein avait lui-même travaillé en vain, depuis les années 1930 jusqu'à sa mort, en 1955, à trouver la solution mathématique à ce très profond problème, solution qu'il a appelée, dans une formulation qui rappelle le pythagorisme, « harmonie unitaire du Monde ». La formule de Susskind-Maldacena (*ER=EPR*) énonce par exemple que des particules intriquées (l'intrication quantique, un phénomène du monde microscopique) sont reliées par des trous de ver (des objets du monde macroscopique dont l'existence est prédite par les équations d'Einstein). Il s'agit d'un sujet relativement complexe. Nous prendrons le temps d'en reparler à une autre occasion. L'élaboration et la confirmation éventuelle d'une théorie du Tout est perçue par beaucoup comme l'aboutissement d'une authentique quête du Graal de l'entreprise scientifique.

Les relations entre le Monde physique et les mathématiques

En physique contemporaine, le projet d'une mise en équation de la Nature va plus loin que la seule expression quantitative de ses lois. Il concerne plus fondamentalement la réduction complète des entités théoriques à des variables mathématisées sur lesquelles sont effectués des calculs. Et pour le génie humain, il constitue dans cette mesure un moyen encore plus efficace d'aller au-delà des apparences données par l'observation et de retirer le voile sous lequel le Monde se dérobe. C'est cette approche qui a permis à Albert Einstein de prédire l'existence des trous noirs à l'origine des réalités qui échappaient totalement à l'observation —, et ce, jusqu'à tout récemment. La mathématisation du Monde a permis de découvrir des pans complets de la réalité qui nous seraient autrement restés à tout jamais inaccessibles. Aujourd'hui, la théorie de la gravitation quantique (nous en reparlerons) va encore plus loin que les équations d'Einstin et nous permet d'approfondir davantage notre compréhension des trous noirs ou de ce qui s'est passé lors du Big Bang.

Il est important de prendre conscience de tout ce chemin et de ces longs détours qu'il nous a fallu emprunter depuis des siècles pour en arriver là où nous sommes aujourd'hui. Nous sommes tous, avec nos représentations du Monde, des produits de l'histoire.

***

Galilée a affirmé que le « livre de la Nature » était écrit en langue mathématique, et que sans connaissance des mathématiques, l'être humain ne serait pas en mesure d'en comprendre un seul mot. Cela rappelle les pythagoriciens, chez qui les *mathematikoi* désignaient ceux qui étudiaient (*mathemata* signifiant « étude ») et qui, par l'apprentissage de l'arithmétique ou de l'art du calcul, aspiraient à connaître l'ordre secret auquel est soumis le Monde.

Sur le plan philosophique, cette représentation du Monde soulève l'épineux problème des relations qu'entretiennent la physique et les mathématiques, qui a fait couler beaucoup d'encre au cours des cent dernières années. Ce qui a mystifié les plus grands esprits (à commencer par Galilée lui-même) est la stupéfiante concordance entre le monde concret des objets étudiés par la physique et celui des objets abstraits dont traitent les mathématiques. La physique est l'étude des phénomènes qui surviennent dans l'Univers matériel, comme le mouvement des corps ou la composition de la matière, alors que les mathématiques se réfèrent plutôt à des réalités abstraites, comme des nombres, des figures géométriques, des équations, des opérations, des relations, des fonctions, des formules, des ensembles, des définitions, des théorèmes, des modèles, des structures formelles… Or, comment expliquer cette mystérieuse concordance ? Comment l'abstrait peut-il rendre compte du concret et comment le concret peut-il être sous la gouverne de l'abstrait ? Comment une équation composée de nombres et de variables abstraites peut-elle décrire avec tant de perfection des phénomènes qui surviennent dans la réalité matérielle ? Comment des objets mathématiques peuvent-ils dévoiler des vérités au sujet d'objets physiques ?

Ce problème est lié à un autre, soit celui du statut d'existence des objets mathématiques : existent-ils en soi, indépendamment de l'esprit humain, ou s'agit-il de pures créations ou constructions de l'esprit humain ? Autrement dit, sont-ils dans la pensée ou en dehors de celle-ci ? Le « réalisme mathématique » est le nom donné à la thèse selon laquelle les objets mathématiques jouissent d'une existence objective, c'est-à-dire qu'ils existent en soi au sein de la réalité extérieure. On appelle aussi cette position « substantialisme mathématique » dans la mesure où l'on prête « substance » à ces objets, on leur donne une forme de réalité autonome et indépendante de notre pensée. Dans cette perspective, les objets mathématiques n'auraient pas été inventés par les êtres humains, mais seulement découverts par eux (comme Colomb a découvert l'Amérique, qui existait avant lui). La position inverse est appelée « antiréalisme mathématique ». D'après cette thèse, les mathématiques ne sont que des constructions de l'esprit humain ; ses objets ne sont pas découverts, mais inventés.

Selon le point de vue réaliste, la concordance entre la physique et les mathématiques pourrait s'expliquer par le fait que le monde physique est en soi de nature mathématique. Cela expliquerait que les lois qui gouvernent l'Univers matériel trouvent dans les équations mathématiques leur forme d'expression essentielle. L'équation décrit le phénomène physique puisque ce phénomène physique lui-même est de nature mathématique. C'est la perspective partagée par les pythagoriciens et leurs continuateurs. Galilée semble avoir adhéré à celle-ci à la fin de sa vie, dans ses *Discours* (1638), lorsqu'il a dit de la loi sur la chute des corps (inférée, comme nous l'avons vu, de la suite des nombres impairs 1, 3, 5 et 7) qu'elle était inscrite dans l'ordre naturel des choses.

D'après le point de vue antiréaliste, en tant que construction de l'esprit, les mathématiques ne seraient qu'un langage développé par les êtres humains pour comprendre les processus physiques à l'œuvre dans la Nature. Les Nombres ne constitueraient pas le Monde, mais permettraient de le décrire à travers un langage symbolique. C'est peut-être cette perspective qu'avait adoptée Galilée à l'époque de *L'Essayeur* (publié en 1623), en écrivant que le « livre de la Nature » était composé dans un langage mathématique.

Une diversité d'arguments a été avancée des deux côtés. Pour justifier l'idée voulant que le Monde soit par essence mathématique, on a notamment affirmé qu'il était possible de découvrir de nouvelles réalités physiques par le seul moyen des mathématiques. Maintes découvertes en science sont le résultat d'observations ou de manipulations expérimentales, mais il existe aussi des cas où des entités physiques ont été « découvertes » mathématiquement avant d'être l'objet d'une détection expérimentale ! Comment expliquer ce phénomène ?

De gauche à droite : A. Einstein ; A. Eddington ; P. Dirac.

Nous avons évoqué plus haut la découverte mathématique des trous noirs par Einstein. Un autre exemple célèbre, et souvent cité à la défense du réalisme mathématique, est celui de la première confirmation expérimentale de la théorie de la relativité générale d'Einstein. En 1911 et 1915, le physicien allemand avait prédit mathématiquement que les rayons de lumière adoptent une trajectoire courbe à l'intérieur d'un champ de gravité. Or, personne n'avait jamais observé pareil phénomène, d'autant plus que ce résultat ne découlait pas de la théorie de la gravitation de Newton, qui dominait alors le paysage de la physique. Pour observer le phénomène et confirmer son existence matérielle, l'astrophysicien anglais Sir Arthur Eddington et son équipe ont profité d'une éclipse solaire pour tenter d'observer la déviation (mathématiquement prévue) des rayons lumineux émis par une étoile sous l'effet de la gravité du Soleil. Le 29 mai 1919, l'observation a eu lieu ! Les résultats ont été communiqués quelques mois plus tard à Einstein et à la Royal Society de Londres, et le 7 novembre, le quotidien *The Times* a annoncé en page couverture : *Revolution in Science. New Theory of the Universe. Newtonian Ideas Overthrown* (« Révolution en science. Une nouvelle théorie de l'Univers. Les idées de Newton renversées »). C'est cette première confirmation empirique de la relativité générale qui a assuré à Einstein sa notoriété internationale et qui explique pourquoi les gens en général savent qui est ce génie.

* * *

Un autre cas célèbre est celui la découverte du positron (ou électron positif) et de l'antiproton (ou proton négatif), des antiparticules subatomiques. En 1927, soit avant même que leur existence matérielle ait été détectée par voie expérimentale (en 1932 et en 1955), le physicien britannique Paul Dirac avait prédit leur existence. Comment ? Par l'application des équations relativistes d'Einstein à la nouvelle mécanique quantique (dont Dirac est l'un des fondateurs). Si l'équation quantique relativiste de Dirac (donc un moyen purement mathématique) a permis avec succès la prédiction d'entités matérielles, c'est peut-être parce qu'elle refléterait ou constituerait une partie de ce qu'est le Monde matériel en tant que tel ! Les mathématiques ne seraient donc pas qu'un simple langage ou un outil commode pour exprimer la réalité : elles seraient la réalité elle-même. Le Monde serait Nombre, pour parler comme les pythagoriciens.

Ces pouvoirs de prédiction étonnants de la physique mathématique contemporaine illustreraient donc le lien très intime, voire le rapport d'identité, entre les ordres de l'abstrait et du concret. Ils offriraient en quelque sorte la preuve que les phénomènes de la Nature se conforment à ce qui est mathématiquement nécessaire.

De gauche à droite : H. Poincaré ; G. Bachelard.

Les deux exemples que j'ai donnés vont à l'encontre de la position opposée voulant que les mathématiques ne soient que des constructions utilisées comme langage pour décrypter et comprendre les processus physiques. Plusieurs grands philosophes des sciences et mathématiciens ont défendu ce point de vue, notamment Henri Poincaré (1854-1912) et Gaston Bachelard (1884-1962).

En 1905, le mathématicien et philosophe français Poincaré a publié un livre intitulé *La Valeur de la Science*. Dans la deuxième partie de cet ouvrage, il s'est penché sur le difficile problème des rapports entre la physique et les mathématiques. Poincaré a affirmé que le véritable terreau de la physique est l'expérimentation, et que, dans ce cadre, les mathématiques doivent uniquement servir d'outil langagier destiné à amener ce qu'elle étudie et ce qu'elle découvre à un niveau de compréhension supérieur. Pour lui, les objets mathématiques ne constituent pas le Monde en son essence, et doivent par conséquent rester subordonnés à la physique en tant qu'instruments théoriques. Les mathématiques doivent servir à reformuler et à garantir la cohésion des théories de la physique au fur et à mesure que celle-ci progresse. Physique et mathématiques, en dépit de leur différence de nature, sont interdépendantes et doivent collaborer. Ces deux domaines du savoir partagent un même objectif (la connaissance du Monde) et peuvent contribuer, pédagogiquement, à élever l'être humain au-dessus de sa condition ordinaire. La physique a besoin des mathématiques pour mieux comprendre abstraitement ses objets, et les mathématiques ont besoin de la physique pour rester branchées sur le concret.

Dans le même esprit, chez Bachelard, les mathématiques constituent un langage utilisé par la science physique pour traduire et rendre intelligibles les résultats expérimentaux. Il leur a aussi accordé un rôle de tout premier plan en physique (il les a conçues, d'ailleurs, comme le cœur de l'entreprise scientifique en général), mais dans tous les cas, il s'agit d'un langage, et non de l'essence même des choses.

* * *

Vous vous demandez peut-être à quoi servent toutes ces questions entourant le statut des entités mathématiques. J'aimerais vous répondre que l'enjeu est de taille ! Si les Nombres expriment l'essence des choses, nous pouvons alors penser que ceux-ci existent dans la Nature, comme le pensaient les pythagoriciens, et qu'ils existent donc indépendamment de notre esprit. Mais si les Nombres ne sont que les éléments d'un langage, donc des instruments, ils ne pourraient être alors que des constructions de notre esprit. Comme nous l'avons dit, dans le premier cas, les êtres humains découvriraient les Nombres et les mathématiques : la structure mathématique du Monde aurait pour origine le fait que les Nombres existent objectivement ou substantiellement au sein de la réalité extérieure elle-même, qu'elle déterminerait. Dans le second, ils les inventeraient : le Nombre serait un concept de notre intelligence, et non pas un objet dans le Monde. Ainsi, les diverses équations grâce auxquelles les hommes de science décrivent la réalité ne seraient pas la saisie directe d'un ordre sous-jacent aux choses elles-mêmes, mais une mise en langage de cet ordre par le moyen d'un symbolisme créé par les êtres humains.

Les équations inventées dans le cadre de l'entreprise scientifique et respectant sa méthode sont d'une redoutable efficacité, d'une extrême justesse, et rendent intelligibles tout un éventail de choses sur le Monde qui autrement resteraient à tout jamais voilées à notre perception ordinaire. Cependant, le projet visant à repérer des Nombres et des proportions çà et là dans la Nature et dans les œuvres humaines (comme le nombre d'or ou des termes consécutifs de la suite de Fibonacci) semble plutôt relever du fantasme et d'un mécanisme naturel de projection, c'est-à-dire d'une tendance spontanée et inconsciente de l'esprit humain à localiser à l'extérieur de lui des entités qui n'existent pourtant que dans son esprit.

Si nous adhérons à la thèse selon laquelle les Nombres sont constitutifs de l'essence des choses et tirent les ficelles du Monde en coulisse, il peut dès lors être séduisant d'adhérer à l'idée voulant, par exemple, que certains nombres règlent par avance les structures géométriques épousées par les fleurons du tournesol. Les recherches menées en botanique tendent à montrer que les arrangements spiralés des fleurons ne sont pas, justement, fixés de façon intrinsèque ; cette caractéristique relèverait plutôt de propriétés émergentes, c'est-à-dire de propriétés qui apparaissent en surface sans être pour autant la résultante causale de propriétés sous-jacentes. On dit des propriétés émergentes qu'elles ne sont pas réductibles à des propriétés plus fondamentales. Dans le cas du tournesol, les arrangements géométriques ne seraient pas le produit déterminé d'un ordre mathématique d'arrière-plan, mais simplement le fait émergent de certains processus biologiques d'inhibition. Lors de la croissance, le fleuron draine certaines hormones et protéines spécifiques empêchant l'apparition d'autres fleurons à proximité de lui, ce qui a pour effet d'engendrer des structures qui épousent par elles-mêmes la forme de spirales. Ces structures émergentes seraient le produit de processus auto-organisationnels, plutôt que l'œuvre d'une programmation préalable en provenance « de l'extérieur ». Le fait que l'on puisse retrouver dans ces spirales des proportions mathématiques jugées plus esthétiques que d'autres ne serait qu'une pure coïncidence. Une extrême variété de formes géométriques dans la Nature ne sont pas réglées, par exemple, sur le nombre d'or. Si quelqu'un en venait à magnifier le rapport $(x, y)/z$, il réussirait probablement, avec un peu de persévérance, à déceler sa présence par-ci, par-là dans la Nature, puis il ferait valoir les phénomènes où il l'a repéré en négligeant tous les autres. L'esprit humain a tendance à privilégier les faits qui vont dans le sens de ses croyances et idées préconçues, et à ne pas voir ceux qui s'y opposent. Ce phénomène de distorsion dans l'interprétation des informations est ce qu'on appelle en psychologie le « biais de confirmation ». Dans le cadre de l'entreprise scientifique (dont nous reparlerons), ces biais sont court-circuités par un principe de vérifiabilité intersubjective (*intersubjective verifiability*, selon l'expression de John Ziman) : lorsqu'une théorie et ses formules mathématiques sont produites et publiées, celle-ci sont soumises au regard critique de la communauté scientifique et systématiquement contre-vérifiées par d'autres chercheurs indépendants. Cette pratique appelée « évaluation » ou « revue par les pairs » (*peer review*) contraint l'entreprise scientifique à des processus rigoureux et objectifs de vérification. Cela distingue la découverte sporadique et accidentelle des Nombres dans la Nature des formules objectives inscrites dans le projet de mathématisation de la Nature inhérent à la science.

Chapitre 6
Le Monde des Essences

Je me plais souvent à me représenter l'histoire des idées à l'image d'un grand dédale de sentiers forestiers : chacun de ces sentiers est unique, avec ses sinuosités, ses tournants inattendus, ses obstacles, ses interruptions ou ses continuités ; certains d'entre eux conduisent vers les plus hauts sommets, d'autres ne mènent nulle part, ou encore débouchent sur des clairières d'où en partent de nouveaux, dans toutes les directions ; ces sentiers convergent parfois vers d'autres sentiers, donnant naissance à des plus grands, comme les ruisseaux alimentent des rivières et des fleuves. Les excursionnistes qui les arpentent ne connaissent pas toujours ce qu'il a fallu comme travail à des individus pour les avoir conçus, délinéés, défrichés et rendus praticables. Plusieurs ne se doutent pas que des générations d'individus hors du commun ont consacré toute leur vie, tout leur génie et tous leurs efforts à construire les sentiers sur lesquels ils se baladent tranquillement en visitant le Monde.

Rive de la Loire près de Chouzé, P. D. Trouillebert.

C'est un peu ainsi que l'individu contemporain mène sa vie, la plupart du temps sans savoir d'où il vient, ni d'où proviennent les grandes représentations classiques des choses auxquelles il adhère avec conviction ou qu'il rejette avec mépris. C'est un constat que je fais fréquemment en tant qu'enseignant. Mes étudiants utilisent sans même s'en apercevoir abondance de mots et d'expressions provenant des Grecs, des Romains ou encore des hommes du Moyen Âge; ils exposent des points de vue qu'ils croient personnels et originaux sans se douter que des savants ont enseigné ces mêmes points de vue il y a 500, 1000 ou 2500 ans (le sentiment de l'originalité vient souvent d'un manque de culture); ils acclament ou conspuent telle ou telle théorie sans rien connaître de son origine, du contexte historique dans lequel elle a vu le jour et de sa véritable signification. L'apprentissage de l'histoire, des grandes doctrines et des grandes idées, de la signification et de l'étymologie des termes, des grands ouvrages fondateurs, tout cela concourt à développer chez mes étudiants une culture à l'intérieur de laquelle se développe et s'organise leur intelligence et, avec elle, leur rationalité, leur sens critique, leur besoin de bien comprendre, de démonter et d'argumenter. Cet éveil intellectuel, cette élévation passionnée vers la compréhension profonde du Monde est à mon avis l'une des conditions les plus essentielles de la véritable maturité et de la vraie éducation.

**

Nous avons jusqu'à présent arpenté plusieurs sentiers où nous avons croisé des individus hors du commun qui ont fait l'histoire, mais dont presque plus personne ne parle aujourd'hui : Thalès, Anaximandre, Anaximène, Héraclite, Pythagore, Empédocle, Hippocrate, Xénophane, Démocrite, Archytas, Épicure, Lucrèce... Au terme de cette promenade, nous comprenons mieux dans quelle mesure la civilisation grecque de l'Antiquité a été le creuset de plusieurs des grandes représentations du Monde qui ont donné sa substance à la pensée occidentale. Par bien des aspects, notre monde contemporain est le lointain héritier du génie créateur des Grecs anciens. La découverte de la causalité et des processus naturels, la recherche des principes matériels de la Nature, la prise de distance vis-à-vis du récit mythique, la théorisation, l'argumentation, la mathématisation de la physique, tous ces éléments ont imprimé une marque durable sur la marche des idées en Occident et sur la dynamique du monde d'aujourd'hui, tel que nous le connaissons. Les religions ont pour leur part également façonné la dynamique du monde moderne, avec leurs systèmes de croyances respectifs et leurs façons singulières de percevoir les choses et leur au-delà mystique.

Contexte historique

Les éléments du discours rationnel que je viens d'énumérer ont été acquis, dans leur forme rudimentaire, dès les 6e et 5e s. av. J.-C. Ils ont été découverts, développés et transmis par une nouvelle génération de savants appelés « philosophes », qui ont posé sur le Monde un regard neuf et qui se sont interrogés de façon inédite sur sa Nature, son origine, son fonctionnement et son destin.

1. La représentation rationnelle du Monde a pris naissance dans les colonies grecques de l'Ionie et de la Grande-Grèce. Cette période qui s'étend du début du 6e s. av. J.-C. au milieu du siècle suivant est considérée comme la toute première de l'histoire des idées en Occident. Elle regroupe des penseurs que les historiens, depuis les 18e et 19e s., qualifient de « présocratiques ». Thalès, Anaximandre, Pythagore, Héraclite, Xénophane, Empédocle, Leucippe, Démocrite et d'autres sont des penseurs présocratiques dans la mesure où ils forment les premières générations de savants ayant vécu et enseigné, *lato sensu*, avant Socrate. Nous connaissons plusieurs dizaines de savants présocratiques. Presque rien n'a survécu de leurs écrits, l'ai-je dit, sauf que leur ascendance sur les générations ultérieures a été telle qu'ils figurent aujourd'hui au panthéon des fondateurs de la conscience occidentale.
2. La deuxième grande période de l'histoire du discours philosophique est celle qui s'est déployée à Athènes à l'époque classique, précisément à partir du milieu du 5e s. av. J.-C. jusqu'à la fin du siècle suivant. C'est l'époque de Socrate, Platon et Aristote notamment, que nous considérons habituellement comme les trois grands ténors de l'histoire de la pensée grecque dans la mesure où ils ont contribué à amener le discours rationnel à sa pleine maturité. Appartiennent aussi à cette grande période classique les écoles socratiques, qui ont subi l'influence de certains aspects de

la pensée de Socrate (les mégariques, les cyrénaïques, les cyniques et l'école d'Élis).
3. S'ensuit l'époque hellénistique, marquée par la conquête d'Alexandre le Grand dès la fin du 4ᵉ s. av. J.-C. (voir chap. 1). De nouvelles écoles de pensées ont été constituées au cours de cette période de bouleversement, notamment l'épicurisme (auquel nous avons consacré le premier chapitre), le stoïcisme et le scepticisme (nous en reparlerons), écoles dont les Romains ont perpétué les héritages.
4. À la frontière de l'Antiquité du Moyen Âge, la philosophie a connu un profond changement : elle est entrée dans une période de dialogue avec la religion, sous l'influence du christianisme naissant. La philosophie a été happée, pour ainsi dire, par la perspective de la transcendance et de l'expérience mystique, et le christianisme, en retour, a bénéficié des lumières de la rationalité. C'est l'époque du néoplatonisme, de la philosophie chrétienne et de la théologie. Nous en reparlerons au dernier chapitre du livre.

* * *

Pour l'heure, transportons-nous à Athènes, à l'époque classique. Après s'être développé en Ionie, en Italie du Sud et en Sicile, le discours philosophique et scientifique a frappé aux portes de cette majestueuse cité et a retenu l'attention de plusieurs de ses grands penseurs. Au 5ᵉ s. av. J.-C., Athènes est une démocratie. Or, ce régime politique d'un nouveau genre, fondé sur la reconnaissance de la souveraineté citoyenne, a mis en péril le développement du point de vue rationnel sur le Monde.

Première partie
Les sophistes
Athēnai, 435 av. J.-C.

Nous sommes en l'an 435 av. J.-C. Thalès de Milet, le fondateur de la rationalité occidentale, est mort il y a plus d'un siècle. Le grand homme, Pythagore, s'est quant à lui éteint il y a exactement 60 ans. Archytas vient de venir au monde à Tarente. Démocrite n'est encore qu'un jeune homme de 25 ans, lui qui vivra encore plus de six décennies. Épicure, son continuateur, ne verra le jour que dans un siècle, dans cette ville.

Dernier tiers du 5ᵉ s. av. J.-C. Athènes connaît son âge d'or : elle est la toute première puissance politique, militaire, commerciale, financière, artistique et culturelle du monde occidental. C'est le « siècle de Périclès », dénomination qui sera donnée par les historiens en l'honneur du grand orateur et stratège à qui Athènes doit beaucoup de sa grandeur culturelle et de sa suprématie (voir chap. 1, « Athènes »). Sur tout le pourtour de la mer Égée, la cité-État impose sa culture et ses façons de faire dans les domaines de la religion, du commerce maritime et de la justice. Sur l'Acropole s'achève la construction du célèbre *Parthenōn*, mis en chantier par Périclès en personne. Déjà, la « demeure des vierges » s'élève majestueusement pour rendre un hommage éternel à Athéna et montrer la gloire et la prospérité de l'État athénien. Les habitants de la cité jouissent à cette époque d'une qualité de vie qu'ils n'ont jamais connue — l'espérance de vie des citoyens athéniens dépasse les 40 ans, une première dans l'histoire de l'Occident naissant. Plusieurs personnages célèbres de l'époque classique atteindront les 70, les 80, voire les 90 ans, et même davantage.

La démocratie athénienne

Clisthène.

Depuis l'époque de sa fondation au milieu du 8ᵉ s. av. J.-C., Athènes avait toujours été gouvernée alternativement par des élites aristocratiques et des monarques que les Grecs appellent des « tyrans ». Les origines lointaines de la démocratie remontent principalement aux réformes politiques imposées au 6ᵉ s. av. J.-C. par deux grands hommes d'État athéniens. D'abord Solon (né vers 630 av. J.-C. et mort vers 560 av. J.-C.), qui figure avec Thalès sur la liste des Sept Sages de la Grèce antique, puis Clisthène (né vers 570 av. J.-C et mort entre 508 et 492 av. J.-C.). Bien que ces deux hommes aient fait partie de l'aristocratie, ils ont imposé d'importantes réformes qui ont eu pour effet de reconduire le peuple athénien vers sa première expérience de participation aux affaires publiques. Les réformes de Solon datent de l'an 594 av. J.-C., alors que celles de Clisthène ont été promulguées il y a tout juste 73 ans (soit en l'an 508 av. J.-C.), à l'occasion d'un soulèvement populaire contre le pouvoir des nobles. Les objectifs fondamentaux des réformes clisthéniennes étaient d'empêcher tout retour possible de la royauté à Athènes et de restreindre les pouvoirs de l'aristocratie par la mise en place de l'isonomie, un principe d'égalité entre tous les citoyens. Clisthène y est parvenu en divisant le territoire de l'Attique (sur lequel domine Athènes) en « circonscriptions » ou unités territoriales (appelées « dèmes ») qui représentent des parties de la population. C'est ainsi qu'en abolissant les anciennes structures qui favorisaient l'élite et les filiations familiales, Clisthène a consacré l'existence de la première véritable communauté politique de l'histoire. La citoyenneté est désormais fondée strictement sur l'appartenance à un dème, ce qui garantit le principe de l'isonomie ou de la répartition égale du pouvoir politique parmi les citoyens. Rappelons que le terme *dēmokratía*, qui a été forgé peu après, signifie littéralement le « pouvoir (*krátos*) par le peuple (*dêmos*) ». C'est le peuple, la populace (*hoi polloi*), soit les gens « ordinaires » (et généralement pauvres), qui incarne maintenant le pouvoir politique et tient avec fierté les rênes de son destin collectif. La démocratie est devenue chez les Athéniens du siècle de Périclès l'objet d'un véritable culte.

L'une des grandes contributions du stratège Périclès (495 av. J.-C. à 429 av. J.-C.) a été la rénovation et la consolidation des institutions démocratiques athéniennes. Deux institutions politiques complémentaires forment le cœur battant de l'exercice démocratique :

1. la Boulê (traduit par « Conseil » ou « Sénat »), formée de 500 citoyens regroupés en 10 tribus. Les membres du Conseil (les bouleutes) ont pour fonction essentielle de formuler et de préparer les projets

de loi (les *probouleumata*). Un président (appelé «épistate»), tiré au sort parmi les bouleutes, organise et supervise les sessions du Conseil. Le bâtiment où sont tenues les séances de la Boulê s'appelle *bouleutérion*, et est situé sur l'agora d'Athènes (la grande place publique);
2. l'Ecclésia (l'Assemblée des citoyens), dont font partie d'office tous les citoyens d'Athènes, au nombre d'environ 40 000 à l'époque où nous sommes. Les membres de l'Assemblée se réunissent périodiquement sur la colline de la Pnyx sise en face de l'Acropole pour discuter et débattre publiquement des propositions de loi soumises par la Boulê, et pour voter en leur faveur ou en leur défaveur. Les lois sont adoptées ou rejetées en vertu du principe de la majorité des voix. L'Ecclésia se prononce aussi sur les traités de paix et les déclarations de guerre. Des bouleutes appelés «prytanes» convoquent, président et surveillent les séances de l'Assemblée. Ce sont eux aussi qui supervisent les votes et comptabilisent les suffrages.

À ces deux institutions s'ajoutent celles: 3. des archontes ou dirigeants (neuf citoyens chargés d'exécuter les décisions prises par l'Ecclésia); 4. des stratèges ou chefs d'armée (dix citoyens élus ayant la responsabilité de l'armée, des politiques étrangères et des mesures financières de la cité. Ces magistrats sont les plus puissants. Périclès a été élu stratège pendant plusieurs décennies consécutives); 5. l'Aréopage ou tribunal suprême (dont les membres conseillent les archontes et surveillent l'application des lois); et enfin 6. l'Héliée ou les tribunaux populaires (dont font partie 6000 citoyens, appelés «héliastes» et exerçant, à l'époque de Périclès, le véritable pouvoir judiciaire, autrefois incarné davantage par l'Aréopage). C'est à l'Ecclésia que revient la responsabilité de nommer les bouleutes et les héliastes par tirage au sort, pour un mandat d'un an, et d'élire les citoyens qui occuperont les hautes fonctions de la magistrature. Selon ce système, au cours de sa vie, un même individu peut donc assumer les fonctions de bouleute, d'héliaste et de magistrat. Chaque citoyen est gouverné et gouvernant, faisant partie tantôt de la société civile, tantôt de l'État.

Les Athéniens ont également mis sur pied un système astucieux visant à protéger la démocratie de ses potentiels ennemis intérieurs. Une fois par année, les citoyens sont invités à soumettre le nom d'une personne d'influence qu'ils jugent dangereuse pour la démocratie. C'est le système de l'*ostrakon*. La personne dont le nom est proposé le plus grand nombre de fois est aussitôt frappée d'ostracisme, c'est-à-dire bannie de la cité pour une durée de 10 ans et laissée à elle-même.

Contrairement à ce qui se fait dans les autres cités, les lois d'Athènes sont donc adoptées d'après le principe de la majorité des voix citoyennes. Une loi est adoptée si elle reçoit une majorité de voix favorables, faute de quoi elle est rejetée. Les Athéniens sont les premiers à avoir mis en pratique l'idée révolutionnaire selon laquelle la population elle-même est mieux placée pour diriger les affaires de la cité qu'un seul individu (comme dans les monarchies) ou un groupe de privilégiés (comme dans les oligarchies).

L'organisation politique (*politeia*) athénienne est une démocratie directe : ce sont les citoyens qui formulent et votent les lois de la cité, plutôt que des représentants élus comme on peut le voir dans les démocraties modernes, qualifiées d'« indirectes » ou de « représentatives ». Chez les Grecs, il n'y a pas d'intermédiaires qui représentent la population et qui agissent en son nom. Une quarantaine de fois par année, l'ensemble des citoyens de l'Assemblée sont convoqués sur la colline de la Pnyx pour se prononcer directement pour ou contre les projets de loi soumis.

* * *

La mise sur pied d'un gouvernement par le plus grand nombre sera vue comme l'un des événements politiques les plus importants de l'histoire de l'humanité. La démocratie athénienne est l'ancêtre de toutes celles qui verront le jour à travers le monde. Les citoyens athéniens sont considérés comme égaux devant la loi (*isonomia*), indépendamment de leur richesse (c'est là un acquis des réformes de Clisthène), et partagent une égalité de parole (*isègoria*). Ils peuvent devenir propriétaires terriens et participer aux cultes publics des dieux, mais doivent en retour défendre la cité en temps de guerre, payer des impôts et participer au financement des temples religieux. Cependant, il faut éviter de tomber dans le piège de l'idéalisation. La « majorité » démocratique ne concerne pas tous les individus qui vivent et travaillent à Athènes, mais seulement ceux qui jouissent du statut de citoyen. Sur 340 000 Athéniens, seulement 40 000 disposent du droit de vote, soit à peine plus de 10 % de la population. Nous pourrions dire, pour être précis, qu'il s'agit davantage d'une démocratie citoyenne que d'une démocratie populaire. Lorsqu'une loi est adoptée, elle est certes représentative de la volonté de la majorité, mais cette dernière n'incarne qu'une fraction de la volonté populaire : il est donc possible qu'une loi soit soutenue par une majorité citoyenne, bien qu'une grande partie de la population globale lui soit défavorable. Dans les faits, Athènes reste dirigée par une minorité.

Plusieurs critères président à l'obtention du titre de citoyen et donc du droit de voter sur les projets de loi et d'être élu à des fonctions de la magistrature. L'individu doit d'abord être Athénien de naissance — il y a une quinzaine d'années, Périclès a d'ailleurs resserré ce critère en exigeant que les deux parents le soient aussi. L'individu doit également avoir suivi durant sa jeunesse une sorte de formation civique garantissant son acceptation dans son dème et avoir rempli ses obligations militaires d'une durée de deux ans (processus appelé « éphébie »). Les femmes athéniennes n'ont pas droit à la citoyenneté et ne peuvent donc pas participer à la vie démocratique. Les hommes grecs, comme dans les autres sociétés de l'époque, sont misogynes. Non pas dans la mesure où ils haïssent les femmes (c'est le sens étymologique du mot), mais dans le sens où ils adhèrent en général à l'idée voulant que l'homme soit supérieur à la femme. Les hommes grecs en général considèrent les femmes comme d'éternels enfants incapables de se prononcer sur le plan politique. Ne peuvent par ailleurs accéder au titre de citoyen, d'une part, les étrangers (les « métèques ») — bien que ceux-ci aient le droit de vivre et de travailler à Athènes, ainsi que d'être protégés par la justice —, et d'autre part, les esclaves, qui ne sont traités que comme des biens matériels (ils forment un tiers de la population de la cité). La démocratie athénienne n'est certes pas parfaite, tant s'en faut, mais le régime reste en avance sur son temps. Partout ailleurs, à la même époque, les décisions politiques sont prises par un tyran ou un groupuscule d'individus privilégiés.

Le régime démocratique athénien connaîtra quelques petites interruptions vers la toute fin du 5e s. av. J.-C., puis se prolongera durant le siècle suivant. À la conquête d'Alexandre le Grand, en l'an 323 av. J.-C., la gouvernance de la cité sera assurée par les rois macédoniens, et ce, jusqu'à l'arrivée des Romains.

Les sophistes et l'art du discours persuasif

Pourquoi ce topo sur la démocratie athénienne ? Parce que ce régime politique est en voie de propulser à l'avant-scène et d'assurer le succès d'une toute nouvelle classe de savants, celle des sophistes (*sophistês*). Ces intellectuels foisonnent de plus en plus à Athènes et offrent des leçons aux citoyens soucieux de s'illustrer en public. Or, si l'efficacité de cet enseignement est incontestable, il représente par certains de ses aspects une menace directe à la survie de la philosophie et à l'épanouissement du discours rationnel en général.

Les sophistes n'appartiennent pas véritablement à une « école », mais participent plutôt d'un grand mouvement au sein duquel chacun mène ses activités en toute indépendance à l'égard des autres. Les sophistes sont des professeurs itinérants qui parcourent les cités grecques à la recherche de leur propre clientèle étudiante. Il s'agit des tout premiers véritables professionnels de l'enseignement ou du savoir.

Qu'enseignent les sophistes ? La rhétorique. Ce qu'on appelle *rhêtorikê tekhnê* désigne l'art de bien parler et de tenir des propos persuasifs. Les sophistes apprennent à leurs étudiants la bonne façon de prendre la parole en public et de s'exprimer avec conviction. Leurs leçons visent à rendre quiconque capable de produire, devant un interlocuteur ou tout un auditoire, des discours qui soulèvent l'enthousiasme et emportent l'adhésion. Les sophistes sont des maîtres de rhétorique, des rhéteurs (*rhêtor*), autrement dit des maîtres d'éloquence ou encore des orateurs, comme le diront plus tard les Romains. Les sophistes grecs enseignent l'art oratoire : leurs étudiants apprennent à bien parler, à bien s'exprimer et à bien s'illustrer, non pas simplement pour impressionner, mais pour persuader, pour convaincre. La rhétorique comporte un ensemble de règles très raffinées conçues expressément dans cet objectif. Celles-ci se rapportent à des procédés de conviction de tous genres fondés sur le choix judicieux des mots, des figures de style, des gestuelles, des intonations, et sur toutes sortes de techniques astucieuses finalisées par l'agitation des émotions et l'éveil des passions. Ces règles sont destinées à convaincre l'auditoire, ou n'importe quel interlocuteur à qui l'on s'adresse, avec le plus d'efficacité possible, et indépendamment de toute justification rationnelle.

L'art de la parole persuasive et les premières écoles de rhétorique sont originaires de Sicile, en Grande-Grèce. Mais c'est dans l'effervescence de la démocratie athénienne que la rhétorique s'épanouit et connaît la plus forte demande. Les leçons des sophistes se vendent souvent ici à prix d'or. Plusieurs d'entre eux sont immensément riches et populaires. À l'occasion des débats sur les projets de loi tenus sur la place publique ou sur la colline de la Pnyx, par exemple, ceux qui ont suivi leurs leçons réussissent beaucoup mieux que les autres à convaincre leurs concitoyens de se positionner et de voter pour ou contre ces projets. Ce faisant, ils gagnent en prestige social et en pouvoir politique. Dans un régime où les lois sont adoptées en vertu du principe de la majorité citoyenne, un jeune Athénien qui nourrit des ambitions politiques a tout intérêt à maîtriser la rhétorique : plus il est en mesure d'influencer les opinions et le cours des votes, plus il acquiert de l'influence.

C'est ainsi que les sophistes, au moyen de l'enseignement de l'art oratoire, prétendent transmettre l'excellence (*arétê*) ou la vertu politique : ils apprennent aux jeunes citoyens ambitieux comment exceller, comment devenir compétent ou « vertueux » dans le domaine des affaires de la cité, dans l'usage politique de la parole, l'art de séduire, l'art d'influencer les foules et d'orienter les opinions dans une direction ou dans l'autre. Dans une démocratie directe, l'influence politique réelle, concrète, se traduit par la maîtrise devant public des discours persuasifs — et non par la simple appartenance à une élite aristocratique ou la capacité d'imposer sa volonté par la force, comme dans les monarchies et les oligarchies.

Comme tous les citoyens peuvent être appelés un jour à défendre un plaidoyer devant les tribunaux, la rhétorique trouve un autre terrain d'application privilégié dans le secteur judiciaire.

Les grands sophistes du siècle de Périclès

Protagoras d'Abdère

Protagóras est le tout premier savant à s'être désigné lui-même comme un sophiste. Il est né au début du 5e s. av. J.-C. et mourra dans une quinzaine d'années, vers l'an 420 av. J.-C. Depuis plus de deux décennies déjà, le sophiste s'illustre périodiquement à Athènes avec son enseignement de la rhétorique, discipline dont il serait l'un des fondateurs, avec

Tisias, Corax et Gorgias, originaires de Sicile. Protagoras connaîtrait Démocrite, le cofondateur de l'atomisme. Il est, comme lui, natif de la cité d'Abdère. Plutôt favorable à la démocratie (bien qu'il ne soit pas lui-même un citoyen athénien), Protagoras a attiré l'attention du grand stratège Périclès, dont il est même devenu conseiller et de qui il reçoit des mandats politiques.

Les sophistes sont les premiers intellectuels à réfléchir sur les origines et la nature des institutions humaines. Protagoras est d'avis, par exemple, que les êtres humains sont par nature démunis en ce qui a trait à la vie en société et aux affaires publiques. Laissés à eux-mêmes, ils ont une tendance au désordre et à la discorde, voire à la guerre. Or, selon Protagoras, le sophiste remédie à la situation par l'éducation et l'enseignement de la vertu : grâce aux techniques de la rhétorique, il apprend aux êtres humains à cultiver leur sens politique, à entretenir des relations harmonieuses avec leurs pairs et donc à devenir de bons citoyens. Protagoras est d'avis que l'excellence politique, en tant que résultat d'un enseignement à la citoyenneté, est hautement souhaitable pour le salut des êtres humains.

Les futurs spécialistes de la pensée grecque auront connaissance de cette thèse par l'intermédiaire de Platon, qui en parlera dans son dialogue intitulé *Protagoras*. Nous reviendrons plus loin sur cet éminent sophiste.

Prodicos de Céos

Protagoras a actuellement un élève qui deviendra célèbre lui aussi, *Pródikos*, un ambassadeur originaire de l'île de Céos en mer Égée (située à quelques kilomètres au sud-est d'Athènes). Prodicos est de plus en plus connu pour les discours publics qu'il prononce à Athènes. Maître de rhétorique, Prodicos enrichit sa discipline grâce à ce qu'on appellera plus tard la sémantique (*sêmantikos*), c'est-à-dire l'étude des mots quant à leur signification, leur sens, les relations entre eux (les homonymes, les synonymes, les antonymes...), leur contexte d'utilisation, etc. Figureront parmi ses étudiants des personnages célèbres tels qu'Euripide (un dramaturge tragique), Thucydide (un historien), Tisias (qui s'illustrera dans le domaine de l'éloquence judiciaire), et Isocrate, un savant athénien qui ouvrira sa propre école de rhétorique au début du 4ᵉ s.

av. J.-C. et qui jouira d'une grande renommée. Socrate aurait reçu des leçons de Prodicos dans sa jeunesse. Aristote, pour sa part, recevra des enseignements d'Isocrate avant de s'inscrire à l'école de Platon.

Hippias d'Élis

Les enseignements des sophistes ne se limitent pas qu'à la rhétorique politique. Certains d'entre eux prétendent tout savoir dans les domaines théoriques et techniques, et pensent être en mesure d'enseigner à leurs étudiants l'art de discourir sur n'importe quel sujet et d'être toujours persuasifs. C'est le cas du célèbre diplomate et sophiste Hippías, qui mènera une carrière prolifique à la frontière du 5e et du 4e s. av. J.-C. La postérité ne le connaîtra toutefois que par l'intermédiaire des textes de Platon. Dans un dialogue intitulé justement *Hippias*, Platon mettra en scène Socrate et le sophiste discutant du thème de la beauté (qu'est-ce que la beauté?). Voici les propos qu'il attribuera à Hippias à ce sujet:

> Ce qui est beau et vraiment estimable, c'est d'être en état de faire un beau discours en présence des juges, des sénateurs, ou de toute autre espèce de magistrats, et de ne se retirer qu'après les avoir persuadés, remportant avec soi la plus précieuse de toutes les récompenses, la conservation de sa personne, et celle de ses biens et de ses amis[9].

De l'avis d'Hippias, la beauté est l'art de la persuasion elle-même, c'est-à-dire la capacité à convaincre n'importe qui de n'importe quoi, dans n'importe quelle circonstance — ainsi qu'à s'enrichir et se faire de nouveaux amis par la même occasion!

Ouvrons une parenthèse: le terme *sophistês*, à l'instar de *philosophie* (voir chap. 5), a été forgé d'après le mot *sophia*, qui signifie « sagesse », entendue au sens général de connaissance, de savoir, d'apprentissage. Les *sophistai* sont des « sages » au sens précis où ils sont, d'une part, des individus qui détiennent des connaissances (ce sont des savants), et d'autre part, des experts dans l'art de transmettre des apprentissages (ce sont des éducateurs professionnels). C'est ainsi que les sophistes se perçoivent eux-mêmes et s'affichent ouvertement en public. L'excellence ou la vertu est vue chez eux comme une forme de savoir, une

---

9. PLATON, *Hippias majeur*, 304a, trad. V. Cousin, Paris, Bossange frères, 1827.

connaissance, une sagesse, et celle-ci est parfaitement transmissible par l'enseignement (moyennant des honoraires).

Si toutefois les termes *philosophe* et *sophiste* ont une origine étymologique commune, nous verrons que leurs activités respectives sont clairement distinctes du point de vue de Socrate, Platon et Aristote. Ceux-ci porteront sur les sophistes des jugements très durs, les présentant comme tout sauf de vrais sages ou de véritables amoureux de la sagesse. À leurs yeux, les sophistes ne sont pas animés par un authentique désir de la vérité, et pour cette raison, ils ne peuvent être désignés comme des philosophes ou des sages dans le vrai sens du terme. Les sophistes visent plutôt l'efficacité concrète et le succès populaire, soit des objectifs strictement pratiques ou utilitaires. Ce trait caractéristique est particulièrement manifeste chez Gorgias.

Gorgias de Léontium

Gorgías deviendra l'un des plus célèbres sophistes et orateurs de l'époque classique. Un peu plus jeune que Protagoras, Gorgias est né à Léontium en Sicile vers 480 av. J.-C., et vivra plus que centenaire ! Il y a plusieurs années, il a suivi les leçons du sophiste Tisias — il aurait également été un disciple d'Empédocle (le père de la théorie des quatre éléments), de qui il aurait d'ailleurs retenu certaines idées. Dans une dizaine d'années, lorsque Léontium sera menacée par Syracuse, Gorgias sera envoyé ici comme ambassadeur de sa cité pour demander l'aide des Athéniens et il gagnera rapidement en popularité. Beaucoup de futures grandes personnalités suivront ses leçons. Il exigera un salaire exorbitant pour son enseignement et deviendra extrêmement fortuné — la légende voudra qu'il fasse ériger une statue de lui-même en or massif à Olympie ou à Delphes ! Quoi qu'il en soit, son talent oratoire, son savoir-faire rhétorique et sa maîtrise exceptionnelle du discours persuasif passeront à l'histoire. Gorgias rédigera durant sa vie un grand nombre d'ouvrages qui ne survivront malheureusement pas à l'Antiquité, notamment l'*Art rhétorique*, dans lequel il donnera la théorie du discours persuasif. La tradition conservera quelques extraits d'un ouvrage intitulé *Éloge d'Hélène*, dans lequel Gorgias démontrera tout son talent de persuasion. Dans ce texte, il innocentera Hélène, accusée d'avoir provoqué la guerre de Troie — un point de vue allant à l'encontre de l'opinion générale partagée par les Grecs.

Gorgias fondera son approche de la rhétorique sur l'idée radicale selon laquelle le langage est en soi indépendant de l'usage qui en est fait, en l'occurrence indépendant de tout horizon moral et de toute portée de connaissances. Les techniques de l'éloquence sont en elles-mêmes neutres moralement et exemptes de l'obligation d'exprimer un savoir et de transmettre une vérité. Autrement dit, Gorgias verra le langage comme étant « coupé du Monde » et envisagera la rhétorique en tant que simple outil de persuasion. Gorgias exploitera cette neutralité et cette autonomie fondamentales du langage en limitant l'utilisation de la rhétorique à des fins strictement utilitaires ou pragmatiques. Si l'art oratoire contribue concrètement et efficacement à persuader un auditoire et à influencer des décisions, bref à remporter du succès dans le domaine politique, entre autres, il est alors justifié d'utiliser ses techniques, quelle que soit leur prétendue « moralité » et en toute indépendance de la valeur de « vérité » de ce qui est affirmé pour y parvenir. Lorsqu'il s'agit de persuader, il est utile et légitime de manipuler la réalité historique ou de forcer son interprétation — voire de mentir à son sujet en tirant profit de l'ignorance de l'interlocuteur ou de l'auditoire —, ou encore d'utiliser subtilement de faux raisonnements : le but pratique de la rhétorique est de convaincre, quelles que soient les ingéniosités et les astuces du langage utilisées, et non pas de produire un discours adéquat à une « vérité » ou conforme à certains « faits ».

Gorgias sera connu comme étant passé maître dans l'art de la défense des causes perdues d'avance, telles que l'innocence d'Hélène, mettant en exergue le fait qu'il soit possible de provoquer, par la seule puissance persuasive de la parole, des changements radicaux dans la perception et la compréhension de toute chose. Gorgias écrira aussi dans cet esprit un *Éloge des Éléens*, un *Éloge d'Achille* et une *Défense de Palamède*, démontrant que sur n'importe quel sujet, même les plus controversés, il est possible d'amener n'importe qui à changer de point de vue, quels que soient les faits. Dans son *Traité du non-être*, Gorgias ira jusqu'à s'opposer aux thèses du philosophe Parménide, dont la rigueur logique est particulièrement ardue à contester. Nous en reparlerons lors d'un futur séjour à Élée, à l'occasion d'une réflexion sur l'énigmatique thème de l'Être. Pour l'instant, focalisons notre attention sur un sujet intimement lié à la représentation du Monde chez les sophistes.

La relativité de la vérité

La thèse la relativité de la vérité a été défendue par Protagoras, le premier sophiste. Il existe une grande diversité dans les enseignements délivrés par les sophistes, mais tous s'accordent sur l'importance de la rhétorique comme courroie de transmission de l'excellence (l'*arétê*) ainsi que sur la théorie voulant que la vérité soit un concept relatif.

Protagoras a écrit bon nombre d'ouvrages au cours de sa vie, mais comme c'est presque toujours le cas pour les auteurs de l'Antiquité, ceux-ci ont disparu, et nous n'avons conservé à leur propos que quelques témoignages ultérieurs. L'un des ouvrages majeurs de Protagoras s'intitule *Kattabàllontes*, c'est-à-dire « Discours renversants » ou « Discours terrassants » (qui sera ultérieurement appelé aussi *Sur la vérité*). Voici la première partie du seul énoncé qui survivra à la postérité et sur lequel s'ouvre le texte de Protagoras : « *ho anthrôpos metron hapantôn* » (« l'être humain (*anthrôpos*) est la mesure (*metron*) de toute chose (*hapantôn*) »).

Les savants discuteront beaucoup de la signification et des implications de cet énoncé. Dans 65 ans, celui-ci sera d'abord rapporté et commenté par Platon. Dans le *Théétète*, ce dialogue consacré à la nature de la science (c'est-à-dire la vraie connaissance, par opposition aux simples croyances), Platon interprétera l'affirmation de Protagoras dans le sens suivant : les connaissances et la vérité sont relatives aux individus. C'est la thèse de l'homme-mesure (*metron-anthrôpos*) : l'être humain constitue la mesure ou l'étalon de mesure de la vérité, c'est-à-dire le critère de la vérité. Platon fondera cette interprétation sur le présupposé de Protagoras selon lequel les perceptions sensorielles, qui diffèrent d'un individu à un autre, soient à l'origine de toutes les connaissances.

Monde
ᚵᚵᚵᚵᚵᛈᛈᛈᛈᛈᛈᛉᛉᛉᛉᛉ
diversité individuelle des sensations

Le terme *relatif* signifie « qui est en rapport » ou « qui est en relation avec ». Il exprime un lien de dépendance : est relatif ce qui dépend de quelque chose. La thèse de Protagoras, d'après la compréhension de Platon, consiste donc à affirmer que la vérité dépend des sensations éprouvées par l'être humain. Ce qui est perçu comme froid par un individu peut être perçu comme chaud par un autre : un Égyptien de passage à Athènes ne portera pas le même jugement sur la température qu'il y fait qu'un autre Barbare venu des contrées nordiques et qui supporte moins bien la chaleur ; un même mets peut paraître assaisonné ou fade, selon les perceptions et les habitudes alimentaires respectives des individus. Ce que soutiendrait Protagoras est l'idée voulant que, d'une part, les sensations et perceptions varient d'un individu à l'autre, et d'autre part, que ces sensations et ces perceptions soient les seuls critères possibles de la vérité.

J'ai mentionné plus tôt que Protagoras et Démocrite se connaissent. Comme nous l'avons vu au premier chapitre, Démocrite était aussi partisan d'une certaine forme de relativité. On se souviendra que celui-ci expliquait en effet la relativité de nos perceptions par la manière dont les atomes qui composent toute chose affectent nos organes sensoriels. Selon l'hypothèse de Démocrite, les diverses qualités que nous percevons du Monde extérieur (températures, textures, couleurs, saveurs...) ne sont pas inhérentes aux corps eux-mêmes, mais résultent seulement de la façon dont les atomes qui composent ces corps affectent nos sens. Un aliment, par exemple, n'a pas de goût en soi, ses atomes n'ont pas saveur : la perception d'une amertume ou d'une douceur est un phénomène qui s'explique chez Démocrite uniquement par l'action des atomes qui entrent en contact avec notre langue. Même chose pour les couleurs : les atomes eux-mêmes ne sont pas bleus, verts ou rouges, ces perceptions n'étant qu'un reflet de la manière dont ils entrent dans l'œil et affectent la vision. C'est pourquoi Démocrite a dit des qualités qu'elles n'appartiennent pas aux corps par nature, mais seulement par convention : n'étant pas des propriétés des atomes en tant que telles, elles n'apparaissent que relativement aux organes sensoriels affectés de certaines façons par ces atomes. Les qualités que nous percevons par les sens ne sont donc pas chez Démocrite des voies d'accès à la nature du Monde tel qu'il existe en soi. C'est plutôt par

Démocrite (debout) et Protagoras (à droite), S. Rosa.

l'intelligence (la « connaissance par la pensée », comme il l'appelait), précisément par les raisonnements qui se rapportent à la réalité atomique, que nous parvenons à saisir la réalité du Monde.

Protagoras reprend l'idée de la relativité des perceptions, sans toutefois parler des atomes, et la pousse jusqu'à son extrême limite, bien au-delà de ce que Démocrite était prêt à admettre. Toujours selon le témoignage laissé par Platon, Protagoras soutient que toutes les perceptions ne sont vraies que relativement aux individus eux-mêmes : l'Égyptien dit vrai en jugeant qu'il fait froid à Athènes, tout autant que le Nordique, qui considère qu'il y fait plutôt chaud. Les deux disent vrai ! Cela implique qu'aucun n'a plus raison que l'autre, qu'aucun ne dit « plus vrai » que l'autre, que nul n'est le dépositaire d'un savoir supérieur à celui d'un autre et, au bilan, qu'il est impossible de connaître le Monde tel qu'il est vraiment.

Dans cette perspective radicale adoptée par Protagoras, toutes les vérités se valent donc. Il n'existe plus de vrai en soi susceptible d'être saisi par l'intelligence. Dans son dialogue intitulé *Théétète*, Platon a écrit qu'en vertu de la relativité des perceptions telle que soutenue par Protagoras, il n'est pas possible de dire à propos de deux individus qui ont des opinions contraires et dont l'un est malade et l'autre en santé, lequel est sage, lequel est ignorant. Chacun d'eux a une condition qui lui est propre et ils ont tous les deux raison de soutenir l'opinion qui est la leur.

Affirmer qu'un individu a tort et que l'autre a raison de façon absolue, ce serait supposer qu'il existe un critère extérieur à l'être humain qui permettrait de savoir, par exemple, s'il fait effectivement froid ou chaud à Athènes. Or, c'est l'existence de ce critère extérieur que Protagoras renie. Chez lui, le critère ne peut provenir que de l'être humain. Tout ce que ce dernier perçoit est donc vrai relativement à lui-même : l'Égyptien éprouve réellement du froid, le Nordique ressent effectivement de la chaleur, et les deux ont donc raison de juger respectivement qu'il y fait véritablement froid, qu'il y fait véritablement chaud. Le relativisme ne nie donc pas l'existence de la vérité, mais affirme qu'il en existe autant qu'il y a d'individus ou de points de vue individuels. Il y aurait autant de vérités que de perceptions différentes du Monde. Il y aurait autant de manières d'obtenir des connaissances sur le Monde qu'il y a d'individus pour percevoir celui-ci. Tout ce que les individus perçoivent du Monde est vrai et n'est vrai que d'après les sensations et perceptions qu'ils éprouvent. La vérité et les connaissances existent, mais jamais que relativement à l'être humain. Ce qui n'existe pas, d'après la thèse protagorienne, c'est une vérité universelle qui serait la même pour tout le monde et qui pourrait être connue grâce à un ou plusieurs critères extérieurs et indépendants. Il est impossible pour l'être humain de s'extraire de lui-même pour contempler du dehors *ce qu'il en est* de la réalité des choses. Il est enfermé en lui-même, limité à ce point de vue.

Relatif s'oppose directement à absolu, qui signifie « sans dépendance ». Est absolu ce qui ne dépend de rien. Ce que Protagoras soutient, c'est qu'il n'existe pas de critère absolu en fonction duquel pourrait être déterminé ce qui est vrai en soi et qui vaudrait par définition pour tous les êtres humains. En termes modernes, *relativisme* est synonyme de *subjectivisme*, qui est le nom donné à la doctrine philosophique voulant que ce que nous percevons subjectivement soit le seul socle sur lequel repose notre expérience et notre connaissance du Monde. Cette doctrine nie précisément l'existence de critères situés en dehors de la subjectivité humaine, c'est-à-dire l'existence de critères objectifs à l'aune desquels il serait possible de connaître ce qu'est la « vraie réalité » derrière les perceptions. Le subjectivisme n'implique pas nécessairement l'idée selon laquelle le monde extérieur n'existe pas (ce qu'on appelle le solipsisme, qui est une thèse absolument radicale), mais plutôt celle voulant que l'être humain ne puisse pas sortir de lui-même pour constater ce qu'il en est du Monde objectivement parlant. La doctrine de Protagoras pourrait donc se formuler ainsi : tout est subjectif, tout dépend de l'individu, tout est perception, il n'existe pas de connaissance objective ou de vérité dont la valeur serait absolue, bref, l'être humain est la mesure de tout.

Les Grecs ne connaissent pas encore cet instrument (qui est une invention moderne), mais imaginons que nous nous servions d'un thermomètre pour mesurer la valeur de la température à Athènes. Nous pourrions alors affirmer qu'un critère extérieur nous permet de déterminer la température qu'il fait objectivement ou absolument à Athènes, donc indépendamment de toute perception individuelle. Toutefois, reste à savoir si une température de 25 °C, par exemple, est froide ou chaude. Cela dépend encore des individus. Et si le thermomètre indique 40 °C, peut-on affirmer que la température est chaude pour tout le monde et qu'il fait objectivement chaud à Athènes ? Peut-être, mais cela reste encore chaud pour l'être humain. Pour d'autres espèces animales et végétales, comme les serpents et les cactus, ces températures sont tout à fait supportables. Toujours, c'est l'individu ou l'être humain en tant que représentant que l'espèce humaine (le terme *anthropos* peut être pris dans les deux sens) qui impose ses mesures, qui juge d'après la constitution qui est la sienne.

* * *

Selon Protagoras, en l'absence de tout critère extérieur, absolu et objectif, nous ne pouvons donc connaître à propos des choses que les apparences sous lesquelles elles se présentent à nous sur le plan sensoriel. Dans la tradition philosophique, on rattache cette idée à la thèse du sensualisme et du phénoménisme. Les choses n'ont pas de nature en soi, le Monde est vidé de toute substance. Il n'existerait que des sensations et des perceptions, donc que des apparences, des phénomènes, et dans ce contexte, la notion classique de vérité perd tout son sens. Ne pouvant plus correspondre à un état de choses objectif, elle désignerait plutôt ce qui est conforme à la manière dont chaque individu perçoit le Monde. La vérité existe, mais que relativement aux êtres humains : si cette pièce de vêtement m'apparaît bleue, c'est qu'elle est bleue en vérité, pour moi ; si elle apparaît blanche pour vous, c'est qu'elle est blanche en vérité, pour vous. Le vêtement en lui-même n'a pas de couleur sur le plan objectif : il est bleu, il est blanc, selon le point de vue de celui qui l'observe.

Le relativisme de la vérité implique quelque chose de très étrange sur le plan épistémique : un même objet posséderait autant de qualités différentes (être bleu, être blanc…) qu'il existe de perceptions de celui-ci. Il pourrait même posséder simultanément des propriétés contraires (être froid et chaud, être doux et amer…). Cette table posée devant moi, par exemple, aurait la propriété d'être lourde et d'être légère par ailleurs, selon la force et la perception de l'individu qui la soulève, et même pour moi, selon que je la soulève à un moment de la journée où je me sens plus fatigué ou plus reposé. Le Monde n'aurait pas de nature objective ni de substance déterminée et fixée en dehors de l'être humain : le Monde ne serait rien en dehors de ce que chacun en perçoit à un certain moment. Qu'est-ce que le Monde ? Rien en dehors de l'expérience subjective qu'en fait l'être humain, ou bien en tant qu'individu, ou bien en tant que représentant de l'espèce humaine.

* * *

Aristote, à la suite de Platon et sans doute influencé par lui, interprétera l'énoncé de Protagoras de la même façon. Dans un de ses livres rassemblés sous le titre de *Métaphysique* (K, 6), Aristote écrira que si « l'être humain est la mesure de toutes choses », « ce qui paraît à chacun est la réalité même »; autrement dit, que ce qui est perçu comme réel pour un individu constitue la réalité, que ce qui paraît à chacun est ce qui est réel. Aristote ajoutera que de ce principe découle l'idée (invraisemblable) qu'une « même chose est et n'est pas » et que des affirmations opposées les unes aux autres sont toutes « également vraies ».

Comme nous le verrons au prochain chapitre avec Aristote, la thèse du relativisme enfreint les principes de la logique, en l'occurrence celui de non-contradiction.

* * *

Dans le *Théétète*, Platon livrera une critique en règle de la thèse de la relativité de la vérité, qu'il situera en opposition directe à la science et à la philosophie. Ces dernières supposent l'existence d'une objectivité située au-delà des sensations et des perceptions, qui est accessible par le moyen des ressources de la pensée, de l'intelligence, de la raison. Dans ce dialogue, Platon sera conduit à faire la distinction entre deux formes de connaissances : d'une part, l'opinion ou l'avis (*doxá*), fondé sur les sensations et les perceptions qui varient d'un individu à l'autre ; et d'autre part, la science (*épistêmê*), qui désigne l'ensemble des connaissances se rapportant objectivement au Monde tel qu'il est en soi, par-delà les perceptions que nous en avons.

Le terme *doxá* dérive de *dokéo*, qui signifie « paraître », « avoir l'apparence ». De nos jours, cette connotation est encore présente dans le concept d'opinion. Lorsqu'une personne exprime son opinion ou donne son avis sur un certain sujet, il est compris qu'il s'agit de son point de vue, de sa perception des choses, de sa compréhension subjective, donc de la façon dont un certain sujet lui apparaît ou lui semble, et non tel que celui-ci est en soi. Lorsqu'au contraire, une personne expose un principe ou une théorie scientifique, il est supposé que ce qu'elle affirme ne reflète pas son opinion, mais des faits qui se veulent parfaitement objectifs.

Du point de vue de l'individu qui émet son opinion, celle-ci est « vraie » au sens où elle lui semble correspondre à la réalité des choses: sa relativité n'apparaît qu'au moment où elle est confrontée à une opinion différente. Lorsqu'on répond à quelqu'un « ce n'est que ton opinion » ou « tu as droit à ton opinion », on lui rappelle qu'il ne s'agit là que d'un point de vue ou d'une perspective parmi d'autres. Dire « à chacun son opinion », c'est supposer que, sur un sujet donné, il n'existe que des points de vue individuels, et que ceux-ci se valent tous, c'est-à-dire qu'aucun d'eux ne peut être dit plus vrai qu'un autre, et donc que le point de vue objectif ou scientifique n'est pas possible.

Relativisme, rhétorique et démocratie

Les liens entre le relativisme, la rhétorique et la démocratie sautent aux yeux. Cette dernière suppose que les meilleures lois de la cité sont celles qui reflètent l'opinion de la majorité, plutôt que celle d'un seul individu ou d'une élite aristocratique. En promouvant l'expression des opinions et la libre circulation des idées, les sophistes contribuent à la bonne santé de la vie démocratique, pour ainsi dire. Comme aucun individu n'a plus raison qu'un autre, lorsqu'un projet de loi est soumis par le Conseil, par exemple, il doit être accepté ou rejeté à la majorité des suffrages. L'opinion de la majorité n'est pas plus vraie que n'importe quelle autre opinion moins populaire, car toutes se valent (puisque tout est relatif). Toutefois, la vie de la cité exige que des décisions politiques concrètes soient prises et que des lois soient votées. L'opinion la plus utile pour la collectivité, la plus puissante et la plus apte à rallier la majorité, si elle n'est pas plus vraie que les autres, reste la meilleure dans la mesure où elle conduit à des prises de décisions. Cette opinion est considérée comme la meilleure non pas au sens épistémique du terme (c'est-à-dire qu'elle ne serait pas plus vraie ou davantage conforme à la réalité qu'une autre), mais au sens pragmatique du terme, car elle a cette force, cette puissance qui a pour résultat concret le passage à l'action.

Protagoras associe justement la rhétorique à l'art de la parole efficace. Et sur le plan politique, cette efficacité se traduit par la capacité à prendre les « meilleures » décisions pour le bien-être collectif, soit les plus utiles et appropriées selon les circonstances. Une opinion n'est bonne ou mauvaise que relativement à sa capacité à contribuer ou à nuire au bon développement des affaires de la cité, indépendamment de son adéquation à une réalité. Plus un citoyen est en mesure d'influencer l'opinion publique grâce à sa maîtrise de la parole, plus il est donc vertueux ou excellent : non pas parce qu'il a plus raison que ses concitoyens, mais parce qu'il contribue davantage et de façon plus efficace que ceux-ci au bon fonctionnement de sa cité. L'art de faire triompher son opinion et de remporter des débats en assemblée, si tout cela ne sert pas la vérité et la science, sert la vie en société. La confrontation des opinions sur la place publique a pour effet de souligner des problématiques, de faire voir des enjeux et de provoquer des discussions, de mettre des choses en contexte, de proposer des solutions, de clarifier les idées, de faire valoir des arguments, etc. En ce sens, les sophistes sont des professeurs d'excellence démocratique. À leur façon et dans cette optique, on leur sait gré d'avoir participé à la grandeur du 5e s. av. J.-C.

Relativisme moral, culturel et esthétique

Dans son dialogue le *Théétète*, Platon présentera la thèse de Protagoras comme un relativisme de type épistémique ou épistémologique, soit comme une thèse énonçant que les connaissances que nous acquérons sur le Monde n'ont jamais de valeur que relativement aux perceptions sensorielles que nous en avons et que celles-ci sont toutes, en cela, radicalement subjectives. Mais la thèse relativiste ne se réduit pas à un individualisme de la connaissance ; elle s'étend également à d'autres domaines, comme ceux de la morale et de l'esthétique.

Le relativisme moral et culturel

Le relativisme moral et culturel est le nom donné à la thèse selon laquelle l'être humain est la mesure du bien et du mal, du moral et de l'immoral, et qu'il n'est pas possible de jauger ou d'estimer objectivement les valeurs morales d'après des critères extérieurs aux individus eux-mêmes ou aux sociétés humaines qui adoptent ces valeurs. Chaque individu, chaque culture possède sa propre morale, ses propres valeurs, ses propres normes de conduite, approuve certains comportements et en désapprouve d'autres, et aucun individu ni aucune société n'a «tort» ou n'a «raison» dans l'absolu: ce qui est vu par l'un comme un bien peut être perçu par l'autre comme un mal, et tous ces jugements sont vrais relativement à l'individu ou aux communautés qui les portent. Ainsi, toutes les valeurs morales sont vraies et toutes s'équivalent.

Dans le relativisme moral, l'être humain est considéré comme le critère du bien et du mal, comme la mesure de l'action morale. Il n'existerait pas de normes objectives au-delà de lui et à l'aune desquelles il serait possible, en toute neutralité, d'évaluer si un comportement est effectivement bon ou mauvais, absolument parlant: rien n'est bon et mauvais en soi, tout jugement moral est relatif, c'est-à-dire qu'il dépend de celui qui le formule. Un individu estimant qu'une action est bonne ou mauvaise ne porterait aucun jugement sur une propriété que ladite action posséderait intrinsèquement: l'individu ne ferait qu'exprimer, de fait, une disposition subjective ressentie à l'égard de cette action. Autrement dit, lorsqu'un individu affirme qu'une action est bonne et qu'une autre est mauvaise, il ne fait que distinguer ce qui lui plaît de ce qui lui déplaît, «personnellement» (comme nous le dirions aujourd'hui). Et il aurait raison d'en juger ainsi, puisqu'il n'existe pas d'autres critères que ses propres préférences subjectives. Un autre individu qui perçoit différemment les mêmes actions aurait tout aussi raison. Le bien et le mal ne seraient que des notions subjectives. Et comme il n'y a pas moyen de sortir de son individualité, de sa subjectivité, il n'existerait aucune possibilité pour qui que ce soit d'estimer la valeur que les actions morales ont intrinsèquement et absolument. Un débat moral ne serait pas un débat qui porte sur une réalité morale objective, mais seulement une confrontation de préférences personnelles. Un désaccord moral entre des individus ne serait qu'une incompatibilité entre des appréciations individuelles.

Dans la tradition philosophique contemporaine, l'un des premiers et des plus ardents défenseurs du relativisme sera Friedrich Nietzsche (1844-1900). À travers différents ouvrages, celui-ci promouvra la thèse générale voulant que toute connaissance relève d'une perspective particulière et individuelle adoptée sur le Monde et qu'il n'existe aucune «méta-perspective» à partir de laquelle le Monde pourrait être vu dans sa totalité et compris de façon strictement objective. Chez Nietzsche, la connaissance objective et universelle est une illusion. L'être humain, en tant qu'être limité, ne peut adopter sur les choses que des points de vue qui répondent à des intérêts, à des désirs et à des besoins particuliers. Il n'y a pas chez lui de faits objectifs, mais que des perspectives ou des interprétations sur les faits. On appelle cette thèse le perspectivisme. Dans le domaine moral, elle consiste à définir les jugements moraux comme l'expression de perspectives individuelles.

Dans son livre *Par-delà le bien et le mal* publié en 1886, le philosophe allemand refusera toute représentation du Monde fondée sur une opposition entre le « bien » d'un côté et le « mal » de l'autre. Nietzsche développera toute une vision des choses qui l'amènera à conclure que l'individu « bon » comme l'individu « mauvais » agissent en réalité sous le coup des mêmes instincts vitaux et naturels inconscients, cependant que chacun canalise ceux-ci différemment : le premier les nie et les supprime, le second les affirme et les laisse s'exprimer. L'ouvrage sera sous-titré « Prélude d'une philosophie de l'avenir » : Nietzsche en appellera ouvertement à un renouvellement de la tradition philosophique et à l'avènement de « nouveaux philosophes » qui non seulement auront pris conscience de la relativité humaine des valeurs morales, mais qui se sentiront aussi saisis d'une énergie nouvelle les élevant au degré suprême de la morale, c'est-à-dire un état de perfection où l'individu crée ses propres valeurs et en assume la pleine responsabilité. Il faut mentionner que la thèse de la relativité des valeurs morales chez Nietzsche a ceci d'original qu'elle n'implique pas l'idée voulant que toutes les valeurs soient équivalentes. À son avis, celles qui ont été créées de façon à laisser s'exprimer chez l'individu ses instincts vitaux sont meilleures et plus estimables que les autres.

Nietzsche publiera l'année suivante, en 1887, tout un livre consacré aux origines de la morale. *La Généalogie de la morale*, que plusieurs verront comme son chef-d'œuvre, complétera et approfondira plusieurs des thèses énoncées dans l'ouvrage précédent ainsi que dans des textes antérieurs.

Dans la première partie intitulée « Bien et mal, bon et mauvais », Nietzsche tentera de montrer que les notions de bien et de mal ont acquis leur signification morale à partir de certaines choses qui ont été estimées à l'origine bonnes et mauvaises. Voici un résumé de sa thèse : dans le passé, les membres des classes dirigeantes (ou des peuples dominants) se percevaient eux-mêmes comme des hommes bons — au sens de nobles, puissants, capables —, des hommes de « qualité supérieure », alors que les membres des classes dirigées (ou des sociétés dominées) étaient désignés comme mauvais — au sens de faibles, incapables, opprimés, souffrants —, ou de « qualité inférieure ». Il s'est ensuite produit un renversement au terme duquel les dominés se sont perçus eux-mêmes comme des hommes bons et ont qualifié les dominants de mauvais, mais en attribuant cette fois à ces termes le sens moral d'hommes de bien et d'hommes méchants. C'est de la moralisation des concepts de bons et de mauvais que proviendraient donc, selon Nietzsche, les notions de bien et de mal.

Nietzsche expliquera par ailleurs que les attitudes adoptées par les dominés, donc par les faibles ou les esclaves (l'humilité, la résilience, la docilité, la bienveillance…), seraient devenues des qualités morales, et que celles adoptées par les dominants, donc par les forts ou les maîtres, auraient été interprétées par les faibles comme des défauts ou des vices moraux : c'est ainsi que les valeurs de résignation et de bienveillance auraient été associées au bien, et les valeurs d'affirmation et de domination, au mal. La relativité des valeurs morales est mise en évidence dans cette vision particulière des choses : Nietzsche niera l'existence de choses bonnes ou mauvaises en soi, c'est-à-dire de façon absolue, et sera d'avis que le bien et le mal n'ont aucune valeur lorsqu'ils sont considérés indépendamment des rapports de forces concrets et des réalités psychologiques au sein desquelles ils sont apparus à travers l'histoire humaine. Il dira, par exemple, que la morale du christianisme n'a pas pour source l'inspiration divine (donc qu'elle ne repose pas sur un fondement absolu, qui serait Dieu), mais les valeurs prônées à l'origine par les faibles et les souffrants et qui ont fini par s'imposer et triompher. Nietzsche critiquera la morale chrétienne dans la mesure où la résignation sera vue chez lui comme une négation des forces vitales plongeant les êtres humains dans le ressentiment et les maintenant dans un nihilisme qui les empêche de s'épanouir, de s'élever, de se dépasser et de devenir des créateurs de valeurs.

**

Le relativisme moral s'oppose à ce qu'on appelle le réalisme ou l'universalisme moral. Cette thèse suppose l'existence de comportements objectivement bons et mauvais. Le réalisme moral tire son nom du fait que l'on suppose qu'un jugement moral est un jugement de réalité, à savoir un jugement qui porte sur le bien et le mal tels que ceux-ci sont réellement, au-delà de toute évaluation fondée sur des préférences et des dispositions subjectives. Autrement dit, pour le réalisme moral, les jugements moraux sont des jugements de faits, soit des jugements qui portent sur des faits moraux objectifs. Par exemple : ne pas voler, tuer, mentir, soumettre à l'esclavage, discriminer, abuser, agresser, etc. seraient des principes que tout individu se doit de respecter inconditionnellement, c'est-à-dire indépendamment de toute disposition individuelle et de toute appartenance à une culture donnée. Le caractère moralement louable de ces devoirs ne dépendrait d'aucun point de vue : ceux-ci constituent des impératifs, c'est-à-dire des commandements absolus.

Le grand philosophe du 18e s. Emmanuel Kant (1724-1804) développera toute une doctrine morale fondée sur un critère dont la raison serait le dépositaire. Ce critère, qui prend la forme d'une loi, posséderait une valeur universelle, et celle-ci devrait être respectée sans condition, c'est-à-dire indépendamment des préférences subjectives et tendances naturelles de chacun, et ce, dans tous les contextes possibles.

***

Revenons aux sophistes…

Souscrivant à la thèse du relativisme, les sophistes enseignent une morale orientée vers un individualisme — c'est-à-dire une morale fondée sur les intérêts et les valeurs des individus, qui exhorte à des devoirs et à des interdictions selon ce que l'on juge être bien et mal. À chacun ses valeurs et règles de conduite : si une personne estime que la générosité est plus utile que l'égoïsme étant donné certains objectifs, alors il est justifié pour elle d'être généreuse. Si une autre juge que l'égoïsme est plus approprié, alors il est justifié pour elle d'être égoïste. L'être humain étant la mesure de tout, il n'existe pas d'étalon général en vertu duquel il serait possible de déterminer s'il est préférable en soi d'être généreux ou égoïste, ou encore d'aimer ou de haïr, d'être sincère ou malhonnête, de pardonner ou de chercher vengeance. Conséquence : à chacun sa morale ! L'individu vertueux n'est pas celui qui agirait conformément à des idéaux moraux absolus ou à des « devoirs » universels (il n'y en aurait pas), mais celui qui tirerait le plus avantage à agir au vu de ce qu'il juge être bien. Les sophistes ne détruisent donc pas toute la morale : ils en proposent une nouvelle, de type individualiste. C'est dans cette mesure qu'ils s'affichent ouvertement comme des professeurs d'excellence ou de vertu morale.

* * *

Le relativisme moral pensé sous l'angle de la diversité des us et coutumes dans les sociétés humaines prend spécifiquement le nom de « relativisme culturel ». Nous avons parlé, au deuxième chapitre, de l'essor de cette école de pensée dans la tradition ethnologique au 20e s. Nous nous souviendrons que l'anthropologue Franz Boas a formulé la thèse énonçant qu'il n'existe pas de critère extérieur d'après lequel il serait possible de juger de la valeur objective des différentes cultures humaines. Le travail de l'ethnologue se limiterait à l'étude des sociétés à partir de critères inhérents à celles-ci, sans chercher à les juger d'après d'autres critères appartenant à des sociétés différentes, notamment la sienne (ce qu'on appelle l'« ethnocentrisme »). En ethnologie, la tendance forte est d'affirmer que toutes les cultures se valent, c'est-à-dire qu'aucune ne peut être jugée meilleure qu'une autre. Le grand ethnologue Claude Lévi-Strauss a adhéré fortement à cette thèse dans *Race et Histoire* (1952) comme nous l'avons vu aussi.

Les Grecs ne partagent pas cette thèse du relativisme culturel. Ceux-ci sont plutôt orgueilleusement ethnocentriques. Ils associent en effet leur culture, leur religion et leur organisation politique à la civilisation, et tout ce qui s'en distingue à la non-civilisation. Le terme *bárbaros* (« barbare ») désigne à l'origine ceux qui ne parlent pas le grec et dont la langue sonne comme *bar-bar*, c'est-à-dire comme un charabia, un langage inintelligible (nous dirions en français « bla-bla »). Un étranger est un non-civilisé ; en quelque sorte, un être à l'état sauvage.

Les seuls Grecs à avoir osé remettre ce préjugé en question et défendre le relativisme culturel sont des sophistes. Ils étaient d'avis que les lois (*nomoi*) en vigueur dans les diverses cités ne relèvent pas d'un ordre naturel ou transcendant, mais bien de conventions, c'est-à-dire d'institutions humaines et sociales, et qu'elles sont de ce fait arbitraires. Les lois ne sont donc bonnes, justes et honnêtes que relativement aux cités elles-mêmes, et rien ne pourrait justifier ces dernières de vouloir que les leurs soient adoptées par les autres. À chaque cité ses lois. À chaque cité de déterminer pour ses citoyens ce qui est autorisé et ce qui est interdit.

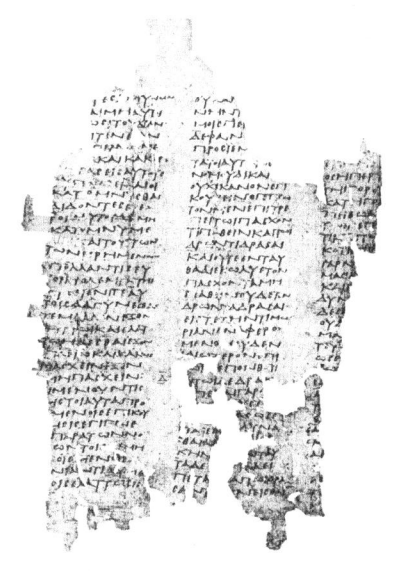

Papyrus original d'un texte d'Antiphon trouvé à Oxyrhynque.

Le sophiste et grand orateur Antiphon par exemple, un Athénien de naissance, défend explicitement l'idée de la relativité des cultures humaines en général. À son avis, du fait de leur institution conventionnelle et de leur caractère arbitraire, toutes les cultures se valent et rien ne justifie par conséquent que les Grecs soient distingués des Barbares ! Cette position qui va à contre-courant de ce que pensent les Grecs en général s'avère très avant-gardiste dans la mesure où elle ne réapparaîtra qu'à l'époque contemporaine dans la tradition philosophique et ethnologique. Antiphon milite en faveur d'une humanité universelle sur le plan de la nature et sous-jacente à toutes les cultures. Deux textes originaux attribués au sophiste seront retrouvés par des archéologues à la fin du 19e s. dans un groupe de papyrus à Oxyrhynque en Égypte. On peut y lire que les « Grecs et les Barbares sont tous constitués de la même façon », autrement dit, que tous les deux ont une nature commune, tant sur le plan physiologique (« nous respirons tous l'air avec la bouche et le nez… ») que sur le plan psychologique (« nous rions quand nous sommes joyeux, nous pleurons quand nous souffrons… »).

Fait intéressant : des témoignages accordent à Antiphon la paternité d'une méthode destinée à traiter les douleurs morales par le moyen des mots, de la parole, ce qui fera dire à certains qu'il est un lointain précurseur de la psychanalyse…

Le relativisme esthétique

Le jugement esthétique est fondé sur le goût. Nous ne faisons pas référence ici à l'organe des sens, mais à la capacité que possède l'esprit à percevoir et faire la distinction entre ce qui est beau ou bon et ce qui ne l'est pas. C'est de là que proviennent notamment les expressions populaires *avoir du goût*, *manquer de goût*, *être de bon goût* ou *de mauvais goût*, et l'idée qu'une chose peut être *dégoûtante*, c'est-à-dire littéralement *aller contre le bon goût* (comme si certaines choses *goûtaient* et d'autres *dé-goûtaient*).

Les Grecs n'utilisent pas encore ces expressions, ni le concept de goût entendu ainsi. Toutefois, dans le contexte de la thèse relativiste, il est tout à fait conséquent d'affirmer qu'en matière de beauté, l'individu est aussi la mesure : les jugements de goût (ou jugements esthétiques) seraient ainsi purement subjectifs, c'est-à-dire qu'ils ne dépendraient que des individus qui les formulent. Et comme dans le domaine des perceptions sensorielles et de la morale, nul n'aurait davantage raison qu'un autre de juger que ceci est beau ou bon et que cela est laid ou mauvais. En effet, qui a objectivement raison entre deux individus considérant respectivement le bleu et le vert comme les plus belles des couleurs ? Qui a raison entre celui qui prétend que les fruits de mer sont bons et celui qui affirme le contraire ? Tous deux disent vrai, puisqu'il n'existerait pas, selon la thèse relativiste, de critère extérieur à l'individu grâce auquel il serait possible de déterminer si, dans l'absolu, telle ou telle couleur est vraiment plus belle qu'une autre ou si tel ou tel aliment est objectivement meilleur au goût qu'un autre.

L'expérience quotidienne le confirme : ce qu'un individu déteste, plusieurs autres peuvent s'en délecter, même lorsqu'il s'agit d'une chose que nous croyons universellement abhorrée. Certaines personnes éprouvent, par exemple, un profond ravissement à la vue d'œuvres d'art que d'autres méprisent. Les jugements esthétiques seraient tous « vrais », relativement à ceux et celles qui les formulent. Comme dans le domaine de la morale, lorsqu'un individu affirme que « ceci est beau ou bon », il ne porterait pas un jugement de réalité ou de fait, il ne se prononcerait pas sur une propriété qui appartiendrait à la chose elle-même : il ne ferait qu'exprimer une réaction ou une disposition subjective à l'égard de cette chose. Porter un jugement de goût, ce serait affirmer simplement qu'une chose plaît ou déplaît à l'individu que l'on est. Les jugements esthétiques ne seraient donc que des jugements de préférence ou personnels exprimant une appréciation ou une aversion, une approbation ou une répugnance ressentie à l'endroit de quelque chose. Ce que juge l'individu n'aurait aucune valeur objective. C'est ce que l'enfant ne comprend pas spontanément. Lorsqu'un enfant juge que « le chou de Bruxelles est mauvais », il présume que ce légume est mauvais en soi ou absolument. Il ne comprend pas encore qu'il ne fait qu'exprimer une préférence subjective et ne conçoit pas que pour ses parents, ce légume est tout à fait délectable.

***

Selon la thèse relativiste, à chacun ses perceptions, ses façons de se comporter, ses goûts et ses préférences personnelles, à chaque société ses us et coutumes, à chaque cité ses lois. Bref, à chacun sa vérité, tel est le mot d'ordre général des partisans du relativisme, qui suppose en principe l'idée, comme nous l'avons dit, qu'il n'existerait que des apparences, que le Monde n'aurait pas de substance en tant que telle et qu'il ne serait autre chose que ce que chacun perçoit de lui, ressent à son égard et pense à son sujet, selon son individualité et sa culture. Il n'y aurait rien de tel qu'une réalité voilée qu'il s'agirait de « dé-voiler » : il existerait autant de voiles qu'il y a de façons de voir et d'interpréter le Monde ; il n'y aurait rien d'autre que des opinions, des perceptions, des points de vue, des dispositions subjectives, des choses qui plaisent à certains et déplaisent à d'autres. *Exit* l'idée d'une vérité ou d'une réalité objective et universelle.

***

Partons à la rencontre de Socrate, qui voudra remettre les pendules à l'heure en montrant de multiples façons qu'il est bel et bien possible, par l'intelligence et le raisonnement, de définir les choses d'un point de vue non relatif.

Deuxième partie
La condamnation socratique du relativisme et de la sophistique

Athẽnai, 415 av. J.-C.

Vingt années sont passées. Gorgias, Prodicos, Hippias, Antiphon, et une multitude d'autres sophistes moins connus et souvent moins talentueux enseignent encore l'art de la parole persuasive à l'élite des jeunes Athéniens qui aspirent au succès politique. Protagoras est mort il y a cinq ans, convaincu que tout est relatif. Socrate, lui, est âgé de 55 ans et a acquis depuis quelques années une grande renommée. Suivi de sa cohorte d'amis, de disciples et de jeunes admirateurs habillés comme lui, il consacre ses journées à se promener aux quatre coins de la cité, ne refusant aucune occasion d'engager la conversation avec ses concitoyens et de questionner la pratique des sophistes qui occupent aujourd'hui le devant de la scène.

Détail de *La Mort de Socrate*, J.-L. David.

Socrate est l'homme que le grand orateur romain Cicéron, dans quelques siècles, verra comme le véritable père de la philosophie. Dans quel sens ? Dans le sens où Socrate incarnera pour la postérité le modèle exemplaire du sage à la recherche de la vérité universelle et d'un mode de vie fondé sur le bien et la justice.

Sokrátès est né dans le dème d'Apôpekê, à Athènes, vers 469 av. J.-C. et s'éteindra à 70 ans dans cette même cité, à la suite d'un procès populaire où cours duquel il sera condamné à mort et forcé de boire la ciguë (une boisson empoisonnée). Il est né 10 ans seulement après la guerre contre les Perses. De sa vie, nous ne connaissons que très peu de choses avec certitude : il aurait trois enfants, il serait d'une grande laideur, bien que très charismatique et séducteur par ailleurs, et mènerait une existence modeste. Socrate se serait engagé à trois reprises comme hoplite (soldat) dans l'armée athénienne dès le début de la guerre du Péloponnèse, qui sévit actuellement et qui oppose les Athéniens aux redoutables Spartiates. On ne connaît pas sa formation, ni son métier. Il est peut-être sculpteur, comme son père Sophronisque. Socrate aurait suivi, dans sa jeunesse, des leçons de rhétorique de Protagoras et de Prodicos.

Statue de Socrate.

Il ne laissera aucun écrit. Sa vie et sa pensée ne seront connues qu'au travers de certains textes rédigés notamment par ses disciples Xénophon et Platon. Aristote, qui ne l'a pas connu, laissera aussi au sujet de Socrate un témoignage riche et instructif.

Socrate et la philosophie morale

La philosophie de Socrate sera jugée si déterminante et originale que les futurs historiens en feront une sorte de point de repère historiographique. On parlera :

1. des présocratiques, qui désignent l'ensemble des savants ayant vécu et enseigné « avant » Socrate (Thalès, Héraclite, Xénophane, Empédocle…), bien que certains d'entre eux aient été ses contemporains, comme Démocrite et certains sophistes ;
2. des socratiques (ou des « petits socratiques »), c'est-à-dire des penseurs qui ont établi leurs systèmes en s'inspirant de la philosophie de Socrate et en prolongeant certains de aspects de celle-ci, comme les mégariques, les cyniques et les cyrénaïques ;

3. des postsocratiques, soit l'ensemble des penseurs ayant vécu et enseigné après Socrate, tels que Platon, Aristote, Épicure et Chrysippe de Soles.

L'originalité de la pensée de Socrate réside dans sa rupture avec l'ancienne tradition des philosophes de la Nature développée en Ionie et en Grande-Grèce. Socrate ne se préoccupe en effet que de problématiques liées aux affaires humaines, et plus particulièrement aux choses touchant la morale. Savoir de quoi est fait le Monde, quelle est sa matière première, son principe (*arkhè*), s'il est fait d'un ou de plusieurs éléments, ou encore d'atomes importe peu à Socrate, bien qu'il avoue avoir été intéressé par ces questions dans sa jeunesse. Pour lui, la morale ne doit rien à la physique (contrairement à Épicure, qui soutiendra que la physique fonde la morale — voir chap. 1). Ce qui captive l'attention philosophique de Socrate, ce n'est pas la Nature extérieure, mais plutôt la découverte de l'être humain lui-même, sa moralité, sa façon de vivre en tant qu'individu et citoyen. Aristote écrira ceci: « Socrate [...] s'appliqua à l'étude des choses morales mais resta étranger à celles de la nature dans son ensemble » (*Métaphysique* A, 6, 987b, 1-2).

Deux remarques:

1. Socrate n'est pas le premier penseur à s'être penché sur la morale. Démocrite, par exemple, y avait consacré plusieurs ouvrages, d'après ce que nous savons. Contrairement aux « présocratiques », qui étaient pourtant des penseurs originaux, audacieux et révolutionnaires dans presque tous les domaines (la physique, la cosmologie, l'astronomie, les mathématiques, la rhétorique, et même la critique des dieux, de la religion, de la mythologie, des institutions humaines, etc.), Socrate adopte un point de vue critique sur la morale traditionnelle, ce qui n'a pas été fait avant lui. Même les sophistes, qui se portent pourtant à la défense de l'individualisme moral et de la relativité des institutions humaines, militent en faveur de son respect dans la mesure où c'est à travers la morale établie que les valeurs considérées comme les meilleures, les plus efficaces et les plus utiles pour le bien-être collectif sont véhiculées. Nous verrons plus loin comment Socrate remet en question les valeurs traditionnelles en s'interrogeant sur ce qui les fonde. Pour avoir mené cette recherche, Aristote dira de Socrate

qu'il a été le fondateur de l'éthique (c'est-à-dire de la réflexion philosophique sur la morale).
2. La réflexion sur les choses morales s'inscrit chez Socrate dans une tendance générale à vouloir mieux comprendre la nature humaine, en particulier à mieux se connaître soi-même. Nous pouvons dire que la grande préoccupation fondamentale de Socrate, en tant que philosophe, est la connaissance de soi. La philosophie a chez lui pour objectif premier de reconduire celui qui l'exerce à une meilleure compréhension de lui-même en tant qu'être humain. La maxime classique « connais-toi toi-même » (*gnothi seauton*), que Socrate reprend à son compte, monopolise son attention et oriente toutes ses préoccupations. Chez lui, la philosophie a pour finalité essentielle la découverte, la connaisse de soi; il s'agit d'un exercice à défaut duquel la vie ne mérite pas d'être vécue, aurait-il dit lors de son procès. Pour l'importance que Socrate aura accordée à la connaissance de soi, des historiens verront en lui le père de la psychologie (qui signifie « étude de l'âme »).

Socrate discutant avec ses concitoyens, détail de *L'École d'Athènes*, Raphaël.

Socrate oriente donc la réflexion vers un champ d'intérêt jusqu'alors négligé par la tradition philosophique, à savoir l'être humain, sa nature et la moralité de sa façon de vivre. Il n'est pas un philosophe de la Nature, mais un philosophe de l'humain ou de la morale. Cela sera confirmé par le propos des dialogues de jeunesse de Platon: l'*Alcibiade majeur*, l'*Hippias mineur*, l'*Hippias majeur*, l'*Ion*, le *Lachès*, le *Charmide*, le *Protagoras*, l'*Euthyphron*, le *Gorgias*, le *Ménon*, l'*Apologie de Socrate*, le *Criton*, l'*Euthydème*, le *Lysis* et le premier livre de *La République*.

Ces ouvrages constituent des dialogues dans la mesure où ils mettent en scène Socrate et ses interlocuteurs. Pendant les huit années que Platon passera auprès de Socrate à titre de disciple (soit de 407 av. J.-C. à 399 av. J.-C.), il assistera à un certain nombre des conversations tenues par son maître avec des interlocuteurs — ou obtiendra à propos de celles-ci des informations de première main —, qu'il consignera ensuite par écrit (de 399 av. J.-C. jusqu'à 387 av. J.-C. environ). Il est très difficile de faire la distinction, dans les dialogues, entre ce qui relève respectivement de la pensée de Platon et de celle de Socrate. C'est ce que les historiens et interprètes appelleront la « question socratique » ou le « problème de Socrate », et qui fera couler beaucoup d'encre dès le début du 19ᵉ s. Cette difficulté sera finalement laissée de côté, mais plusieurs considéreront les dialogues de jeunesse de Platon, où Socrate est omniprésent, comme représentatifs de la pensée du Socrate historique (bien que cette idée ne fasse pas consensus). C'est pourquoi les dialogues de jeunesse seront appelés « dialogues socratiques ». Dans les dialogues de maturité et de vieillesse (qui regroupent une quinzaine de textes), Socrate ne serait que le porte-parole des idées de Platon. Les dialogues de maturité et de vieillesse ne seraient donc que des fictions littéraires et ne reproduiraient pas des conversations que Socrate aurait réellement eues avec ses concitoyens.

Les dialogues de jeunesse de Platon conforteront l'hypothèse voulant que Socrate n'ait d'intérêt que pour les affaires humaines : dans l'*Alcibiade majeur*, Socrate discute avec son disciple et jeune compagnon Alcibiade (un célèbre homme d'État athénien) à propos de la connaissance de soi ; dans l'*Hippias mineur*, il converse avec le sophiste Hippias au sujet du mensonge ; dans l'*Hippias majeur*, il est question de la nature de la beauté, tandis que l'*Ion* relate une discussion entre Socrate et le rhapsode Ion à propos de la poésie et de l'origine de l'inspiration poétique ; dans le *Lachès*, Socrate et les stratèges Nicias et Lachès cherchent à savoir ce qu'est le courage ; dans le *Charmide*, il est question de la modération ; le *Protagoras* présente une longue discussion tenue entre Socrate et le célèbre Protagoras au sujet de la nature de l'enseignement des sophistes (les spécialistes ne seront pas tous convaincus qu'il s'agisse d'un dialogue de jeunesse, mais peu importe ici) ; dans l'*Euthyphron*, Socrate discute avec Euthyphron, un devin de renom, à propos de la piété ; le *Gorgias* relate une conversation tenue entre Socrate et le sophiste Gorgias au sujet de la nature de la rhétorique et de sa valeur morale; dans le *Ménon*, Socrate discute de la vertu et tente de déterminer si elle peut être connue et enseignée; l'*Apologie de Socrate* est le récit du procès de Socrate dans lequel ne sont évoqués que des thèmes relatifs à la vie, à la pensée et au sens de la démarche de ce dernier; le *Criton* raconte l'épisode au cours duquel Socrate, à la suite de son procès, est détenu dans la prison d'Athènes (celui-ci discute avec son ami de longue date Criton, qui a organisé son évasion, du respect inconditionnel des lois de la cité, même si certaines sont injustes ou nous désavantagent personnellement); dans l'*Euthydème*, Socrate critique le type d'argumentation développé et enseigné par les sophistes, qu'il juge trompeur et orienté vers la simple dispute; dans le *Lysis*, Socrate parle de *l'amitié* avec Ménexène et Lysis; enfin, dans le premier livre de *La République*, Socrate discute de la justice avec le sophiste Thrasymaque.

Aucun dialogue socratique ne porte effectivement sur la Nature, le Monde extérieur ou la matière: on n'y retrouve que des thèmes relatifs aux affaires humaines et aux choses morales.

La définition, la connaissance et l'action morale

Aristote dira ceci à propos de Socrate: « En ce domaine cependant [c'est-à-dire dans le domaine des affaires humaines et des choses morales], il s'enquit de l'universel et le premier fixa la pensée sur les définitions » (*Métaphysique* A, 6, 987b, 2-4).

Socrate serait le premier des penseurs à rechercher des définitions universelles dans le domaine des choses morales. Le concept de définition deviendra l'un des plus importants de toute la tradition philosophique à venir: toute connaissance, quelle qu'elle soit, implique une définition de la chose connue. Chez Socrate, connaître un objet, c'est définir ledit objet. Si un individu tient un discours au sujet d'une vertu morale, Socrate s'attend à ce que ce dernier démontre son savoir en donnant la définition de cette vertu.

$$\text{connaissance } x \; \exists \; \text{définition universelle } x$$

Le philosophe évalue les connaissances de ses interlocuteurs en prenant comme critère leur capacité à formuler une définition universelle de la chose qu'ils prétendent connaître. Savoir de quoi on parle, c'est être capable de définir universellement la chose dont on parle. Connaître, c'est définir : connaître x, c'est donner une définition universelle de x. Voilà l'un des schémas les plus fondamentaux de la pensée de Socrate. Si un individu n'est pas capable de définir correctement une vertu, alors, visiblement, il ignore en quoi elle consiste ; si en revanche, il est en mesure de la définir correctement, alors il prouve qu'il en connaît la nature. Définir, c'est démontrer que l'on connaît la chose que l'on définit.

Dans les dialogues de jeunesse, Socrate discute avec des interlocuteurs qui prétendent justement savoir différentes choses dans le domaine moral. Par exemple, Euthyphron affirme savoir ce qu'est la piété, Gorgias ce qu'est la rhétorique, Charmide ce qu'est la modération, Lachès ce qu'est le courage, Thrasymaque ce qu'est la justice... Les discussions engagées par Socrate avec ces individus poursuivent un objectif essentiel : celui de savoir si ces derniers sont véritablement en possession des connaissances qu'ils prétendent détenir, autrement dit de déterminer si ces prétendus savants sont réellement savants. Pour y arriver, au cours de ses discussions, Socrate exige une définition universelle : si le devin Euthyphron sait vraiment ce qu'est la piété, alors celui-ci devrait être en mesure de formuler une définition universelle de la piété ; si le stratège Lachès détient un vrai savoir au sujet du courage, il devrait alors être capable d'en rendre compte par le moyen d'une définition universelle du courage, etc. Ce schéma détermine presque tous les dialogues de jeunesse.

Par extension, il en va de même dans n'importe quel domaine du savoir. Prenons la thèse voulant que le Monde soit fait d'atomes, par exemple ; nous sommes en droit de nous attendre à ce que celui qui la défend puisse définir ce qu'est un atome. Il en va de même pour la théorie selon laquelle toutes les choses naturelles sont des mélanges d'éléments ; il semble justifié d'exiger de celui qui y adhère de nous dire ce qu'est un élément. Sinon, comment pourrions-nous avoir l'assurance que ces individus sont véritablement savants et crédibles en tant que sages ? Imaginez un astrophysicien énonçant un certain nombre de choses au sujet des quasars, des naines blanches, des étoiles à neutrons et des trous noirs sans être en mesure de donner des définitions de ce que sont ces objets cosmiques. Il ne serait un expert qu'en apparence, c'est-à-dire qu'un faux savant, un faux sage.

* * *

Socrate est un rationaliste. Il n'accorde en effet sa confiance qu'à la raison en tant que moyen de connaître le Monde et la nature réelle des choses. Selon lui, la vérité d'une affirmation ne doit être reconnue ou acceptée qu'après avoir été confirmée par un examen rationnel rigoureusement attentif. La recherche des définitions universelles en tant que formes d'expression de la connaissance et de la vérité constitue le cœur battant de cet examen. Autrement dit, chez Socrate, nous ne connaissons jamais des choses que ce que nous en comprenons au travers de définitions universelles obtenues au terme d'un exercice de la raison.

Le rationalisme de Socrate est bien illustré par ailleurs par deux thèses solidaires qu'il soutient. La première sera dite « de la vertu-science » : elle énonce qu'une vertu morale est fondamentalement un objet de connaissance, un savoir. Cette thèse de Socrate contraste catégoriquement avec la croyance traditionnelle partagée par les Grecs, d'après laquelle les vertus sont des dons naturels, des dons divins, ou encore des fruits de l'exercice. La vertu étant une connaissance, Socrate conclut qu'une vertu s'acquiert directement par la possession de sa connaissance. Qu'est-ce que cela signifie ? Par exemple, il suffit à un individu de savoir ce qu'est la justice (c'est-à-dire, précisément, d'être en possession d'une définition universelle de cette vertu) pour acquérir un comportement juste. Chez Socrate, nul ne vient au monde juste, nul ne reçoit des dieux le sens de la justice en cadeau, nul ne devient juste par l'exercice ou par simple habitude. N'est capable de poser des actions justes que l'individu qui sait, au moment d'agir, ce qu'est la justice ; et ce savoir, cette science, il le détient du fait d'avoir défini par lui-même cette vertu grâce à la raison. C'est pourquoi Socrate estime qu'un individu qui prétend agir conformément à une vertu est capable d'en donner la définition.

Cette thèse de la vertu-science repose sur un présupposé voulant que les connaissances liées aux domaines de la morale et des techniques soient du même genre. Un cordonnier, par exemple, ne naît pas cordonnier, pas plus qu'il ne reçoit ses connaissances des dieux : il ne devient cordonnier que grâce aux techniques de réparation de chaussures qu'il a apprises d'un maître cordonnier, donc grâce à un savoir. Un locuteur grec ne vient pas au monde en parlant le grec, mais le devient après avoir appris la langue dans sa famille et suivi les leçons d'un poète. Dans le domaine technique, toute compétence, toute excellence s'acquiert par la connaissance. Pour Socrate, il en va de même dans le registre de la morale, car les connaissances sont toutes de même nature : c'est ainsi que pour être pieux, il s'agit de savoir ce qu'est la piété ; pour agir courageusement, il suffit de savoir ce qu'est le courage ; pour modérer ses réactions, il faut savoir ce qu'est la modération. Comment un cordonnier pourrait-il réparer des chaussures sans être en possession de connaissances relatives à la cordonnerie ? Comment pourrait-on parler le grec sans d'abord avoir appris la langue ? Parallèlement, pense Socrate, comment pourrait-on agir conformément à une vertu sans savoir en quoi celle-ci consiste ? Il est évident, chez Socrate, que pour être compétent ou excellent dans un domaine, quel qu'il soit, il suffit de détenir les connaissances liées à ce domaine. La thèse socratique de la vertu-science appliquée à la morale suppose donc que la connaissance d'une vertu rend le comportement conforme à cette vertu, tout comme, dans le domaine technique, la connaissance de la cordonnerie est ce qui permet au cordonnier de se définir comme tel.

De cette idée selon laquelle la vertu est une science, un savoir, Socrate en déduit une autre, tout aussi rationaliste que paradoxale. Selon lui, nul ne peut commettre le mal en toute connaissance de cause. Lorsqu'une personne se comporte injustement, lâchement ou avec immodération, par exemple, ce n'est jamais tout exprès, estime Socrate. Une personne agit de façon injuste, lâche ou démesurée tout simplement parce qu'elle ne sait pas ce que sont la justice, le courage ou la modération. Si elle les connaissait — si elle pouvait les définir —, elle verrait alors son comportement se conformer à ces vertus, puisque celles-ci sont toutes des connaissances. Si je me rends, par exemple, chez un cordonnier, et que celui-ci abîme davantage ma chaussure, ce n'est pas parce qu'il a cherché à me faire du tort volontairement, mais tout simplement parce que, dirait Socrate, celui-ci ne sait pas tout à propos de son art, ou le connaît mal. Son travail mal fait est le fruit d'une simple ignorance et non pas le résultat d'une intention. Chez Socrate, il en va de même sur le plan moral : une personne agit mal parce qu'elle ignore ce qu'est la bonne chose à faire. Nul ne fait le mal parce qu'il veut le mal en tant que tel. Un individu qui commet le mal agit, selon Socrate, uniquement par ignorance du bien. Le mal, autrement dit, n'est jamais volontaire : celui-ci résulte d'un défaut de connaissance, d'un manque de savoir.

Cette thèse du mal involontaire va à l'encontre de l'opinion traditionnelle très largement partagée par les Grecs. Pour le sens commun, le mal survient lorsqu'une personne est emportée par des passions ou des sentiments irrationnels, comme la peur, l'envie ou la colère, et dans tous les cas, il paraît évident qu'un individu peut choisir le mal tout en en sachant sciemment qu'il s'agit du mal. Aristote sera aussi de cet avis. Mais Socrate, d'aucune façon : en dépit de tout emportement passionnel, nul ne se fixe jamais comme objectif express d'agir selon ce qu'il conçoit être mal ; tout individu agit d'après ce qu'il croit être le bien, en toutes circonstances. Nous pensons comme Socrate lorsque nous prenons conscience d'avoir mal agi dans une situation et affirmons après coup que nous aurions agi autrement « si seulement nous avions su » : en effet, nous supposons qu'avec une meilleure connaissance de la situation, nous aurions mieux agi, et que notre mauvaise action résulte uniquement de notre ignorance. La situation est la même lorsque nous attribuons, par exemple, une maladresse commise par quelqu'un non pas à de mauvaises intentions, mais à un simple un manque de savoir-vivre, comme si la façon de bien se comporter était un savoir et que le fait de mal se comporter relevait à l'inverse d'une ignorance. Bref, selon Socrate, le mal est fils de l'ignorance, et cette ignorance elle-même constitue le plus grand des maux qui affligent les êtres humains.

Chez Socrate, la connaissance d'une vertu rend donc le comportement conforme à cette vertu, en toutes circonstances : l'individu qui sait ce qu'est la justice agira donc justement dans l'éducation de ses enfants, dans ses rapports avec les autres, dans le domaine judiciaire s'il est appelé à devenir juge, dans la sphère politique, etc. Tout se passe chez Socrate comme si la volonté n'était pas séparée de la raison. C'est ce que nous pouvons déduire des thèses de la vertu-science et du mal involontaire : il apparaît que chez Socrate, la « volonté » est entièrement soumise à ce que la raison conçoit et aux connaissances acquises sur les choses. Vous avez à cœur d'être une personne modérée ? Selon Socrate, nul besoin de vous maîtriser (*enkrateia*) et de vous exercer à l'être, ou encore de résister aux pulsions qui incitent au débordement et la démesure (*hybris*) : prenez seulement la peine d'examiner rationnellement en quoi consiste la modération, trouvez-en la définition universelle, et le tour sera joué, vous adopterez dès lors un comportement modéré. Chez Socrate, la volonté s'aligne sur la raison : il s'agit au fond d'une même chose, et non pas deux facultés séparées, comme nous avons tendance à le penser. Nous posons en effet l'existence d'une volonté indépendante de la raison, ce qui explique que nous croyons en général qu'il est possible, d'un côté, de concevoir le mal, et de l'autre, de le choisir ou de le refuser volontairement. Cette thèse contre-intuitive de l'identité raison-volonté est partout présupposée dans les dialogues de jeunesse et forme l'une des plus grandes caractéristiques de la pensée socratique.

***

Revenons à l'idée centrale, celle qu'a mise en exergue Aristote en parlant de Socrate : savoir, c'est définir ; savoir ce qu'est x, c'est formuler la définition universelle de x. Socrate exige de son interlocuteur, qui prétend savoir ce qu'est une vertu donnée, qu'il fournisse la définition universelle de celle-ci. Il s'attend à ce que ce dernier démontre, à lui, Socrate, et à ceux qui assistent à la conversation, qu'il maîtrise une certaine excellence intellectuelle, celle de définir.

Formuler une définition est en effet une excellence intellectuelle. Nous pourrions dire une «vertu de l'intelligence», une forme d'exercice du génie humain. Les définitions ne tombent pas du ciel, elles ne nous sont pas données par les dieux, nous ne venons pas au monde avec la tête remplie de définitions toutes faites, elles ne surgissent pas par magie : elles sont produites par notre intelligence. Et malheureusement, les interlocuteurs de Socrate ne possèdent pas cette compétence, ou la possèdent très mal. Bien que certains d'entre eux soient plus doués que d'autres, les dialogues de jeunesse se terminent immanquablement sur des apories (des culs-de-sac). Après son entretien avec Euthyphron, par exemple, Socrate constate que le devin ignore tout de la piété puisqu'il s'avère incapable d'en donner une définition complète ou cohérente — chose qu'il devrait être en mesure de faire s'il était véritablement savant, c'est-à-dire s'il possédait un savoir authentique au sujet de cette vertu. Dans le *Gorgias*, le sophiste échoue à définir la rhétorique et ne parvient pas à convaincre Socrate qu'il est véritablement en maîtrise de l'art qu'il enseigne pourtant et dont il tire tous ses revenus. Dans le *Lachès*, Socrate discute dans le grand gymnase extérieur d'Athènes avec les généraux Lachès et Nicias à propos du courage. Au début de la discussion, les deux interlocuteurs affirment naïvement savoir ce qu'est cette vertu. Toutefois, plus la conversation avance, plus les questions de Socrate se précisent, et plus la belle assurance des experts militaires s'étiole. Toutes les définitions du courage proposées par les généraux finissent par s'effondrer sous l'argumentation habile de Socrate et la discussion arrive à une impasse : nul n'a su démontrer ce qu'est le courage et nul ne sait donc en quoi il consiste. Les dialogues de jeunesse se terminent sur la constatation suivant laquelle les interlocuteurs de Socrate sont des ignorants (bien qu'ils aient l'air savants, aux premiers abords).

* * *

Mais qu'y a-t-il de si ardu à formuler une définition ? Pourquoi des individus de la stature d'Euthyphron, de Lachès, de Gorgias ou encore de Protagoras lui-même ne parviennent-ils pas à satisfaire Socrate ? Pour répondre à cette question, examinons d'abord ce qu'est une définition ; définissons ce qu'est une définition.

Aidons-nous pour cela d'Aristote, dont les définitions de la définition passeront à l'histoire. Chez ce dernier, une définition est la réponse à la question « qu'est-ce que c'est ? » (*to ti ên einai*) ; elle révèle ce qu'est une chose en général. Si au jardin zoologique, devant un lycaon, vous me demandez « qu'est-ce que c'est ? », je pourrais vous répondre en affirmant qu'il s'agit d'un mammifère carnivore africain appartenant à la famille des chiens. La définition du lycaon exprime ce qu'est cet animal en général, qu'il soit retenu captif dans un zoo ou qu'il erre dans la savane. Si vous demandez ce qu'est le courage, je pourrais vous répondre que cette vertu est une certaine fermeté de la volonté face au danger. La définition du courage révèle, exprime ce qu'est le courage en général.

La recherche de l'essence

Aristote précisera sa définition de la définition en écrivant qu'il s'agit d'un « discours qui exprime l'essence d'une chose » (*orismos mèn gar tou ti esti kai ousias* [*Seconds analytiques*, II, 3, 90b]). Mais qu'est-ce que l'essence d'une chose ?

Le terme français *essence* traduit le grec *ousia*. L'essence d'une chose désigne l'ensemble des propriétés qui sont indispensables ou nécessaires pour qu'une chose soit ce qu'elle est. Une propriété est dite « essentielle » lorsqu'elle se rapporte à une chose de manière telle que cette chose ne peut en être privée sans perdre du coup son identité, sa nature.

Prenons un exemple très simple. Tandis que j'écris ces lignes, une table est posée devant moi. Laissez-moi vous la décrire sommairement : elle est de forme rectangulaire, elle repose sur quatre pieds, elle est bleue et faite de bois, elle est un meuble, elle mesure environ 90 cm de hauteur, pèse plus ou moins 50 kg, elle supporte différents objets, projette une ombre, et sa surface est plane.

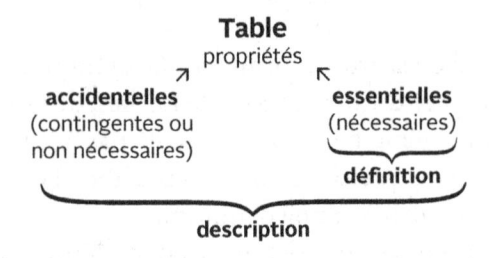

Table
propriétés

↗ **accidentelles** ↖ **essentielles**
(contingentes ou (nécessaires)
non nécessaires)
　　　　　　　　　　définition
　　　　　　description

L'exercice auquel je me livre en ce moment n'est pas une définition, mais une description. Je viens de décrire cette table. Une définition n'est pas une description, elle n'inclut pas tout ce qu'il y a à savoir à propos d'une chose, mais seulement ce qu'il y a d'essentiel à son propos. « Essentiel » s'oppose à « accidentel ». Une propriété accidentelle (ou un accident) est une propriété contingente, c'est-à-dire une propriété qu'une chose possède, mais dont celle-ci n'a pas besoin pour être ce qu'elle est. Les propriétés accidentelles sont possédées de façon non nécessaire, tandis que les propriétés essentielles sont des propriétés que les choses possèdent nécessairement.

Revenons à notre table et trouvons sa définition. Pour y arriver, un certain travail de notre intelligence est requis. Il nous faut discriminer, parmi l'éventail des caractéristiques identifiées plus haut (taille, couleur, etc.), entre celles que la table possède par accident et celles qu'elle possède par essence. Demandons-nous, pour chaque caractéristique, si celle-ci est absolument nécessaire pour qu'une table soit une table ou si ce n'est pas le cas. La couleur bleue ? Il s'agit d'une propriété accidentelle : la table est bleue par accident. La couleur que possède cet objet n'est pas une propriété indispensable : qu'elle soit jaune, rouge ou noire, une table reste une table à part entière, et pour cette raison, la couleur n'entre pas dans la définition de la table. Certes, il est impossible qu'une table n'ait absolument aucune couleur (sinon elle serait parfaitement invisible), mais il demeure que, pour une table, le fait d'avoir telle ou telle couleur n'a rien à voir avec celui d'être une table. Si elle a une couleur, c'est simplement parce qu'elle a une matière. Mais pour la table elle-même, c'est-à-dire pour ce qu'elle est, avoir telle ou telle couleur est un fait parfaitement contingent. Et que la table soit rectangulaire ? Accidentel aussi. Une table peut tout aussi bien être ovale ou carrée. La forme qu'une table épouse ne joue aucun rôle dans le fait, pour elle, d'être une table. Qu'elle soit faite de bois ? Accidentel. Des tables sont fabriquées dans d'innombrables matériaux, du métal au béton en passant par le bois, le plastique et le verre. Qu'elle repose sur quatre pieds ? Accidentel. Une table de conférence en possède davantage et une table piédestal n'en possède qu'un. Nous pourrions toutefois reconnaître qu'il est essentiel qu'une table possède au moins un pied. Qu'elle ait une hauteur de 90 cm ? Accidentel. Qu'elle soit un meuble ? Essentiel : en effet, à quoi pourrait bien ressembler une table qui ne soit pas un meuble ? Imaginons que nous trouvions un grand tronc d'arbre pour y déposer le dîner à l'occasion d'une excursion en forêt. Nous utiliserions ce tronc de la même manière que nous utilisons une table, mais il demeure qu'il s'agirait ici d'un tronc d'arbre, et non d'une table à proprement parler. Que la table projette une ombre ? Accidentel. L'ombre n'est qu'une absence de lumière. Une table dans l'obscurité totale ne projette aucune ombre, et celle-ci reste intégralement une table. Qu'elle ait un poids de 50 kg ? Accidentel. Le poids n'est d'ailleurs pas une propriété des objets matériels, mais bien du champ de gravitation dans lequel ils se trouvent. Sur Terre, cette table pèse 50 kg (ou 50 daN, symbole pour le *decanewton*, qui est l'unité de mesure du « poids »). Sur la Lune, elle pèserait seulement 8 kg (ou 8,25 daN) puisque la gravité de surface de notre satellite n'atteint que 1,622 m/s^2, soit environ 16,5 % de celle de la Terre. La même table sur Jupiter : 126 kg (ou 126 daN). Sur Pluton : 4 kg (ou 4 daN). Sur le Soleil : 1,397 kg (ou 1,397 daN) ! Sur tous ces corps célestes, cette table demeurerait une table — à moins d'être détruite sous son propre poids ! Enfin, que dire du fait que la table supporte différents objets et que sa surface soit plane ? Ces deux propriétés vont de pair. En effet, si sa surface n'était pas plane, la table ne pourrait pas supporter les objets que nous y déposons usuellement (assiettes, ustensiles, documents, ordinateurs, etc.). Supporter des objets correspond à la fonction de la table, et cette fonction est essentielle. Une table sur laquelle il ne serait pas possible de déposer quoi que ce soit ne serait pas une table, mais autre chose. Le fait d'avoir une surface plane est donc une propriété essentielle.

Consultons la définition d'une table donnée dans le Larousse : « meuble composé d'un plateau horizontal posé sur un ou plusieurs pieds ». Voilà l'essence d'une table, voilà ce qu'est une table. Si on me demande, à la vue d'une table : « Qu'est-ce que c'est ? », je peux répondre qu'il s'agit d'un meuble plat sur pied(s). L'essence est la réponse à la question « qu'est-ce que c'est ? », comme le dira Aristote.

* * *

Une définition est donc un énoncé qui exprime l'essence d'une chose. Voilà qui est plus clair. La définition néglige toutes les propriétés accidentelles, qui ne sont d'aucune utilité pour comprendre ce qu'est cette chose. Si l'on me demande ce qu'est une table et que je réponds qu'il s'agit d'un objet en bois de forme rectangulaire peint en bleu et pesant 50 kg, je ne réponds pas à la question. Je dois répondre en donnant son essence. Une définition ne dit donc pas tout ce qu'il y a à savoir à propos de quelque chose, mais seulement ce qui contribue à comprendre rationnellement ce qu'est cette chose, généralement parlant.

Il y a donc tout un travail de réflexion qui préside à la formulation des définitions : il s'agit, par l'intelligence rationnelle, de cerner et d'identifier les propriétés qui appartiennent sur un mode nécessaire à la chose définie. Il s'agit d'une sorte d'élagage ou de réduction intellectuelle. Lorsque vous dressez la liste de toutes les propriétés possédées par un objet, sans discriminer entre celles qui sont essentielles et celles qui sont accidentelles, vous décrivez cet objet, comme nous l'avons dit. Mais vous définissez l'objet lorsque vous êtes en mesure de saisir son essence par l'intelligence. La réduction à l'essentiel est une expression du génie humain. C'est comme si, au moyen de votre raison, vous dévoiliez ce qu'est la chose qui se présente à vous enveloppée ou recouverte d'une multitude de propriétés qui ne lui appartiennent pas en propre (sa couleur, son poids, son matériau, sa forme, etc.). Par l'intelligence, vous nettoyez l'objet de tout ce qui ne lui appartient pas nécessairement pour le voir dans sa nudité, dans son intimité : vous le « dé-voilez », le « dé-couvrez ». Il est, par votre intelligence, débarrassé de ce qui n'appartient pas à sa nature, il est purifié. Une table se présente toujours à vos organes sensoriels avec une forme, une couleur, un nombre de pieds, un poids, un volume, etc., mais ce qu'elle est vraiment, à savoir un pur meuble plat sur pied(s), vous ne le saisissez qu'au moyen de votre raison. Le fait d'appeler « essence » le carburant que nous utilisons pour faire fonctionner les moteurs à combustion, comme ceux de nos automobiles, présuppose ce travail de réflexion. L'essence est un hydrocarbure obtenu au terme d'un processus de raffinage du pétrole brut extrait du sous-sol. Le pétrole est nettoyé et transformé au moyen de divers procédés chimiques de manière à obtenir un produit pur, l'essence, comme si celle-ci était ce qu'est vraiment le pétrole une fois celui-ci débarrassé de ses propriétés accidentelles.

Pour le dire autrement, l'essence (au sens philosophique), c'est la nature d'une chose. Nous avons déjà dit au chapitre 4 que le terme grec *phúsis* sera traduit chez les Romains par *natura*, qui évoluera notamment vers le sens de « ce qu'est une chose » (voir sect. « La Nature et sa matière »). La nature d'une chose, c'est ce qu'elle est. Les philosophes de la Nature recherchaient donc l'essence de la Nature elle-même ou l'essence de la matière : chez Thalès, cette nature ou cette essence, c'est l'eau ; chez Anaximandre, l'indéterminé ; chez Anaximène, l'air ; chez Héraclite, le feu ; chez Empédocle, les quatre éléments ; chez les pythagoriciens, le nombre ; chez Démocrite et Lucrèce, le vide et les atomes.

***

La définition de la définition que donnera Aristote (comme expression de l'essence), et que présuppose déjà Socrate, deviendra la définition classique de la définition en Occident. Au milieu du 1er s. av. J.-C., l'orateur romain Cicéron relayera la définition d'Aristote en écrivant, dans ses *Topiques*, qu'elle consiste en un « discours qui explique *ce qu'est* ce qu'il définit » (5, 26). Plus tard au Moyen Âge, les intellectuels apporteront maintes contributions techniques, très subtiles et intéressantes, au concept d'essence. Chez eux, par exemple, la définition ne dit pas, à propos de la chose définie, si elle est, c'est-à-dire si elle existe. La définition exprime plutôt ce que la chose est, peu importe si celle-ci existe ou n'existe pas. Les philosophes du Moyen Âge distingueront les concepts d'essence et d'existence, ce que les Grecs ne font jamais de manière aussi explicite. Cette distinction est importante, car même une chose qui n'existe pas peut posséder une essence et être l'objet d'une définition. Pensez au cyclope, par exemple. Ces créatures fantastiques n'existent pas, nous ne les trouvons nulle part sur Terre, cependant que nous pouvons très bien les définir : ce sont des « géants ne possédant qu'un œil ». Si je vous dis que les cyclopes sont des créatures mi-êtres humains, mi-chevaux, vous répondrez que je me trompe et que ce sont les centaures qui correspondent à cette définition. Donc, même des êtres ne possédant pas l'existence ont une essence.

Pensez encore aux dinosaures : aucun d'eux ne possède actuellement l'existence, mais nous pouvons définir les diverses espèces, du tyrannosaure au pachycéphalosaure. Tous les dinosaures possèdent une essence : grâce aux recherches en paléontologie, nous pouvons recueillir assez d'informations pour accéder à la connaissance de ce qu'est un tyrannosaure, un pachycéphalosaure, etc.

Revenons à notre homme, qui nous attend…

Socrate ne s'intéresse ni aux créatures de la mythologie, ni aux monstres préhistoriques, ni aux problèmes touchant la Nature en général, pas plus qu'aux tables et aux chaussures. Les choses morales sont ce pour quoi il n'a d'yeux et d'oreilles en tant qu'amoureux de la sagesse. Dans les dialogues de jeunesse de Platon, Socrate sera présenté comme un philosophe à la recherche des définitions et des essences des vertus morales. Dans le *Lachès*, il s'intéresse en effet à l'essence du courage ; dans l'*Alcibiade*, à celle de l'être humain ; dans le *Gorgias*, à celle de la rhétorique ; dans le *Lysis*, à celle de l'amitié ; etc. Socrate cherche partout à savoir si ses interlocuteurs, qui prétendent savoir ce que sont toutes ces choses, possèdent la capacité de saisir leurs essences par la raison et de les exprimer au moyen d'une définition clairement formulée.

Et Socrate, avec son œil exercé, ses questions et son esprit pénétrant, montre à tous ses interlocuteurs les incohérences et les insuffisances de leurs définitions, si bien que ses enquêtes se terminent toutes sur des apories. Dans le *Lachès*, Socrate demande au stratège de définir le courage. Lachès répond sur-le-champ que cela consiste à être capable, lors d'une bataille, de rester à son poste et d'affronter l'ennemi. Socrate montre aussitôt à Lachès que ce qu'il vient de formuler n'est pas une définition universelle, mais seulement un exemple de courage, c'est-à-dire un cas particulier de courage. Comme si, à quelqu'un me demandant ce qu'est une table, je lui répondais qu'il s'agit d'un meuble bleu en bois et de forme rectangulaire. Ce ne serait là qu'un exemple de table, et non pas ce qu'est une table généralement parlant. Lachès, qui comprend alors mieux ce qu'exige Socrate, change sa définition : le courage est une certaine fermeté de l'âme. Toutefois, malgré la progression intellectuelle de Lachès (et celle de son ami Nicias), les définitions et précisions proposées finiront par s'effondrer sous l'effet des critiques de Socrate.

Socrate face au relativisme

Pourquoi toute cette longue section sur Socrate ? Pour en arriver au concept d'essence. Et pourquoi l'essence ? Parce que seront en quelque sorte édifiées sur ce concept plusieurs grandes représentations du Monde, dès Platon et Aristote, et parce que l'existence d'une réalité objective sera utilisée comme une arme par ceux qui s'opposeront au relativisme.

Plusieurs dialogues de jeunesse de Platon présenteront un Socrate très critique à l'égard de la pratique de la rhétorique chez les sophistes. Dans le *Gorgias* par exemple, ce que le grand sophiste voit comme le plus grand des arts (celui de la belle parole, l'art des discours), Socrate le dénonce ouvertement comme un art du mensonge. Socrate reproche aux sophistes de ne s'employer, dans leur usage de la rhétorique, qu'à faire paraître les choses comme étant justes ou injustes, bonnes ou mauvaises, belles ou laides, sans jamais chercher à savoir, en toute honnêteté intellectuelle, si elles le sont effectivement. Entre les mains des sophistes, l'art de bien parler ne sert autrement dit qu'à faire croire à des choses apparentes — contrairement à la philosophie, qui tend vers la connaissance de la véritable nature de celles-ci. C'est pourquoi Socrate estime la rhétorique fort dangereuse sur le plan moral : elle peut être utilisée indûment comme un simple outil de manipulation et n'avoir pour effet, le cas échéant, que de pervertir l'opinion de l'interlocuteur ou de l'auditoire. Socrate est catégorique : l'authentique vertu réside dans la connaissance de la vérité et non pas dans l'art, aussi habilement pratiqué soit-il, de faire paraître les choses comme ceci ou comme cela pour des questions d'intérêt ou d'utilité. Ce que Socrate (et plus tard Platon) reproche fondamentalement aux sophistes est donc de faire fi de la vérité et d'utiliser les ressources du langage comme de simples outils de persuasion.

Les sophistes adoptent ce point de vue sur le langage et l'art des discours en raison de la thèse relativiste qu'ils accréditent et de la conception purement pragmatique des affaires humaines à laquelle ils souscrivent. En effet, dans un Monde où tout jugement est relatif, dans un Monde où les choses sont telles qu'elles apparaissent à chaque individu, dans un Monde échappant à toute connaissance objective, il n'existe pas de vérité ayant valeur universelle et il est par conséquent sans pertinence de rechercher cette dernière, voire de la désirer. Dans une telle représentation subjectiviste des choses, où rien n'est vrai pour tout le monde, où nul n'est en mesure de formuler des jugements qui soient meilleurs que d'autres, l'usage du discours à des fins strictement persuasives s'en trouve parfaitement justifié ! Ce que je veux dire ici est que la rhétorique, telle qu'elle est enseignée par les sophistes, est une sorte d'aboutissement naturel du relativisme : en effet, s'il n'existe pas de vérité objective, s'il n'existe pas de véritables connaissances susceptibles d'être acquises sur le Monde, s'il n'existe en contrepartie que des opinions, que des avis, que des perspectives individuelles, alors la seule activité à laquelle l'être humain peut s'adonner dans la cité est de faire triompher son point de vue, et il le fera avec d'autant plus d'efficacité qu'il maîtrisera les techniques de la rhétorique. Pour les sophistes, l'être humain est en quelque sorte condamné à la rhétorique. S'ils négligent la vérité, ce n'est pas par malhonnêteté, mais parce qu'ils sont d'avis que la vérité n'est qu'une fiction et qu'il est par conséquent inutile de la vouloir et de la rechercher, comme le veut Socrate. À leurs yeux, la rhétorique est pour ainsi dire non pas un « art du mensonge », mais l'expression de notre condition humaine, en tant que nous sommes des créatures irrémédiablement enfermées dans les limites de notre propre subjectivité. Dans la mesure où les sophistes adhèrent à ces idées avec conviction, le relativisme apporte une justification philosophique à leur compréhension et à leur pratique de la rhétorique : ce qu'ils font est pour eux parfaitement légitime. De ce point de vue, il faut considérer la sophistique comme un courant philosophique et non pas comme un mouvement situé à l'extérieur de la tradition philosophique.

apparences	essence
↑	↑
relatives	absolues
(subjectives)	(objectives)

Mais du point de vue de Socrate, le sophiste n'est d'aucune façon un philosophe. Ce jugement repose sur l'idée voulant que les choses possèdent, en deçà des apparences, une nature intime et universelle, une essence, et qu'il soit possible pour l'être humain de saisir celle-ci par le raisonnement et de la mettre en langage sous la forme d'une définition — ce que le sophiste ne cherche jamais à faire. L'essence exprime ce qu'est la chose sur le plan objectif. Dire que la table est un meuble plat sur pied(s) ne dépend d'aucun point de vue : c'est définir une table, objectivement parlant. Socrate suppose qu'il est possible, en principe, même dans le domaine plus subtil des valeurs morales, d'accéder à ce que sont les choses absolument parlant — et de dire ce que sont en soi la vertu, le bien, la justice, l'amitié, la piété, etc. Lorsque Socrate interroge Lachès, il ne cherche pas à connaître le point de vue personnel du militaire sur le courage : il tente de savoir si, par le moyen de la raison, ce dernier est capable de comprendre ce qu'est le courage en toute objectivité et telle que cette vertu est au fond pour tout le monde, au-delà de toute opinion et de toutes circonstances. Socrate veut savoir si par le raisonnement, Lachès est en mesure de mettre sa subjectivité entre parenthèses, s'il est capable, en quelque sorte, de s'élever au-delà de lui-même pour rejoindre une perspective universelle sur la vertu qu'il cherche à comprendre.

La présupposition selon laquelle il est possible de connaître la nature véritable des choses justifie chez Socrate le rejet de l'idée voulant que l'être humain soit la mesure de celles-ci. Affirmer que « tout est relatif » est faux, de l'avis de Socrate, car les choses peuvent être définies et comprises quant à ce qu'elles sont de façon absolue, c'est-à-dire indépendamment de quelque perspective individuelle que ce soit. Il est irrationnel chez Socrate de concevoir la possibilité d'un discours démontrant qu'une chose n'est pas ce que la raison saisit comme son essence. Si un orateur parvient à convaincre un auditoire qu'une table n'est pas un meuble plat sur pied(s) ou que le courage n'est pas une fermeté de l'âme, c'est qu'il a usé du mensonge et de la tromperie.

Est-ce que cela signifie que, pour Socrate, rien n'est relatif ? Non. Socrate ne discute pas directement de cette question, mais il semble reconnaître que certaines affirmations peuvent être effectivement relatives. Par exemple, que vous trouviez cette table lourde ou légère, que vous la perceviez plutôt bleu-gris ou gris-bleu, que vous la considériez comme carrée ou rectangulaire, selon l'angle sous lequel vous la regardez, et autres choses encore ; ces affirmations sont relatives au sens où elles dépendent de celui qui les émet. Mais aucune des propriétés visées par ces jugements ne concerne l'essence ou la nature de cet objet. Ils ne se rapportent qu'à des propriétés accidentelles (le poids, la couleur, la forme...) qui n'ont rien à voir avec le fait que cette chose est cette chose. Dans le cas de la table, ces propriétés accidentelles ne sont que des qualités sensibles, c'est-à-dire des propriétés perçues par les organes sensoriels. D'ailleurs, rappelons que Protagoras, d'après le témoignage qu'en laissera Platon, a énoncé sa thèse en sous-entendant qu'il existe autant de vérités qu'il y a de perceptions sensorielles différentes; qu'il y a autant de manières d'obtenir des connaissances sur le Monde que d'individus qui le peçoivent; et que celles-ci sont vraies en vertu de leurs sensations et perceptions; bref, qu'il n'y a pas de vérité universelle sur ce plan. Si les qualités perçues prêtent le flanc aux jugements de préférence et de goût — qui sont, par définition, subjectifs —, ce n'est toutefois pas le cas de ce qui est compris selon la raison. Que la table soit un meuble plat sur pied(s), que le courage soit une fermeté de l'âme, etc., ce sont des jugements de fait, des jugements de réalité, qui énoncent que les choses sont objectivement comme ceci ou comme cela. Socrate met en évidence le fait que celles-ci possèdent des essences, que ces essences sont des vérités absolues et universelles, et qu'il est possible de les connaître en toute objectivité, par l'usage correct de la raison.

Buste de Socrate.

Voilà pour la justification philosophique du relativisme chez les sophistes et sa critique philosophique chez Socrate. Cette critique prend appui sur la défense d'une chose que les sophistes refusent d'admettre, justifiant ainsi la manière dont ils s'adonnent à leur art. Cette chose est la vérité.

Voilà comment Socrate a voulu remettre les pendules à l'heure dans un monde où le relativisme était en passe de tout emporter dans son mouvement. La philosophie et la science lui sont redevables d'avoir évité l'écueil qu'incarne la représentation relativiste du Monde. En effet, le relativisme est une menace directe à toute possibilité de comprendre le Monde sur une base objective. Si Cicéron fera de Socrate le père de la philosophie, Aristote fera quant à lui du philosophe, avec son obsession pour la vérité et l'universel, le véritable fondateur de la science. Chez Aristote, il n'y a de science que de l'universel. Nous en reparlerons au prochain chapitre.

Rhétorique et sophistique

La sophistique est habituellement assimilée à la rhétorique. Or, rhétorique et sophistique ne sont pas de parfaits synonymes dans la mesure où tout dépend des intentions avec lesquelles les techniques discursives sont utilisées.

Le terme *sophistique* (du grec *sophistikós*), qui comporte une connotation péjorative, a été forgé pour souligner le caractère moralement problématique de la rhétorique telle que pratiquée par les sophistes. À l'origine, le mot *rhétorique* ne désignait, de façon neutre, que l'art oratoire, l'art de bien parler ou l'art des discours. Or, employées à bon escient, c'est-à-dire avec moralité, ces techniques sont en principe tout à fait acceptables. En soi, il n'y a rien de moralement préjudiciable à vouloir convaincre autrui de la vérité d'une affirmation ou d'une théorie que l'on considère sincèrement comme vraies. Mais après la critique de Socrate, de Platon et d'Aristote notamment, qui ont mis en évidence le fait que les sophistes ne se soucient pas de la vérité, la rhétorique a été associée à l'art de tromper habilement par la parole, de convaincre par l'usage fallacieux du discours, de prendre au piège l'interlocuteur par le langage. C'est ce que désigne spécifiquement la sophistique : l'usage de la rhétorique à des fins de tromperie et de manipulation.

Les philosophes légueront donc à la tradition une image très négative de la sophistique et des sophistes, les associant à des imposteurs, des manipulateurs et des fraudeurs sans scrupules. C'est l'une des raisons pour lesquelles les écrits des sophistes n'ont pas survécu. L'idée de vouloir recopier ces textes a été progressivement abandonnée.

Pour le dire avec ironie, l'image des sophistes que Socrate et Platon laisseront à la postérité sera celle de professeurs de vice et de faux éducateurs. En effet, un authentique professeur enseigne la vertu, un véritable éducateur élève ses étudiants et les rend meilleurs. Les sophistes, à l'inverse, rabaissent leurs étudiants et les pervertissent, leur enseignant comment devenir des politiciens capables de convaincre n'importe qui, de n'importe quoi et à propos de tout, sans jamais se soucier de la vérité. D'après le texte du *Ménon*, Socrate aurait dit: « Protagoras, sans que personne, dans toute la Grèce, s'en doute, a corrompu ceux qui suivaient ses leçons en les renvoyant pires qu'il ne les prenait, et cela, pendant plus de 40 ans » (91e).

Pour ajouter à la déconsidération générale de la rhétorique, il faut savoir que cette dernière a connu d'elle-même une forme de dégénérescence dès la fin du 5e s. av. J.-C. L'art de la parole persuasive a été réduit à un simple exercice éristique ou agonistique, c'est-à-dire à un art de la dispute, du débat, de la controverse. On organisait, par exemple, des joutes oratoires au cours desquelles les participants n'avaient que pour objectif de venir à bout des arguments des autres, quelle que soit la thèse mise en jeu. Le but n'était pas d'établir la vérité d'une thèse, mais seulement de remporter le débat. La rhétorique a perdu la grandeur qu'elle avait à l'époque des grands sophistes, où elle servait encore la politique et la vitalité du débat démocratique. Platon a attribué l'invention de l'éristique à Euthydème, dont il se moque dans le dialogue éponyme.

Philosophie et sophistique

Philosophie et sophistique. Nous sommes en présence d'une lutte où se sont affrontées deux conceptions très différentes du Monde et de la sagesse: une première fondée sur la recherche de la vérité et dont les protagonistes se sont définis comme des amoureux de la sagesse (comme des *philosophoi* ou « philosophes », suivant l'expression qui remonterait à Pythagore); et une autre basée sur la tradition de la rhétorique, où la sagesse est associée à une simple maîtrise technique du langage et des discours en fonction des apparences. Si l'idéal de sagesse du philosophe réside dans la recherche de la contemplation théorique du Monde quant à sa vérité, celui du sophiste reste un idéal pratique fondé sur la réussite, l'excellence politique ou la simple virtuosité éristique.

La critique de la rhétorique et de la sophistique par Socrate et Platon aura pour effet d'établir entre les deux formes de sagesse une séparation que la population ne faisait pas. Pour l'homme du commun, les sophistes et les philosophes étaient vus indifféremment comme des sages; Socrate lui-même était souvent dépeint comme un sophiste. En l'an 423 av. J.-C., par exemple, le poète comique Aristophane a présenté aux Athéniens une pièce de théâtre intitulée *Les Nuées*, où Socrate était présenté comme un sophiste sans vergogne. Mais à partir de Platon, la distinction entre la philosophie et la sophistique, c'est-à-dire entre une forme de « vraie sagesse » et une forme de « fausse sagesse », sera clairement établie et deviendra canonique pour la tradition ultérieure. La philosophie sera définie en opposition directe à la sophistique.

* * *

Faisons un bond en avant de 85 ans. Allons rendre visite à Aristote à son école. Ce philosophe est l'auteur qui produira dans l'Antiquité la plus pénétrante analyse de ce que renferme la notion de raison et de ce que signifie tenir un discours rationnel sur le Monde. Allons écouter ses propos sur la logique ou la façon de bien raisonner ; allons voir en quoi consiste sa critique de la sophistique, qui passera un jour à l'histoire.

Chapitre 7
Le Monde de la Logique

Nous avons examiné jusqu'à présent diverses formes sous lesquelles a émergé la rationalité en Occident. Elle s'est d'abord présentée comme une enquête menée sur les principes de la Nature et une façon d'interpréter les phénomènes naturels à partir de causes immanentes — c'est-à-dire elles-mêmes inscrites à l'intérieur de la Nature —, et non pas à partir d'agents extérieurs à celle-ci, tels que des divinités ou des puissances surnaturelles. Les physiciens ioniens, incluant les milésiens, les atomistes et d'autres penseurs, en s'efforçant d'expliquer la Nature par elle-même, sont à l'origine d'une perspective sur le Monde qui contraste catégoriquement avec la représentation mythique des choses qui avait dominé la conscience humaine depuis toujours. Chez les pythagoriciens, la rationalité est devenue une quête vers la connaissance de l'ordre numérique au gouvernement duquel est placé le cosmos tout entier. Chez Socrate, la raison a été orientée vers le thème de la connaissance de soi et elle a pris la forme d'un discours finalisé par la découverte de l'essence des vertus morales, ouvrant la porte à la possibilité d'une connaissance objective et universelle des choses en général. Chez Aristote, à qui nous rendrons visite aujourd'hui, la rationalité sera précisément définie à l'aune des principes qui fondent le raisonnement valide, que celui-ci a découverts. Bienvenue dans le Monde de la Logique !

En promouvant l'expression et la libre circulation des opinions dans la cité, les sophistes ont contribué à la vigueur de la démocratie athénienne. Cependant, en niant l'existence de la vérité, de l'universel, de la connaissance objective et de la science, ils ont fait peser une menace grave sur la possibilité du discours rationnel en général. Socrate, et Platon à sa suite, ont vivement réagi contre cette menace et sauvé la possibilité du discours rationnel, chacun à leur façon. Aristote prolongera l'héritage de cette réaction et approfondira la critique de la sophistique, justement grâce aux nouveaux outils offerts par la logique ou la science du raisonnement valide. En faisant la lumière sur les procédures qui garantissent la validité des raisonnements et la vérité de leur contenu, Aristote opposera à la sophistique une conception très rigoureuse du discours rationnel. La représentation de l'entreprise philosophique et scientifique chez Aristote deviendra canonique pour la tradition intellectuelle jusqu'au 17e s., où des savants comme René Descartes, Galilée et Isaac Newton, notamment, la remettront en question et la remplaceront par une nouvelle physique. Cependant, ce qu'Aristote dira de la dimension proprement logique du discours rationnel en tant que tel sera toujours valide au 21e s.

Le Lycée, sanctuaire d'Apollon Lycien, *Athễnai*, 330 av. J.-C.

Nous sommes toujours dans l'extraordinaire cité d'Athènes. Presque un siècle s'est écoulé depuis notre rencontre avec Socrate. Ce dernier est décédé depuis près de 70 ans, au terme d'un célèbre procès où il a été jugé coupable et condamné à mort. Platon, le plus connu de ses disciples, a quitté notre monde il y a presque deux décennies, après une très longue carrière d'écrivain et de professeur à l'Académie, l'école qu'il avait fondée en 387 av. J.-C., 12 ans après la mort de son maître.

En cette fin du 4e s. av. J.-C., l'époque classique s'achève, et Athènes n'est plus la grande cité qu'elle était au siècle de Périclès. Il y a huit ans qu'a eu lieu la célèbre bataille de Chéronée au cours de laquelle Philippe II, le roi de Macédoine, a vaincu une alliance de cités dirigées conjointement par Athènes et Thèbes, sous l'autorité du grand Démosthène. Athènes a perdu son autonomie politique et est désormais placée sous tutelle macédonienne. L'époque classique prendra fin dans quelques années à peine, après la conquête d'Alexandre le Grand, sur laquelle s'ouvrira l'époque hellénistique. Athènes entrera dans quelques années dans l'ère de la guerre des diadoques, et c'est en réponse à cette période de troubles qu'Épicure fondera, dans 24 ans, le célèbre Jardin où nous l'avons rencontré.

Le Lycée

La journée s'annonce des plus extraordinaires : dans la douce lumière du matin, je me tiens, fébrile, devant les portes du fameux *Lúkeion*, la toute nouvelle école fondée par le célèbre Aristote dès son retour à Athènes il y a cinq ans. Le savant a accepté de me rencontrer pour m'expliquer sa vision des choses quant à la rationalité. Mon agitation augmente au moment où je prends conscience que les leçons auxquelles j'aurai droit aujourd'hui seront vues plus tard comme le sommet de tout ce qui aura été écrit à ce sujet au cours des 4000 ans qu'aura duré l'Antiquité. Aristote est l'un des plus grands génies de l'histoire humaine. Sa pensée est difficile d'accès, mais il vaut la peine de s'y attarder : à son contact, c'est toute notre vision des choses et notre attitude à l'égard de la réalité qui s'en trouve enrichie et transformée.

En attendant, pour me calmer un peu, je jette un œil aux nouvelles installations et je remarque que les lieux ont été quelque peu transformés depuis l'époque de Socrate, où ils appartenaient à un sanctuaire dédié au dieu Apollon Lycien (d'où le nom de l'école d'Aristote). Le temple du dieu, situé à proximité, a été magnifiquement préservé. Nul ne le sait encore, mais l'école d'Aristote restera ouverte de façon quasi ininterrompue pendant des siècles. Une longue succession de directeurs (appelés « scolarques ») en assureront le bon fonctionnement pendant tout ce temps, à commencer par le grand disciple et ami d'Aristote, le savant Théophraste d'Érèse. Le tout dernier scolarque sera un philosophe dénommé Andronicos de Rhodes, à qui la tradition attribuera la première édition des œuvres d'Aristote, vers l'an 60 av. J.-C. (à l'époque de Lucrèce). Un éventail impressionnant de grands savants fréquenteront cette école au cours des siècles, notamment Eudème de Rhodes (le premier historien des sciences), le physicien Straton de Lampsaque, Ariston de Céos, Cratippe de Pergame (qui comptera parmi ses disciples le fils de Cicéron de même que Brutus, le fils adoptif de Jules César !) et Aristoclès de Messine (qui écrira une histoire de la philosophie). Malheureusement, aucun de ces nombreux savants n'apportera de contribution significative à la doctrine d'Aristote, comme si la pensée du maître était insurpassable. Au 2e s. apr. J.-C., le savant Alexandre d'Aphrodise, qui enseignera à Athènes, laissera sur tous les aspects de la difficile doctrine d'Aristote de nombreux commentaires destinés non pas à l'améliorer ou à la prolonger, mais plutôt à l'expliquer, à la mettre en lumière. Cette tradition du commentaire sera poursuivie et développée plus tard au Moyen Âge, d'abord en Terres islamiques, puis en Europe à partir du 12e s. Par sa connaissance pointue de la doctrine du maître, Alexandre d'Aphrodise recevra les surnoms de « Second Aristote » et d'« Exégète ».

Site archéologique du Lycée d'Aristote.

Les ruines du Lycée d'Aristote seront redécouvertes par hasard en 1996, après des siècles de recherche, tout près de l'actuel Parlement grec et du Jardin national d'Athènes. Le site ouvrira au public en 2014.

* * *

Un courtois jeune homme répondant au nom de Phainias m'invite à le suivre à l'intérieur du Lycée, jusqu'à une grande aire ouverte délimitée par un péristyle (une galerie de colonnes servant de chemin de promenade). L'école est ce qu'on appellerait aujourd'hui un centre de recherche, à l'instar de ce qui existait chez les pythagoriciens. On y trouve çà et là des professeurs entourés d'élèves et d'assistants. J'aperçois des jardins où l'on cultive une grande variété de végétaux ainsi que des cages et des volières contenant une multitude d'espèces d'oiseaux. La présence de deux autruches et d'un lion en captivité m'étonne. Une porte ouverte me permet d'entrevoir, suspendus aux murs, une mâchoire de requin ainsi que des squelettes de poissons et de petits mammifères ; j'en déduis qu'il s'agit d'un petit musée ou d'une salle où Aristote et ses assistants pratiquent des dissections. Poursuivant ma visite, je constate que toute une partie de l'école contient des instruments de mesure et d'observation. De l'autre côté du péristyle, un grand bâtiment porte l'inscription « Bibliothèque ». Les lieux me donnent l'impression d'être à l'intérieur de la tête d'Aristote lui-même, dans une sorte d'encyclopédie, avec tous les compartiments dans lesquels sont rangés les objets dont s'occupent les diverses sciences : botanique, zoologie, géométrie, astronomie, etc. Une école à l'image de son fondateur, obsédé par la découverte des principes qui président à la réalité et à ses diverses parties. Aristote donne ici, durant l'avant-midi, un enseignement que nous qualifions d'« ésotérique », c'est-à-dire des leçons destinées à ses disciples. L'après-midi, des cours exotériques sont offerts à un public moins restreint. Certains d'entre eux, réécrits par Aristote sous la forme de dialogues, sont publiés et diffusés (mais aucun ne survivra).

Phainias est un disciple nouvellement inscrit au Lycée et dont les intérêts portent spécifiquement sur les aspects scientifiques et logiques de la pensée d'Aristote. Il m'informe qu'il se fera un plaisir de m'initier lui-même à ces matières en attendant l'arrivée du maître, qui a reçu de nouvelles obligations pour tout l'avant-midi. Bien sûr, j'accepte. Le privilège de venir en ces lieux ne se présente que très rarement. Phainias m'invite donc à discuter avec lui en l'accompagnant à pied. Les élèves du Lycée sont d'ailleurs appelés, pour cette raison, « péripatéticiens » ou « marcheurs du Lycée » (*Lukeioi Peripatêtikoi*), car Aristote donne souvent son enseignement en marchant avec eux. Le terme grec *peripatetikós* signifie « qui aime se promener ». C'est pourquoi la doctrine d'Aristote sera également désignée dans l'histoire sous le nom de péripatétisme.

* * *

L'AUTEUR. — Phainias, vous m'avez dit tout à l'heure que vous vous intéressiez surtout aux enseignements d'Aristote concernant les méthodes de la science.

PHAINIAS. — Oui. C'est d'ailleurs pour cette raison que j'ai récemment rejoint les rangs du Lycée, à l'invitation de mon ami Théophraste, que je connais depuis mon enfance à Eresós et qui m'a initié à l'étude de la botanique à Assos. J'ai suivi il y a quelques mois les leçons d'Aristote consacrées à l'étude du raisonnement. J'ai ici ses notes de préparation de cours, dont il a bien voulu me confier la garde pour que je puisse préparer une éventuelle publication destinée à ses disciples les plus avancés.

L'AUTEUR. — Oh ! Vous accepteriez que j'y jette un œil ?

PHAINIAS. — Mais bien sûr ! Voilà.

Je prends les notes en question. Je constate que le cours est particulièrement étoffé, le document comptant des centaines et des centaines de pages !

Phainias. — Je m'efforce depuis quelque temps à déceler un ordre thématique qui pourrait servir à diviser le texte en plusieurs sections et plusieurs livres.

L'auteur. — Accepteriez-vous de m'en faire une courte présentation ?

Phainias. — Avec grand plaisir.

L'*Órganon*

Phainias l'ignore, mais ces notes de cours seront éditées plus tard sous le titre d'*Órganon*, terme grec qui signifie « outil », « instrument ». Pourquoi ? Parce que l'étude du raisonnement n'est pas vue chez Aristote comme une discipline autonome ou une science à proprement parler. Ce qui sera appelé la « logique » n'est compris chez lui que comme un ensemble d'outils ou d'instruments préparatoires à la science. Il s'agit d'une propédeutique, c'est-à-dire d'un art préalable. Avant d'étudier et de former des raisonnements dans le domaine de la botanique, de la zoologie, de l'astronomie, de la physique, des mathématiques, de la politique, de l'éthique, etc., il faut d'abord connaître les procédures qui garantissent qu'un raisonnement est en soi valide, c'est-à-dire juste, correct. Avant de raisonner sur un objet, autrement dit, il faut savoir raisonner tout court, faute de quoi nous ne pourrons contribuer positivement au développement de quelque science que ce soit.

Non seulement les thèses de l'*Órganon* constitueront le fondement de la logique traditionnelle, mais elles nourriront son histoire jusqu'au 19e s. Les textes grecs d'Aristote, publiés vers l'an 60 av. J.-C. par Andronicos de Rhodes, seront traduits en latin au début du 6e s. par Boèce, conservés dans les traditions savantes musulmanes et transmis à l'Europe médiévale à partir du 12e s. La « logique » sera la partie de l'œuvre d'Aristote la plus étudiée de toutes.

L'*Órganon* sera distribué en six livres. Les quatre premiers prétendront reproduire étape par étape les processus intellectuels menant jusqu'au discours scientifique, tandis que les deux derniers présenteront respectivement une forme de discours moins rigoureux, bien qu'acceptable dans le cadre d'un débat philosophique (le discours dialectique), et une forme dégénérée résolument irrecevable en toutes circonstances (le discours sophistique et éristique). Les livres porteront les titres suivants :

Livre 1. *Catégories* (ou « théorie des termes »)

Livre 2. *Sur l'interprétation* (ou « théorie des propositions/des jugements »)

Livre 3. *Premiers analytiques* (ou « théorie du raisonnement en général »)

Livre 4. *Seconds analytiques* (ou « théorie du raisonnement démonstratif »)

Livre 5. *Topiques* (ou « théorie du raisonnement dialectique »)

Livre 6. *Réfutations sophistiques* (ou « théorie du raisonnement éristique »)

Évidemment, Phainias ne connaît pas ces titres, mais je remarque d'après la table des matières qu'il a donnée aux notes d'Aristote un ordre thématique qui ressemble beaucoup à celui que leur attribuera plus tard Andronicos.

Livres 1 et 2 : les termes et les propositions

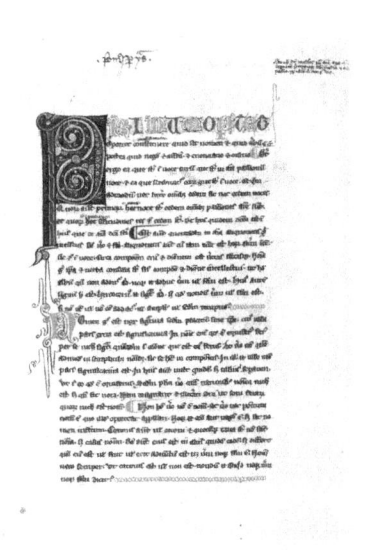

Traduction latine de Boèce de *Sur l'interprétation* d'Aristote.

L'auteur. — Phainias, je vous écoute attentivement. Comme je dois quitter le Lycée dès ce soir, je vous saurais gré de vous limiter à l'essentiel, et aussi de laisser à Aristote lui-même le soin de me parler du raisonnement scientifique. Alors, de quoi est-il question dans le premier livre ?

Phainias. — La leçon présentée dans ce texte se divise en deux grandes parties, soit une première qui prépare directement le livre 2, et une seconde qui est davantage liée à la conception philosophique générale de la réalité chez Aristote.

L'auteur. — Concentrons-nous sur la première partie. Qu'y trouve-t-on ?

Phanias. — Un enseignement sur les unités les plus fondamentales de l'étude du raisonnement.

L'auteur. — Et quelles sont ces unités ?

Phainias. — Ce sont les termes (*horoi*).

L'auteur. — C'est-à-dire ?

Phainias. — Les termes sont les objets de pensée en général, c'est-à-dire ce que désignent les mots dans le langage. Par exemple : *lion*, *félin*, *Socrate*, *être humain*, *mortel*, *plaisir*, *bien*, qui renvoient respectivement à la représentation générale du lion, de Socrate, de l'être humain, de la mortalité, du plaisir, du bien.

Ces termes sont associés les uns aux autres dans un énoncé que notre maître appelle « proposition » (*apophansis*). Dans une proposition attributive, les termes peuvent occuper deux fonctions : celle de sujet (*s*), et celle d'attribut ou de prédicat (*p*). Par exemple, dans les propositions « le lion est un félin », « Socrate est mortel » et « le plaisir est un bien », les termes *lion*, *Socrate* et *plaisir* occupent la position de sujet, tandis que *félin*, *mortel* et *bien* occupent celle d'attribut ou de prédicat.

Le *lion* est un *félin*
↓   ↓
sujet prédicat

Socrate est *mortel*
↓   ↓
sujet prédicat

Le *plaisir* est un *bien*
↓   ↓
sujet prédicat

Les termes sont des unités fondamentales en cela qu'ils composent les propositions où ils sont mis en rapport les uns avec les autres.

L'auteur. — Un « sujet » est ce dont nous parlons ou ce à quoi nous pensons en général ; un « prédicat » est ce que nous disons ou pensons à propos du sujet.

Le « sujet » tel que défini par Aristote correspond à ce que nous appelons le « thème » en linguistique contemporaine.

Phainias. — Cette distinction est fondamentale pour comprendre la façon dont les êtres humains peuvent communiquer et échanger entre eux des connaissances. Ici, ce que nous transmettons comme connaissance à propos du *lion* (le sujet, soit la chose dont on parle), c'est qu'il est un *félin* (le prédicat, soit ce qui est affirmé du lion) ; ce que nous disons de *Socrate* (*s*), c'est qu'il est *mortel* (*p*) ; et ce que nous savons à propos du *plaisir* (*s*), c'est qu'il est un *bien* (*p*). Dès qu'un individu transmet un savoir, la proposition comporte nécessairement un sujet et un prédicat. Toute transmission de connaissance suppose l'affirmation de quelque chose à propos de quelque chose.

L'auteur. — Je comprends. Et qu'en est-il ici du verbe *être* ?

Phainias. — Il n'est ni sujet, ni prédicat. Il s'agit d'une copule, un mot qui sert à unir le sujet et le prédicat. Toute proposition possède cette structure fondamentale universelle : « sujet est prédicat » (« *s* est *p* »), peu importe les termes employés. Cela signifie que le prédicat appartient au sujet. La proposition « Socrate est mortel » a le sens de « la mortalité appartient à Socrate » ; la proposition « le plaisir est un bien » signifie « le bien appartient au plaisir ». Autrement dit, toute connaissance ou toute proposition attributive en général énonce que quelque chose appartient à quelque chose.

* * *

Phainias. — Au livre 2, le maître approfondit la question de l'organisation des termes au sein de la proposition. Regardons. Une proposition est une composition de termes selon la structure prédicative dont je viens de parler. Dans une première étape, donc, nous concevons des termes, et dans une seconde, nous les mettons en relation pour formuler des propositions sous la forme « sujet est prédicat ».

L'auteur. — Et je présume que cela vaut indépendamment de la langue dans laquelle ces propositions sont exprimées ?

Phainias. — Absolument. Que la proposition soit exprimée dans la langue des Grecs ou dans celles des Égyptiens, des Perses ou encore des Babyloniens, le terme, désigné par différents mots, reste le même. Le contenu des termes est le même pour tout le monde.

Ce que veut dire Phainias ici, c'est que le sens des termes (et des propositions) vaut de façon universelle, comme si les contenus de pensée avaient une valeur déterminée en deçà de leurs expressions dans des langues particulières. Par exemple, la proposition « le dauphin est une baleine » a le même sens en français qu'en grec (« *to delphíni eínai mia phálaina* »), en latin (« *delphini binas in cete* »), en anglais (« *the dolphin is a whale* »), en polonais (« *delfin to wieloryb* »), en chinois (« 海豚是一条鲸鱼 ») ou en n'importe quelle autre langue : c'est toujours la même idée — soit « le dauphin appartient aux baleines » —, qui est exprimée.

Notons qu'une chose très importante apparaît à cette étape de la combinaison des termes dans une proposition : la problématique de la vérité. Les termes en eux-mêmes ne sont ni vrais, ni faux. Ils ne sont que des objets de pensée en général. Seule la combinaison des termes, c'est-à-dire la proposition, peut être dite vraie ou fausse. Par exemple, il n'est pas sensé d'attribuer aux termes *papillon* et *oiseau*, pris indépendamment, une valeur de vérité. Un papillon n'est ni vrai, ni faux. Un oiseau non plus. Par contre, la proposition « le papillon est un oiseau » peut être déterminée comme vraie ou fausse, selon qu'il en va ainsi ou non dans la réalité.

* * *

Phainias. — Aristote nous apprend par ailleurs qu'il existe différents types de propositions, c'est-à-dire différentes manières de mettre en relation un sujet et un prédicat.

L'auteur. — Sur quoi se fonde cette typologie ?

Phainias. — Sur deux paramètres. D'une part, l'affirmation et la négation ; d'autre part, le fait que le prédicat soit rapporté à tous les individus identifiés par le sujet, à une partie de ces individus, ou à un seul d'entre eux.

C'est ce que la tradition appellera plus tard les paramètres de la « qualité » et de la « quantité ».

PHAINIAS. — Commençons par le premier paramètre. Utilisons les termes *Socrate*, *être humain* et *mortel* :

1. « Socrate est mortel. » Cette proposition est dite affirmative dans la mesure où le prédicat (« mortel ») est affirmé du sujet (« Socrate »). Ce type de proposition indique qu'existe un lien d'appartenance : il est donc affirmé que la mortalité appartient à Socrate.
2. « Socrate n'est pas mortel. » Ici, la proposition est négative parce que le prédicat est nié du sujet, c'est-à-dire que le prédicat n'est pas considéré comme appartenant au sujet, que la mortalité n'appartient pas à Socrate. La proposition négative indique qu'il n'existe pas de lien entre ses deux termes.

En d'autres mots, d'après ce premier critère (la qualité), il existe deux espèces de propositions : les affirmatives et les négatives.

L'AUTEUR. — Très bien. C'est logique.

PHAINIAS. — En utilisant toujours les mêmes termes, voici des exemples de propositions universelles, particulières et singulières (c'est le paramètre de la quantité).

1. « Socrate est mortel. » La proposition est singulière dans la mesure où le prédicat « mortel » est affirmé d'un seul individu appartenant au sujet « Socrate ».
2. « Quelques êtres humains sont mortels. » La proposition est particulière, car le prédicat « mortel » est affirmé par un groupe d'individus appartenant au sujet être humain.

Enfin :

3. « Tous les êtres humains sont mortels. » La proposition est universelle puisque le prédicat « mortel » est affirmé de tous les individus appartenant au sujet être humain.

Ceci étant établi, le maître combine les deux paramètres (qualité et quantité) de façon à constituer une liste de tous les types de propositions possibles. Il y en a six.

TYPES DE PROPOSITION	FORMES GÉNÉRALES	EXEMPLES
1. Singulière affirmative (SA)	s est p	Socrate est mortel
2. Singulière négative (SN)	s n'est pas p	Socrate n'est pas mortel
3. Particulière affirmative (PA)	quelques s sont p	Quelques êtres humains sont mortels
4. Particulière négative (PN)	quelques s ne sont pas p (ou: tout s n'est pas p)	Quelques êtres humains ne sont pas mortels
5. Universelle affirmative (UA)	tout s est p (ou: aucun s n'est pas p)	Tous les êtres humains sont mortels
6. Universelle négative (UN)	aucun s n'est p	Aucun être humain n'est mortel

Chaque fois qu'un sujet et un prédicat sont mis en rapport dans une proposition, peu importe le terme employé et sans égard à la langue utilisée, la proposition est de type SA, SN, PA, PN, UA ou UN. Il s'agit d'une typologie universelle des propositions.

L'AUTEUR. — Tout ce que je dis ou pense à propos de quelque chose entre dans l'une ou l'autre de ces classes de propositions! Je suis impressionné!

PHAINIAS. — Par Zeus, c'est bien que vous le soyez! Je le suis aussi! C'est la valeur universelle de ces enseignements d'Aristote qui suscite ma fascination.

L'AUTEUR. — Mais qu'en est-il de la proposition «aucun être humain n'est pas mortel»?

PHAINIAS. — Il s'agit d'une double négation. Déclarer qu'«aucun être humain n'est pas mortel» revient à dire que tous les êtres humains le sont. Une proposition comportant une double négation est donc une proposition universelle affirmative (UA). Lorsque j'affirme qu'«aucun chien n'aboie pas», je dis en fait que tous les chiens le font: en effet, si tous les chiens ne peuvent pas ne pas aboyer, c'est qu'ils aboient tous.

L'AUTEUR. — D'accord, je vois. Et si je dis: «tous les chiens n'aboient pas», s'agit-il d'une proposition universelle?

Phainias. — Seulement en apparence ! Lorsque vous formulez cette proposition, vous ne voulez pas dire qu'aucun chien n'aboie. Vous voulez dire que certains chiens n'aboient pas. Ce qui a l'apparence d'une proposition universelle négative (UN) est de fait une proposition particulière négative (PN).

L'auteur. — Ah bon ? Vraiment ?

Phainias. — Prenons un exemple très simple. Imaginez que votre ami se découvre une nouvelle passion pour les champignons sauvages et vous annonce qu'il part en cueillir en forêt. Vous pourriez lui lancer cet avertissement : « Attention, tous les champignons ne sont pas comestibles ! », ce qui ne signifie pas qu'aucun champignon n'est comestible, mais bien que quelques-uns ne le sont pas, que certains sont empoisonnés, par exemple, qu'il faut être vigilant.

L'auteur. — Ah je vois ! Si j'affirme que « tous les politiciens ne sont pas honnêtes », je ne dis pas qu'aucun politicien n'est honnête, mais que certains d'entre eux seulement ne le sont pas. Si je veux formuler une proposition universelle négative, je dois donc respecter la forme « aucun s n'est p ». Car dire que tout s n'est pas p ne signifie pas qu'aucun s n'est p, mais bien que quelques s ne sont pas p.

Phainias. — Oui…

L'essentiel à retenir ici est que toutes les propositions possédant un sujet et un prédicat appartiennent à l'un des six types de propositions, c'est-à-dire à une proposition qui affirme ou qui nie quelque chose à propos de tous les individus, d'une partie des individus ou d'un seul individu appartenant au sujet.

* * *

Tandis que nous discutons, un promeneur se dirige droit vers nous.

Phainias. — Voici Eudème. Je suis son assistant et je travaille avec lui à organiser les textes du maître.

Phainias, en s'adressant à Eudème. — Bonjour, cher ami ! Je viens de présenter à notre invité la typologie des propositions. Nous attendons Aristote ; ce que tu sembles faire aussi. Tu aimerais prendre part à notre discussion ?

EUDÈME. — Mais avec joie ! Vous savez, le livre 2 comporte encore bien des enseignements. Après avoir dressé la liste des types de propositions, Aristote a montré que ceux-ci s'opposent les uns aux autres de différentes façons. Par exemple, les propositions « tous les fruits sont bleus » et « aucun fruit n'est bleu » sont contradictoires : le sens de chacune d'elles va exactement à l'encontre de celui de l'autre. Elles s'opposent selon la « contrariété ». Ce mode désigne l'opposition entre les propositions universelles affirmatives et les propositions universelles négatives.

Tous les fruits sont bleus (UA)
↑
contrariété
↓
Aucun fruit n'est bleu (UN)

PHAINIAS. — Aristote identifie au total quatre modes d'opposition : la contrariété, la contradiction, la subcontrariété et la subalternation. Par exemple, le couple de propositions « tous les fruits sont bleus » et « quelques fruits ne sont pas bleus » forme une contradiction. C'est une relation différente de celle de la contrariété. La contradiction oppose, d'une part, les propositions universelles affirmatives et les propositions particulières négatives (comme dans mon exemple), et, d'autre part, les propositions particulières affirmatives et les propositions universelles négatives.

n° 1

Tous les fruits sont bleus (UA)
↑
contradiction
↓
Quelques fruits ne sont pas bleus (PN)

n° 2

Aucun fruit n'est bleu (UN)
↑
contradiction
↓
Quelques fruits sont bleus (PA)

L'AUTEUR. — C'est compliqué ! Dans le langage courant, contradiction et contrariété sont souvent confondues.

Eudème. — En s'exerçant, on s'y habitue assez rapidement.
L'auteur. — Qu'en est-il de la subcontrariété ?
Eudème. — Elle désigne l'opposition entre les propositions particulières affirmatives et les propositions particulières négatives. Par exemple, les deux propositions « quelques fruits sont bleus » et « quelques fruits ne sont pas bleus » s'opposent d'après la subcontrariété.

Quelques fruits sont bleus (PA)
↑
subcontrariété
↓
Quelques fruits ne sont pas bleus (PN)

L'auteur. — Et la subalternation ?
Eudème. — Il s'agit du dernier mode. Celui-ci désigne l'opposition, d'une part, entre les propositions universelles affirmatives et les propositions particulières affirmatives (par exemple, « tous les fruits sont bleus » et « quelques fruits sont bleus ») ; et, d'autre part, entre les propositions universelles négatives et les propositions particulières négatives (par exemple, « aucun fruit n'est bleu » et « quelques fruits ne sont pas bleus »).

n° 1

Tous les fruits sont bleus (UA)
↑
subalternation
↓
Quelques fruits sont bleus (PA)

n° 2

Aucun fruit n'est bleu (UN)
↑
subalternation
↓
Quelques fruits ne sont pas bleus (PN)

* * *

Au Moyen Âge, les intellectuels s'intéressant à la logique d'Aristote développeront un petit schéma destiné à saisir, d'un seul coup d'œil, les quatre modes d'opposition. Ce schéma sera appelé « carré logique », « carré des oppositions » ou encore « carré d'Aristote ». Le voici :

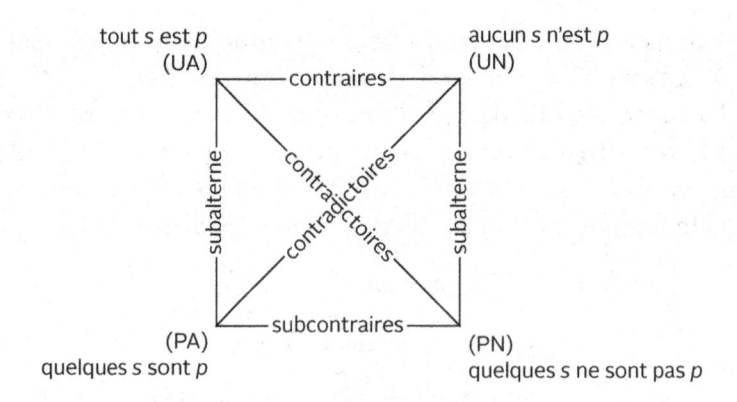

```
        tout s est p                    aucun s n'est p
           (UA) ————— contraires ————— (UN)
                  \                   /
                   \   contradictoires
         subalterne  \              /  subalterne
                      \            /
                       contradictoires
                      /            \
           (PA) ————— subcontraires ————— (PN)
     quelques s sont p              quelques s ne sont pas p
```

L'auteur. — Très bien. Mais à quoi ce savoir peut-il bien servir ?

Eudème. — Eh bien, considérez la contradiction. Vous ne pouvez pas affirmer que deux propositions contradictoires sont vraies ou fausses en même temps. Si vous soutenez, par exemple, qu'il est vrai que « tous les fruits sont bleus » et qu'il est également vrai que « quelques fruits ne le sont pas », vous vous contredisez, vous sortez du cadre du discours rationnel. Ce savoir est donc de la plus haute importance imaginable !

Phainias. — Deux propositions contradictoires ne peuvent être vraies ou fausses simultanément : si vous affirmez que l'une est vraie, l'autre est nécessairement fausse, et vice versa. Cela vaut universellement pour tout discours qui se veut rationnel.

L'auteur. — Les valeurs de vérité des propositions qui s'opposent selon la contradiction sont toujours incompatibles ?

Eudème. — Toujours. Si vous pensez qu'il est vrai que « tous les fruits sont bleus », pour être cohérent et rationnel, vous devez aussi penser qu'il est faux que « quelques fruits ne sont pas bleus », et vice versa : si vous pensez qu'il est faux que « tous les fruits sont bleus », alors vous devez penser par ailleurs qu'il est vrai que « quelques fruits ne sont pas bleus ». C'est toujours incompatible, comme vous dites. Si une UA est vraie, alors sa contradictoire (PN) est fausse, et si une PN est vraie, alors sa contradictoire (UA) est fausse. Vous ne pourrez jamais trouver de contre-exemple.

L'auteur. — Est-ce la même chose pour les trois autres sortes d'opposition ?

Phainias. — Non. Chacune d'elles a ses particularités ! Les valeurs de vérité des propositions contraires ne sont pas toujours incompatibles.

Deux propositions contraires ne peuvent être vraies simultanément, toutefois qu'il est possible pour elles d'être toutes les deux fausses en même temps !

L'AUTEUR. — Ah bon ?

EUDÈME. — Mais oui ! Reprenons nos exemples : « tous les fruits sont bleus » (UA) et « aucun fruit n'est bleu » (UN). Chaque proposition exprime ici exactement le contraire de l'autre. Or, dans cette situation, il est impossible que les deux propositions soient vraies simultanément. Dire qu'il est vrai que « tous les fruits sont bleus » et qu'il est vrai aussi qu' « aucun fruit n'est bleu » est interdit. Cependant, l'inverse ne l'est pas : il est possible que les deux propositions soient toutes les deux fausses.

L'AUTEUR. — Je ne comprends pas.

PHAINIAS. — D'accord. Faites l'expérience de pensée suivante. Imaginez que le Monde se réduise au Lycée et à ses jardins — où on trouve des fruits bleus et des fruits rouges — et que quelqu'un vous dise : « Tous les fruits sont bleus » Cette proposition est-elle vraie ou fausse ?

L'AUTEUR. — Elle est fausse.

PHAINIAS. — Pourquoi ?

L'AUTEUR. — Parce qu'il existe aussi des fruits rouges.

PHAINIAS. — Bien. Imaginez que cette même personne affirme : « Aucun fruit n'est bleu » Cette proposition est-elle vraie ou fausse ?

L'AUTEUR. — Fausse… parce qu'il existe aussi des fruits bleus.

PHAINIAS. — Ainsi, vous voyez, deux propositions contraires peuvent être fausses simultanément. L'interlocuteur dit faux dans les deux cas.

EUDÈME. — Mais elles ne peuvent être vraies en même temps. Dire qu'il est vrai à la fois que « tous les fruits sont bleus » et qu' « aucun fruit n'est bleu » est une impossibilité rationnelle. Une personne pourrait toujours l'affirmer, mais son propos ne serait pas rationnel.

L'AUTEUR. — Je vois. Les valeurs de vérité des propositions qui s'opposent selon la contrariété sont toujours incompatibles sur le plan de leur vérité, mais pas nécessairement sur celui de leur fausseté.

EUDÈME. — Bien dit. Je vais prendre en note votre formulation, si vous me permettez.

PHAINIAS. — Concluons rapidement sur les oppositions subcontraires et subalternes.

EUDÈME. — L'opposition subcontraire est l'inverse de l'opposition contraire.

L'AUTEUR. — Mais quoi ?

EUDÈME. — En reprenant votre formulation, je dirais que les valeurs de vérité des propositions qui s'opposent d'après la subcontrariété sont toujours incompatibles sur le plan de leur fausseté, mais pas nécessairement sur celui de leur vérité.

PHAINIAS. — Reprenons notre expérience de pensée et retournons dans ce monde où il n'existe que des fruits bleus et des fruits rouges. J'affirme : « Quelques fruits sont bleus » La proposition est vraie. J'affirme par ailleurs : « Quelques fruits sont rouges. » La proposition est vraie aussi. Les deux sont vraies simultanément. Mais il est impossible qu'elles soient toutes les deux fausses en même temps.

L'AUTEUR. — Je vois !

PHAINIAS. — Dans le domaine de l'analytique, il faut souvent se donner des exemples très simples, car la théorie n'est pas toujours de compréhension intuitive et immédiate.

L'AUTEUR. — En effet. Et pour finir, qu'en est-il de l'opposition subalterne ?

EUDÈME. — J'ai fait remarquer récemment à notre maître qu'il ne s'agit pas véritablement ici d'une « opposition », mais plutôt d'une relation entre le tout et les parties du tout. Par exemple : « tous les fruits sont bleus » et « quelques fruits sont bleus », ou encore « aucun fruit n'est bleu et « quelques fruits ne sont pas bleus ». Nous avons identifié pour ce type de relation quatre règles :

1. *Si c'est vrai de la totalité, alors c'est vrai aussi de la partie.*

Autrement dit : s'il est vrai que « tous les fruits sont bleus » (UA), alors il est vrai aussi que « quelques fruits sont bleus » (PA). Le mot quelques signifie « n'importe quel sous-groupe de fruits bleus » : si « tous les fruits sont bleus », alors n'importe quel sous-groupe de fruits est nécessairement bleu. Si vous allez au marché et qu'on n'y vend que des fruits bleus, n'importe quel fruit que vous achèterez sera bleu.

2. *Si c'est faux de la totalité, alors c'est indéterminé de la partie.*

En d'autres termes : s'il est faux que « tous les fruits sont bleus » (UA), alors il n'est pas possible de savoir si la proposition « quelques fruits sont bleus » (PA) est vraie ou fausse. On dit de celle-ci qu'elle est indéterminée : il se peut qu'elle soit vraie ou qu'elle soit fausse, mais on ne peut pas le savoir immédiatement.

3. Si c'est vrai de la partie, alors c'est indéterminé de la totalité.

S'il est vrai que « quelques fruits sont bleus » (PA), alors il n'est pas possible de savoir si la proposition « tous les fruits sont bleus » (UA) est vraie ou fausse. Il se pourrait que ce soit le cas, il se pourrait que ce ne le soit pas, il faudrait aller vérifier. Autrement dit, ce n'est pas parce qu'un groupe de fruits est bleu que (« logiquement ») tous les fruits le sont. Si vous achetez par hasard un fruit bleu au marché, cela n'implique pas qu'il n'y soit vendu nécessairement que des fruits bleus. Ce qui vrai de la partie ne l'est donc pas nécessairement pour la totalité.

Enfin :
4. Si c'est faux de la partie, alors c'est faux de la totalité.

S'il est faux de dire que « quelques fruits sont bleus » (PA) alors nécessairement la proposition « tous les fruits sont bleus » (UA) est fausse. Dire qu'il est faux que « quelques fruits sont bleus » implique qu'il en existe un ou plusieurs qui ne sont pas bleus. Dans ce cas, la proposition « tous les fruits sont bleus » ne peut pas être vraie.

Ces quatre cas de figure valent aussi pour la relation subalterne entre les universelles négatives (UN) et les particulières négatives (PN).

L'AUTEUR. — Phainias et Eudème, je vous remercie pour cette enrichissante leçon. Cela me fait prendre conscience à quel point ces études fournissent des balises fiables pour faire la distinction entre ce qui relève de la rationalité et ce qui sort du cadre de celle-ci. La « logique » fournit des armes solides face au relativisme et à la sophistique, qui passent outre à ces balises. Attribuer au même sujet des propriétés contraires (« cette table est légère et lourde en même temps, bleue et grise, etc. », car tout est relatif), par exemple, est une violation de la rationalité. En effet, de telles affirmations reviennent à dire que les propositions « la table est légère » et « la table n'est pas légère », de même que « la table est bleue » et « la table n'est pas bleue », sont vraies en même temps — ce qui est interdit.

* * *

PHAINIAS. — Passons par-dessus le reste du livre 2, si vous voulez bien, et venons-en au 3ᵉ, où il est question du véritable sujet de nos études, à savoir le raisonnement.

L'AUTEUR. — D'accord.

EUDÈME. — Puis-je me charger de vous en brosser un tableau ? J'ai moi-même beaucoup travaillé sur ces textes récemment.

L'AUTEUR. — Je vous en prie.

Livre 3 : le raisonnement en général

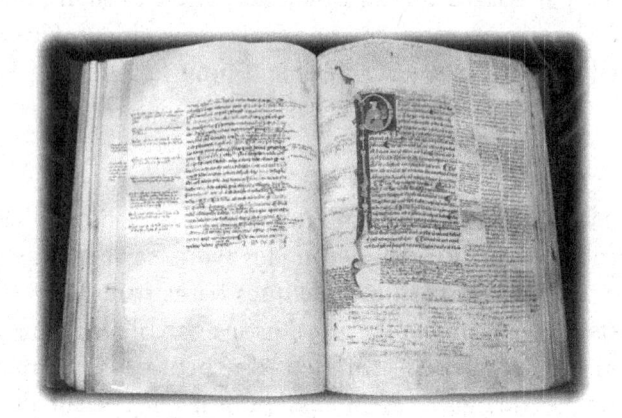

Premiers analytiques, Aristote.

PHAINIAS. — J'expliquais plus tôt à notre hôte que l'ordre dans lequel nous avons choisi de présenter les leçons du maître se veut le reflet de l'ordre naturel des pensées : d'abord les termes, c'est-à-dire les contenus de pensée en général, ensuite la mise en rapport des termes dans la proposition selon une structure qui se réduit à celle d'un prédicat rapporté à un sujet (s est p). C'est le contenu des livres 1 et 2.

EUDÈME. — Au livre 3, il s'agit maintenant de mettre des propositions en rapport les unes avec les autres, de les enchaîner. C'est l'étape du raisonnement par lequel des nouvelles connaissances sont produites.

On arrive ici au cœur de la « logique » dans la mesure où celle-ci sera définie traditionnellement comme l'étude du raisonnement valide. Le livre 3 sera plus tard intitulé *Premiers analytiques*. Quel est le sens de cette expression ? C'est qu'Aristote lui-même n'emploie jamais le terme *logique*. Il utilise plutôt la locution « science analytique » (*analytikè épistêmê*). Donc, le titre signifie littéralement « Premiers livres de logique ». Les livres 1 et 2, consacrés aux termes et aux propositions, ne relèvent pas de la science analytique à proprement parler, mais ils en constituent des préalables, un peu comme l'alphabet par rapport au langage. Les *Premiers analytiques* seront vus plus tard comme l'ouvrage fondateur de la logique formelle en Occident.

Entrons dans le Monde de la Logique…

L'AUTEUR. — Le « raisonnement », vous disiez ?

EUDÈME. — Un raisonnement est une opération de la raison qui consiste à tirer une proposition à partir d'autres propositions. Autrement dit, lorsque vous acceptez un certain nombre de propositions pour en inférer une nouvelle, vous effectuez un raisonnement.

Remarquons que le mot *raison* apparaît aujourd'hui dans *raisonnement* en français. Cette proximité entre les deux termes trouve son équivalence dans plusieurs autres langues, notamment l'anglais (*reason — reasoning*), l'italien (*ragione — ragionamento*) et l'espagnol (*razón — razonamiento*). Le substantif français *raison* provient du latin *ratio*, qui désigne le « calcul », la « mesure » (sens qu'il a encore en mathématiques). Comme le terme grec *logós* signifie « parole, discours, relation, rapport, proportion », on le traduit notamment par « raison ».

PHAINIAS. — La science analytique est l'analyse du raisonnement valide. Notre maître se concentre surtout sur un type de raisonnement appelé « raisonnement déductif » ou « déduction ». Voyez la définition qu'il en donne. Lisez à haute voix…

L'AUTEUR. — Volontiers. Voilà… « Discours dans lequel, certaines choses étant données, quelque chose d'autre que ces données en résulte nécessairement, en vertu même de ces données. »

EUDÈME. — Il existe plusieurs types de raisonnements, c'est-à-dire plusieurs façons de tirer des propositions à partir d'autres propositions. Et comme je viens de le dire, le Maître attire ici l'attention sur le raisonnement déductif. La déduction est une manière d'inférer une proposition à partir d'autres propositions selon un certain schéma qu'il nomme « syllogisme » (en grec, *syllogismos* signifie « raisonner »). Le syllogisme est composé de trois propositions, et seulement trois : les deux premières (celles qui sont données) s'appellent « prémisses ». La dernière (celle qui résulte des prémisses, celle qui en est tirée ou inférée) est une « conclusion ».

L'AUTEUR. — Vous avez un exemple ?

Eudème. — Bien sûr. Considérez ceci :

a. *Tous les êtres humains sont mortels*	← prémisse
b. *or Socrate est un être humain*	← prémisse
c. *donc Socrate est mortel*	← conclusion

Les propositions *a* et *b* sont les prémisses, celles qui sont données et acceptées au préalable. Des prémisses est tirée la conclusion (proposition *c*).

Phainias. — Autrement dit, si vous acceptez les propositions « tous les êtres humains sont mortels » et « Socrate est un être humain », la raison exige que vous acceptiez aussi celle qui en découle nécessairement, soit « Socrate est mortel ». Si vous acceptez *a* et *b*, alors vous êtes contraint par la raison d'accepter aussi *c*. Il est impossible d'accepter *a* et *b* sans accepter *c*, car *c* découle nécessairement de *a* et *b*.

Eudème. — Le maître enseigne qu'un syllogisme est un raisonnement déductif qui épouse le schéma universel suivant :

$$\frac{\begin{matrix}a\\b\end{matrix}}{c}$$

Étant donné *a* et étant donné *b*, il s'ensuit nécessairement *c*.

L'auteur. — Vous venez de dire, Eudème, que ce schéma est universel. Je présume que vous vous voulez dire par là que celui-ci vaut indépendamment des termes choisis et donc du contenu des propositions ? Si je prends, par exemple, les termes *oiseaux*, *pondre des œufs* et *pélican*, et que je formule les deux propositions suivantes :

a. *Tous les oiseaux pondent des œufs*
b. *or ce pélican est un oiseau*

Alors, je dois déduire que :

c. *ce pélican pond des œufs*

Eudème. — Cela fonctionne en effet avec n'importe quel terme :

a. *Tous les félins se nourrissent de viande*
b. *or ce lion est un félin*

c. *donc ce lion se nourrit de viande*

Ou encore:

> *a. Toute action courageuse est une action vertueuse*
> *b. or affronter la maladie est une action courageuse*
> ---
> *c. donc affronter la maladie est une action vertueuse*

Phainias. — C'est une structure à valeur universelle! Elle est indépendante des termes en présence et de ce que signifient les propositions; bref, elle est indépendante, oui, du contenu.

C'est pourquoi les Modernes considéreront plus tard qu'il s'agit d'une structure formelle, c'est-à-dire d'une structure qui ne concerne que la forme du raisonnement, par opposition à son contenu. Le philosophe Emmanuel Kant, au 18e s., dira aussi pour cette raison qu'Aristote a fondé la logique formelle, c'est-à-dire l'étude du raisonnement vu sous l'angle de son indépendance en regard des contenus de pensée sur lesquels porte le raisonnement. Et croyant qu'Aristote avait tout dit à propos de cette discipline, Kant écrira (dans la préface à sa *Critique de la raison pure*) que celle-ci est sortie de la tête de son auteur « close et achevée » (« *geschlossen und vollendet* »). Kant ne se doutait toutefois pas que la logique allait connaître une évolution si remarquable dès le milieu du 19e s. avec l'avènement de la logique mathématique. Les logiciens George Boole et Ernst Schröder seront les premiers à développer un nouveau système de logique (baptisé « algèbre de la logique ») qui réduit entièrement le raisonnement à un calcul logique, c'est-à-dire à des opérations sur des variables, comme en mathématiques. Cette approche sera corrigée et perfectionnée par d'autres logiciens tels que Hugh MacColl, William Stanley Jevons, Charles Sanders Peirce, Alfred North Whitehead, et surtout Gottlob Frege et Bertrand Russell, qui ont fondé l'approche proprement contemporaine de la logique — dont nous reparlerons. Aristote était donc en réalité loin d'avoir tout dit, mais le mérite lui revient d'avoir jeté les bases de la logique dite traditionnelle, qui dominera en Occident jusqu'au milieu du 19e s.

Eudème. — Approfondissons, si vous le voulez bien. La première prémisse est appelée « prémisse majeure » : c'est la proposition qui a la portée la plus grande. Elle comporte le terme majeur, qui correspond, dans notre exemple de tout à l'heure, à *mortels*. Comme celui-ci peut être associé à de nombreuses choses, sa portée est très vaste.

La deuxième prémisse est appelée « prémisse mineure » : c'est elle qui possède la portée la plus petite. On l'appelle ainsi parce qu'elle comporte le terme mineur, qui est ici *Socrate*. Puisque ce nom ne désigne qu'un seul individu, sa portée est très réduite. Le mineur et le majeur sont les deux extrêmes du syllogisme, comme le dit le maître.

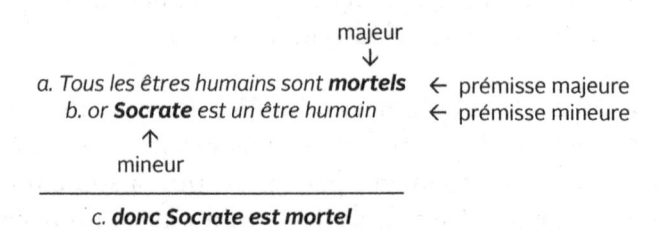

majeur
↓
a. Tous les êtres humains sont **mortels**   ← prémisse majeure
b. or **Socrate** est un être humain   ← prémisse mineure
↑
mineur
_____
c. donc Socrate est mortel

PHAINIAS. — Voici une chose remarquable : en déduisant *c*, nous sommes parvenus à une nouvelle connaissance ! Autrement dit, sachant *a* et sachant *b*, nous savons maintenant *c* : sachant que tous les êtres humains sont mortels et que Socrate est un être humain, nous savons que Socrate est mortel. Les déductions produisent de nouveaux savoirs par synthèse.

L'AUTEUR. — Par synthèse ?

PHAINIAS. — Examinez bien la conclusion « Socrate est mortel ». Il s'agit d'une synthèse des propositions *a* et *b*.

EUDÈME. — Remarquez que les propositions *a* et *b* possèdent un terme en commun que nous appelons « moyen terme ».

moyen terme
↓
a. Tous les **êtres humains** sont mortels
b. or Socrate est un **être humain**
↑
moyen terme
_____
c. donc Socrate est mortel
↑   ↑
mineur   majeur

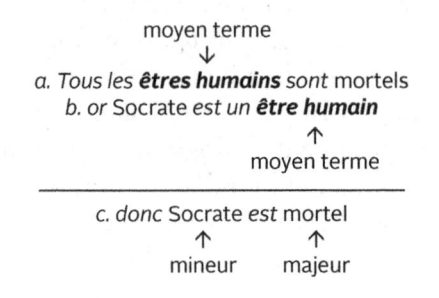

L'AUTEUR. — C'est le terme *être humain*.

PHAINIAS. — Le moyen terme est le terme intermédiaire qui permet de faire le lien entre les propositions *a* et *b* en unissant les deux extrêmes (le mineur *Socrate* et le majeur *mortel*) dans la conclusion, puis disparaît.

L'auteur. — Si je comprends bien, le moyen terme disparaît en laissant apparaître le lien entre les termes de « Socrate » et de « mortel ». Ainsi, nous déduisons et savons que Socrate est mortel.

Phainias. — En associant les trois termes aux lettres *a*, *b* et *c*, nous obtenons le schéma suivant :

$$\frac{a \text{ est } b}{c \text{ est } b} \quad \leftarrow \text{ il est nécessaire que...}$$

L'auteur. — Prodigieux. Voilà l'essence du raisonnement déductif !

Eudème. — Bien vu. Le maître nous dit enfin qu'entre les prémisses et la conclusion, il y a un lien de nécessité (*anagkè*). Nous exprimons ce lien en écrivant *donc*, mais ce qui est sous-entendu, c'est « il est nécessaire que ».

L'auteur. — En acceptant *a* et *b*, il s'ensuit nécessairement que *c*.

Eudème. — Oui. *Nécessaire* veut dire « qui ne peut pas en être autrement ». Si j'affirme que « tous les êtres humains sont mortels » (*a* est *b*) et que, par ailleurs, « Socrate est un être humain » (*c* est *a*), alors il est nécessaire de conclure que « Socrate est mortel » (*c* est *b*). Étant données *a* et *b*, il est impossible de ne pas soutenir aussi *c*.

L'auteur. — En admettant que tous les oiseaux pondent des œufs et que ce pélican est un oiseau, il est impossible de ne pas admettre par ailleurs que ce pélican pond des œufs. Cette nécessité dont vous parlez vient du fait que les syllogismes énoncent des rapports d'inclusion. C'est comme si je disais qu'étant donné que l'embryon du poulet est dans l'œuf et que l'œuf est dans le fourneau, alors l'embryon est dans le fourneau.

Phainias. — Oui. Il y a entre les prémisses et la conclusion une contrainte rationnelle, qui est de même nature que celle qui nous oblige, par exemple, en mathématiques, à admettre que 8 + 3 est égal à 11. Il est impossible d'affirmer rationnellement que 8 + 3 est égal à 13 au même titre qu'il est impossible d'affirmer rationnellement que ce lion n'est pas un mangeur d'hommes si vous acceptez en effet que tous les félins sont des mangeurs d'hommes et que ce lion est un tel animal, c'est-à-dire un félin. La conclusion s'impose nécessairement.

L'AUTEUR. — Mais c'est une découverte extraordinaire ! Il existe une structure logique de la pensée et cette structure est universelle dans la mesure où elle comporte des contraintes rationnelles et objectives qui valent pour tous les individus, dans toutes les sociétés et à toutes les époques. Ceci est un argument de poids contre le relativisme, selon lequel il suffit qu'un individu ou une culture perçoive les choses d'une certaine façon pour que cette perception soit vraie. La logique est une arme redoutable contre le relativisme.

EUDÈME. — Vous avez raison. Mais faites attention. La science analytique n'interdit pas que des individus puissent effectivement sentir les choses différemment ; par exemple, chez l'un, percevoir cette sandale brune, et chez l'autre, la percevoir noire. Ce que la science analytique interdit, c'est la possibilité pour un même individu d'affirmer que la sandale est, pour lui, en même temps brune et noire : de son point de vue, et au moment même où il l'affirme, elle est soit brune, soit noire. Si la science analytique constitue une bonne arme contre le relativisme, c'est également grâce à la relation de nécessité qui unit les prémisses à la conclusion. Si, pour un individu donné, tous les êtres humains sont mortels et si, pour le même individu, Socrate est un être humain, alors pour cet individu, il est impossible de ne pas penser aussi que Socrate est mortel. Les prémisses peuvent être admises ou non, selon les individus, mais lorsqu'elles sont acceptées par un individu, celui-ci est contraint d'accepter la conclusion qui en découle. Et deux individus qui acceptent les mêmes prémisses ne peuvent tirer des conclusions différentes. C'est en ce sens que les règles du raisonnement ont valeur universelle.

PHAINIAS. — Au terme du livre 3, le maître dégage en effet de ses analyses un certain nombre de règles qui garantissent que la conclusion est valide, c'est-à-dire que celle-ci découle nécessairement des prémisses. Ces règles sont universelles en ceci qu'elles valent indépendamment de l'individu qui effectue un raisonnement. Quiconque viole l'une seule de ces règles commet une erreur. À l'instar des règles mathématiques, celles-ci ne sont pas relatives à l'individu qui raisonne.

EUDÈME. — Sans la connaissance de ces règles, nous pouvons tous commettre des erreurs de raisonnement et croire qu'une conclusion découle correctement des propositions admises alors que ce n'est pas le cas. Par exemple, le raisonnement suivant, bien qu'il puisse avoir l'air valide, ne l'est objectivement pas :

> *Tous les êtres humains sont **mortels***
> *or les lions sont **mortels***
> ___
> *donc les lions sont des êtres humains*

Il ne s'agit là que d'une déduction apparente. Le moyen terme (*mortel*) est mal distribué et n'admet d'aucune façon la synthèse des deux extrêmes (*être humain* et *lion*). En effet, rien ne permet d'établir un lien entre deux termes qui possèdent simplement un attribut en commun : ce n'est pas parce que tous les êtres humains ont la propriété d'être mortels et que les lions possèdent aussi cette propriété que nous sommes contraints (« logiquement ») de poser un lien d'appartenance des lions à l'égard des êtres humains. Ce n'est pas parce que ces fruits sont bleus et que le ciel est bleu qu'il y a un lien entre ces fruits et le ciel ! Ce n'est pas parce que vous êtes grand et que je suis grand moi aussi que je suis vous ! Quel que soit le point de vue adopté, nul ne pourrait conclure cela sur la base des prémisses données dans un syllogisme construit de cette façon.

Nous reviendrons sur les erreurs de raisonnement dans un prochain chapitre consacré à la logique. L'idée à retenir présentement est qu'Aristote énumère un certain nombre de règles générales qui lui permettent de s'assurer qu'une conclusion est valide. Un raisonnement qui contrevient à une seule d'entre elles sort du domaine rationnel, et est de fait jugé invalide et irrecevable. La rationalité est donc garantie par des règles qui posent les conditions logiques précises sous lesquelles une conclusion est correctement déduite des prémisses.

Les logiciens du Moyen Âge et de la Renaissance porteront ces règles au nombre de huit. Celles-ci entreront officiellement dans le canon de la logique traditionnelle à partir de la publication de l'ouvrage *La Logique ou l'Art de penser* (rebaptisé plus tard *Logique de Port-Royal*), publié en 1662. Ces règles vont comme suit :

1. *Le syllogisme comporte trois termes, et seulement trois (le moyen, le majeur et le mineur).* Un syllogisme qui en comporte quatre n'est pas valide.
2. *Les termes du syllogisme n'ont pas une portée plus grande dans la conclusion que celle qu'ils ont dans les prémisses.*
3. *Le moyen terme n'apparaît jamais dans la conclusion.* (Il ne sert à cette étape qu'à unir le mineur au majeur.)

4. *Le moyen terme est pris dans son extension universelle au moins dans l'une des deux prémisses.* (Cela signifie que l'une des deux prémisses doit être une proposition universelle.)
5. *De deux prémisses affirmatives ne peut se déduire qu'une conclusion affirmative.*
6. *De deux prémisses négatives, rien ne peut être déduit.*
7. *La conclusion n'est jamais plus forte que les prémisses dont elle est déduite.* (Cela veut dire, d'une part, que si l'une des deux prémisses est négative, la conclusion d'un raisonnement valide est aussi négative, et, d'autre part, que si l'une des deux prémisses est particulière, la conclusion d'un raisonnement valide est particulière.)
8. *De deux prémisses particulières, rien ne peut être déduit.*

* * *

Nous sommes concentrés sur le texte du livre 3, tout absorbés dans la luxuriance de détails qui révèle le génie de son auteur.

Un homme surgit tout à coup devant nous, comme sorti de nulle part, et se joint sans aucune hésitation à la conversation. C'est Aristote ! Il est accompagné de ses amis et disciples Théophraste (qui lui succédera à la tête du Lycée) et Héraclide du Pont (un ancien élève de Platon converti aux enseignements d'Aristote depuis une dizaine d'années). Aristote est richement vêtu et un perroquet est agrippé à son épaule. Je suis surpris par la petite taille du savant, qui va à l'encontre de l'image que je m'étais faite de lui.

Aristote

De gauche à droite : buste d'Aristote ; Platon et Aristote, détail de *L'École d'Athènes*.

Aristotélès est né en l'an 384 av. J.-C. et mourra dans huit ans, soit en 322 av. J.-C., âgé de 62 ans. Sur sa vie ne seront conservées que très peu d'informations fiables. Aristote n'est pas un citoyen athénien, mais un métèque. Il est né à Stagire, une petite cité grecque située en Chalcidique, au nord de la Grèce, tout près de la Macédoine. Son père, Nicomaque, était un médecin du roi de Macédoine Amyntas III. Aristote n'a pas suivi les traces de son père : à l'âge de 17 ou 18 ans, il est entré à l'Académie de Platon, où son génie a vite été remarqué. Il y est resté pendant 20 ans environ comme étudiant, anagnoste (lecteur) et professeur. À la mort de son maître, Aristote, alors âgé de 38 ans, a quitté subitement l'Académie, peut-être contrarié par le fait que Platon ne l'ait pas choisi comme successeur à la direction de l'école. Déception, blessure d'orgueil ? On ne saura jamais, mais Aristote n'y est jamais retourné.

Aristote a ensuite passé quelques années à Atarnée et à Assos en Anatolie (deux cités situées à près de 400 km au nord de Milet), où il a pratiqué la biologie et la zoologie. Les écrits consacrés à cette discipline formeront d'ailleurs presque le tiers de son œuvre. Seront conservés de lui des textes intitulés *De l'histoire des animaux* (« histoire » entendue au sens de « description »), *Des parties des animaux*, *De la génération des animaux*, *Sur la marche des animaux* et *Sur le mouvement des animaux*. Plusieurs historiens verront en Aristote le père fondateur de la biologie et de la zoologie. Celui-ci est le premier à avoir proposé une classification des espèces vivantes fondée sur les concepts de « genre » et d'« espèce » — le genre désignant la classe des êtres vivants qui partagent un certain nombre de caractéristiques communes (par exemple, l'*oiseau*, l'*arbre*) et l'espèce, celle des êtres vivants qui appartiennent à un même genre, mais vus sous l'angle des caractéristiques qui les distinguent spécifiquement.

l'oiseau
(**genre** → propriétés communes)

l'aigle   la pie-grièche   le perroquet   l'autruche...
(**espèces** → propriétés spécifiques)

l'arbre
(**genre** → propriétés communes)

le pin   le chêne   le cyprès   l'aliboufier...
(**espèces** → propriétés spécifiques)

Aristote est le premier à avoir distingué les animaux vertébrés et invertébrés, et classé, parmi les vertébrés, notamment les poissons, les oiseaux et les mammifères, et parmi les invertébrés, les mollusques, les crustacés et les insectes. Il a répertorié plus de 500 espèces d'animaux et fait quelques découvertes, notamment sur la manière dont l'oursin se nourrit (soit grâce à un organe appelé « lanterne d'Aristote »). La classification du règne animal d'Aristote restera en vigueur jusqu'au 19e s., où elle sera remplacée par celle de l'anatomiste français Georges Cuvier.

Aristote aurait fondé deux écoles philosophiques, l'une à Assos et l'autre à Mytilène sur l'île de Lesbos.

En 443 av. J.-C., âgé de 41 ans, Aristote a accepté d'assumer l'éducation privée du jeune héritier du roi Philippe II de Macédoine, Alexandre III, qui sera connu plus

Aristote enseignant à Alexandre, H. Woldmar.

tard sous le nom d'Alexandre le Grand ! En 441 av. J.-C., alors qu'il était encore en fonction à la cour royale de Macédoine à Pella, Aristote a pris épouse, union de laquelle est née sa fille Pythias. Quelques années plus tard, après la mort de sa femme, Aristote a eu une seconde épouse qui lui a donné un fils prénommé Nicomaque, en souvenir de son père.

En l'an 335 av. J.-C., alors qu'il avait presque 50 ans, Aristote s'est installé à Athènes et a fondé une nouvelle école, le Lycée, située tout près de l'Académie de Platon. Aristote passera le reste de sa vie à s'occuper de son école où il enseignera, dirigera des équipes de recherche, développera sa conception du Monde et écrira. Son neveu Callisthène fera partie du groupe chargé de recueillir des informations scientifiques sur les pays conquis par Alexandre le Grand. D'après certains témoignages, Alexandre fera expédier régulièrement à Aristote des spécimens d'animaux originaires de contrées lointaines.

Aristote devra quitter Athènes avec sa famille en 322 av. J.-C., sous la menace que représentera pour lui le mouvement anti-macédonien. La légende raconte qu'avant de s'embarquer pour l'île d'Eubée, craignant pour sa vie et se souvenant du sort réservé à Socrate, il aurait affirmé qu'il ne laisserait en aucun cas les Athéniens perpétrer un « nouveau crime contre la philosophie ». Ce sera d'ailleurs Alexandre le Grand, son ancien élève, qui soumettra ces derniers. Aristote mourra peu de temps après son départ, âgé de 62 ans, peut-être des suites d'une maladie de l'estomac. Ses cendres seront rapportées à Stagire, sa ville natale. Des archéologues affirmeront en 2016 y avoir découvert son tombeau ainsi qu'un monument qui lui est dédié.

C'est à peu près tout ce que l'on saura de la vie d'Aristote.

Après la mort du maître, Théophraste assumera la direction du Lycée pendant 34 ans, jusqu'en l'an 288 av. J.-C. Celui-ci poursuivra le travail d'observation biologique entamé par Aristote, spécialement dans le domaine botanique. Théophraste rédigera une *Recherche sur les plantes* et une *Causes des phénomènes végétaux*, dans lesquelles il décrira notamment les organes reproducteurs des plantes. Il composera d'autres ouvrages dans des domaines très variés, entre autres : *Des signes du temps* (qui sera connu comme le premier traité de prévision météorologique), *Sur le feu*, *Sur les pierres*, *Sur le ciel*, *Traité des eaux*, *Traité des lois*, *Opinions des philosophes sur la nature* (dont s'inspirera Épicure), *Sur la métaphysique*, un ou plusieurs ouvrages de logique (selon les recensions), *Les Caractères* (un traité d'éthique dans lequel

Théophraste fera l'analyse des mœurs humaines et des différents types de caractères, par exemple : le prévenant, l'hypocrite, l'effronté, le superstitieux, le radin, le cupide, le menteur, le pervers, le lâche, l'avare, le dominateur, l'orgueilleux... Cet ouvrage inspirera directement *Les Caractères* de Jean de La Bruyère au 17ᵉ s.), *Sur le plaisir*, *De la vertu du vice* et *Sur les sensations* (dans lequel il analysera les organes des sens).

Théophraste choisira le physicien Straton de Lampsaque comme successeur, qui occupera cette fonction jusqu'en l'an 270 av. J.-C. L'école fermera définitivement ses portes en l'an 267 après J.-C. lors du saccage d'Athènes par les Hérules (des barbares germaniques). Les ruines du Lycée ne seront découvertes qu'en 1996.

* * *

Aristote publiera des ouvrages « grand public » sous la forme de dialogues, comme son ancien professeur Platon. Malheureusement, aucun d'eux ne survivra aux premiers siècles de l'ère chrétienne. Ne seront conservés d'Aristote que des notes de cours et des textes spécialisés destinés à ses propres élèves. Ce sont ces pages qui seront retrouvées, organisées et publiées dans trois siècles (en l'an 60 av. J.-C.) par le dernier scolarque du Lycée, Andronicos de Rhodes. Seulement une trentaine de traités d'Aristote survivront au total ; une trentaine d'autres seront perdus au cours du temps. La première édition imprimée de l'œuvre résiduelle d'Aristote, en version originale grecque, sera produite à Venise en 1508, chez le célèbre éditeur Alde Manuce. L'édition qui fera autorité à l'époque contemporaine sera celle établie en 1831 à l'Université de Berlin par le philologue Immanuel Bekker. Un de mes anciens professeurs, Pierre Pellegrin, invité à l'Université de Montréal où j'ai fait mes études, a dirigé une édition des *Œuvres complètes* d'Aristote, parue en 2014. Celle-ci totalise 2923 pages...

Aristote possède un esprit encyclopédique. Il maîtrise toutes les sciences de son temps. Nous avons évoqué la biologie, mais il se démarquera également par ses contributions à la physique, la cosmologie, la métaphysique, la politique, l'éthique, la logique, la psychologie, la météorologie, la rhétorique et l'économie, entre autres. Chez lui, la philosophie (qu'il appelle « philosophie première ») n'est pas considérée comme une discipline au même titre que ces dernières, mais bien comme la « reine des sciences », la « science de toutes les sciences », la

« science dont relèvent toutes les autres ». La philosophie est l'étude des premiers principes du Monde pris dans sa totalité. Les diverses sciences portent quant à elles sur des « régions du Monde », en quelque sorte : la région du vivant (la biologie), celle de l'âme (la psychologie), du Ciel (la cosmologie), de l'action morale (l'éthique ou philosophie morale), de la vie en cité (la politique), des mouvements naturels (la physique ou philosophie naturelle), etc.

Les sciences se rangent chez Aristote sous trois catégories :

1. Les « sciences théoriques » ou « théorétiques », comme les mathématiques, la physique et la métaphysique, qui visent le savoir pour lui-même (ce sont des sciences contemplatives, au sens que présupposaient les physiciens ioniens);
2. Les « sciences pratiques », qui sont orientées vers l'action, telles que l'éthique et la politique;
3. Les « sciences poïétiques », axées sur la production technique et artistique (la médecine, l'agriculture, la sculpture, l'ébénisterie, la rhétorique, le théâtre, etc. — bref, toutes les activités produites par l'être humain).

La logique, elle, comme nous l'avons dit, n'est pas une science, mais un art préalable, un outil (*órganon*) au service des sciences.

Constitution d'Athènes, copie du texte d'Aristote.

Aristote s'est beaucoup intéressé à ce qui sera appelé plus tard la « science politique ». D'après le doxographe Diogène Laërce, dans ses *Vies, doctrines et sentences des philosophes illustres* (3e s.), Aristote aurait écrit avec ses disciples sur plus de 150 types de régimes politiques adoptés par diverses cités grecques. Une seule de ces analyses sera retrouvée dans une bibliothèque en Égypte, à la fin du 19e s. : la *Constitution d'Athènes.* Le texte est une riche source d'informations non seulement sur les institutions politiques et judiciaires de la cité, mais aussi sur le contexte historique qui a présidé à leur avènement.

* * *

Retournons au Lycée. Le maître est là, disponible pour répondre à mes questions, alors saisissons l'occasion de nous instruire !

Dans les trois premiers livres de l'*Órganon*, nous avons vu la logique prendre forme, par étapes, depuis ses composantes fondamentales (les termes) jusqu'à la mise en rapport de ces composantes (les propositions) et des propositions elles-mêmes (les raisonnements).

n° 1 **termes**
(unités fondamentales)
↓
n° 2 **propositions**
(enchaînements de termes)
↓
n° 3 *raisonnements*
(enchaînements de propositions)

L'analyse du raisonnement de type déductif (le syllogisme) a conduit Aristote à formuler un certain nombre de règles destinées à garantir la validité des conclusions tirées des prémisses. Nous voyons sous nos yeux apparaître la structure formelle de la rationalité : est rationnel un raisonnement dont la conclusion est correctement déduite des prémisses. Grâce au génie d'Aristote, la rationalité prend conscience de ses propres procédures jusqu'à devenir en quelque sorte transparente à elle-même. C'est en cela qu'on peut dire que la logique aristotélicienne incarne une sorte de sommet en regard de tout ce qui sera écrit dans l'Antiquité sur la nature de la rationalité en général.

* * *

Dans le livre 4 de l'*Órganon*, Aristote pousse encore plus loin l'analyse. La science elle-même va prendre conscience de sa nature propre, soit du fait qu'elle est, par essence, fondée sur la démonstration. La science est un système de connaissances obtenues par voies démonstratives, c'est-à-dire un ensemble de connaissances dont la vérité a été démontrée…

Livre 4 : le raisonnement démonstratif

Qu'est-ce qu'une démonstration ?

Sur le plan étymologique, le terme est un emprunt au latin *demonstratio*, qui signifie « action de montrer ». Il est l'équivalent des termes grecs *apódeixis* et *apódeiktikos* qu'utilise Aristote. Une démonstration « montre » quelque chose, elle est une « monstration ». Mais que montre-t-elle ? La vérité d'une proposition. Aristote appelle « apodictique » l'art de la démonstration.

Chez les Grecs, le concept de la démonstration remonte au moins au 5ᵉ s. av. J.-C. Il était connu notamment des pythagoriciens, qui ont été les premiers à démontrer mathématiquement le fameux théorème de Pythagore — c'est-à-dire, à montrer pourquoi il est vrai que $a^2 + b^2 = c^2$ (ou pourquoi, pour tout triangle rectangle, la somme des carrés des côtés est égale à l'hypoténuse au carré). Cependant, le titre de véritable précurseur d'une théorie générale de la démonstration reviendra à Aristote, qui sera désigné comme étant le premier à avoir mis en exergue les procédures logiques que celle-ci implique. C'est le propos du livre 4 ou des *Seconds analytiques* (« Deuxième livre de logique »).

* * *

L'AUTEUR. — Maître, qu'entendez-vous par démonstration ?

ARISTOTE. — Cher ami, j'entends par ce terme un type particulier de syllogisme ou de raisonnement déductif. Une démonstration est une déduction qui établit la vérité d'une conclusion en montrant comment cette vérité découle nécessairement de celle des prémisses.

L'AUTEUR. — Qualifiez-vous de « scientifique » un raisonnement de ce genre ?

ARISTOTE. — Absolument. Un raisonnement « scientifique », comme vous dites, est un raisonnement démonstratif, soit un raisonnement où la vérité de la conclusion découle de celle des prémisses admises au départ.

L'AUTEUR. — Vous employez ici le terme *vérité*. Je ne crois pas l'avoir entendu jusqu'à présent de la bouche de vos élèves.

ARISTOTE. — Lorsque j'ai analysé le syllogisme en général, il m'a importé d'abord de mettre en évidence sa forme, c'est-à-dire d'examiner celui-ci indépendamment de son contenu, et donc de ne pas tenir compte de la véracité des propositions dont il est composé, c'est-à-dire du fait qu'elles correspondent ou non à la réalité. La seule chose qui m'a préoccupé jusqu'ici est la validité logique du raisonnement, et c'est ce que Phainias et Eudème vous ont expliqué. Je n'ai cherché dans un premier temps qu'à savoir sous quelles conditions la conclusion — qu'elle soit vraie ou fausse, peu importe — découle correctement des prémisses données.

PHAINIAS. — Validité et vérité sont des choses différentes. La validité ne relève que de la forme du raisonnement, alors que la vérité se rapporte au contenu des propositions qui entrent dans le raisonnement.

THÉOPHRASTE. — Pour vous permettre de mieux comprendre, voici l'exemple d'un raisonnement dont toutes les affirmations sont fausses sur le plan du contenu, mais qui est tout à fait valide sur celui de la forme :

> *a. Tous les serpents sont des espèces du genre mammifère* (faux)
> *b. or les fougères sont des espèces du genre serpent* (faux)
>
> *c. donc les fougères sont des espèces du genre mammifère* (faux et valide)

Le raisonnement est faux quant à son contenu. Les fougères sont des espèces du genre plante, et non pas des espèces du genre mammifère. Nous le savons grâce à l'expérience que nous faisons du Monde. Mais sur le plan de la forme, le raisonnement est tout à fait valide. En effet, si vous acceptez *a* et *b*, alors il est tout à fait rationnel d'accepter *c*. Ce que vous avez déduit est faux sur le plan du contenu, mais est (« logiquement ») cohérent en vertu des prémisses que vous avez posées. Si j'admets que les cyclopes n'ont qu'un œil et que Polyphème est un cyclope, il est tout à fait rationnel de conclure que Polyphème ne possède qu'un œil, même si dans le Monde, il n'existe rien de tel qu'un cyclope.

ARISTOTE. — Bel exemple Théophraste ! Vous voyez donc que la validité, si elle est une condition nécessaire, n'est pas une condition suffisante pour qu'un raisonnement soit scientifique. Un tel raisonnement se doit d'être non seulement valide, mais aussi démonstratif, c'est-à-dire que sa conclusion doit découler de la vérité des deux prémisses. La conclusion d'un tel raisonnement sera nécessairement toujours vraie.

EUDÈME. — Pour satisfaire à cette condition, il est d'abord nécessaire que les deux prémisses soient vraies. Une déduction dont seulement l'une des deux prémisses est vraie aboutit en effet toujours à une conclusion fausse. Par exemple :

a. Tous les oiseaux pondent des œufs (vrai)
b. or les lions sont des espèces du genre oiseau (faux)

c. donc les lions pondent des œufs (faux et valide)

HÉRACLIDE DU PONT. — Il est nécessaire que les deux prémisses soient vraies, mais cela n'est pas suffisant. Il faut aussi que la conclusion tire sa vérité de celle des prémisses. Il est possible en effet qu'un raisonnement soit vrai, mais sans que cette vérité soit tirée de la vérité des prémisses.

L'AUTEUR. — Vous avez un exemple ?
ARISTOTE. — Oui, bien sûr…

a. Tous les poissons ont des ailes (faux)
b. or mon perroquet est un poisson (faux)

c. donc mon perroquet a des ailes (valide et vrai)

Ce raisonnement est valide et la conclusion est vraie. Mais il n'est pas scientifique pour autant, puisque la vérité de *c* ne découle pas de celle de *a* et de *b*, qui sont des propositions fausses.

L'AUTEUR. — Mais en vertu de quoi la proposition *c* est-elle vraie ?
ARISTOTE. — Oh, mais simplement par hasard ! Autrement dit, mon perroquet a bel et bien des ailes, je le constate en ce moment même, mais pas parce qu'il est vrai que tous les poissons ont des ailes et que mon perroquet est un poisson ! Il a des ailes pour d'autres raisons, et non pas parce que *a* et *b* sont vrais, puisque ces prémisses sont fausses.

L'AUTEUR. — Je vois !
EUDÈME. — Ainsi, il ne suffit pas qu'une affirmation soit vraie sur le plan du contenu et valide sur le plan formel pour qu'elle soit scientifique. C'est beaucoup plus rigoureux, comme nous l'enseigne si bien notre maître : il faut en plus que la vérité de l'affirmation provienne de celle des deux prémisses dont elle découle par nécessité.

L'AUTEUR. — Donnez-moi donc un exemple de raisonnement démonstratif.

Aristote. — Alors, celui-ci :

> *a. Tous les mammifères sont des espèces du genre vertébré* (vrai)
> *b. or le lion est une espèce du genre mammifère* (vrai)
> ---
> *c. donc le lion est une espèce du genre vertébré* (vrai)

Ce raisonnement est valide sur le plan formel (1) ; ses prémisses sont vraies quant à leur contenu (2) ; et sa conclusion est vraie en vertu de la vérité des prémisses (3). Si nous respectons les lois générales du syllogisme valide, des prémisses vraies ne peuvent jamais engendrer qu'une conclusion vraie. Du vrai découle du vrai. Le vrai engendre le vrai. Si la conclusion d'un syllogisme valide est fausse, c'est nécessairement parce que l'une des deux prémisses ou les deux prémisses le sont aussi. Si vous raisonnez à partir de prémisses vraies et si vous respectez les règles de la déduction valide, vous formulerez des raisonnements à valeur scientifique.

* * *

Nous sommes ici au cœur de la conception de la science chez Aristote. Un raisonnement scientifique est un raisonnement démonstratif. L'entreprise scientifique est un ensemble de savoirs démontrés. Les connaissances issues de différentes disciplines (astronomie, botanique, zoologie…) sont obtenues par voie démonstrative. C'est ainsi, chez Aristote, que la science progresse : chaque raisonnement scientifique établit la vérité d'une proposition moins connue à partir de prémisses mieux connues. Ainsi, de fil en aiguille, l'ignorance diminue et le savoir augmente…

Postérité médiévale

L'université médiévale, Laurentius de Voltolina.

La théorie de la démonstration et de la science d'Aristote sera reçue très favorablement auprès des intellectuels du Moyen Âge, d'abord chez les Arabes de l'Empire islamique, puis chez les savants européens à partir du 12e s. Aristote jouira durant cette longue période d'un prestige très considérable. Il sera surnommé le « Philosophe », et le poète italien du 14e s. Dante Alighieri dira de lui qu'il est le « maître de ceux qui savent ».

La doctrine d'Aristote sera intégrée au programme scolaire des universités à partir du 12e s. et le restera jusqu'au 17e s. Cette récupération des enseignements d'Aristote est désignée sous le nom de « péripatétisme ». Le moine dominicain Thomas d'Aquin (dont nous reparlerons au prochain chapitre) construira au 13e s. une grande représentation du Monde où les doctrines d'Aristote sont réconciliées avec l'enseignement chrétien, donc au sein de laquelle la raison et la foi sont harmonisées. Thomas d'Aquin sera nommé docteur de l'Église en 1567 et considéré plus tard patron des universités et des académies catholiques ; reconnu par l'Église, son travail sera même prescrit à la fin du 19e s. par le pape Léon XIII dans le cadre de la formation des prêtres. Aristote aura donc eu une influence qui dépasse la sphère de la science proprement dite.

※ ※ ※

Parmi tous les textes philosophiques d'Aristote connus au Moyen Âge, l'*Órganon* sera le plus lu et le plus commenté. En s'inspirant du texte de l'*Órganon* et de son grand commentateur arabe Averroès, les logiciens médiévaux feront la distinction entre deux formes de raisonnements démonstratifs : une forme parfaite (qui est explicative) et une forme imparfaite (non explicative).

	↗ forme parfaite — par la **cause** (explicative)
raisonnement démonstratif	
	↘ forme imparfaite — par les **effets** (non explicative)

La forme parfaite et explicative sera nommée en latin *demonstratio propter quid* («à cause de quoi») ou *per causam* («par la cause»). Il s'agit d'un raisonnement démonstratif (au sens défini par Aristote) qui démontre ou prouve un effet en mettant en évidence sa cause. Un raisonnement comme celui-là consiste en une explication, et répond à la question «pourquoi?».

Tâchons de comprendre. Le raisonnement est appelé «par la cause» parce qu'il est structuré de façon à aller de la cause vers l'effet (cause → effet), suivant l'ordre naturel des choses, selon Aristote. Les causes sont antérieures aux effets, elles viennent avant (on disait au Moyen Âge «*a priori*»), d'où l'idée d'identifier les causes dans les prémisses. Et inversement : les effets sont postérieurs aux causes, elles viennent après (elles sont *a posteriori*), d'où l'idée d'identifier les effets dans la conclusion :

prémisses (cause = antérieure/*a priori*)
↓
conclusion (effet = postérieur/*a posteriori*)

Donnons l'exemple imaginé par le grand logicien médiéval Guillaume d'Occam dans son livre *Somme de logique*, publié vers l'an 1323, en le reformulant un peu :

a. Il y a une éclipse de Lune lorsque celle-ci est dans la position xyz
b. or la lune est actuellement dans la position xyz
___
c. donc il y a actuellement une éclipse de Lune

Les prémisses *a* et *b* identifient les causes de l'éclipse de Lune, tandis que *c* se rapporte l'effet expliqué (qu'il y a actuellement une éclipse de Lune).

Autrement dit, pourquoi y a-t-il actuellement une éclipse de Lune ? Démonstration ou explication scientifique : parce que la Lune est actuellement dans la position *xyz* et que dans cette position, il y a une éclipse de Lune. La conclusion est expliquée et démontrée par les prémisses, qui la précèdent: l'effet est expliqué par les causes.

Ce type de raisonnement est tout à fait en accord avec Aristote, qui estime que la science est une « connaissance par les causes » (il le dit tel quel dans les *Seconds analytiques*, i. 2).

La forme imparfaite est appelée en latin *demonstratio quia* ou *per effectum* (c'est-à-dire « par les effets »). Ce raisonnement démonstratif est la forme inversée du précédent: effet → cause). Il remonte de l'effet à la cause et ne délivre, de ce fait, aucune explication.

prémisses (effet)
↓
conclusion (cause)

Donnons l'exemple de Guillaume d'Occam:

> *a. Il y a éclipse de Lune lorsque la Terre se place entre la Lune et le Soleil*
> *b. or il y a actuellement une éclipse de Lune*
> ———
> *c. donc la Terre se place entre la Lune et le Soleil*

Les affirmations *a* et *b* sont les effets observés, et *c* est la cause. La conclusion n'est pas expliquée par les prémisses: celles-ci ne révèlent pas pourquoi la Terre se place ainsi. La conclusion ne fait que dire qu'il en est ainsi (*quia*), sans montrer pourquoi (*propter quid*).

Ainsi, lorsqu'il s'agit de démontrer quelque chose, il faut idéalement formuler notre raisonnement d'après le schéma de la démonstration par la cause. Ainsi, non seulement nous démontrons qu'une proposition est vraie, mais nous en fournissons aussi une explication, et cela sera perçu au Moyen Âge comme étant rigoureusement scientifique.

Je comprends donc ce qu'est vraiment l'éclipse de Lune que j'observe en ce moment (qui est l'effet) si je sais quelle en est la cause, à savoir que la Lune est éclipsée lorsqu'elle se trouve dans la position *xyz*, qui correspond à sa position actuelle. Autrement dit, je comprends pourquoi il y a présentement une éclipse lunaire. Les prémisses sont vraies, la conclusion est valide et vraie d'après les prémisses. Le raisonnement est démonstratif, il est pleinement scientifique.

* * *

Toute cette conception déductive et démonstrative de la science a été abandonnée depuis longtemps, mais elle nous fait comprendre comment, pendant des siècles, les Anciens ont conçu l'entreprise scientifique dans le sillage du péripatétisme. À l'époque moderne, la science sera fondée sur l'« induction », soit l'opération inverse de la déduction. Aristote connaissait très bien ce type de raisonnement qui ne vise qu'à généraliser le rapport de cause à effet ; il en a parlé dans l'*Órganon* avant de concentrer son attention sur la forme déductive, qu'il jugeait plus apte à définir la science. Nous reviendrons sur cette question une autre fois, lorsque nous examinerons le Monde de la Science. La science expérimentale contemporaine sera l'héritière de cette nouvelle approche.

L'important pour l'instant est de retenir qu'avec ce concept de la démonstration (présenté à l'origine par Aristote au 4e livre de l'*Órganon*), nous avons atteint un sommet dans la compréhension scientifique et rationnelle du Monde telle que développée dans l'Antiquité grecque. Une connaissance relève de la rationalité scientifique si elle est le résultat d'un raisonnement déductif valide au terme duquel sa vérité a été démontrée.

* * *

Dans la tradition d'Aristote, un raisonnement scientifique est donc démonstratif. Rappelons-nous que *demonstratio* en latin signifie « montrer ». Le terme grec qu'il traduit, et qu'utilise Aristote, est celui d'*apódeixis*, qui évoque justement l'acte de montrer, l'action de faire voir. Un raisonnement scientifique est un raisonnement qui montre, qui fait voir. Dans l'exemple discuté plus haut, il est montré pourquoi il est vrai de dire que le lion est une espèce du genre vertébré : par l'intelligence, il est clair qu'il en est ainsi parce que, d'une part, le lion est une espèce du genre mammifère, et d'autre part, que les mammifères sont des espèces du genre vertébré. Le raisonnement montre la nécessité interne qu'il y a, pour un lion, d'être un vertébré. La proposition « le lion est un vertébré » n'est donc pas qu'affirmée : elle est démontrée, c'est-à-dire qu'on a montré, par l'intelligence, en vertu de quoi elle est vraie.

Nous retrouvons encore ici la présupposition selon laquelle la vraie nature d'une chose est dérobée, cachée, non visible, ensevelie, et qu'au moyen de l'intelligence, il est possible de révéler cette nature, de la mettre au jour, de la montrer, de la dégager, de l'expliciter, de la « dévoiler ». Le résultat d'un raisonnement démonstratif, tel qu'Aristote et ses successeurs le penseront, est littéralement une « découverte ». Elle fait voir une vérité méconnue ou moins connue (la conclusion) à partir de connaissances mieux connues (les prémisses). La science est une entreprise de dévoilement progressif de la réalité, elle est l'expression du génie humain consistant à voir ou mieux voir ce qui n'est pas vu d'emblée.

Livre 5 : le raisonnement dialectique

Revenons à Aristote et ses amis, après une pause-déjeuner bien méritée. Le maître m'impressionne non seulement par son génie et son ouverture d'esprit, mais aussi par sa capacité remarquable à passer instantanément d'un état de grande concentration où il semble coupé de tout à celui d'un observateur très attentif aux moindres petites choses autour de lui. Je suis également ravi par la place qu'il accorde à ses élèves et à ses assistants dans les discussions qu'ils engagent sur un sujet ou sur un autre. Je sens que règne ici une ambiance intellectuelle éloignée de tout dogmatisme orgueilleux et fondée sur une claire conscience du caractère constructif de l'esprit critique et argumentatif.

**

L'AUTEUR. — Maître, dans vos leçons consacrées à la science analytique, vous circonscrivez le cadre théorique universel qui rend possible, d'abord, le discours rationnel en général, avec votre théorie du syllogisme, puis, plus spécifiquement, le discours scientifique, avec votre théorie de la démonstration. De quoi est-il question dans les *Topiques* ?

ARISTOTE. — Écoutez, la démonstration n'est un idéal que pour certains domaines de recherche, comme la biologie, la physique et les mathématiques. Mais il en est d'autres pour lesquels cet idéal convient moins, bien qu'il leur soit toujours possible de se déployer à l'intérieur d'un cadre de discussion tout à fait rationnel et argumenté. C'est le cas, par exemple, des domaines d'études que l'on range dans les « sciences pratiques », telles que l'éthique et la politique. Sur les choses relatives à la morale et à la vie collective, s'il est difficile de procéder par voie démonstrative, il est toujours possible de tenir un discours sensé et d'organiser un débat conduit d'une manière qui soit philosophique et acceptable du point de vue de la raison. Dans les *Topiques*, je traite de cette forme de discours rationnel que nous appelons « dialectique » ou art de la discussion.

Le terme *dialectique* traduit le grec *dialektikē*, qui dérive de *dialegesthai* (signifiant « converser, dialoguer »). Il désigne à l'origine un type de dialogue où l'un des interlocuteurs défend une thèse et où l'autre questionne celle-ci dans l'objectif de la soumettre à un examen critique et de la réfuter. Parce que la discussion dialectique est une confrontation d'opinions ou de points de vue subjectifs, celle-ci repose sur un discours qui requiert dialogue et argumentation, à la différence du discours scientifique, qui est fondé pour sa part sur la démonstration de vérités liées à la nature objective des choses.

L'AUTEUR. — Vous faites la distinction entre deux espèces de discours rationnels : d'une part, celui qui est exprimé au travers du discours démonstratif, et d'autre part, celui qui est déployé à l'intérieur du discours dialectique. Vous distinguez, voire opposez démonstration et argumentation. Diriez-vous que l'argumentation ne peut pas être scientifique ?

ARISTOTE. — Les avis sont partagés, ici même parmi mes propres élèves. Certains de mes assistants n'accordent à la dialectique aucun caractère scientifique, alors que d'autres le font volontiers. Mon opinion à ce sujet est que la dialectique est un discours scientifique, mais de perfection moindre que le discours démonstratif, comme s'il existait, au sein des sciences, du « plus » et du « moins » scientifique. Même si la rationalité qui est à l'œuvre dans la discussion dialectique ne montre pas la nécessité interne des choses de façon aussi contraignante que dans le discours démonstratif, il demeure que cette rationalité trouve sa légitimité philosophique dans l'exercice de l'argumentation.

L'AUTEUR. — Je vois. Le cœur battant du discours scientifique est un type de syllogisme ou de raisonnement que vous avez qualifié de « démonstratif ». Or, existe-t-il aussi, dans la discussion dialectique, un type de raisonnement spécifique sur lequel elle se fonde ?

PHAINIAS. — Si, le syllogisme ou raisonnement dialectique.

ARISTOTE. — Dans un raisonnement démonstratif, la vérité des prémisses est entièrement établie par expérience, de sorte que la vérité de la conclusion est elle aussi entièrement établie, par nécessité analytique. Dans un raisonnement dialectique, il en va autrement : la vérité des prémisses n'est pas déterminée avec autant de certitude. Leur valeur est hypothétique, et celle de la conclusion l'est donc tout autant.

L'auteur. — Hypothétique ?

Théophraste. — Nous voulons dire « vraisemblable » ou « probable ». Dans un raisonnement dialectique, les prémisses n'expriment que des « opinions crédibles » (*endoxa*), des apparences, ce qui signifie que leur valeur de vérité n'est pas déterminée avec autant de certitude que celle des prémisses qui entrent dans la composition du raisonnement démonstratif et qui relèvent de l'ordre factuel des choses. Pour cette raison, le raisonnement dialectique est une forme de raisonnement moins rigoureux que le raisonnement démonstratif, bien que mon maître lui reconnaisse malgré tout une certaine valeur scientifique.

L'auteur. — Vous avez un exemple de raisonnement dialectique ?

Aristote. — Celui-ci...

a. Les hommes qui ont guerroyé deviendront agressifs (?)
b. or Démosthène a participé à la bataille de Chéronée (vrai)

c. donc Démosthène deviendra agressif (?)

Le raisonnement est valide et il s'agit d'un authentique syllogisme — le raisonnement ne viole aucune règle du syllogisme. Toutefois il n'est pas démonstratif, car nous ne sommes pas en mesure de déterminer précisément la valeur de vérité de la prémisse majeure. Il est très difficile de savoir si, par expérience, cette proposition est vraie ou fausse, et si elle est vraie, jusqu'à quel point elle l'est. Elle n'est en ce sens qu'une opinion commune ou admise (*endoxon*). Il se pourrait en réalité qu'elle ne soit vraie qu'en partie, c'est-à-dire que seulement certains hommes ayant guerroyé deviendront agressifs, et non pas pour tous les hommes. Dans ce cas, la prémisse est qualifiée de « vraisemblable » ou de « probable ». Tout se passe comme si je disais :

a. Je crois que les hommes qui ont guerroyé deviendront agressifs
b. or Démosthène a participé à la bataille de Chéronée

c. donc je crois que Démosthène deviendra agressif

Démosthène le deviendra-t-il effectivement ? On ne sait pas.
Ou encore, c'est comme si j'affirmais :

a. Il est possible que les hommes ayant guerroyé deviennent agressifs
b. or Démosthène a participé à la bataille de Chéronée

c. donc il est possible que Démosthène devienne agressif

Eudème. — Dans un raisonnement où au moins une prémisse n'est que vraisemblable, la conclusion ne sera jamais, elle aussi, que vraisemblable. Le discours dialectique compose avec une certaine incertitude quant au contenu des prémisses posées, bien qu'il demeure parfaitement encadré par les lois générales du raisonnement valide. Il n'est pas certain ici que Démosthène adopte un comportement agressif parce qu'il a participé à la bataille de Chéronée. Mais la conclusion est sensée, elle peut être défendue et, à défaut d'être entièrement établie par l'expérience, elle reste ouverte au dialogue argumenté et soumise à une quête de vérité.

L'auteur. — À quoi sert concrètement la pratique de la dialectique ?

Aristote. — J'y vois trois utilités. Premièrement, il m'apparaît évident que son exercice permet de former l'esprit et de l'ouvrir sur l'univers du discours rationnel en général. La dialectique joue un rôle important dans l'acquisition des habitudes relatives au fait de penser par raisonnements.

Deuxièmement, il s'agit d'un atout certain dans la pratique du dialogue et du débat avec autrui, où l'aptitude à argumenter ses propos et à défendre son opinion est requise.

Enfin, la dialectique sert à l'acquisition du savoir philosophique en général dans la mesure où elle rend l'individu plus apte à mettre en évidence les problèmes et à orienter le discours vers la recherche de la vérité.

Chapitre 8

Le Monde des rapports entre la Foi et la Raison

Nos pérégrinations à travers le Monde et à travers le temps nous ont donné jusqu'à maintenant l'occasion de découvrir quelques-uns des moments forts de l'histoire du génie humain. Nous avons vu que celui-ci s'exprime de manière très diverse, selon que la confiance est accordée aux vérités révélées des religions ou aux vérités rationnelles et démontrées de la philosophie et des sciences. Avec l'avènement du christianisme en Occident à la toute fin de l'Antiquité, la raison et la foi étaient appelées à entrer en contact et à définir leurs rapports mutuels. Entrons dans ce sujet riche en rebondissements.

Patristique et néoplatonisme

Les premiers siècles de notre ère ont vu naître et se développer la religion chrétienne. Comme nous l'avons montré au chapitre 3, la nouvelle foi a d'abord pris forme au Moyen-Orient au sein des communautés juives. Elle s'en est ensuite progressivement affranchie, avant de connaître une forte période d'expansion, notamment au sein de l'Empire romain, où elle a été d'abord violemment réprimée, avant d'être finalement reconnue comme religion d'État au 4e s., après la conversion de l'empereur Constantin Ier. La période au cours de laquelle la doctrine chrétienne s'est affirmée et approfondie est appelée « patristique », en l'honneur des pères fondateurs. Connus plus tard sous l'appellation de « Pères de l'Église », les auteurs de cette période sont des ecclésiastiques (des diacres, des prêtres, des évêques) et des théologiens qui ont consacré leur vie à maintenir et à approfondir la signification de la nouvelle foi, et dont la vie et l'œuvre ont été reconnues plus tard comme des modèles exemplaires pour la doctrine. Dès les débuts de la chrétienté romaine ont été organisées de grandes assemblées d'évêques (appelées « conciles ») destinées à prendre position sur les vérités de foi fondamentales et à constituer le dogme officiel du christianisme.

Ce qui est moins connu du grand public, c'est le fait que le christianisme ait évolué durant cette période en tirant bénéfice des lumières de la rationalité et de la conceptualité philosophique grecques. En particulier, les Pères de l'Église ont tous été influencés par une école philosophique appelée « néoplatonisme ».

Le « néoplatonisme » ?

Nous n'avons pas encore traité directement de Platon, mais il faut savoir que le néoplatonisme est une école qui s'inscrit dans le prolongement de sa philosophie. Le néoplatonisme a été fondé à Rome au début du 3ᵉ s. de notre ère par un philosophe grec du nom d'Ammonios Saccas (175-242) et son disciple, le gréco-romain Plotin (205-270). Cette école a connu une influence considérable jusqu'au 6ᵉ s., soit jusqu'à la fermeture de l'Académie de Platon en l'an 529.

L'Un
(simplicité indéterminée)
↙ ↓ ↘
o o o o o o o o o o o o
Monde matériel
(multiplicité déterminée)

Comment résumer la vision néoplatonicienne du Monde, en quelques mots ? Voici ce que nous pouvons reconstituer à partir du chef-d'œuvre de Plotin appelé *Ennéades* (254-270), un ouvrage comptant 54 chapitres ordonnés en six groupes de neuf (*ennea*, d'où le titre). On y trouve la thèse fondamentale selon laquelle il existe, au sommet de la réalité, un premier principe. Bien qu'il soit appelé l'« Un » (*to en*, en grec), ce principe est en tant que tel innommable : il se trouve au-dessus de tout ce qui est nommable. Il représente le niveau de réalité le plus simple, la simplicité absolue — l'« Un » signifiant justement qu'« il ne comporte pas de parties ». L'Un ne peut être connu de l'être humain, excepté sous le fait qu'il soit au-delà du Monde, avec toutes ses formes et tout ce qui est déterminé et connaissable (au-delà des montagnes, de la Nature, des étoiles, bref, de tout objet déterminé; au-delà de l'Univers matériel...).

De l'Un émane le Monde matériel avec tout ce qu'il contient: de la simplicité absolue émane le multiple, le composé. L'«émanation» est un concept auquel Plotin a véritablement donné son sens classique. Nous pourrions dire que de l'Un découle, jaillit ou émerge le multiple. La matière est la réalité la plus composée et donc celle qui est la plus éloignée de l'Un. En raison de son degré d'éloignement de l'Un, la matière est aussi la réalité la moins parfaite. Et parce qu'elle est la plus imparfaite, c'est en elle que les possibilités du mal sont les plus marquées. Dans l'Un, il n'y a aucune chance que le mal puisse se manifester. Plotin a pour cette raison aussi appelé l'Un le «Bien». Dans toute cette philosophie, l'Un apparaît comme la réalité suprême qui se diffuse dans le multiple. Tout ce qui est «produit» par l'Un est bon, est «Bien», de sorte que le mal (qui était un problème de poids pour les théologiens chrétiens) n'existe pas «réellement». Le mal n'est qu'une privation de bien, un manque de bien: comme le mal n'existe pas en soi, l'Un ne peut en être la cause.

La doctrine néoplatonicienne suppose aussi le concept de participation, qui provient de Platon (à la rencontre de qui nous irons un jour...). L'Univers entier émane de l'Un, mais selon son degré de complexité et de composition (bref, d'après son degré d'éloignement par rapport à l'Un), il manifeste, exprime, à son niveau propre, la participation à l'Un. Toute chose participe de l'Un, selon son mode d'existence. Cette doctrine, développée particulièrement par Plotin, a été reprise par un autre grand représentant de cette école, Proclus (412-485), qui a élaboré une théorie au sujet de la hiérarchie des êtres, en partant du plus simple jusqu'aux plus complexes. Tous ces êtres seraient des «expressions participées» de l'Un. L'âme humaine (objet de la 4e *Ennéade*) participerait de l'Un et aspirerait à l'Un, consciente de ce qu'elle est et animée d'un désir de retourner vers ce dernier, de se réunir à lui et de redécouvrir l'unité dans sa pureté absolue. Cette idée du retour est un thème tout à fait central dans la pensée néoplatonicienne. Plotin a affirmé dans ses *Ennéades* que dès cette vie il était possible à l'âme humaine de s'unir à l'Un. Il n'est pas surprenant qu'en identifiant l'Un à Dieu et en reconnaissant la possibilité de l'union mystique avec Lui, le néoplatonisme ait reçu un accueil si favorable de la part des chrétiens et des Pères de l'Église, malgré le fait qu'il représentait à l'origine une école philosophique et non pas une religion à proprement parler.

Origène d'Alexandrie.

Revenons aux Pères de l'Église chrétienne, dont nous avons dit plus haut qu'ils ont tous été influencés par le néoplatonisme. Au 3ᵉ s., l'un des plus célèbres a été Origène d'Alexandrie (v. 185-v. 263), dont la majorité de l'œuvre est perdue — ce dernier avait constitué un gigantesque commentaire des textes bibliques, ce qui lui a valu le surnom de « père de l'exégèse biblique » (c'est-à-dire de l'analyse et de l'interprétation des textes de la Bible). Origène a été formé auprès d'Ammonios Saccas, le maître de Plotin, avant d'être nommé prêtre à Jérusalem. Un autre auteur dont l'influence a été très grande, surtout sur l'Église grecque (orthodoxe), a été saint Grégoire de Nysse (4ᵉ s.). Évêque de Nysse (en Turquie), Grégoire était préoccupé par des questions touchant l'ascétisme et l'illumination spirituelle. Sur le plan de la théologie mystique, celui-ci a été l'un des penseurs les plus importants de la patristique, et l'influence du platonisme et du néoplatonisme sur sa pensée est indéniable.

Un autre cas exprime cette influence du néoplatonisme, à savoir celui du célèbre Pseudo-Denys l'Aréopagite, l'un des plus importants auteurs de la théologie mystique chrétienne. Pseudo-Denys (dont on ignore le nom véritable) était un moine syrien du 6ᵉ s., croit-on, qui s'est fait passer pour Denys l'Aréopagite, le philosophe que saint Paul avait converti au christianisme à l'occasion de ses prédications à Athènes (voir *Actes des apôtres*, chap. 17). Pseudo-Denys était un néoplatonicien convaincu, très influencé par Proclus, Origène et Grégoire de Nysse. On a conservé de lui un certain nombre d'œuvres mystiques (*La Hiérarchie céleste*, *La Hiérarchie ecclésiastique*, *Les Noms divins*, *La Théologie mystique*) qui ont exercé une influence très grande sur la pensée médiévale, notamment sur des théologiens chrétiens comme Bède le Vénérable, Jean Scot Érigène, Hugues de Saint-Victor, Albert le Grand et Thomas d'Aquin, ainsi que sur des grands mystiques chrétiens des 13e et 14e s. tels que Maître Eckhart, Henri Suso, Jean Tauler et Jan Van Ruysbroeck. Partout chez ces auteurs, on retrouve ce thème néoplatonicien de l'émanation de Dieu (l'Un) et cette volonté profonde de retour vers Dieu.

Toute cette mentalité théocentrique (centrée sur Dieu) qui caractérise le Moyen Âge se comprend donc particulièrement bien à la lumière du néoplatonisme.

La soumission de la *raison* à la *foi*

Dans l'Europe médiévale, le rationalisme grec exprimé au travers du néoplatonisme a été utilisé pour approfondir la signification de la foi chrétienne. L'Univers ou Monde physique était désormais conçu comme une création de Dieu. Deux grandes attitudes à l'égard de la physique (ou philosophie naturelle) ont alors pris forme : une première plutôt favorable et une autre plutôt défavorable. Pour certains hommes d'Église, les questions touchant l'Univers et son fonctionnement étaient secondaires. Chez eux, il y avait plus important : le salut de l'âme. De plus, ces critiques voyaient dans la science un attachement à ses origines grecques, donc un retour à de dangereuses sources païennes susceptibles de pervertir les esprits. D'autres ont fait plutôt valoir qu'ayant été créé par Dieu, le Monde était bon, et qu'il était souhaitable pour cette raison de l'étudier et de le contempler, de façon à mieux être saisi de la toute-puissance et de la sagesse du Créateur. Deux figures importantes incarnent cette dernière attitude favorable envers la pratique des sciences : saint Augustin et Bède le Vénérable.

Théologien chrétien de toute première importance, saint Augustin (354-430) a été évêque d'Hippone, une ancienne cité de l'Empire romain en Afrique (aujourd'hui Annaba, en Algérie). Augustin a consacré beaucoup d'énergie à lutter contre des religions et des sectes qui à l'époque faisaient concurrence au christianisme, devenu depuis peu la religion officielle de l'Empire. Augustin a été canonisé au 13ᵉ s. et considéré comme un Père de l'Église. En tant qu'homme d'Église, Augustin a situé la foi au-dessus de la raison. La religion chrétienne prônait une toute nouvelle voie d'accès à la vérité, celle offerte par la révélation divine. Augustin était d'avis que toute vérité provient directement de la lumière de Dieu et que l'expérience mystique est la voie d'accès privilégiée vers la connaissance. Les vérités dévoilées par la raison ne sont pas absolues. Ces connaissances rationnelles donnent

Augustin d'Hippone, S. Botticelli.

certes à l'être humain une certaine représentation du Monde, mais celles-ci doivent demeurer éclairées et fondées par les vérités de foi. Le fidèle chrétien doit accepter de placer sa raison au service de la foi.

En dépit de cette vision des choses, Augustin a reconnu à la rationalité et aux sciences un certain rôle en religion. Avant de recevoir le baptême et de se convertir au christianisme, celui-ci avait été formé au néoplatonisme. Dans ses *Confessions*, un ouvrage autobiographique, Augustin a même affirmé qu'il s'était converti au christianisme grâce à sa lecture des philosophes néoplatoniciens, comme pour exprimer l'idée d'une consonance entre la doctrine chrétienne et la philosophie néoplatonicienne. Augustin adhérait à la thèse de Plotin énonçant que l'Univers émane de l'Un (identifié à Dieu) et que tout ce qui est produit par l'Un est bon. Au livre 7 des *Confessions*, Augustin a avoué avoir eu de la difficulté à concevoir Dieu comme un pur esprit et à se représenter le concept de « non-matière » : il y serait finalement parvenu grâce au platonisme.

Quelle est donc la fonction de la science au sein de la religion ? Chez Augustin, la Nature est l'œuvre d'une intelligence divine et son étude élève l'âme vers une meilleure conscience de sa grandeur et sa sagesse. Augustin n'a lui-même jamais pratiqué la science en tant que telle, mais ses écrits et son influence sont en grande partie responsables de la façon avec laquelle l'héritage scientifique grec a été perçu en Occident pendant des siècles. Cependant, dans les faits, et en dépit de l'attitude favorable d'Augustin envers la science, lorsque l'Église catholique s'y intéressait, c'était pour son côté utile (l'élaboration de calendriers, par exemple), et non pas pour sa valeur proprement théorique, comme chez les Grecs. Le dogme augustinien de la prédominance de la foi sur la raison et de l'origine divine des connaissances humaines ne sera remis en question qu'à partir du 13e s. dans les universités européennes, sous l'inspiration de la redécouverte des textes d'Aristote (comme nous le verrons).

Sur le plan philosophique et théologique, Augustin a donc été la plus grande influence en Occident jusqu'à l'époque moderne.

Trois siècles après Augustin, cette place accordée aux sciences en religion a aussi été promue par Bède le Vénérable (673-735), un moine lettré lié à une courte période d'éclat de la culture anglaise durant les 7e et 8e s. Bède a passé sa vie à l'abbaye de Wearmouth-Jarrow, un important centre culturel chrétien situé dans l'ancienne province médiévale de Northumbrie, au nord de l'Angleterre. Le monastère abritait une imposante bibliothèque où étaient conservées les œuvres des Pères de l'Église, de Lucrèce et de plusieurs auteurs latins.

Bède a beaucoup écrit sur l'histoire de l'Angleterre (on le considère d'ailleurs comme le « père de l'histoire anglaise »), sur l'exégèse biblique, ainsi que sur du matériel pédagogique où il a traité des sciences. Nous avons conservé de lui un livre intitulé *De natura rerum* (*De la nature des choses*), comme celui de Lucrèce (voir chap. 1), soit une compilation encyclopédique de toutes les sciences connues de son époque, en 51 chapitres. Des copies successives de cet ouvrage à travers les siècles en ont assuré la conservation jusqu'à l'époque moderne.

***

Durant les premiers siècles du Moyen Âge européen, en dépit de tous ces efforts visant à justifier la place des sciences, la priorité a continué d'être accordée aux questions touchant les vérités de foi. Le climat général est demeuré plutôt nuisible à l'entreprise philosophique et scientifique en tant que telle. Nulle part ne semblent avoir été véritablement encouragées la réflexion et la recherche originales et indépendantes. Heureusement, les choses ont changé à partir des 12e et 13e s. grâce à l'enrichissement des sciences par l'érudition arabe et la diffusion des textes d'Aristote en Europe.

L'introduction d'Aristote en Europe

Jusqu'aux 12e et 13e s., les principales influences en théologie chrétienne ont donc été l'augustinisme et le néoplatonisme. Est ensuite arrivé Aristote. Celui-ci a été introduit en Europe à partir des traductions latines de textes arabes établies notamment par des savants espagnols. Rappelons que l'Espagne, dès le 8e s., avait été sous domination arabo-musulmane. Le califat des Omeyyades, associé à l'âge d'or du monde islamique, avait exercé une influence très considérable sur la vie intellectuelle et spirituelle, entre autres au travers de ses centres culturels à Cordoue, Séville et Grenade. Les Espagnols avaient été dans ce contexte très influencés par l'étendue du savoir, de la science, de la philosophie et de la théologie des musulmans. C'est là l'une des sources majeures de ce que les historiens appellent la « renaissance du 12e s. », caractérisée par un renouveau culturel de l'Europe médiévale.

Palais de l'Alhambra à Grenade en Espagne.

Avant que ne jaillisse la culture arabo-musulmane en Occident, la chrétienté était déjà bien établie en Europe, et le reflet intellectuel et théologique de cette civilisation chrétienne, comme nous l'avons dit, était l'augustinisme et, avec lui, le dogme de la prédominance de la foi sur la raison. On qualifie de « théocentrique » la mentalité régnante du Moyen Âge. Dieu était au centre de toute chose, et il trônait seul au gouvernement du Monde; tout événement était perçu comme émanant de Lui. Or, sur le plan philosophique, cette perspective a eu de lourdes conséquences. Le théocentrisme implique en effet la négligence de la « causalité naturelle » ou « causalité seconde », et la reconnaissance exclusive de la « causalité divine », appelée « causalité primaire ou première ». Tout ce qui survient dans le Monde et dans la vie individuelle trouvait sa cause première en Dieu. La négation de la causalité seconde révèle une certaine conception de la Nature où celle-ci, privée de véritables pouvoirs, ne peut agir indépendamment de la volonté divine en fonction de « lois » qui lui soient inhérentes.

Ouvrons ici une parenthèse. La mentalité théocentrique médiévale a son pendant dans les formes de la pensée archaïque (voir chap. 2), où nous retrouvons la même conception fondamentale des choses: les esprits, les puissances spirituelles, sont ceux qui agissent, et la Nature par elle-même n'a aucun pouvoir d'action véritable. Or, ce présupposé mythique, que nous pouvons interpréter comme un vestige de la pensée archaïque, est prédominant au Moyen Âge — du moins, chez les intellectuels —, et ce, jusqu'à l'arrivée de la pensée arabe et de la philosophie d'Aristote...

L'université médiévale, auteur inconnu.

Les 12e et 13e s. correspondent à une époque de développement social, économique et intellectuel important. C'est celle de la création des universités en Europe. Les premières sont apparues au 12e s. et ont atteint leur vitesse de croisière au 13e s. Les grands intellectuels de cette période ont été des professeurs d'université. Cette effervescence culturelle a coïncidé avec l'irruption de la culture arabe et de la pensée d'Aristote. La pensée arabe a transmis ses propres innovations dans plusieurs domaines du savoir, notamment les mathématiques (l'algèbre est une invention arabe), la médecine et l'astronomie. Elle a aussi relayé une bonne part de la pensée grecque jusqu'alors méconnue, principalement sous la figure d'Aristote. L'apport de la pensée d'Aristote aux esprits du Moyen Âge est incalculable. Mais quel rôle a-t-elle joué en regard de l'augustinisme ?

Grâce à Aristote, deux grandes idées ont surgi. La première consiste à reconnaître à la Nature une forme de dignité. Les intellectuels européens du Moyen Âge ont redécouvert la thèse voulant que la Nature ait ses propres droits, c'est-à-dire ses propres principes, et qu'elle soit en conséquence porteuse d'une causalité autonome. C'est là une idée à laquelle adhérait Aristote et dont les origines remontent, comme nous l'avons vu, aux physiologues ioniens (voir chap. 4). La causalité seconde, après des siècles de négligence, a donc refait surface dans un contexte théocentrique où la causalité première était prépondérante. Les savants des 12e et 13e s. ont pris conscience de l'importance des études liées à la Nature en tant que Nature. Bien évidemment, cette renaissance de la Nature n'est pas allée de soi. Par exemple, le théologien Thomas d'Aquin, très marqué par la pensée d'Aristote en ce qui concerne la théorie de la Nature, a été critiqué et même censuré par l'évêque de Paris pour avoir soutenu pareille idée. Affirmer que la Nature jouit d'une autonomie par rapport à la causalité divine apparaissait alors comme une hérésie.

La deuxième grande idée redevable à la redécouverte d'Aristote veut que, peut-être pour la première fois en Occident, la philosophie soit devenue une discipline indépendante de la théologie. La théorie de la science chez Aristote (c'est-à-dire la théorie de la démonstration dont nous avons parlé au chap. 7) est devenue progressivement un élément essentiel de l'enseignement universitaire. Les écrits logiques d'Aristote (réunis sous le titre d'*Órganon*) ont reçu dans ce contexte un accueil très favorable de la part des érudits. Ceux-ci y ont vu un terrain où il était possible d'exercer la précision de leur pensée sans inquiéter l'Église. Ils voyaient aussi dans la physique (la philosophie naturelle) l'occasion d'avoir une plus grande liberté de penser que dans n'importe quel autre domaine — c'est d'ailleurs le travail mené dans le registre de la physique qui a été poursuivi au cours de la Renaissance jusqu'à l'époque de la révolution scientifique du 17ᵉ s. avec des savants tels que Kepler, Galilée et Newton.

La philosophie et la science ont progressivement cessé d'être traitées comme les « servantes de la théologie », d'après une ancienne expression médiévale (*philosophia ancilla theologia*). Cette idée allait directement à l'encontre du dogme de la prédominance de la foi tel qu'en témoignait Augustin en soutenant que la science ne peut se constituer d'une manière autonome et qu'une vision du Monde doit absolument dépendre de la foi et de la doctrine chrétiennes pour constituer une totalité. Ce problème a conduit à des réflexions plus profondes sur les rapports entre la foi et la raison.

La réconciliation de la Foi et de la Raison

Ce que les nouveaux intellectuels des 12ᵉ et 13ᵉ s. ont découvert, c'est que la raison a ses propres droits et donc que la philosophie et la science ont les leurs en tant que disciplines autonomes. Dans les faits, au regard des théologiens du 13ᵉ s. (et encore pour un certain temps), la philosophie et la science restent les servantes de la théologie. D'après l'Église, la philosophie est une discipline, mais il demeure que celle-ci ne peut en aucun cas, par ses seules lumières, par ses propres moyens, tout savoir. Il y a, selon elle, des vérités fondamentales que seule la foi est en mesure de révéler. En conséquence, la philosophie peut servir à la foi pour l'éclairer, mais en revanche, la philosophie doit reposer sur la foi et sur la théologie pour pouvoir donner une vision totale du Monde. C'est donc cet aspect qui est demeuré marquant dans la conception des choses qui caractérise cette époque, malgré le renouveau culturel dans lequel celle-ci est entrée depuis l'introduction des textes d'Aristote.

C'est tout l'effort de la pensée médiévale des 12ᵉ et 13ᵉ s. (et jusqu'à un certain point du 14ᵉ s.) d'avoir cherché à réconcilier Nature et Surnature, raison et foi. On se rend compte grâce à la logique d'Aristote que la raison a ses droits, ses lois propres, et qu'on ne peut passer outre à ses exigences. Cette prise de conscience est quelque chose de nouveau. La raison n'est dorénavant plus perçue comme un simple instrument servant à éclairer la foi, mais comme quelque chose d'autonome, qui exige et qui manifeste son existence en interdisant d'affirmer des choses qui sont contraires à ce qu'elle comprend.

L'œuvre de Thomas d'Aquin, parue au 13ᵉ s., est l'illustration la plus grandiose de tout cet effort de réconciliation de la Surnature avec la Nature, de la foi avec la raison. Dans sa volumineuse *Somme théologique* (*Summa Theologiae*) en cinq tomes, le théologien italien a élaboré un grand système du Monde où les vérités de raison et les vérités révélées sont harmonisées. Chez lui, foi et raison ne s'opposent pas, elles ne sont pas en contradiction. Les vérités révélées trônent bien sûr au-dessus des vérités de raison (la « doctrine sacrée » et la théologie restent au-dessus de toutes les sciences), dans la mesure

Saint Thomas d'Aquin, C. Crivelli.

où les vérités de foi viennent directement de Dieu, sauf que, par ailleurs, Dieu a imposé à la Création un ordre qui est rationnel et donc accessible à l'être humain grâce à la raison. C'est l'origine, chez Thomas d'Aquin, de la distinction entre « raison naturelle » (l'usage naturel de la raison) et « raison éclairée par la révélation » (à laquelle correspondent les deux formes de la théologie que sont la « théologie naturelle » et la « théologie révélée »). Thomas d'Aquin a cru que la raison naturelle pouvait, par ses propres moyens, avoir accès aux mêmes vérités que celles révélées par la foi. Foi et raison sont donc deux voies différentes par lesquelles l'âme est en mesure de s'élever à une seule et même vérité. Thomas d'Aquin a adhéré à cette thèse jusqu'à poser la possibilité de démontrer l'existence de Dieu par la seule raison ! Dans sa *Somme théologique*, il a lui-même proposé cinq voies (les célèbres *quinque viae*) de démonstration. Par l'observation du Monde et l'exercice de la raison, Thomas d'Aquin était persuadé qu'il était possible d'en arriver à des certitudes touchant l'existence de Dieu, et ce, sans aucune révélation — nous y reviendrons, dans un nouveau chapitre consacré au Monde de la Religion.

L'autonomie de la Foi et de la Raison

L'époque moderne a été marquée par le développement fulgurant et tout à fait révolutionnaire de la science, à commencer par l'astronomie et la physique. Avec les thèses et les découvertes de Copernic, Kepler,

Galilée et Newton, par exemple, la confiance accordée au pouvoir de la raison et en ses capacités à connaître le Monde s'est développée comme jamais, depuis une époque qui remonte aussi loin qu'à l'Antiquité, ainsi que nous l'avons vu. Et, chose qui était prévisible, cette confiance a relancé les réflexions sur la valeur de la foi au regard de celle de la raison. À l'époque moderne, certains penseurs sont allés jusqu'à remettre en doute la valeur de la foi. Aux 17e et 18e s. est apparue une conception des rapports entre la foi et la raison fondée sur un autre modèle que celui de la soumission ou du concordat. L'idée générale vers laquelle a évolué la conscience moderne a été celle d'une autonomie de la raison en regard de la foi. Peu à peu, au fur et à mesure du développement sans précédent des sciences, le Monde de la raison a été conçu comme autonome en regard du Monde de la foi. Bien que les prémisses de cette idée remontent au Moyen Âge avec le passage d'Aristote en Europe, ce n'est qu'à l'époque moderne que théologie et philosophie ont véritablement été représentées comme des disciplines indépendantes.

Arrêtons-nous quelques instants auprès de René Descartes, ce grand penseur français qui a joué un rôle de toute première importance dans la mise en place de la philosophie et de la science modernes. Nous reviendrons à une autre occasion sur la représentation du Monde chez Descartes, mais il importe de voir ici comment ce dernier a conçu, à l'aube des Temps modernes, les rapports entre la philosophie et la raison d'une part, et la foi et la théologie d'autre part. Ce qui saute aux yeux chez lui, c'est son attitude d'indépendance en regard des domaines de la foi et de la théologie en général, même s'il se disait ouvertement catholique et même s'il a déjà écrit que sa philosophie constituait la meilleure apologie de la doctrine catholique. Dans les faits cependant, lorsque nous entrons à l'intérieur de sa pensée, nous voyons rapidement que cette dernière est très émancipée de tout rapport direct avec la théologie.

En 1647, Descartes a fait paraître en français un ouvrage intitulé *Méditations métaphysiques*, dans lequel il a jeté les bases de son grand système. Le texte est précédé, en guise de préface, d'une lettre adressée aux « Doyens et Docteurs de la sacrée faculté de théologie de Paris ». Nous sommes au milieu du 17e s. L'Église, surtout en France, était encore toute-puissante, et tout auteur avait intérêt à faire preuve de prudence s'il ne souhaitait pas la contrarier. D'ailleurs, c'est dans ce dessein que Descartes s'était réfugié en Hollande, sachant que là-bas il risquait moins d'attirer la critique des autorités de l'Église (la Hollande était à l'époque considérée comme le pays d'Europe le plus libéral et tolérant). Descartes avait été informé de la condamnation de Galilée (nous en reparlerons plus loin) et savait que beaucoup d'individus étaient encore emprisonnés, voire torturés pour leurs idées.

Voici donc un extrait de cette lettre :

> La raison qui me porte à vous présenter cet ouvrage est si juste, et, quand vous en connaîtrez le dessein, je m'assure que vous en aurez aussi une si juste de le prendre en votre protection, que je pense ne pouvoir mieux faire, pour vous le rendre en quelque sorte recommandable, qu'en vous disant en peu de mots ce que je m'y suis proposé. J'ai toujours estimé que ces deux questions, de Dieu et de l'âme, étaient les principales de celles qui doivent plutôt être démontrées par les raisons de la philosophie que de la théologie : car bien qu'il nous suffise, à nous autres qui sommes fidèles, de croire par la foi qu'il y a un Dieu, et que l'âme humaine ne meurt point avec le corps ; certainement il ne semble pas possible de pouvoir jamais persuader aux infidèles aucune religion, ni quasi même aucune vertu morale, si premièrement on ne leur prouve ces deux choses par raison naturelle[10].

Descartes a reconnu qu'il lui suffisait, en tant que fidèle catholique, « de croire par la foi ». Mais il a ajouté que pour convaincre ceux qui n'avaient pas la foi, il était alors requis de pouvoir démontrer l'existence de Dieu et de l'âme grâce à la raison naturelle. Ces propos trahissent l'importance qu'il a accordée au pouvoir propre de la raison et à sa faculté d'accommoder la théologie, qui ne peut démontrer par elle-même ses vérités de foi : ce n'est plus la science, mais bien la théologie qui semble alors incapable de se constituer comme discipline autonome. Historiquement, cette attitude exprime un changement profond de mentalité. L'Église aurait besoin des lumières de la raison que leur annonce Descartes.

Les *Principes de la philosophie*, un autre ouvrage de Descartes publié en 1644, s'ouvre sur une « Lettre de l'auteur à celui qui a traduit le livre, laquelle peut servir ici de préface ». En voici l'introduction :

> J'aurais voulu premièrement y expliquer ce que c'est que la philosophie, en commençant par les choses les plus vulgaires, comme sont : que ce mot philosophie signifie l'étude de la sagesse, et que par la sagesse on n'entend

---

10. René DESCARTES, *Méditations métaphysiques*, « Préface », Paris, Flammarion, 1992.

pas seulement la prudence dans les affaires, mais une parfaite connaissance de toutes les choses que l'homme peut savoir, tant pour la conduite de sa vie que pour la conservation de sa santé et l'invention de tous les arts[11].

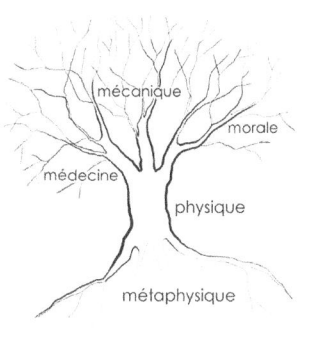

L'arbre de la science.

C'est plus loin, dans cette lettre-préface, que Descartes a présenté sa célèbre conception de la philosophie reposant sur l'image d'un arbre appelé « arbre de la science », dont les racines sont associées à la « métaphysique ». Nous reviendrons sur la signification exacte de ce terme, mais nous pouvons dire que celle-ci représente chez Descartes la branche du savoir qui a pour objet les constituants fondamentaux de la réalité. Le tronc de l'arbre, c'est la physique ou l'étude des premiers principes de la Nature. Du tronc sortent trois branches que Descartes a identifiées à des disciplines techniques : la mécanique, la morale et la médecine. La médecine s'occupe du corps et de la santé ; la mécanique, qui était en plein essor à son époque, s'intéresse aux machines et aux automates ; et la morale concerne l'étude de l'âme humaine (elle est en quelque sorte perçue chez Descartes comme l'équivalent de la psychologie). Voici le texte original :

> Ainsi toute la philosophie est comme un arbre, dont les racines sont la métaphysique, le tronc est la physique, et les branches qui sortent de ce tronc sont toutes les autres sciences, qui se réduisent à trois principales, à savoir la médecine, la mécanique et la morale ; j'entends la plus haute et la plus parfaite morale, qui présupposant une entière connaissance des autres sciences, est le dernier degré de la sagesse[12].

---

11. René Descartes, *Principes de la philosophie*, « Lettre-préface », Paris, J. Vrin, 2009.
12. *Ibid.*

Ce qu'il y a de révolutionnaire dans cette image, c'est qu'aucune place n'ait été accordée à la théologie, pas même une brindille, elle que l'on considérait depuis des siècles comme la plus élevée et la plus noble des disciplines ! La foi, avec tout son cortège de vérités révélées, avait tout simplement été écartée de l'entreprise du savoir : la raison pouvait tout démontrer par ses propres moyens. Au moment où Descartes a écrit ces lignes, une pareille vision du Monde fondée exclusivement sur la science et l'usage de la raison philosophique était quelque chose de tout à fait inédit — du moins depuis l'âge d'or du rationalisme grec. C'est cette attitude de confiance en la raison et d'indépendance de Descartes vis-à-vis de la tradition et de la religion qui est devenue la marque de commerce de la nouvelle pensée des Temps modernes...

L'opposition de la Foi et de la Raison

En parallèle à tout ce mouvement des idées en Europe, la foi et la raison sont aussi entrées, à diverses occasions, dans une relation ouvertement conflictuelle. À l'époque moderne, le premier grand conflit remonte à l'affaire Galilée.

1. L'affaire Galilée

> Peu d'hommes ont bouleversé
> aussi profondément le savoir
> qu'ils trouvèrent en venant au monde.
> M. Clavelin

République de Venise, avril 1610

En ce début du 17e s., la science moderne n'en est encore qu'à ses premiers murmures. Les théories d'Aristote, assimilées à la doctrine chrétienne depuis le Moyen Âge, font toujours office de représentation officielle et définitive de la Création.

Il y a dix ans, non loin d'ici, à Rome, le philosophe italien Giordano Bruno a été condamné par l'Inquisition à être purifié par le feu, la langue clouée sur un mors en bois, pour avoir rejeté certaines vérités de foi et enseigné des thèses (telles que l'infinité de l'Univers et la pluralité des Mondes) jugées incompatibles avec les Saintes Écritures et la cosmologie d'Aristote.

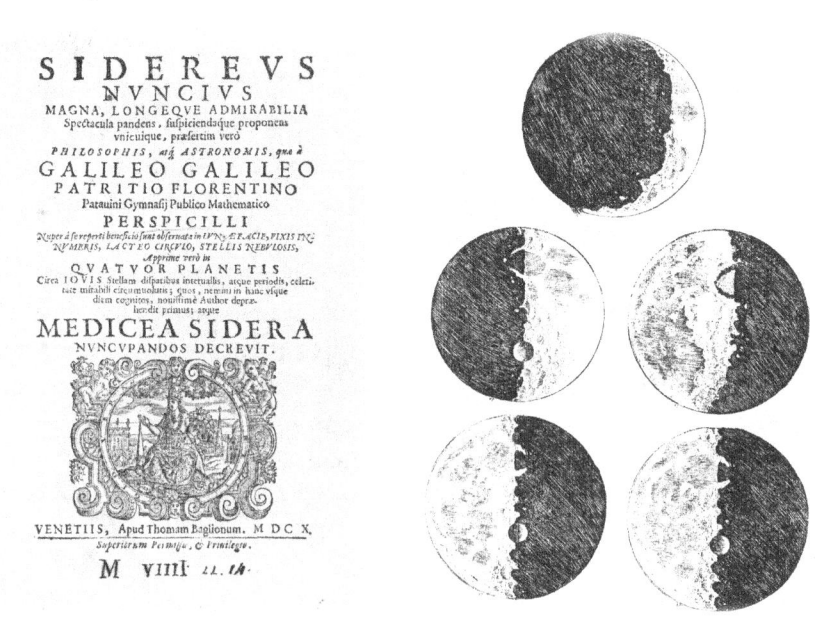

De gauche à droite : *Le Messager des étoiles* ; Phases lunaires, Galilée.

Nous sommes en avril de l'an de grâce 1610. La maison d'édition vénitienne Thomas Baglionide vient de publier 500 exemplaires du nouveau livre de Galileo Galilei, un physicien-mécanicien et professeur à l'Université de Padoue, intitulé en latin *Sidereus nuncius* (*Le Messager des étoiles*). Nul ne le sait encore, mais ce petit traité jouira d'une place de première importance dans l'histoire des sciences : il s'agit du tout premier livre à présenter une série d'observations réalisées au moyen de la lunette astronomique. L'instrument avait été inventé deux ans auparavant en Hollande, et Galilée avait perfectionné et augmenté sa puissance. Le 21 août de l'année précédente, le savant avait présenté sa lunette aux sénateurs de Venise, incluant le Doge en personne, du haut du Campanile de la place Saint-Marc, ce qui avait créé l'émoi.

Dans son livre, Galilée présente les découvertes qu'il a faites à Padoue en orientant son appareil vers le ciel nocturne : la surface de la Lune n'est pas parfaite et lisse, mais hérissée de montagnes et pilonnée de gouffres (de cratères); les étoiles sont beaucoup plus nombreuses que ce qui apparaît à l'œil nu — par exemple, la constellation des Pléiades est formée de 36 étoiles, et non pas de seulement six; la Voie lactée (notre galaxie), que les astronomes concevaient depuis l'Antiquité telle une sorte de nuage vaporeux ou gazeux, est en réalité composée d'une myriade de « petites étoiles » (que nous savons aujourd'hui être au nombre d'environ 300 milliards !); enfin, la planète Jupiter possède quatre grosses lunes — qui seront baptisées peu après Io, Europa, Ganymède et Callisto. Galilée a aussi découvert les différentes phases de la planète Vénus, les taches à la surface du Soleil et ce qu'il a appelé les « appendices » de Saturne (qui sont en fait ses anneaux). Après avoir mené ses observations et levé le voile sur toutes ces réalités qui avaient été jusqu'alors cachées à l'humanité, équipé de sa petite lunette, d'une plume, d'un encrier et de parchemins, après avoir pris conscience qu'il réécrivait l'histoire de notre vision du Monde et de la place qu'on y occupe, Galilée devait avoir le cœur rempli d'émotions le matin où, les yeux rougis par le manque de sommeil, il a remis son manuscrit à monsieur Baglionide.

* * *

Les 500 exemplaires du *Messager des étoiles* seront très vite écoulés. L'ouvrage de Galilée aura l'effet d'une traînée de poudre en Italie et en Angleterre, lui apportant la célébrité. Les nombreuses découvertes qui y sont présentées susciteront pendant les années à venir ébahissement et discussions enflammées ! Les réactions iront de l'optimisme le plus total au scepticisme le plus radical. Le grand Johannes Kepler, alors mathématicien et astronome impérial en Allemagne, appuiera Galilée dès le mois d'août dans un petit texte intitulé *Dissertatio cum Nuncio Sidereo* (*Discussion avec le Messager des étoiles*). La célèbre institution du Collège romain et beaucoup d'astronomes se rallieront aussi à lui. Galilée sera toutefois sévèrement critiqué. Certains seront aussi particulièrement irrités du fait que l'astronome ait préféré accorder crédit à l'observation directe de la Nature plutôt qu'à l'autorité des Anciens et à celle de l'Église. D'autres encore s'offusqueront qu'il ait affirmé l'existence des lunes de Jupiter tandis que la vénérable tradition de l'astrologie fonctionne depuis toujours sans jamais avoir eu besoin de considérer quelque astre supplémentaire que ce soit: Dieu ne créant pas de choses inutiles, ces satellites de Jupiter n'existeraient pas, même si nous les voyons de nos propres yeux ! — certains soupçonneront que les « lunes de Jupiter » ne sont que des illusions d'optique créées par les lentilles de la lunette astronomique…

Dans deux ans, Galilée sera également la cible d'attaques de la part de différents savants défenseurs de la représentation traditionnelle de l'Univers. Le point le plus litigieux de l'ouvrage concerne précisément les découvertes de Galilée qui vont dans le sens d'une confirmation empirique du modèle héliocentrique (proposé par Nicolas Copernic au siècle dernier), auquel s'opposait l'Église. L'héliocentrisme est la théorie voulant que le Soleil (*hélios*) soit le centre autour duquel tournent la Terre et les autres planètes. L'Église et les astronomes ont toujours pensé que le Soleil et les planètes tournaient plutôt autour de la Terre (c'est d'ailleurs ce que semble confirmer l'observation) et que cette dernière se tenait parfaitement immobile, au centre de l'Univers. Dans l'Antiquité, les savants grecs Aristote et Ptolémée avaient développé un modèle cosmologique géocentrique (*géo* signifiant « Terre ») que l'Église a adopté officiellement lors du concile de Trente en 1542. Redoutant la réaction de celle-ci, Copernic avait eu la prudence d'attendre d'être sur son lit de mort avant de signaler l'existence de son ouvrage (*De la révolution des orbes célestes*, 1543) où il défendait la théorie héliocentrique. L'éditeur du livre de Copernic, le théologien luthérien Andreas Osiander, avait lui aussi fait preuve de sagesse en affirmant dans la préface du livre que l'héliocentrisme n'était qu'une hypothèse ou un modèle mathématique uniquement destiné à simplifier les calculs des astronomes. D'ailleurs, Copernic ne détenait lui-même aucune preuve empirique de sa théorie. Mais voilà que Galilée, dans son traité astronomique, affirme que certaines de ses observations tendent à prouver que la Terre est réellement en mouvement et en rotation autour du Soleil. Les différentes phases de Vénus, par exemple, s'expliquent facilement par la façon dont la planète reçoit la lumière du Soleil durant sa course. Aussi, la révolution des lunes de Jupiter autour de la planète montre bien que la Terre n'est pas le seul centre autour duquel tout le reste tournerait dans l'Univers !

Le Messager des étoiles commencera bientôt à attirer l'attention de l'Église catholique. Celle-ci prendra graduellement conscience que les observations que Galilée y présente constituent une menace de subversion de sa représentation du Monde. Un moine dominicain avait d'abord fait remarquer que la théorie héliocentrique s'oppose directement à un passage de l'Ancien Testament (*Josué* 10, 12-14) où il est écrit que Dieu a arrêté la course du Soleil (« Soleil, arrête-toi au-dessus de Gabaon ! »), ce qui prouvait hors de tout doute que c'est le Soleil qui se meut autour de la Terre, et non pas l'inverse.

Face à la multiplication de ces attaques, Galilée soutiendra avec audace que les Saintes Écritures n'ont pas d'autorité sur les choses qui relèvent de l'étude de la Nature ! Galilée établira une différence entre ce qui relève, d'un côté, du domaine des sciences, et de l'autre, du domaine de la foi. Il clamera que Dieu a donné des organes sensoriels et la raison aux êtres humains afin que ceux-ci puissent découvrir la manière dont fonctionne le ciel et que la foi, pour sa part, doit se limiter à la façon de s'y rendre... Avec les années, la controverse s'envenimera au point où le cardinal Bellarmin (celui-là même qui avait mené les interrogatoires contre Giordano Bruno !) devra prendre l'affaire en main. Le 12 avril 1615, Bellarmin condamnera l'héliocentrisme, qu'il jugera incompatible avec le texte biblique, et ordonnera que ce modèle ne soit employé qu'à titre d'hypothèse mathématique. Galilée s'obstinant à défendre la réalité physique du système centré sur le Soleil, le Saint-Office (la Congrégation pour la doctrine de la foi) instruira un procès contre lui et le sommera de se présenter devant le tribunal de l'Inquisition le 16 février 1616, qui confirmera une dizaine de jours plus tard la mise à l'index de la doctrine copernicienne. Le nouveau pape, Paul V, entérinera la censure, qui s'étendra à tous les pays catholiques.

L'affaire n'en restera pas là. Vers 1620, le pape Urbain VIII demandera à Galilée, son ami, de rédiger un texte dans lequel il souhaiterait une présentation impartiale des avantages et des désavantages liés aux deux grands systèmes astronomiques concurrents. Douze ans plus tard, soit le 21 févier 1632, Gaililée publiera son livre intitulé *Dialogue sur les deux grands systèmes du monde* (*Dialogo sopra i due massimi sistemi del mondo*), dans lequel il plaidera sans équivoque en faveur du copernicianisme, renvoyant l'alternative géocentrique d'Aristote et Ptolémée au rang des doctrines ridicules ! Le pape se sentira trahi et, pour l'Église, c'en sera assez : en février 1633, Galilée comparaîtra une nouvelle fois devant le Saint-Office et sera forcé cette fois, sous menace de torture, d'abjurer sous serment et de rejeter officiellement la thèse hérétique énonçant que le Soleil est le centre du Monde (*Sol est centrum mundi*).

Galilée devant l'Inquisition romaine, C. Banti.

J'ai avec moi un extrait de la sentence, qui sera prononcée le 22 juin 1633 au couvent de Santa-Maria. Il va comme suit :

> Il est paru à Florence un livre intitulé *Dialogue des deux systèmes du monde de Ptolémée et de Copernic* dans lequel tu défends l'opinion de Copernic. Par sentence, nous déclarons que toi, Galilée, t'es rendu fort suspect d'hérésie, pour avoir tenu cette fausse doctrine du mouvement de la Terre et repos du Soleil. Conséquemment, avec un cœur sincère, il faut que tu abjures et maudisses devant nous ces erreurs et ces hérésies contraires à l'Église. Et afin que ta grande faute ne demeure impunie, nous ordonnons que ce Dialogue soit interdit par édit public, et que tu sois emprisonné dans les prisons du Saint-Office[13].

Devant cette menace, Galilée se rétractera et signera son adjuration. Cette journée du 22 juin 1633 sera l'une des plus tristes de l'histoire du génie humain.

La sentence sera publiée et diffusée partout. Lorsque la condamnation de Galilée sera portée à sa connaissance, le grand savant français René Descartes, alors réfugié en Hollande depuis quatre ans, renoncera à publier son *Traité du monde et de la lumière*, où il prend ouvertement la défense du modèle de Copernic.

---

13. Sentence du Saint-Office, 22 juin 1633.

Heureusement pour Galilée, il n'ira jamais en prison. Le pape commuera sa peine en assignation à résidence, dans sa villa d'Arcetri, près de Florence. L'homme sera autorisé à poursuivre ses travaux, entouré de ses disciples (au nombre desquels figureront Viviani et Torricelli), et même à publier. En 1638 paraîtra son grand testament scientifique, *Discours sur deux sciences nouvelles* (dont nous avons parlé au chap. 5), dans lequel le savant fonde la dynamique moderne et formule la fameuse loi de la chute des corps. Galilée perdra l'usage de ses yeux la même année et mourra quatre ans plus tard, le 8 janvier 1642. L'Église veillera assidûment à ce qu'aucun monument funéraire ne soit érigé pour cet hérétique.

De gauche à droite : J. Bradley ; L. Foucault.

Dieu merci, la suite de l'histoire tournera en faveur de Galilée. Malgré ses observations et ses travaux, celui-ci ne parviendra jamais à apporter la preuve définitive du système héliocentrique. Le déplacement de la Terre autour du Soleil ne sera démontré qu'en 1728, soit presque un siècle plus tard, par l'astronome britannique et futur astronome royal James Bradley. Sa démonstration sera fondée sur la découverte de l'« aberration de la lumière » à partir de l'observation du mouvement apparent des étoiles, un phénomène causé par la révolution annuelle de la Terre autour du Soleil.

La rotation de la Terre sur elle-même sera quant à elle démontrée par le physicien français Léon Foucault en 1851 au cours de la célèbre expérience du pendule de Foucault, menée devant public au Panthéon

Le pendule de Foucault au Panthéon de Paris.

de Paris. La preuve sera apportée par le fait que le plan d'oscillation d'un pendule subit de légères déviations sous l'effet de la rotation terrestre.

En 1741, soit 13 ans après la découverte de Bradley, le pape Benoît XIV autorisera la publication des œuvres complètes de Galilée, mais en prenant soin d'y faire ajouter un avertissement informant les lecteurs que le mouvement de la Terre ne s'y trouve que « supposé ». En 1757, le pape lèvera aussi la censure sur les ouvrages plaidant en faveur de la théorie héliocentrique. Un petit pas pour l'Église, un grand pas pour l'humanité.

La condamnation de Galilée deviendra aux 18e et 19e s. le grand symbole de l'obscurantisme religieux contre lequel s'élèveront plusieurs voix. Il y aura toutefois repentance officielle de l'Église à l'occasion du concile Vatican II, ouvert en 1962, soit plus de 300 ans après la mort de Galilée. La controverse sera remise à l'étude sous le pontificat de Jean-Paul II : en 1992, le pape reconnaîtra devant l'Académie pontificale des sciences les erreurs commises par les membres de l'Église impliqués dans l'affaire Galilée, principalement leur obstination à donner une interprétation littérale de la Bible. Dans son allocution, le souverain pontife saluera même au passage le génie de Galilée ! Une messe sera donnée en l'honneur du savant italien à la basilique Sainte-Marie-des-

Anges-et-des-Martyrs le 15 février 2009, pour son 445ᵉ anniversaire de naissance. Un extraordinaire retour du pendule.

Sur une question relative au fonctionnement mécanique du Monde, dans l'affaire Galilée, c'est la réalité dévoilée par la raison dans les sciences — plutôt que la vérité révélée, fondée sur la foi —, qui a triomphé.

2. La critique des lumières

Au cours du 18ᵉ s., spécialement en France, tout ce poids et cet abus de l'autorité de l'Église catholique ont été perçus comme l'expression d'un obscurantisme opposé aux lumières de la raison. L'une des critiques les plus acerbes du pouvoir de l'Église à avoir vu le jour à cette époque a été celle délivrée par François-Marie Arouet, mieux connu sous son nom de plume, Voltaire (1694-1778). Cet auteur français est souvent vu comme le porte-drapeau le plus illustre de ce grand courant de renouveau culturel et intellectuel que nous appelons « philosophie des Lumières ». Amorcé dès la fin du 17ᵉ s., ce mouvement se caractérise principalement par un combat mené de front contre toutes les formes d'obscurantisme et d'oppression, en particulier dans les domaines du religieux et du politique. La Déclaration d'indépendance des États-Unis de 1776 et la Révolution française de 1789 sont des produits historiques de ce mouvement des Lumières.

Voltaire.

Le *Dictionnaire philosophique*, paru anonymement en 1764 vers la fin de sa vie, est le point culminant des opinions de Voltaire sur différents sujets reliés essentiellement à la religion, à l'Église et à la morale. À travers les articles qui composent l'ouvrage, Voltaire s'est livré à un tir groupé contre les grandes religions institutionnalisées comme le christianisme, le judaïsme et l'islam. Il a également attaqué de front plusieurs vérités de foi fondamentales de l'Église catholique, renié l'existence historique de certains personnages de l'Ancien Testament et dénoncé l'influence de la religion sur l'État (dans la société d'Ancien Régime que

Voltaire a connue, le haut clergé, qui était ordinairement tiré de l'aristocratie, pouvait exercer un pouvoir sur la politique de l'État et la façon dont les idées circulaient dans le pays). Personne avant Voltaire n'avait osé pousser la critique aussi loin. Son *Dictionnaire* a fait scandale dès sa parution et a aussitôt été frappé d'interdiction en France et en Suisse. Jugé «destructif de la Révélation», l'ouvrage a été jeté aux flammes à Genève et à Berne le 24 septembre de la même année, et a été inscrit au catalogue de l'Index par le Parlement de Paris dès l'année suivante. Il a cependant reçu une réception plutôt favorable de la part du grand public et de certains dirigeants de pays étrangers, dont ceux de Prusse et de Russie, et a connu de nombreuses rééditions. Ce texte de Voltaire est vu aujourd'hui comme l'un des sommets de la critique de l'Église catholique et de son pouvoir au siècle des Lumières.

Voltaire n'était pas religieux, mais reconnaissait l'existence de Dieu, à l'instar de beaucoup d'autres intellectuels de son époque. Dans l'article « Foi ou Foy » du *Dictionnaire*, il est écrit que l'existence de Dieu n'est pas un objet de foi, mais de raison, et que la foi n'est qu'une acceptation de ce qui n'est pas compris par la raison ou de ce qui est contraire à elle, et que cette acceptation est forcée par le sentiment de la peur. Laissons parler Voltaire:

> Qu'est-ce que la foi? Est-ce de croire ce qui paraît évident? non: il m'est évident qu'il y a un Être nécessaire, éternel, suprême, intelligent; ce n'est pas là de la foi, c'est de la raison. Je n'ai aucun mérite à penser que cet Être éternel, infini, que je connais comme la vertu, la bonté même, veut que je sois bon et vertueux. La foi consiste à croire, non ce qui semble vrai, mais ce qui semble faux à notre entendement. Les Asiatiques ne peuvent croire que par la foi le voyage de Mahomet dans les sept planètes, les incarnations du dieu Fo, de Visnou, de Xaca, de Brahma, de Sammanocodom, etc., etc., etc. Ils soumettent leur entendement, ils tremblent d'examiner, ils ne veulent ni être empalés, ni brûlés; ils disent: *je crois*[14].

* * *

---

14. Voltaire, *Dictionnaire philosophique*, dans «Œuvres complètes de Voltaire»: https://web.archive.org/web/20021230121213/http://www.voltaire-integral.com/19/foi.htm

D'autres grandes figures des Lumières ont livré une critique de la foi et de la religion en enchâssant celle-ci et en la justifiant à l'intérieur d'une représentation philosophique des choses. C'est le cas de David Hume et d'Emmanuel Kant, deux des plus grands penseurs de la seconde moitié du 18ᵉ s. Résumons le mieux possible leurs positions respectives sur la religion.

David Hume (1711-1776) est un penseur de tout premier plan rattaché au mouvement des Lumières en Écosse. Il a laissé sa marque dans les domaines de l'histoire, de l'économie et de la philosophie, et son influence sur la pensée contemporaine a été très considérable. On lui est redevable d'une imposante *Histoire d'Angleterre* en six volumes, qui couvre une période allant de la conquête romaine jusqu'à la *Glorious Revolution* de 1688.

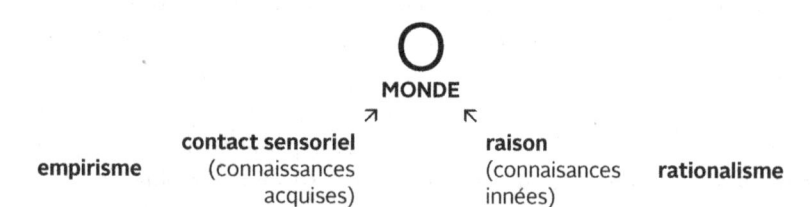

D. Hume.

O
MONDE
↗   ↖
empirisme   **contact sensoriel**   **raison**   rationalisme
(connaissances acquises)   (connaissances innées)

Sur le plan philosophique, Hume adhérait à l'empirisme, c'est-à-dire à la doctrine selon laquelle nos connaissances ont pour origine le contact sensoriel avec le Monde. Chez Hume, tout ce que nous savons sur le Monde découle originairement des impressions sensibles, ce qui signifie que toutes nos connaissances sont acquises par l'expérience. Les idées que nous avons dans notre esprit, même les plus abstraites, tirent leur origine de ces impressions sensibles dont elles ne sont que de pâles copies. L'empirisme s'oppose au rationalisme qui était soutenu par d'autres philosophes modernes, tels que Descartes et Leibniz, chez qui, d'une part, l'esprit humain possède des connaissances innées, et d'autre part, la raison suffit à elle seule à produire toutes nos connaissances certaines sur le Monde. L'empirisme a des origines qui remontent aussi loin qu'à l'Antiquité (chez Aristote, par exemple), mais cette doctrine venait d'être remise au goût du jour sous la plume des grands penseurs anglais Francis Bacon et surtout John Locke, dans son *Essai sur l'entendement humain* paru en 1689-1690.

Les grands principes de la philosophie empiriste de Hume ont été exposés la première fois dans son *Traité de la nature humaine* (*A treatise of human nature*), un ouvrage en deux volumes qu'il a terminé alors qu'il n'avait que 26 ans. Hume y a présenté une remarquable analyse logique et empiriste de la formation des connaissances à partir des « impressions » (sensorielles), des « idées simples » et des « idées complexes », en empruntant beaucoup à la doctrine de Locke. Lors de sa parution en 1739-1740, l'ouvrage, qui était difficile à comprendre pour ses contemporains, est passé relativement inaperçu. Hume a alors entrepris de simplifier et de mieux identifier ses thèses, et de reformuler le tout dans un nouveau livre intitulé *Enquête sur l'entendement humain* (*Inquiry concerning human understanding*), paru en 1748. Cette nouvelle version a remporté un franc succès. En raison de son impact sur l'histoire des idées, plusieurs spécialistes voient même ce texte comme l'un des plus importants jamais écrits de toute l'histoire de la philosophie.

Ceci justifie amplement que nous rendions un jour visite à Hume pour en savoir davantage. Pour l'instant, limitons-nous à bien comprendre ceci : le grand projet de Hume a été de fonder une science de la nature humaine sur laquelle s'appuieraient les autres sciences, dans la mesure où tous les domaines du savoir sont des activités de l'intelligence humaine ou de l'« entendement humain » (d'où le titre de son ouvrage). Chez Hume, tout ce qui est connu du Monde est le résultat des activités de l'esprit humain : les mathématiques, la physique, l'astronomie, etc., tout se ramène à la manière dont l'esprit humain expérimente le Monde et raisonne sur celui-ci. Par exemple, pour comprendre la véritable signification des diverses lois naturelles étudiées en physique, il faut connaître les opérations de l'esprit humain impliquées dans l'acquisition des connaissances touchant la Nature. Rien n'est indépendant de la manière dont l'esprit fonctionne : voilà la thèse que présuppose Hume au point de départ. Et c'est pourquoi celui-ci a voulu faire dépendre de la « nature humaine » — comprise comme science du fonctionnement de l'esprit humain — tout le développement futur des différents domaines du savoir.

La nature humaine a donc représenté l'épicentre de sa conception philosophique des choses et le point d'appui principal de ses enquêtes.

De la foi et de la religion, Hume ne dit presque rien dans son *Traité*, par mesure de prudence. Il avait d'ailleurs fait paraître l'ouvrage sans nom d'auteur, sachant très bien que son livre contenait des idées potentiellement subversives aux yeux de la religion. Les premières critiques explicites sont apparues dans l'*Enquête*. Dans la section X de l'ouvrage, Hume a critiqué une notion centrale de la théologie chrétienne, celle de miracle, qui était une chose impossible à ses yeux. Fidèle à sa démarche, le penseur a construit un argument sur la base de l'analyse, faite plus tôt dans son ouvrage, des opérations de l'esprit impliquées dans la formation des croyances touchant les lois de la Nature. Cette analyse est liée à la notion classique de causalité : chez Hume, les relations de cause à effet que nous observons entre les phénomènes naturels naissent au sein de notre esprit sous l'effet de l'« habitude » (*habit, custom*).

$$\underbrace{\text{événements A} \rightarrow \text{événements B}}$$

connexion nécessaire
(établie par habitude)
↓
loi générale qui unit
les événements A et B
(établie par inférence)

En expérimentant toujours la même conjonction d'événements (c'est-à-dire à force de voir les mêmes effets B succéder aux mêmes causes A), l'esprit s'accoutume à les associer causalement. Observant que des événements A sont toujours suivis des événements B (par exemple, un objet est lâché et l'objet tombe vers le sol), l'esprit établit une « connexion nécessaire » entre A et B, de laquelle il infère ensuite une loi générale (telle la loi de la chute des corps chez Galilée). Enfin, grâce à cette loi et par le moyen de l'imagination, l'esprit peut dépasser l'horizon du présent et anticiper l'avenir, c'est-à-dire prédire que si les événements A surviennent, alors les événements B surviendront aussi (qu'un objet tombera vers le sol s'il est lâché, par exemple). C'est ainsi que Hume a expliqué, dans un contexte philosophique de type empiriste, l'origine de nos croyances touchant les lois de la Nature : ces lois sont le fruit du travail de notre esprit (des constructions mentales) et de certains « principes » fondamentaux de notre nature humaine (comme l'habitude et l'imagination).

Ceci étant dit, revenons à la notion de miracle. Hume a fait valoir qu'étant donné que ce nous appelons un « miracle » est un événement qui contredit les lois de la Nature (renaître d'entre les morts, changer l'eau en vin, marcher sur l'eau, redonner la vue à un aveugle, etc.), par définition, les miracles sont impossibles. Dans ces circonstances, de l'avis de Hume, nous devons raisonnablement cesser de croire aux miracles et rejeter toute religion qui admet leur existence. Le fait que quelques individus livrent des témoignages en faveur de l'existence de miracles ne saurait suffire à remettre en question des connexions causales expérimentées par des millions d'individus depuis la nuit des temps et universellement admises.

Dans un ouvrage publié après sa mort en 1779 et intitulé *Dialogues sur la religion naturelle*, Hume est allé plus loin en osant remettre en question différents éléments liés à l'existence de Dieu, dont sa nature, ses attributs et sa providence. L'ouvrage est construit sous la forme d'un dialogue complexe entre trois personnages (Cléanthe, le rationaliste ; Déméa, le mystique orthodoxe ; et Philon, le sceptique), où il est parfois difficile de savoir à quelles thèses adhère exactement l'auteur — je soupçonne que cela est intentionnel de sa part. Dans ce texte, Hume a traité spécialement d'une preuve populaire de l'existence de Dieu fondée sur la finalité (c'est la « preuve téléologique », qui fonde ce qu'on appelle aujourd'hui l'argument du « dessein intelligent »). Cet argument consiste à dire que si le Monde est ordonnancé à ce point, c'est parce qu'il existe un grand ordonnateur, un grand créateur — un peu comme la vue d'une cathédrale nous amène à conclure en l'existence d'un architecte. Supposant une analogie entre l'Univers et une création humaine, la preuve consiste donc à affirmer que l'organisation du Monde implique l'existence d'un créateur intelligent qui accomplit son projet, à la manière dont les êtres humains accomplissent les leurs. Ces magnifiques papillons, le vol chorégraphié de ces nuées d'oiseaux, le spectacle des phénomènes célestes ; de la vue de tout cela serait induite l'existence d'une intelligence divine accomplissant son dessein. Les œuvres de la Nature trahiraient l'existence d'une cause intelligente (celle de Dieu), à la manière dont les arts, les techniques et les industries trahissent l'existence d'êtres humains intelligents. À l'époque de Hume, cette preuve de l'existence de Dieu par les causes finales était défendue par plusieurs théologiens et intellectuels, notamment Voltaire, qui avait affirmé que l'existence d'une horloge était le signe de l'existence d'un horloger. Les origines de cet argument remontent au Moyen Âge, et plus précisément à la *Somme théologique* de saint Thomas d'Aquin. Nous reviendrons un jour sur le thème des preuves de l'existence de Dieu, qui mérite que nous y consacrions un chapitre tout entier.

À la lecture des *Dialogues*, il est difficile de déceler quelle a été la position exacte de Hume au sujet de cet argument. Il n'est pas même aisé de savoir s'il était athée ou non. Mais ce qui saute aux yeux, c'est que chez lui, la raison est suffisamment autonome et affirmée pour oser discuter, voire contester des thèmes qui constituent le fondement même de la foi et de la théologie traditionnelles. Non seulement la raison n'est plus soumise à la théologie (Augustin), non seulement elle ne doit plus chercher à concorder avec elle (Thomas d'Aquin), non seulement elle n'a plus à accommoder la foi et servir à convaincre les infidèles (comme le proposait Descartes), mais elle peut désormais servir à remettre en question, voire à détruire des vérités de foi.

Kant (1724-1804) est l'un des plus grands représentants des Lumières allemandes, voire des Lumières tout court.

Il était lui-même piétiste — le piétisme étant l'une des branches du protestantisme. Mais sur le plan philosophique, quelle était sa position en ce qui concerne la religion ? Sa critique a été très influencée par celle de Hume, et à certains égards, elle l'a même prolongée, bien que sa perspective ait été différente. La position de Kant en matière de religion se comprend à partir de deux points de vue distincts, à savoir celui de la raison théorique (c'est-à-dire la raison dans son usage purement spéculatif ou contemplatif) et celui de la raison pratique (c'est-à-dire la raison dans son usage lié à la vie concrète, à l'action ; par exemple, la morale, qui a constitué l'une de ses principales préoccupations).

Le point de vue théorique de Kant est exposé dans la célèbre *Critique de la raison pure* (1781). Le philosophe a notamment contesté les preuves de l'existence de Dieu en les ramenant à des formes d'illusions de la raison ; il a montré qu'elles contiennent des « paralogismes », c'est-à-dire des vices de logique, des erreurs de raisonnement, des contradictions internes (qu'il appelle des « antinomies »). Kant ne nie pas l'existence de Dieu : il limite simplement la capacité de la raison à en fournir une démonstration (s'opposant directement à Thomas d'Aquin, par exemple). Sur le plan de la raison pratique, toutefois, Kant a reconnu la légitimité de la foi en Dieu. Dieu est indémontrable sur le plan de la raison théorique, mais la raison pratique, qui vise à jeter les bases de la vie concrète et morale des êtres humains, doit nécessairement postuler l'existence de Dieu en tant qu'acte de foi. Kant a développé cette idée dans sa *Critique de la raison pratique*, publié en 1788.

Cette thèse, Kant l'a reprise dans le cadre de ses réflexions sur la religion, qui témoignent de la grande liberté intellectuelle qu'il a prise à l'égard de celle-ci. Dans son texte *La Religion dans les limites de la simple raison* (1793), il a restreint la foi en Dieu à la fonction de « garante de la vie morale ». Chez Kant, une religion acceptable du point de vue de la raison est une religion dépouillée de tout apparat rituel, épurée de toute prière, messe et cérémonie. Nous avons vu au chapitre 3 que le culte est l'une des caractéristiques essentielles de la religion. Mais d'après Kant, cette dernière doit s'en tenir aux limites imposées par la raison, et tout cet aspect du culte religieux doit être abandonné. S'il est un seul culte acceptable du point de vue de la raison, c'est celui de « bien se comporter sur le plan moral ». Toute autre pratique cultuelle n'est, pour citer Kant dans la deuxième partie de son ouvrage, « qu'illusion religieuse et faux culte de Dieu ». Ou encore : « L'illusion consistant à croire que par les actes religieux du culte on peut faire quelque chose pour sa justification devant Dieu, c'est la superstition religieuse. » De l'avis du philosophe, la religion conserve une place importante dans la vie de l'être humain, à condition que la foi en Dieu ne serve qu'à garantir la vie morale. Le culte en lui-même ne garantit en rien que celui qui le pratique soit bon moralement, d'où sa totale futilité : « C'est une illusion superstitieuse que de vouloir devenir agréable à Dieu, par des actes que chacun peut accomplir sans être pour cela une bonne personne. »

Chez Kant, les principes qui président à la conduite morale sont des principes qui relèvent de la rationalité. C'est ce que Kant a tenté de démontrer dans ses ouvrages *La Fondation de la métaphysique des mœurs* (1785) et la *Critique de la raison pratique* (1788) : la moralité est une réalité que la raison est tout à fait en mesure de saisir par ses propres moyens. Sur le plan de la vie pratique, la raison jouit d'une complète autonomie. Conséquemment, la religion doit uniquement consister dans le fait d'agir d'après ce qu'il appelle la « loi morale », que la raison est capable de découvrir par elle-même. Cette loi permet de comprendre rationnellement pourquoi, par exemple, il ne faut pas voler, mentir ou tuer ; il ne s'agit plus d'obéir simplement à ces interdictions parce qu'elles ont été révélées et canonisées par une religion instituée. Kant a donc défendu une forme de « religion morale rationnelle », c'est-à-dire une conception de la religion fondée exclusivement sur une loi morale dévoilée par la raison. Cette religion se veut naturelle et universelle dans la mesure où elle transcende toutes les religions instituées — avec leurs traditions, leurs pratiques, leurs révélations et leurs dogmes —, et où elle repose sur le principe de moralité, accessible à tous les êtres doués de raison. Ce qui relève de la superstition et de l'observance du culte est évacué : la religion ne doit pas être une institution ; elle ne doit exister qu'à travers l'accomplissement de nos devoirs moraux.

* * *

Concluons en faisant remarquer que la position de Kant s'inscrit à l'intérieur d'une certaine tendance libérale qui a vu le jour au sein du christianisme au siècle des Lumières et qui s'est affirmée au cours du 19ᵉ s. Cette tendance théologique ou philosophique a conduit à une nouvelle approche des études bibliques fondée sur une interprétation non littérale, par opposition à la tradition conservatrice des lectures littérales qui s'imposait au cours des siècles précédents.

3. La critique positiviste

Au 19ᵉ s., la tradition critique de l'obscurantisme religieux a notamment été prolongée par une école de pensée appelée « positivisme » ou « philosophie positiviste », selon laquelle la science et les connaissances de la Nature incarnent la seule voie de l'avenir pour l'humanité et son salut.

Entre 1830 et 1842, Auguste Comte a fait paraître les six tomes de son *Cours de philosophie positive*. Dans cet ouvrage, le philosophe français a érigé en véritable corps doctrinal l'idée voulant que la seule véritable connaissance du Monde soit celle qui est obtenue par le moyen de la méthode scientifique (nous en reparlerons). Ce système est fondé chez lui sur ce qu'il a appelé une « loi des trois états », qui explicite les étapes du développement de l'intelligence humaine depuis le début des temps, aussi bien sur le plan individuel que civilisationnel : 1. l'état théologique ; 2. l'état métaphysique ; et 3. l'état positif.

L'état théologique correspond à l'étape où les choses sont expliquées par le recours à des causes divines et surnaturelles en général (des dieux, des esprits, des démons, etc.). Il est associé chez Comte à la période au cours de laquelle se sont développées les premières religions animistes, polythéistes, puis monothéistes, qui en constituent l'apogée. L'état métaphysique (ou abstrait) désigne l'époque où l'être humain a expliqué le Monde à partir de principes spéculatifs qui transcendent le monde observable. Enfin, l'état positif correspond chez Comte à l'âge où les explications données aux phénomènes sont obtenues par l'observation empirique de la Nature et les raisonnements scientifiques ; sur le plan collectif, cette étape est identifiée à l'avènement prochain d'une société parfaitement rationnelle. Si l'âge métaphysique marque une évolution en regard de l'âge théologique, il est lui-même dépassé par l'âge positiviste, où la science finira par s'imposer comme condition inévitable du salut de l'individu et de l'humanité dans son ensemble. Dans l'état positif, les vieilles religions et les théories métaphysiques sont abandonnées : seule subsiste une religion athée (sans dieux) appelée « religion de l'humanité », au sein de laquelle l'être humain lui-même est objet d'adoration et de culte.

De gauche à droite : E. Renan ; J. S. Mill ; H. von Helmholtz.

Si la loi des trois états ou des trois âges de Comte ne cadre pas très bien avec la réalité historique, il demeure que cette façon de concevoir le développement « par étapes » des sociétés humaines a eu un impact profond sur plusieurs philosophies de l'histoire développées ultérieurement, notamment celle que nous trouvons chez Karl Marx et au sein du courant marxiste. Le positivisme a été adopté et représenté par plusieurs intellectuels célèbres au cours du 19e s. : en France, l'écrivain et historien Ernest Renan, l'historien et critique Hippolyte Taine, et le médecin, savant et homme politique Émile Littré ; en Angleterre, un penseur comme John Stuart Mill a posé l'induction comme méthode de recherche scientifique (nous en reparlerons) ; en Allemagne, le physicien von Helmholtz a contribué à propager l'idée voulant que la science soit le seul chemin de la véritable connaissance de la réalité et que toute autre forme de connaissance que les êtres humains ont connue à des époques antérieures relève de la mythologie ou du fabuleux. Dans *Malaise dans la civilisation* (1930), Sigmund Freud a découpé lui aussi l'histoire de l'humanité en trois grandes phases : animiste, religieuse et scientifique.

4. La critique évolutionniste

À l'aube de la Modernité, l'affaire Galilée avait mis sous le feu des projecteurs le conflit potentiel entre les vérités de foi et les vérités de raison. Cet épisode avait fait subir à l'Église une cuisante défaite. Au 19e s., le conflit entre la foi et la raison a été attisé par la parution, le 22 novembre 1859, d'un ouvrage révolutionnaire qui a connu instantanément un immense succès : *L'Origine des espèces*.

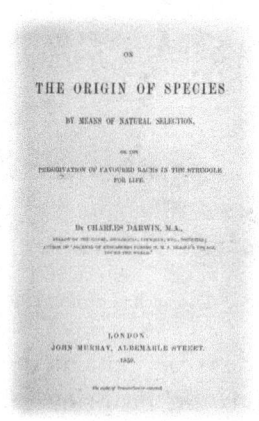

De gauche à droite : Ch. Darwin ; page de titre de *L'Origine des espèces*.

Dans cet ouvrage, le naturaliste anglais Charles Darwin (1809-1882) a développé sa théorie dite « de l'évolution », selon laquelle les espèces vivantes (végétales et animales) évoluent à travers le temps à partir d'espèces plus primitives. Les espèces végétales et animales telles que nous les observons aujourd'hui (les lions, les girafes, les arbres, les fleurs…) n'ont pas toujours été ainsi : elles ont subi à travers le temps des transformations successives. La théorie de l'évolution s'oppose directement à la thèse classique du fixisme, qui énonce exactement l'inverse, à savoir que les formes vivantes sont définitivement fixées de toute éternité (thèse à laquelle adhéraient les Grecs en général) ou depuis l'époque de la Création du Monde (thèse adoptée par l'Église chrétienne et connue spécifiquement sous le nom de « créationnisme »).

J.-B. de Lamarck.

Dans *L'Origine des espèces*, Darwin a repris et développé une idée qu'avait déjà formulée, un demi-siècle avant lui, le naturaliste français Jean-Baptiste de Lamarck (1744-1829), dans son livre *Philosophie zoologique* (1809). Selon la théorie de Lamarck, appelée « transformisme », les espèces vivantes sont dotées de la capacité à développer des organes en fonction de leurs besoins. À l'oiseau qui doit voler pour survivre poussent des ailes, au fourmilier qui doit se nourrir de termites croît une longue langue collante et effilée capable de s'introduire dans le nid des insectes... Dans cette vision de l'évolution, la fonction crée l'organe : celui-ci est maintenu aussi longtemps qu'il reste utile, faute de quoi il disparaît (comme les yeux chez la taupe, par exemple). En admettant la thèse de la transmission des caractères acquis, Lamarck a supposé aussi que les nouvelles caractéristiques morphologiques développées se transmettaient ensuite à la descendance, engendrant ainsi des espèces nouvelles.

La grande contribution de Darwin dans *L'Origine des espèces* n'a pas été d'énoncer la théorie de l'évolution, mais d'avoir expliqué son mécanisme moteur de manière différente que chez Lamarck. Ce processus est celui de la *sélection naturelle*. D'après cette idée, la transformation des espèces n'est pas commandée par les besoins, mais s'effectue en vertu d'une sélection naturelle de traits caractéristiques survenus par hasard (c'est-à-dire sans but prédéterminé) chez celles-ci. Le cou de la girafe, par exemple, ne s'est pas allongé en vue de lui permettre d'atteindre des feuillages plus haut, comme l'avait dit Lamarck. Chez Darwin, les girafons viennent au monde avec des cous de longueur légèrement différente (ce sont des mutations génétiques), et les spécimens qui, par hasard, ont le cou le plus long pourront donc mieux se nourrir et augmenteront leur chance de se reproduire et donc de transmettre leurs caractéristiques à leur progéniture. C'est ainsi qu'après des milliers d'années, nous sommes en présence de ces créatures au long cou. Il n'y a donc chez Darwin aucune finalité intrinsèque aux processus évolutifs : rien n'a « voulu » que les girafes aient le cou aussi long. Autrement dit, les espèces évoluent, non pas d'après une tendance naturelle à créer leurs propres organes sous l'effet de pressions liées à leurs besoins, mais d'après une sélection qui s'opère toute seule au sein des espèces qui sont, par hasard, les plus avantagées et adaptées en fonction de leur environnement.

Darwin en est arrivé à cette théorie sur la base d'une solide documentation scientifique accumulée lors de voyages d'exploration l'ayant mené en Amérique du Sud jusqu'aux îles Galápagos. Il craignait que la communauté scientifique de son époque et l'Église d'Angleterre accueillent défavorablement ses idées, ce qui s'est effectivement produit, dès la parution de l'ouvrage.

La Création d'Adam, détail.

L'Église chrétienne, et particulièrement celle d'Angleterre, a réagi de façon plutôt hostile aux thèses de Darwin et à leurs implications.

Les théologiens et les évêques ont eu tendance à voir dans sa théorie de l'évolution une négation des doctrines de la création directe de l'être humain par Dieu et de la nature spirituelle de l'âme humaine. Dès 1860 en Allemagne, *L'Origine des espèces* a été condamnée par l'épiscopat. En 1875, le pape Pie IX, qui s'élevait explicitement contre toute forme de modernisme dans l'Église catholique, s'est prononcé contre la théorie transformiste des espèces, allant jusqu'à qualifier Darwin de « doigt du démon » ! Le premier concile œcuménique du Vatican (Vatican I), convoqué par Pie IX quelques années auparavant, avait prévu élever au titre de dogme la thèse du monogénisme énonçant que tous les êtres humains sont des descendants d'Adam et Ève.

Darwin lui-même n'a jamais dit que l'homme descendait du singe. Lamarck a été plus explicite à ce sujet. Toutefois, la thèse suivant laquelle l'être humain est le produit d'une évolution déployée sur des centaines de milliers d'années à partir d'espèces plus primitives implique l'idée voulant que l'être humain n'ait pas été créé directement par Dieu. Cela allait à l'encontre de la tendance conservatrice consistant à interpréter littéralement la Bible, qui était encore assez lourde à l'époque de Darwin. De plus, à la fin du 19e s., l'âge du Monde n'était encore estimé qu'à 6000 ans environ, ce qui était nettement insuffisant pour rendre compte de la grande diversité des espèces vivantes actuelles à la lumière des principes énoncés par Darwin. Ce dernier adhérait quant à lui aux théories du géologue anglais Charles Lyell, selon lequel la Terre était beaucoup plus ancienne que ce que les textes bibliques laissaient à croire.

La théorie de Darwin a donc représenté une source de conflit considérable avec l'Église chrétienne. Beaucoup d'encre a coulé et bon nombre de querelles idéologiques ont été provoquées sur cette résurgence des querelles entre les vérités de foi et les vérités de raison. Les défenseurs de Darwin ont pris position contre l'Église, ce qui a donné naissance à une grande polémique entre l'évolutionnisme et le créationnisme — polémique qui existe encore aujourd'hui, en 2021.

Au final, comme dans l'affaire Galilée, l'Église chrétienne est sortie perdante de ce conflit. L'évolutionnisme est aujourd'hui très largement admis par la communauté scientifique et fortement cautionné par la recherche. À ce jour, l'Église catholique n'a pas encore officiellement reconnu cette théorie, bien que l'on ait remarqué dans les vingt dernières années une sorte d'assouplissement de sa position, de même qu'une certaine ouverture du Vatican quant à l'idée de réconcilier la thèse d'une création initiale des espèces vivantes par Dieu et celle de leur évolution subséquente.

5. La critique psychanalytique

Concluons ce chapitre en soulignant l'existence d'un dernier grand conflit qui a opposé, au début du 20ᵉ s., l'Église chrétienne à la théorie de l'inconscient développée par Sigmund Freud (1856-1939). Nous avons déjà présenté rapidement les éléments fondamentaux de cette conception de l'esprit humain avec les instances du Ça, du Moi et du Surmoi (on consultera la troisième partie du chapitre 3). Or, cette dernière est entrée en contradiction avec la représentation de l'être humain et de sa psychologie adoptée depuis toujours par l'Église chrétienne.

La conception chrétienne de la Nature et de la condition humaine est enracinée dans la notion de péché, c'est-à-dire de mal moral, d'offense à Dieu. Dans la théologie chrétienne, le péché a toujours été conçu comme le résultat de la liberté humaine, c'est-à-dire comme le produit d'un choix volontaire. Selon la doctrine chrétienne, l'être humain a été créé libre par Dieu, ce qui le rend moralement responsable de ses actes. Chez saint Augustin (4ᵉ-5ᵉ s.) — dont l'enseignement a eu, comme nous l'avons dit plus haut, une influence considérable sur la théologie chrétienne —, en dépit de son libre arbitre, l'être humain reste une créature affaiblie dans sa connaissance et dans sa volonté en raison du péché originel commis par Adam et Ève à l'origine des temps. Pour cette raison, il s'avère incapable, par ses propres moyens, d'accomplir le bien et d'atteindre le Salut. Cependant, Dieu, qui aime sa créature, l'aide par sa grâce et la laisse libre de faire appel à lui : l'être humain a toujours la possibilité de demander à Dieu de le soutenir et de l'aider à réaliser son dessein de bonne personne.

Au début du 20ᵉ s., Freud a fait paraître ses écrits sur la théorie de l'inconscient et la cure psychanalytique. Plusieurs théories de l'inconscient existaient déjà, mais celle de Freud a été jugée particulièrement suspecte par l'Église. En effet, dans sa première version (soit avant 1920), le psychanalyste a associé le moteur de toute activité humaine au principe de plaisir (*Lustprinzip*), l'être humain étant déterminé dans ses actions par des forces instinctives inconscientes orientées vers la recherche du plaisir et l'évitement des douleurs. Le principe de plaisir (la « libido ») inclut notamment la recherche de la satisfaction sexuelle, chose que réprimait particulièrement l'Église. Dans ses *Trois essais sur la théorie sexuelle* (1905), Freud avait aussi introduit la notion de « sublimation » pour désigner le fait que les différentes formes de la créativité humaine (que ce soit dans les domaines des arts, de la littérature ou des sciences, par exemple) sont en réalité des dérivations ou des détournements inconscients de la libido vers d'autres formes d'activités culturellement plus acceptées au sein d'une société…

Or, l'Église a réagi à cette conception de l'être humain en la jugeant « pansexualiste ». Les valeurs que l'Église valorisait, telles que l'amour, le sens du travail, l'implication sociale, l'entraide, etc., pouvaient être interprétées, dans le cadre de la théorie psychanalytique de Freud, comme des dérivations psychiques ou des formes sublimées de la libido, notamment de la pulsion sexuelle ! Bien sûr, même dans le domaine de la psychologie, plusieurs théoriciens n'adhéraient pas au fait qu'une si grande place soit accordée au principe de plaisir — les idées de Freud elles-mêmes, à ce propos, ont évolué à partir de son ouvrage *Au-delà du principe de plaisir* (1920). Toutefois, il demeure que le seul fait de postuler l'existence de l'inconscient chez l'être humain contredisait de front les vues de l'Église au sujet de la liberté humaine et de la responsabilité de celui-ci au regard du mal. Bien que la position de Freud à ce propos soit nuancée, la thèse d'une détermination des activités humaines par les forces inconscientes a été perçue par l'Église comme une menace à la responsabilisation de l'être humain et de ses actes.

Encore ici, cette fois sur le terrain de la psychologie, l'Église a perdu la bataille contre la science. Que l'on soit d'accord ou non avec Freud, il demeure qu'il est prouvé aujourd'hui que l'être humain agit sous l'effet de pulsions biologiques de tous genres, lesquelles déterminent ses gestes en deçà de sa conscience, et que la volonté humaine n'est pas « libre » au sens où l'Église le présuppose depuis toujours.

* * *

S'il s'est manifesté à travers la publication des écrits freudiens et la réaction de l'Église qui s'est ensuivie, le conflit entre la liberté et le déterminisme a des origines fort lointaines, qui remontent à l'Antiquité.

Il a aussi existé au sein de l'Église chrétienne elle-même ! Au 17ᵉ s., par exemple, il y a eu la célèbre querelle entre les jansénistes et les jésuites, ou ce qui a été appelé la « controverse de la grâce ». Les jésuites faisaient en général une lecture plutôt libérale de toutes les questions touchant la morale, tandis que les jansénistes adhéraient à une perspective beaucoup plus stricte. Les jansénistes accusaient les jésuites d'hypocrisie et de laxisme, prétendant qu'ils adoptaient d'un côté la doctrine chrétienne, mais que, de l'autre, ils toléraient des comportements qu'ils ne jugeaient pas conformes à cette dernière. Par ailleurs, les jésuites accusaient les jansénistes d'être des rigoristes et de rendre la morale chrétienne impraticable. Les jansénistes étaient très influencés par la pensée d'Augustin et l'idée voulant que l'être humain, marqué par le péché originel, ait besoin de Dieu et de sa grâce comme un moyen ou un adjuvant pour le Salut. Ils adhéraient à la doctrine théologique de la « prédestination », selon laquelle Dieu a déjà choisi les individus qui seront sauvés et qui bénéficieront de la vie éternelle. De ce point de vue, les êtres humains sont en quelque sorte prédestinés à la damnation ou au salut éternel, quoi qu'ils fassent : la décision est entre les mains de Dieu. La seule chose que le fidèle puisse faire, c'est de se soumettre et d'espérer avoir été choisi...

Cette doctrine n'a pas été tolérée par l'Église chrétienne, au motif qu'elle niait pour l'être humain la liberté, et donc la responsabilité de ses actes. Pour leur part, les membres de la compagnie de Jésus (les jésuites) se présentaient comme les défenseurs du libre arbitre *(liberi arbitrii)*. Ils souscrivaient à la doctrine du théologien espagnol Luis de Molina (1536-1600), exposée dans un ouvrage paru en 1588 et intitulé *Accord du libre arbitre avec le don de la grâce, la prescience divine, la providence, la prédestination et la réprobation*. Chez Molina, Dieu détermine les règles de l'action bonne et sait par avance qui les respectera ou non (car Dieu est omniscient — il sait tout), bien que l'être humain demeure par ailleurs entièrement libre de s'y conformer ou non.

Nous reprendrons un jour cette discussion sur ce thème fascinant qu'est la liberté humaine.

Sources bibliographiques

A. Bibliographie thématique, par chapitre. Sources primaires et secondaires.

Chapitre I.
Le Monde des Atomes

Grèce et Rome antiques

Beard, Mary, *SPQR: A History of Ancient Rome*, NY, W. W. Norton & Company, 2015.
Brice, Catherine, *Histoire de Rome et des Romains*, Paris, Perrin, 2019.
Fine, John Van Antwerp, *The Ancient Greeks: A Critical History*, Cambridge, HUP, 1983.
Fornara, Charles W. et Samons, Loren J., *Athens from Cleisthenes to Pericles*, Berkeley, UC Press, 1991.
Hornblower, Simon, *The Greek World: 479-323 BC*, Londres, Routledge, 4ᵉ éd., 2011.
Lefevre, François, *Histoire du monde grec antique*, Paris, Le Livre de Poche, 2007.
Lévy, Edmond., *La Grèce au Vᵉ siècle. De Clisthène à Socrate*, Paris, Points, 1997.
Martin, Thomas R., *Ancient Greece: From Prehistoric to Hellenistic Times*, New Haven, Yale Univ. Press, 2013.
Richer, Nicolas, *Le Monde grec*, Paris, Bréal, 2010.

Atomisme classique

Augustin, Micheal J., « Weight in Greek Atomism », dans *Philosophia*, 45, 2015, p. 76-99.
Furley, David, *The Greek Cosmologists vol. 1: The Formation of the Atomic Theory and its Earliest Critics*, Cambridge (UK), CUP, 1987.
Two *Studies in the Greek Atomists*, Princeton, Princeton Univ. Press, 1967.
« Weight and Motion in Democritus' Theory » dans *Oxford Studies in Ancient Philosophy*, 1, 1983, p. 193-209.
Nizan, Paul, *Les Matérialistes de l'Antiquité*, Paris, Maspero, 1965.
Van Melsen, Andrew G., *From atomos to atom. The history of the concept atom*, Pittsburgh, Duquesne Univ. Press, 1952.

Démocrite, Épicure et l'épicurisme, Lucrèce, Gassendi et Boyle

Annas, Julia, « Epicurus on Pleasure and Happiness », dans *Philosophical Topics*, 15, 1987, p. 5-21.
Bobzien, Susanne, « Did Epicurus Discover the Free-Will Problem ? », dans *Oxford Studies in Ancient Philosophy*, 19, 2000, p. 287-337.

BOYANCÉ, Pierre, *Lucrèce et l'épicurisme*, Paris, PUF, 1963.

BOLLACK, Jean, *La Pensée du plaisir. Épicure : textes moraux, commentaires*, Paris, Minuit, 1975.

DE LACY, Phillip, « Lucretius and the history of Epicureanism », dans *Trans. of the Am. Phil. Ass.*, 79, 1948, p. 12-35.

ÉPICURE, *Lettres et Maximes*, éd. bilingue, Paris, PUF, 1987.

FURLEY, David J., « Democritus and Epicurus on Sensible Qualities », dans Brunschwig, Jacques et Nussbaum, Martha Craven (éds.), *Passions and Perceptions*, Cambridge (UK), Cambridge University Press (CUP), 1993, p. 72-94.

GAILLON-JACQUEL, Angélique, *Cueillir l'instant avec les épicuriens*, Paris, Eyrolles, 2014.

GIGANDET, Alain et MOREL, Pierre-Marie (éds.), *Lire Épicure et les épicuriens*, Paris, PUF, 2007.

GILLESPIE, Stuart et HARDIE, Philip (éds.), *The Cambridge Companion to Lucretius*, Cambridge (UK), CUP, 2007.

GUYAU, Jean-Marie, *La Morale d'Épicure*, Paris, Les Belles Lettres, Encre Marine, 2002.

HALL, Marie Boas, *Robert Boyle on Natural Philosophy*, Bloomington, Indiana Univ. Press, 1965.

JONES, Howard, « Epicurus and Epicureanism », dans GRAFTON, Anthony, Glenn W. MOST et Salvatore SETTIS (éds.), *The Classical Tradition*, Cambidge, The Belknap Press of Harvard University Press, 2010.
The Epicurean Tradition, Londres, Routledge, 1989.

JOY, Lynn Sumida, *Gassendi the Atomist : Advocate of History in an Age of Science*, Cambridge (UK), CUP, 1987.

KONSTAN, David, « Democritus the Physicist », dans *Apeiron : A Journal for Ancient Philosophy and Science 33*, 2000, p. 125-144.

KUHN, Thomas S., « Robert Boyle and Structural Chemistry in the Seventeenth Century », dans *Isis*, vol. 43, n° 1, 1952.

LUCRÈCE, *De la nature (De rerum natura)*, Paris, Flammarion, 1997, 1998.

MELVILLE, Ronald et FOWLER, Don (éds.), *Lucretius : On the Nature of the Universe*, Oxford World's Classics, Oxford, OUP, 1999, 2008.

MITSIS, Phillip, « Happiness and Death in Epicurean Ethics », dans *Apeiron : A Journal for Ancient Philosophy and Science* 35, 2002, p. 41-55.

MOREL, Pierre-Marie, *Atome et Nécessité. Démocrite, Épicure, Lucrèce*, Paris, PUF, 2000.

PURINTON, Jeffrey, « Epicurus on *Free Volition* and the Atomic Swerve », dans *Phronesis 44*, 1999, p. 253-299.

SALEM, Jean, *Démocrite, Épicure, Lucrèce. La vérité du minuscule*, Paris, Les Belles Lettres, Encre Marine, 1998.
Démocrite. Grains de poussières dans un rayon de soleil, Paris, J. Vrin, 1996.
L'Atomisme antique. Démocrite, Épicure, Lucrèce, Paris, Flammarion, 1997.
Tel un dieu parmi les hommes. L'éthique d'Épicure, Paris, J. Vrin, 1994, 2002.

SCHNECKENBURGER, Benoit, *Apprendre à philosopher avec Épicure*, Paris, Ellipses, 2011.

SEDLEY, David, *Lucretius and the Transformation of Greek Wisdom*, Cambridge (UK), CUP, 1998.

TAUSSIG, Sylvie, *Pierre Gassendi, Le Principe matériel, c'est-à-dire la matière première des choses*, Brepols, Turnhout, 2009.

WARREN, James (éd.), *The Cambridge Companion to Epicureanism*, Cambridge (UK), CUP, 2009.

WISMANN, Heinz, *Les Avatars du vide. Démocrite et les fondements de l'atomisme*, Paris, Hermann, 2010.

CHAPITRE 2.
LE MONDE DES MYTHES

Mythe, mythologie

CAMPBELL, Joseph et MOYERS, Bill, *La Puissance du Mythe*, Escalquens, Oxus, 2009.
Le Héros aux mille et un visages (1949), Paris, Le Livre de Poche, 2013.

Cassirer, Ernst, *La Philosophie des formes symboliques*, II. *La pensée mythique* (1925), Paris, Minuit, 1972
Collectif, *Sacred Narrative: Readings in the Theory of Myth.*, Berkeley, UC Press, 1984.
Dumézil, Georges, *Mythe et Épopée*, Paris, Gallimard, 1995.
Eliade, Mircea, *Aspects du mythe*, Paris, Gallimard, 1963.
Le Mythe de l'Éternel retour (1949), Paris, Folio Essais, 2001.
Le Sacré et le Profane (1965), Folio Essais, 1987.
Myth and Reality, Long Grove (Illinois), Waveland Press, 1998.
Graf, Fritz, *Greek Mythology: An Introduction*, Baltimore, JUH Press, 1996.
Gusdorf, Georges, *Mythe et Métaphysique*, Paris, Flammarion, 1953.
Honko, Lauri, « The Problem of Defining Myth », dans Dundes, Alan (éd.), *Sacred Narrative: Readings in the Theory of Myth 41-52, 53-61*, Berkeley, Univ. of Calif. Press, 1984.
Leonard, Scott, *The History of Mythology: Part I*, Youngstown, YSU, 2007, 2009.
Lesher, James, « Xenophanes », dans *The Stanford Encycl. of Philosophy* (Summer 2019), Zalta, Edward. N. (éd.) : https://plato.stanford.edu/archives/sum2019/entries/xenophanes/
Lévy-Bruhl, Lucien, *La Mythologie primitive*, Paris, Félix Alcan, 1935.
Lincoln, Bruce, « The Prehistory of Mythos and Logos », dans *Theorizing Myth: Narrative, Ideology, and Scholarship*, Chicago, The Univ. Chicago Press, 1999.
Pottier, Richard, *Anthropologie du mythe*, Paris, Kimé, 1994.
Segal, Robert A., *Myth: A Very Short Introduction*, Oxford, OUP, 2015.
Vernant, Jean-Pierre, *Mythe et société en Grèce ancienne*, Paris, Le Livre de Poche, 2014.

Pensée archaïque

Boas, Franz, *The Mind of Primitive Man*, Londres, Macmillan, 1911.
Race, Language and Culture, Chicago, The Univ. Chicago Press, 1940.
Fimiani, Mariapaola, *Lévy-Bruhl. La différence et l'archaïque*, Paris, L'Harmattan, 2000.
Keck, Frédéric, *Contradiction et Participation. Lucien Lévy-Bruhl, entre philosophie et anthropologie*, Paris, CNRS Éditions, 2007.
Leenhardt, Maurice, *Do Kamo. La personne et le mythe dans le monde mélanésien* (1947), Paris, Gallimard, 1985.
Lévi-Strauss, Claude, *La Pensée sauvage* (1962), Paris, Pocket, 1990.
Race et Histoire (1952), Paris, Denoël Gonthier, 1974.
Lévy-Bruhl, Lucien, *La Mentalité primitive* (1922), Paris, Flammarion, 2010.
Les Fonctions mentales dans les sociétés inférieures, Paris, Félix Alcan, 1910.
L'Âme primitive, Paris, PUF, 1927.
Le Surnaturel et la nature dans la mentalité primitive, Paris, PUF, 1931.
L'Expérience mystique et les symboles chez les primitifs (1938), Paris, Dunod, 2014.
Malinowski, Bronislaw, *Mœurs et coutumes des Mélanésiens* (1933), Paris, Payot, 1975.
Les Argonautes du Pacifique occidental, Paris, Gallimard, 1922.

Chapitre 3.
Le Monde des Religions

Religion, philosophie de la religion

Abraham, William J. et Aquino, Frederick D. (éds.), *The Oxford Handbook of the Epistemology of Theology*, Oxford, OUP, 2017.
Alston, William, « Religious Experience Justifies Religious Belief », dans Peterson, Micheal L. et Vanarragon, Raymond J. (éds.), *Contemporary Debates in Philosophy of Religion*, Oxford, Blackwell, 2004, p. 135-145.

Bouveresse, Jacques, *Peut-on ne pas croire ? Sur la vérité, la croyance et la foi*, Marseille, Agone, 2007.
Boyer, Pascal, *Religion Explained : The Evolutionary Origins of Religious Thought*, NY, Basic Books, 2001.
Caputo, John D., *The Religious*, Oxford, Wiley-Blackwell, 2001.
Davis, Caroline Franks, *The Evidential Force of Religious Experience*, Oxford, OUP, 1989.
Eliade, Mircea, *Traité d'histoire des religions*, Paris, Payot, 1949.
Grondin, Jean, *La Philosophie de la religion*, Paris, PUF, 2009.
Hick, John, *Philosophy of Religion* (1963), Upper Saddle River (NJ), Prentice-Hall, 4ᵉ éd. 1990.
James, William, *The Varieties of Religious Experience : A Study in Human Nature*, Longmans, Green, and Co., 1902.
Malcolm, Norman, « The Groundlessness of Religious Beliefs », dans Brown, Stuart C. (éd.), *Reason and Religion*, Ithaca, Cornell Univ. Press, 1977.
Meister, Chad (éd.), *The Oxford Handbook of Religious Diversity*, Oxford, OUP, 2010.
Noegel, Scott B, « Greek Religion and the Ancient Near East », dans Ogden, Daniel (éd.), *A Companion to Greek Religion*, Oxford, Blackwell, 2007.
Otto, Rudolf, *Le Sacré* (1917), Paris, Payot, 1995.
Pike, Nelson, *Mystic Union : An Essay in the Phenomenology of Mysticism*, Ithaca, Cornell Univ. Press, 1992.
Proudfoot, Wayne, *Religious Experience*, Berkeley, UC Press, 1985.
Sessions, William Lad, *The Concept of Faith*, Ithaca, Cornell Univ. Press, 1994.
Stace, Walter Terence, *Mysticism and Philosophy*, Londres, Macmillan, 1961.
Twiss, Sunner B. et Conser, Walter H. (éds.), *Experience of the Sacred : Readings in the Phenomenology of Religion*, Hanover, UPNE, 1992.
Vernant, Jean-Pierre, *Mythe et société en Grèce ancienne*, Paris, Maspero, 1974.
Religion grecque, religions antiques, Paris, Maspero, 1976.
Mythe et religion en Grèce ancienne, Paris, Seuil, 1990, rééd., 2014.
L'Univers, les dieux, les hommes. Récits grecs des origines, Paris, Seuil, 1999.
Wainwright, William J., *Mysticism : A Study of Its Nature, Cognitive Value, and Moral Implications*, Madison, UW Press, 1981.
Wynn, Mark, « Phenomenology of Religion », dans *The Stanford Encyclopedia of Philosophy* (Winter 2016), Zalta, Edward N. (éd.) : https://plato.stanford.edu/archives/win2016/entries/phenomenology-religion/
Yandell, Keith E., *The Epistemology of Religious Experience*, Cambridge (UK), CUP, 1993.

Inconscient, Jung, psychologie analytique

Agnel, Aimé, Cazenave, Michel, Dorly, Claire et al., *Le Vocabulaire de Jung*, Paris, Ellipses, 2005.
Ellenberger, Henri Frédéric, *Histoire de la découverte de l'inconscient*, Paris, Fayard, 2008.
Fordham, Frieda, *Introduction à la psychologie de Jung*, Paris, Imago, 2003.
Gaillard, Christian, *Jung*, Paris, PUF, 2ᵉ éd., 2001.
Jung, Carl Gustav, *Les Racines de la conscience* (1954), Paris, Le Livre de Poche, 1995.
Wilson, Colin, *Jung, le seigneur de l'inconscient*, Monaco, Le Rocher, 1985.

Chapitre 4.
Le Monde de la Nature

Penseurs présocratiques, naissance de la science

Alioto, Anthony M., *A History of Western Science*, Upper Saddle River, Prentice Hall PTR, 1987.
Anaximandre, *Fragments et Témoignages*, Paris, PUF, 1991.

COLLI, Giorgio, *Sagesse grecque. Épiménide, Phérécyde, Thalès, Anaximandre*, Paris, Éclat, 1992.

CURD, Patricia, « Presocratic Philosophy », dans *The Stanford Encyclopedia of Philosophy* (Fall 2020), ZALTA, Edward N. (éd.) : https://plato.stanford.edu/archives/fall2020/entries/presocratics/

BOLLACK, Jean, *Empédocle*, vol. I, 1965 ; vol. II et III, Paris, Minuit, 1969.

CURD, Patricia et GRAHAM, Daniel W. (éds.), *The Oxford Handbook of Presocratic Philosophy*, Oxford, OUP, 2008.

GRAHAM, Daniel W., *Explaining the Cosmos: The Ionian Tradition of Scientific Philosophy*, Princeton, Princeton Univ. Press, 2006.

GREGORY, Andrew, *Ancient Greek Cosmogony*, Londres, Duckworth, 2007.

The Presocratics and the Supernatural: Magic, Philosophy, and Science in Early Greece, Londres, Bloomsbury, 2013.

HANKINSON, R. J., « Reason, Cause, and Explanation in Presocratic Philosophy », dans CURD, Patricia et GRAHAM, Daniel W. (éds.), *The Oxford Handbook of Presocratic Philosophy*, Oxford, OUP, 2008, p. 434-457.

HARRÉ, Rom, *The Anticipation of Nature*, Londres, Hutchinson, 1965.

HEIDEGGER, Martin, « La Parole d'Anaximandre », dans *Chemins qui ne mènent nulle part*, Paris, Gallimard, 1986, p. 387-449.

INWOOD, Brad, *The Poem of Empedocles: A Text and Translation with an Introduction* (1992), Toronto Univ. of Toronto Press, 2ᵉ éd., 2001.

KAHN, Charles H., *Anaximander and the Origins of Greek Cosmology*, NY, Columbia Univ. Press, 1960.

LAHAYE, Robert, *La Philosophie ionienne. L'École de Milet*, Cèdre, 1966.

LESHER, James H., « The Emergence of Philosophical Interest in Cognition », dans *Oxford Studies in Ancient Philosophy* 12, 1994, p. 1-34.

LLOYD, Geoffrey E. R., *Les Débuts de la science grecque. De Thalès à Aristote*, Paris, La Découverte,

Magic Reason and Experience: Studies in the Origin and Development of Greek Science, Cambridge (UK), CUP, 1979.

LONGRIGG, James, « Philosophy and Medicine: Some Early Interactions », dans *Harvard Studies in Classical Philology* 67, 1963, p. 147-175.

MARCOVICH, M., *Heraclitus: Greek Text with a Short Commentary (Editio Maior)*, Bogotá, Los Andes Univ. Press, 1967.

ROVELLI, Carlo, *Anaximandre de Milet ou la Naissance de la pensée scientifique*, Paris, Dunod, 2009.

SCHOFIELD, Malcolm, « The Ionians », dans TAYLOR, Christopher C. W., *Routledge History of Philosophy, vol. I : From the Beginning to Plato*, Londres, Routledge, 1997, p. 47-87.

SCHRÖDINGER, Erwin, *La Nature et les Grecs* (1956), Paris, Les Belles Lettres, 2018.

WATERFIELD, Robin, *The First Philosophers*, Oxford, OUP, , 2000.

WEST, M. L., *Early Greek Philosophy and the Orient*, Oxford, OUP, 1971.

WRIGHT, M. R., « Presocratic Cosmologies », dans CURD, Patricia et GRAHAM, Daniel W. (éds.), *The Oxford Handbook of Presocratic Philosophy*, Oxford, OUP, 2008, p. 413-433.

CHAPITRE 5.
LE MONDE DES NOMBRES

Tradition pythagoricienne

BETEGH, Gábor, « Pythagoreanism, Orphism, and Greek Religion », dans HUFFMAN, Carl A. (éd.), *A History of Pythagoreanism*, Cambridge (UK), CUP, 2014, p. 149-166.

BREMAUD, Pierre, *Le Dossier Pythagore. Du chamanisme à la mécanique quantique*, Paris, Ellipses, 2010.

BURKERT, Walter, *Lore and Science in Ancient Pythagoreanism*, Cambridge, HUP, 1972.

D'ESPAGNAT, Bernard, *À la recherche du réel* (1979), « De Démocrite à Pythagore », Paris, Dunod, 2015.

GREGORY, Andrew, « The Pythagoreans: Number and Numerology », dans LAWRENCE, Snezana et MCCARTNEY, Mark (éds.), *Mathematicians and their Gods: Interactions Between Mathematics and Religious Beliefs*, Oxford, OUP, 2016, p. 21-50.

GUTHRIE, William Keith Chambers, *A History of Greek Philosophy I, The Earlier Presocratics and the Pythagoreans, III*, Cambridge (UK), CUP, 1962.

HUFFMAN, Carl A., *A History of Pythagoreanism*, Cambridge (UK), CUP, 2014.
Archytas of Tarentum: Pythagorean, Philosopher, and Mathematician King, Cambridge (UK), CUP, 2005.
Philolaus of Croton: Pythagorean and Presocratic, Cambridge (UK), CUP, 1993.
« Pythagorisme », dans BRUNSCHWIG, Jacques et LLOYD, Geoffrey, *Le Savoir grec. Dictionnaire critique*, Paris, Flammarion, 1996, p. 982-1000.

LOSEE, John, *A historical introduction to the Philosophy of Science*, « The Pythagorean Orientation », Oxford, OUP, 3ᵉ éd., 1993, p. 16-22.

MATTÉI, Jean-François, *Pythagore et les pythagoriciens*, Paris, PUF, 2001.

RIEDWIG, Christoph, *Pythagoras, His Life, Teaching, and Influence*, Ithaca, Cornell Univ. Press, 2002.

ROWETT, Catherine J., « Philosophy's Numerical Turn: Why the Pythagoreans' Interest in Numbers is Truly Awesome », dans SIDER, David et OBBINK, Dirk (éds.), *Doctrine and Doxography: Studies on Heraclitus and Pythagoras*, Berlin/Boston, de Gruyter, 2013, p. 3-31.

STUART, Tristram, *The Bloodless Revolution: A Cultural History of Vegetarianism from 1600 to Modern Times*, NY, W.W. Norton, 2007, p. 71-72.

SIDER, David et OBBINK, Dirk (éds.), *Doctrine and Doxography: Studies on Heraclitus and Pythagoras*, Berlin/Boston, de Gruyter, 2013.

ZHMUD, Leonid, *Pythagoras and the Early Pythagoreans*, Oxford, OUP, 2012.
« Pythagorean Communities: From Individuals to a Collective Portrait », dans SIDER, David et OBBINK, Dirk (éds.), *op. cit.*, 2013, p. 33-52.

Kepler, Galilée, Newton

ANDERSEN, Hanne, BARKER, Peter et CHEN, Xiang, *The Cognitive Structure of Scientific Revolutions*, Cambridge (UK), CUP, 2006.

CASPAR, Max, *Kepler*, Mineola (NY), Dover, 1993.

COUDERC, Paul, *Histoire de l'astronomie*, Paris, PUF, 1966.

DEPONDT, Philippe et VÉRICOURT, Guillemette de, *Kepler. L'orbe tourmenté d'un astronome*, Rodez, Rouergue, 2005.

DREYER, J. L. E., *A History of Astronomy from Thales to Kepler*, Mineola (NY), Dover, 1967.

FIELD, J. V., *Kepler's geometrical cosmology*, Chicago, The Univ. Chicago Press, 1988.

HOLTON, Gerald, « L'univers de Johannes Kepler: physique et métaphysique », dans HOLTON, Gerald, *L'Imagination scientifique*, Paris, Gallimard, 1981, p. 48-73.

LUMINET, Jean-Pierre, *Les Bâtisseurs du ciel*, Paris, JC Lattès, 2010.

LÓPEZ, Eduardo Battaner, *Les Mathématiques du mouvement planétaire. Kepler*, Barcelone, RBA Coleccionables, 2019.

KOESTLER, Arthur, *Les Somnambules. Essai sur l'histoire des conceptions de l'univers* (1959), Les Belles Lettres, 2010.

KOYRÉ, Alexandre, *Chute des corps et mouvement de la terre de Kepler à Newton. Histoire et documents d'un problème*, Paris, J. Vrin, 1973.

Études galiléennes, 3 vol., Paris, Hermann, 1939,
Du monde clos à l'univers infini (1957), Paris, Gallimard, 2003.
Études newtoniennes (1965), Paris, Gallimard, 1968, 1991.
La Révolution astronomique. Copernic, Kepler, Borelli, Paris, Hermann, 1961.
PANNEKOEK, A., *A History of Astronomy*, Mineola (NY), Dover, 1989.
SHAPIN, Steven, *The Scientific Revolution*, Chicago, The Univ. Chicago Press, 1996.
STEPHENSON, Bruce, *Kepler's physical astronomy* (1987), Princeton, Princeton Univ. Press, 1994.
WESTFALL, Richard S, *Never at Rest: A Biography of Isaac Newton*, Cambridge (UK), CUP, 1981.

Sciences et mathématiques

BACHELARD, Gaston, *La Formation de l'esprit scientifique. Contribution à une psychanalyse de la connaissance objective* (1934), Paris, J. Vrin, 2004.
BACRY, Henri, *La Symétrie dans tous ses états*, Paris, Vuibert, 2000.
FRISTON, Karl, « Of woodlice and men : A Bayesian account of cognition, life and consciousness. An interview with Karl Friston (M. Fortier et D. Friedman) », dans *ALIUS Bulletin 2*, 2018, p. 17-43.
HUFTY, André, *Introduction à la climatologie. Le rayonnement et la température, l'atmosphère, l'eau, le climat et l'activité humaine*, Louvain-la-Neuve (Belgique), De Boeck Univ., 2001.
MALDACENA, Juan et SUSSKIND, Leonard, « Cool horizons for entangled black holes », dans *Fortschritte der Physik*, vol. 61, n° 9, 2 sept. 2013, p. 781-811.
MANDELBROT, Benoit, *Les Objets fractals. Forme, hasard et dimension*, Paris, Flammarion, 1984.
MOUCHET, Amaury, *L'Élégante Efficacité des symétries*, Paris, Dunod, 2013.
POINCARÉ, Henri, *La Valeur de la Science* (1905), Paris, Flammarion, 1990.

STEWART, Ian, *17 équations qui ont changé le monde*, Paris, Laffont, 2014.
La Nature et les Nombres, Hachette, 1998, 2000.

CHAPITRE 6.
LE MONDE DES ESSENCES

Démocratie athénienne

FINLEY, Moses I., *Démocratie antique et démocratie moderne*, Paris, Payot, 2003.
HIGNETT, Charles, *A History of the Athenian Constitution*, Oxford, Clarendon Press, 1962.
MOSSE, Claude, *Histoire d'une démocratie. Athènes : des origines à la conquête macédonienne*, Paris, Seuil, 1971.
ROMILLY, Jacqueline de, *L'Élan démocratique dans l'Athènes ancienne*, Paris, De Fallois, 2005.
Problèmes de la démocratie grecque, Paris, Hermann, 1998.
SINCLAIR, R. K., *Democracy and Participation in Athens*, Cambridge (UK), CUP, 1988.
THORLEY, John, *Athenian Democracy* (*Lancaster Pamphlets in Ancient History*), Londres, Routledge, 2005.

Rhétorique, sophistes et sophistique

BROADIE, Sarah, « The Sophists and Socrates », dans SEDLEY, David (éd.), *The Cambridge Companion to Greek and Roman Philosophy*, Cambridge (UK), CUP, 2003, p. 73-97.
CASSIN, Barbara (dir.), *Positions de la sophistique*, Paris, J. Vrin, 1986.
CROISET, Alfred, « Les fragments d'Antiphon le sophiste », dans *Annuaire de l'Association pour l'encouragement des études grecques en France*, vol. 17, 1883, p. 143-160.
DILLON, John et GERGEL, Tania, *The Greek Sophists*, Londres, Penguin Classics, 2003.
DUPRÉEL, Eugène, *Les Sophistes. Les Sophistes. Protagoras, Gorgias, Prodicus, Hippias*, Neuchâtel, Griffon, 1944.

GAGARIN, Michael, *Antiphon the Athenian: Oratory, Law, and Justice in the Age of the Sophists*, Austin, UT Press, 2002.
GUTHRIE, William Keith Chambers, *Les Sophistes*, Paris, Payot, 1971.
HERRICK, James A., *The History and Theory of Rhetoric: An Introduction*, Boston, Allyn & Beacon, 2005.
KERFERD, G. B., *The Sophistic Movement*, Cambridge (UK), CUP, 1981.
MAYHEW, Robert, *Prodicus the Sophist: Texts, Translations, and Commentary*, Oxford, OUP, 2011.
PERNOT, Laurent, *La Rhétorique dans l'Antiquité*, Paris, Librairie Générale Française, 2000.
ROMEYER-DHERBEY, Gilbert, *Les Sophistes*, Paris, PUF, 1985.
VERGNIÈRES, Solange, « Les sophistes : l'utile et le bien parler », dans CAILLÉ, Alain, LAZZERI, Christian et SENELLART, Michel (dir.), *Histoire raisonnée de la philosophie morale et politique*, Paris, La Découverte, 2001, p. 81-85.

Relativisme et moralité

BAGHRAMIAN, Maria, *Relativism*, Londres, NY, Routledge, 2004.
« Relativism: A Brief History », dans Krausz, M. (éd.), *Relativism: A Contemporary Anthology*, NY, Columbia Univ. Press. 2010, p. 31-50.
BETT, Richard, « The Sophists and Relativism », dans *Phronesis 34*, 1989, p. 139-169.
BOAS, Franz, *Race, Language and Culture*, Chicago, The Univ. Chicago Press, 1940.
BOUDON, Raymond, *Le Relativisme*, Paris, PUF, 2008.
Le Juste et le Vrai. Études sur l'objectivité des valeurs et de la connaissance, Paris, Fayard, 1995.
COX, Christoph, *Nietzsche: Naturalism and Interpretation*, Berkeley, UC Press, 1999.
HARE, Richard Mervyn, *Sorting out Ethics*, Oxford, OUP, 2000.

HARMAN, G. et THOMSON, Judith J. *Moral Relativism and Moral Objectivity*, Oxford, Blackwell, 1996.
HARRÉ, Ron et KRAUSZ, Micheal, *Varieties of Relativism*, Oxford, Blackwell, 1996.
LUKES, Steven, *Le Relativisme moral*, Genève, Markus Haller, 2015.
MARGOLIS, Joseph, *The Truth About Relativism*, Oxford, Blackwell, 1991.
MATHEWS, Freya « Cultural Relativism and Environmental Ethics », *IUCN Ethics Working Group Report n° 5*, 1994.
OGIEN, Ruwen, *Le Réalisme moral*, Paris, PUF, 1999.
L'Éthique aujourd'hui. Maximalistes et minimalistes, Paris, Gallimard, 2007.
RACHELS, James, *The Elements of Moral Philosophy*, NY, McGraw-Hill, 2007.
SANDALL, Roger, *The Culture Cult: Designer Tribalism and Other Essays*, Londres, Routledge, 2001.
WITTGENSTEIN, Ludwig, *Conférence sur l'éthique* suivi de *Note sur des conversations avec Wittgenstein de Friedrich Waismann*, Paris, Gallimard, 2008.
WONG, David B., *Moral Relativity*, Berkeley, UC Press, 1986.
Natural Moralities. A Defense of Pluralistic Relativism, Oxford, OUP, 2006.
WOODRUFF, Paul, « Rhetoric and Relativism: Protagoras and Gorgias », dans LONG, A. A. (éd.), *The Cambridge Companion to Early Greek Philosophy*, Cambridge (UK), CUP, 1999, p. 290-310.

Socrate

BOUTROUX, Émile, *Socrate, fondateur de la science morale* (1883), Paris, Hachette Livre BNF, 2017.
BRICKHOUSE, Thomas C. et SMITH, Nicholas D., *The Philosophy of Socrates*, Boulder (Colorado), Westview Press, 2000.
CHAPADOS, Steeven, « Définition », « Essence », dans *Dictionnaire philosophique et historique de la logique*, Québec, Presses de l'Univ. Laval et Paris, Hermann, 2017.
DORION, Louis-André, *Socrate*, Paris, PUF, 2018.

MORRISON, Donald R. (dir.), *The Cambridge Companion to Socrates*, Cambridge (UK), CUP, 2011.
PLATON, *Œuvres complètes*, Paris, Flammarion, 2008.
VLASTOS, Gregory, *Socratic Studies*, Cambridge (UK), CUP, 1994.
WOLFF, Francis, *Socrate* (1985), Paris, PUF, 2010.

CHAPITRE 7.
LE MONDE DE LA LOGIQUE

Aristote

« LYCEUM », dans *The Cambridge Dictionary of Philosophy*, Cambridge (UK), CUP, 1999.
ACKRILL, John L., *Aristotle the Philosopher*, Oxford, OUP, 1981.
HADOT, Pierre, *Qu'est-ce que la philosophie antique?*, Paris, Gallimard, 1995.
KIERNAN, Thomas P. (éd.), *Aristotle Dictionary*, Philosophical Library, 1962.
MOREL, Pierre-Marie, *Aristote*, Paris, Flammarion, 2003.
PELLEGRIN, Pierre (dir.) et HECQUET-DEVIENNE, Myriam, *Aristote. Œuvres complètes*, Paris, Flammarion, 2014.
Le Vocabulaire d'Aristote, Paris, Ellipses, 2009.

Logique

BLANCHÉ, Robert., *La Logique et son histoire d'Aristote à Russell*, Paris, Armand Colin, 1970.
Le Raisonnement, Paris, PUF, 1973.
BOCHEŃSKI, Józef Maria, *Ancient Formal Logic*, Amsterdam, North-Holland, 1951.
CHAPADOS, Steeven, « Carré logique », « Dialectique », « Logique », « Majeur », « Mineur », « Moyen terme », « Prémisse », « Raisonnement », « Raisonnement déductif », « Syllogisme », « Validité », « Vérité », dans *Dictionnaire philosophique et historique de la logique*, Québec, Presses de l'Univ. Laval et Paris, Hermann, 2017.

LEWIS, Frank A., *Substance and Predication in Aristotle*, Cambridge (UK), CUP, 1991.
ROSE, Lynn E., *Aristotle's Syllogistic*, Springfield (Illinois), Charles C. Thomas, 1968.
SMITH, Robin, « Aristotle's Logic », dans *The Stanford Encyclopedia of Philosophy* (Feb 2017), ZALTA, Edward N. (éd.) : https://plato.stanford.edu/entries/aristotle-logic/

CHAPITRE 8.
LE MONDE DES RAPPORTS ENTRE LA FOI ET LA RAISON

BECQUEMONT, Daniel, *Darwin, darwinisme, évolutionnisme*, Paris, Kimé, 1992.
BERETTA, Francesco (dir.), *Galilée en procès, Galilée réhabilité?*, Saint-Maurice (Suisse), Saint-Augustin, 2005.
BREHIER, Émile, *Histoire de la philosophie*, tome 2. *La philosophie moderne*, Paris, Librairie Félix Alcan, 1929-1932.
BRÉMOND, Alain (dir.), *Sur les traces de Galilée. Sidereus nuncius. La vision révolutionnaire du ciel. 1609-2009*, Brignais, Traboules, 2009.
BYRNE, Peter, *Kant on God*, UK et Burlington, Ashgate, 2007.
CHANTIN, Jean-Pierre, *Le Jansénisme*, Paris, Cerf, 1996.
CHAUSSINAND-NOGARET, Guy, *Voltaire et le siècle des Lumières*, Bruxelles, Complexe, 1994.
DELBOS, Victor, *La Philosophie pratique de Kant*, Paris, Félix Alcan, 1905.
DELIGEORGES, Stéphane, *Foucault et ses pendules*, Sutton (Québec), Carré, 1995.
GALILÉE, *Dialogue sur les deux grands systèmes du monde* (1632), Paris, Seuil, 2000.
HAWKING, Stephen, *Sur les épaules des géants*, Paris, Dunod, 2003.
HUME, David, *Dialogues sur la religion naturelle* (1779), Paris, Gallimard, 2009.
Enquête sur l'entendement humain (1748), Paris, Flammarion, 2006.

Jones, Ernest, *La Vie et l'œuvre de Sigmund Freud*, Paris, PUF, 2006.
Kant, Emmanuel, *La Religion dans les limites de la Raison* (1794), Paris, Félix Alcan, 1913.
Kremer-Marietti, Angèle, *Le Positivisme*, Paris, PUF, 2ᵉ éd., 1993.
Lecourt, Dominique (dir.), *Dictionnaire d'histoire et philosophie des sciences*, Paris, PUF, 4ᵉ éd. 2006.
Lézé, Samuel, *Freud Wars. Un siècle de scandales*, Paris, PUF, 2017.
Petit, Annie, *Le Système d'Auguste Comte. De la science à la religion par la philosophie*, Paris, J. Vrin, 2016.
Redondi, Pietro, *Galilée hérétique*, Paris, Gallimard, 1985.
Stengers, Isabelle, « Les affaires Galilée », dans *Éléments d'histoire des sciences*, Serres, Michel (dir.), Paris, Bordas, 1997.
Pomeau, René, *La Religion de Voltaire*, Paris, Armand Colin, 2ᵉ éd., 1969.
Tort, Patrick, *Darwin et le darwinisme*, Paris, PUF, 2005. *L'Effet Darwin. Sélection naturelle et naissance de la civilisation*, Paris, Seuil, 2008.
Voltaire, *Dictionnaire philosophique* (1764), Paris, Garnier Frères, 2008.
Wood, Allen W., *Kant's Moral Religion*, Ithaca, Cornell Univ. Press, 1970.

B. Bibliographie générale — histoire des idées

Collectif, *Dictionnaire des philosophes*, Paris, Encyclopædia Universalis et Albin Michel, 1998.
Algra, Keimpe, Barnes, Jonathan, Mansfeld, Jaap et Schofield, Malcolm (éds.), *The Cambridge History of Hellenistic Philosophy*, Cambridge (UK), CUP, 1999.
Auroux, Sylvain (dir), *Encyclopédie philosophique universelle. Les notions philosophiques*, Paris, PUF, 2 vol., 1990.
Baraquin, Noëlla et Laffitte, Jacqueline, *Dictionnaire des philosophes*, Paris, Armand Colin, 3ᵉ éd., 2008.
Barnes, Jonathan, *The Presocratic Philosophers*, vol. I: *Thales to Zeno*, Londres, Routledge, 1982.
Blay, Michel, *Dictionnaire des concepts philosophiques*, Paris, Larousse, 2005.
Brehier, Émile, *Histoire de la philosophie*, tome I. *L'Antiquité et le Moyen âge*, Paris, Librairie Félix Alcan, 1928.
Brunschwig Jacques et Lloyd, Geoffrey, *Le Savoir grec. Dictionnaire critique*, Paris, Flammarion, 1996.
Brun, Jean, *Les Présocratiques*, Paris, PUF, 2019.
Cornford, Francis Macdonald, *Principium Sapientiæ: The Origins of Greek Philosophical Thought*, Cambridge (UK), CUP, 1952, Gloucester (Mass.), Peter Smith, 1971.
Diogène laërce, *Vies et doctrines des philosophes illustres*, Paris, Le Livre de Poche, 1999.
Dumont, Jean-Paul (éd.), *Les Écoles présocratiques*, Paris, Gallimard, 1991.
Jardine, Nicholas et Segonds, Alain-Philippe, *La Guerre des astronomes*, Paris, Les Belles Lettres, 2008.
Jaffro, Laurent et Labrune, Monique, *Gradus philosophique*, Paris, GF-Flammarion, 3ᵉ éd., 1995.
Gingerich, Owen, *Dictionary of Scientific Biography*, NY, Charles Scribner's Sons, 1973.
Guthrie, William Keith Chambers *A History of Greek Philosophy I, The Earlier Presocratics and the Pythagoreans, III*, Cambridge (UK), CUP, 1962.

KUHN, Thomas S., *The Copernican Revolution: Planetary Astronomy in the Development of Western Thought*, Cambridge, HUP, 1957.
LE GOFF, Jacques, *Les Intellectuels au Moyen Âge*, Paris, Seuil, 1957.
LONG, A. A. (éd.), *The Cambridge Companion to Early Greek Philosophy*, Cambridge (UK), CUP, 1999.
RONAN, Colin A., *Histoire mondiale des sciences*, Paris, Seuil, 1999.
VERNANT, Jean-Pierre, *Les Origines de la pensée grecque*, Paris, CNRS Éditions, 1962 ; Paris, PUF, 2007 (10ᵉ éd.).
Mythe et société en Grèce ancienne, Paris, Maspero, 1974.
L'Univers, les dieux, les hommes. Récits grecs des origines, Paris, Seuil, 1999.
WESTFALL, Richard S., *The Construction of Modern Science: Mechanism and Mechanics* (1971), Cambridge (R.-U.), Cambridge (UK), CUP, 1978.

WILSON, Nigel (éd.), *Encyclopedia of Ancient Greece*, NY, Routledge, 2006.
WOLF, Abraham, *A History of Science, Technology and Philosophy in the 16th and 17th centuries*, Londres, George Allen & Unwin, 1950.
ZELLER, Édouard, *La Philosophie des Grecs*, Paris, Hachette, 1882.

Index

A
accélération 278
accident (propriété accidentelle) 342, 344, 345, 349
affirmation 364, 391
agonistique 352
Albert le Grand 405
alchimie 141, 167, 168, 175, 176, 210, 261
Alcméon de Crotone (pythagoricien) 242, 259
Alexandre d'Aphrodise 357
al-Kindî 261
al-Tusi 273
âme 34, 37-43, 58-63, 71-74, 98-100, 106, 114, 119, 133, 139, 141, 159, 160, 203, 220, 221, 223, 224, 245, 248-250, 253, 263, 333, 346, 349, 350, 387, 403, 405, 412, 414, 415, 437
amitié 209, 335, 346, 349
Ammonios Saccas 402
Anaxagore de Clazomènes 47, 205, 206, 218
Anaximandre 189, 193, 195, 196, 199, 202-207, 213, 214, 219, 220, 227, 241, 244, 257, 300, 301, 345

Anaximène 189, 193, 195, 196, 204, 206, 213, 220, 241, 244, 300, 345
Andronicos de Rhodes 357, 360, 361, 386
anhypothétique 201
animalisme 262
animisme 99, 100, 116, 117, 140, 152, 226, 433, 434
Anthropologie culturelle (ou Ethnologie) 86
anthropomorphisme 91, 216, 217
Antiphon (sophiste) 327
antiproton (antimatière) 294
Antiquité 25, 34, 58, 62, 68, 75, 90, 120, 121, 129, 139, 183, 189, 190, 199, 217, 229, 237-239, 255, 274, 278, 300, 302, 312, 314, 388, 396, 401, 413, 418, 426, 439
antiréalisme 292
apodictique 389
aponie (v. aussi ataraxie) 39, 43, 60
a posteriori 394
apparence (v. aussi phénomène) 50, 52, 78, 98, 142, 197, 198, 204, 208, 212, 213, 228, 256, 278, 282, 284, 291, 318, 319, 329, 336, 347, 348, 352, 367, 381, 399

approches bayésiennes de la fonction cérébrale 289
a priori 154, 170, 171, 176, 177, 394
archétype 169-173, 175, 176, 178
archétypes 176, 178
Archytas de Tarente 233, 236-243, 245, 247, 248, 254-256, 259, 261, 263, 272, 280, 300, 302
argumentation 72, 205, 231, 300, 335, 398, 400
Aristée de Crotone (pythagoricien) 259
Aristippe de Cyrène (socratique) 35
Aristoclès de Messine (aristotélicien) 357
aristocratie 29, 65, 303, 304, 309, 320, 425
Ariston de Céos (aristotélicien) 357
Aristophane 352
Aristote 32, 35, 45, 47, 48, 55, 56, 58, 74, 78, 113, 192-198, 200-203, 210, 226, 230, 231, 237-239, 241, 244, 250, 257, 260, 272, 273, 301, 311, 319, 331, 332, 335, 339-341, 344, 345, 347, 350, 351, 353, 355-360, 362-364, 366-369, 374, 377, 381-389, 392-397,

407-411, 413, 416, 417, 419, 420, 426
arithmétique 247, 253, 258, 263, 291
arithmologie 263
art oratoire 309
Aspasie 189
astrologie 44, 418
astronomie 25, 31, 75, 77, 191, 192, 199, 200, 206, 228-230, 237, 239, 241, 247, 263, 266, 273, 274, 276, 281, 332, 359, 360, 410, 412, 420, 427
ataraxie (v. aussi aponie) 39, 42, 60, 245
athéisme 91, 121, 125, 219, 430, 433
atome 43, 45-51, 53-63, 70, 72-75, 77, 79, 194, 206, 210, 212, 220, 257, 258, 264, 271, 285, 315, 316, 332, 336, 345
atomisme 44, 49, 56, 57, 63, 72, 73, 79, 189, 264, 271, 310
Augustin (saint) 123, 261, 405-407, 411, 430, 438, 440
Averroès 195, 394

B

Bachelard, Gaston 295, 296
Bacon, Francis 427
barbare 326, 327
Barrett, David G. 121, 126
Bayes, Thomas 288
beauté 159, 160, 257, 258, 311, 328, 334
Bède le Vénérable 405, 407
Bekker, Immanuel 386
Benedict, Ruth 87
Berkeley, George 229
Bernoulli, Jean 229

bien 107, 119, 322, 324, 325, 330, 339, 349, 403, 438
Big Bang 120, 134, 221, 291
Big Crunch 221
biologie 206, 286, 383, 386, 387, 397
Boas, Franz 87, 106, 107, 326
Boèce 255, 360
Böhme, Jacob 158
bonheur 33-35, 37-43, 60, 70, 72, 245
Boole, George 377
bouddhisme 121, 140, 161
Boulagoras (pythagoricien) 259
Boulê 304, 305
boulêsis 74
Boyle, Robert 77, 78
Bradley, James 132, 422, 423
Bradwardine, Thomas 273
Brahé, Tycho 274
Breuer, Josef 165
Brontinos (pythagoricien) 259
Bruno, Giordano 53, 76, 77, 237, 416, 420

C

Ça 163
Caecus, Appius Claudius 259
Callippe de Cyzique 239
Callisthène 385
Campbell, Joseph 88
cannibalisme 96, 106
carré logique (ou des oppositions, d'Aristote) 369
Cassirer, Ernst 93
Castaneda, Carlos 141
catégories de l'entendement 177
Caton l'Ancien 260

cause, causalité 50, 51, 53, 57, 58, 75, 94, 95, 112, 113, 117, 123, 200-202, 218, 219, 222, 223, 225, 226, 288, 289, 300, 355, 394, 395, 403, 409, 410, 428, 429, 432
cause, causalité première 113, 165, 200-202, 289, 410
cause, causalité seconde 110, 112, 113, 120, 409, 410
Cavendish, Henry 284
Cébès de Thèbes 247
cérémonie (religieuse) 96-98, 128-130, 248, 431
chamanisme 241
chaos 203, 214, 257, 258
Chateaubriand, François-René de 160
chimie 78
Chladni, Ernst 229
christianisme 38, 68, 75, 79, 121, 123, 129, 136, 144, 147-152, 160, 171, 172, 250, 261, 302, 324, 401, 402, 404, 406, 424, 432
Chrysippe de Soles 332
chute des corps (v. aussi gravitation) 279, 281, 293, 422, 428
Cicéron 71, 72, 74, 122, 238, 330, 345, 350, 357
citoyenneté 304, 307, 310
Clément d'Alexandrie 220
Clisthène 28, 64, 304, 306
Comte, Auguste 103, 432, 433
Condominas, Georges 87
connaissance de soi 333, 334, 355
connaissance initiatique 141
conscience 81, 87, 93, 96, 98, 99, 103, 104, 162,

165, 171, 173, 178, 181, 196, 439
conscience intellectuelle 93
conscience mythique 81, 87, 93-99, 143
constante de Planck (h) 284
constante fondamentale 284
constante gravitationnelle 284
contradiction 319, 368, 370, 430
contrariété 368, 370, 371, 373
convention 50, 53, 315, 326, 327
Copernic, Nicolas 52, 132, 239, 273-275, 412, 419, 421
Corax (sophiste) 310
cosmogonie 117, 135, 206, 219, 222, 227
cosmologie 25, 44, 120, 142, 143, 199, 206, 219, 221, 222, 226, 237, 282, 332, 386, 387, 417, 419
cosmos 43, 94, 100, 194, 199, 254, 256, 258, 263, 264, 272, 275, 276, 281, 355
Cratippe de Pergame (aristotélicien) 357
créationnisme 435, 437
croyance 43, 75, 77, 83, 86, 97, 104, 107, 120, 121, 127, 131-141, 147, 150, 155, 161, 166, 169, 249, 263, 277, 289, 297, 301, 314, 337, 428
Cues, Nicolas de 53
culte à Mystères 250
culte (ou rituel) 95-98, 100, 106, 117, 121-123, 125, 127-131, 133-135, 140, 145, 150, 152, 161, 214, 219, 222, 249, 264, 306, 431-433

Cuvier, Georges 384
cynisme 302, 331
cyrénaïsme 35, 42, 302, 331

D
Dalton, John 79
Dante Alighieri 393
déclinaison ou déviation (*parenklisis*) 55, 61
définition 335-337, 339, 340-346, 348
dème 304
démesure (*hybris*) 34, 253, 339
démocratie (athénienne) 25, 29, 302, 304-310, 320, 355
Démocrite 44-58, 73, 125, 185, 189, 210, 212, 220, 231, 241, 251, 257, 258, 285, 300, 301, 303, 310, 315, 316, 331, 332, 336, 345
Denys l'Aréopagite 404
Descartes, René 56, 77, 203, 356, 413-416, 421, 426, 430
description 230, 342, 383
désir 36, 37, 39-42, 58, 63, 125, 244, 312, 323
dessein intelligent 429
destin (ou fatalité) 62, 74, 135, 136, 207, 214, 217, 301, 304, 440
déterminisme 57, 58, 61, 62, 269, 438, 439
devoir 143, 262, 325, 432
Dieu 63, 94, 113, 120, 122-124, 128, 133, 136, 138-142, 151, 156, 250, 269, 276, 277, 324, 403, 405, 406, 408, 409, 412, 414, 418, 420, 425, 429, 430, 431, 437, 438, 440
dieux 53, 71, 75, 89-91, 99, 112, 121, 128, 129, 131, 136, 137, 140, 143, 159, 181, 213-217, 219,

223, 225, 227, 249, 306, 332, 355, 432
Diogène d'Apollonie 204, 206
Diogène Laërce 38, 44, 199, 387
Dirac, Paul 294
divination 242
Dürer, Albrecht 266
Duret, Noël 228
Durkheim, Émile 127, 146, 147, 152, 169
dynamique 280, 422

E
Ecclésia 305
Échécrate (pythagoricien) 259
Eckhart (Maître) 405
Ecphantos (pythagoricien) 259
Eddington, Arthur 294
Einstein, Albert 51, 79, 102, 237, 276, 283-285, 290, 291, 294
élément 198, 200, 201, 203, 204, 208, 212, 215, 257, 264, 332
Eliade, Mircea 82, 83, 87, 89-91, 93-96, 98, 100, 117, 126, 134, 143, 154
Ellenberger, Henri 164
émanation 403, 405
Empédocle d'Agrigente 209
Empédocle d'Agrigente 47, 206, 208-211, 221, 223, 235, 250, 300, 301, 312, 331, 345
empire macédonien 30, 234
empire romain 68, 75, 147, 148, 190, 261, 401, 405
empirisme 141, 227, 426-428
Épicharme de Cos (pythagoricien) 259

Épicure 30, 32-34, 37-40, 42-45, 49, 54-66, 70-76, 78, 122, 123, 125, 210, 212, 220, 243, 245, 257, 300, 332, 385
épicurisme 34, 39, 40, 42, 63, 71, 72, 264, 302
époque contemporaine 48, 153, 327, 386
époque moderne 34, 77, 78, 79, 113, 116, 139, 201, 203, 210, 262, 271-274, 276, 277, 279-281, 301, 396, 407, 411-413, 416, 422
eschatologie 136, 137
essence (*ousia*) 194, 296, 297, 341-350, 355
état de nature 310
éternité 46, 47, 53, 73, 136, 138, 139, 202, 207, 209, 220, 221, 251, 258, 435, 440
éther (au sens d'Aristote) 210
éthique 38, 44, 245, 262, 333, 360, 385-387, 397
ethnocentrisme 87, 107, 108, 326
ethnologie 87, 97, 102, 115, 121, 168, 326, 327
Euclide d'Alexandrie 265, 267
Eudème de Rhodes (aristotélicien) 357
eudémonisme 33, 63
Eudoxe de Cnide 238, 239, 243, 247, 259, 267, 276
Euripide 310
Eurytos (pythagoricien) 249, 259
Evans-Pritchard, Edward Evan 87
évolutionnisme 437
existentialisme 62
expérimentation 222, 295, 296
explication 51, 75, 78, 94, 123, 201, 219, 223, 226, 227, 229, 230, 394, 395, 433
explication mythique 94, 117, 219, 226

F
fait social 146, 169
fausseté (faux) 371, 372, 390
Fibonacci, Leonardo 268
Ficin, Marsile 262
fixisme 434
foi 137-140, 145, 148-150, 157, 166, 393, 401, 405-408, 411-414, 416, 420, 424-426, 428, 430, 431, 434, 437
force 209, 210, 211, 221, 273, 280, 284
Foucault, Léon 422
fractale 271
Francesca, Piero della 266
Franz, Marie-Louise Von 176
Frazer, James George 92
Frege, Gottlob 377
Freud, Sigmund 88, 125, 163, 165-169, 172, 175, 211, 434, 438, 439
Friston, Karl 289

G
Galilée 77, 78, 266, 272, 274-281, 291-293, 356, 411, 413, 414, 417-424, 428, 434, 437
Gartydas de Crotone (pythagoricien) 259
Gassendi, Pierre 77, 78
Gauss, Carl Friedrich 229, 287
Geber (Jâbir Ibn Hayyân) 261
géocentrisme 239, 419, 420
géométrie 190, 191, 206, 241, 247, 266, 276, 359

gnosticisme 141, 142, 168, 176
Gorgias (sophiste) 310, 312, 313, 334
grâce divine 62, 138, 438, 440
gravitation, gravité (v. aussi Loi de la gravitation universelle) 78, 210, 237, 276, 278, 280, 281, 284, 290, 291, 294, 343
Grégoire de Nysse (saint) 404, 405
Grondin, Jean 126, 127
Guillaume d'Occam 394, 395
Gusdorf, Georges 93

H
habitude 103, 104, 109, 112, 315, 337, 400, 428
Halley, Edmund 77
Hartmann, Eduard von 162
hasard 53, 55, 75, 110, 258, 277, 286, 391, 436
Hécatée 189
hédonisme 39, 42
Heidegger, Martin 52, 203
héliocentrisme 419, 420, 422, 423
Helmholtz, Hermann von 433
Héraclide du Pont 244, 382
Héraclite d'Éphèse 206, 207, 213, 220, 221, 242, 300, 301, 331, 345
Hermarque de Mytilène (épicurien) 34, 37
hermétisme 141, 168, 175
Hérodote (épicurien) 34, 38, 42
Hérodote (historien) 184
Hésiode 91, 136, 145, 214
Hicétas de Syracuse (pythagoricien) 259
Hillman, James 176

hindouisme 121, 124, 128, 144, 145, 147, 151, 152, 161, 171, 172, 250, 263
Hippase de Métaponte (pythagoricien) 206, 242, 243, 247, 259
Hippias (sophiste) 311, 334
Hippocrate 222-225, 300
Hippodamos 188
Homère 91, 145, 183
Hooke, Robert 77
Horace 236
Hugues de St-Victor 405
Hume, David 426-430
humeur (théorie des) 223-225
Huygens, Christian 77
hypothèse 187, 213, 288, 289, 419, 420

I
ibn al-Shâtir 273
idéalisme 264
Idoménée (épicurien) 34
immatériel 58, 79, 203, 249, 252, 264
immoral 106, 107, 119, 321
inconscient 162-170, 173, 178
inconscient collectif 168-171, 175, 176
inconscient personnel 171
indéterminé (ou illimité, ápeiron) 202, 203, 211, 213, 220, 231, 345
individualisme 321, 325, 332
individuation 173, 174, 176
induction 396, 433
inertie (ou principe d'inertie) 78
infini 43, 45, 47, 53, 73, 76, 79, 220, 237, 257, 285, 417

intelligence (*noēsis*) 50, 54, 196, 205, 212, 227, 228, 256, 316, 329, 344, 396
intelligible 228, 252, 254, 256, 264
Isidore de Séville 123
islam 121, 129, 147, 150, 151, 153, 261, 262, 266, 268, 273, 357, 360, 393, 408, 424
Isocrate (sophiste) 310, 311
isonomie 304, 306

J
Jacques (saint) 149
Jamblique 260, 262
James, William 158
Janet, Pierre 164, 167
jansénisme 157, 440
Jardin d'Épicure 30, 33, 34, 37, 63, 65
Jean de la Croix (saint) 141
Jean Scot Érigène 405
jésuites 157, 440
Jésus 66, 138, 139, 144, 147-149, 250
Jevons, William Stanley 377
jouissance 34, 35, 42
judaïsme 124, 130, 144, 147-151, 401, 424
jugement 87, 107, 108, 136, 322, 325, 348, 349
jugement de fait (ou de réalité) 324, 325, 328, 350
jugement esthétique (ou de goût) 328, 350
jugement moral 322-325
Jung, Carl Gustav 88, 164-167, 169, 173, 174, 176-178
justice 263, 330, 335-339, 349

K
Kant, Emmanuel 120, 177, 178, 325, 377, 426, 430, 431, 432
Kepler, Johannes 77, 210, 266, 274-277, 281, 411, 412, 418

L
La Bruyère, Jean de 386
Lactance 122, 123, 131
La Fontaine, Jean de 76
Lamarck, Jean-Baptiste de 435-437
Lamennais, Félicité Robert de 160
langage 293-296, 313, 326, 347, 348, 351, 352, 362, 375
Laplace, Pierre-Simon de 287, 288
Leenhardt, Maurice 96, 97, 101
Leibniz, Gottfried Wilhelm 77, 79, 228, 426
Léonard de Vinci 265, 266, 268
Léonteus (épicurien) 34
Leucippe 43-45, 73, 189, 210, 212, 301
Lévi-Strauss, Claude 87, 107, 116, 145, 326
Lévy-Bruhl, Lucien 100-102, 107, 115-117, 126, 147, 168
liberté 56-58, 61-63, 74, 205, 438-440
Littré, Émile 433
Locke, John 427
logique 25, 116, 139, 289, 313, 319, 353, 356, 360, 369, 373-375, 377, 380, 381, 386-390, 397, 411, 430
logique formelle 375, 377
logique mathématique 377

458 ～ Monde

logique traditionnelle 360, 381
loi de la gravitation universelle (Newton) 281, 284
loi normale 287
lois de probabilité 286
Lucrèce 55, 64, 66, 69-72, 74-76, 78, 122, 123, 194, 212, 220, 237, 257, 300, 345, 407
Luc (saint) 149
Lyell, Charles 437
Lysis de Tarente 241

M
MacColl, Hugh 377
magie 97, 222, 242
magnétisme 210, 229
Mahomet 150
majeur.e 377-379, 381, 399
mal 114, 119, 172, 322, 324, 325, 338, 339, 403, 438
maladie 222-225, 263
Maldacena, Juan Martín 290
Malinowski, Bronisław 86, 102
mal involontaire 338, 339
mana 99, 114
Mandelbrot, Benoît 271
Manuce, Alde 386
marxisme 433
Marx, Karl 125
matérialisme 59, 79, 81, 110, 125, 222, 226, 258, 264
mathématiques 25, 31, 44, 77, 192, 226, 230, 239, 241, 252-254, 258, 262, 263, 265-269, 271-273, 275-277, 282, 283, 286-288, 290-298, 332, 360, 377, 387, 397, 410, 427
matière 45, 47, 48, 54-62, 71, 74, 75, 79, 95, 192, 197, 198, 200, 201, 203, 204, 207-213, 215, 217, 219, 220, 226, 227, 231, 249, 252, 264, 265, 276, 283, 284, 290, 292-294, 300, 332, 335, 342, 343, 345, 403, 406
Maupertuis, Pierre Louis Moreau de 229
Mauss, Marcel 87, 100
Mead, Margaret 87
mécanicisme 56-58, 63, 72
mécanique 31, 210, 237, 247, 271, 273, 281, 415, 424
mécanique quantique 79, 143, 282, 284, 290, 294
médecine 31, 44, 129, 222, 223, 225, 247, 286, 387, 410, 415
métaphysique 103, 117, 203, 386, 387, 432, 433
Métrodore (épicurien) 34
Mill, John Stuart 433
mineur.e 378, 379, 381
miracle 428
Mnésarque (pythagoricien) 259
Moi 163, 172, 173
Molière 76
Molina, Luis de 440
monarchie 29, 65, 303, 306, 309
monogénisme 437
monomythe 88
Montaigne, Michel de 76
morale 33, 34, 42, 43, 60, 62, 63, 72, 101, 106, 107-109, 119, 120, 124, 125, 243, 252, 313, 321-326, 328, 332, 333, 335, 337, 338, 346, 347, 349, 351, 355, 387, 397, 415, 424, 430, 431, 438, 440
More, Thomas 76
mort 43, 59, 60, 63, 71, 74, 91-94, 113, 114, 119, 125, 134, 429

mouvement 43, 49, 51, 57-59, 61, 74, 75, 78, 199, 228, 249, 258, 273, 277, 279-281, 283, 292, 387, 422
mouvement céleste 251, 281
mouvement planétaire 230, 239, 243, 251, 273-276, 281, 419, 423
Moyen Âge 68, 75, 113, 123, 141, 144, 153, 167, 190, 194, 195, 210, 225, 228, 239, 255, 261, 262, 266, 272, 273, 302, 345, 357, 360, 369, 381, 393-395, 405, 407-410, 411, 413, 416
moyen terme 378, 379, 381, 382
multiple 403
multivers (ou univers multiples, pluralité des Mondes) 53, 54, 71, 75, 76, 220, 417
musique 44, 155, 246, 247, 254, 256, 262, 263
mythe 43, 81-83, 87-99, 140, 143-145, 166, 169, 170, 173, 214
mythe cosmogonique 100, 117
mythe d'origine 100
mythe profane 145
mythe religieux 145
mythique 90, 92, 94-97, 110, 143, 145, 146, 157
mythologie 73, 81, 82, 86, 90, 91, 99, 143-145, 170-172, 214, 215, 217, 218, 222, 226, 227, 332, 346, 434

N
nature naturante 195, 212
nature naturée 195, 212
Nature (*phúsis*) 43, 47, 48, 57-62, 72-74, 91, 94, 110, 112, 113, 143,

192, 193-204, 206-213, 217-222, 225-228, 230, 231, 257, 258, 265, 266, 268, 271, 272, 274, 277, 282-286, 291, 293, 295-298, 300, 301, 332, 333, 335, 346, 355, 403, 409-412, 415, 418, 420, 427, 429, 432, 433, 438
Nausiphane de Téos 54, 73
nécessité 36, 37, 39, 41, 62, 207, 341, 379, 380, 391, 396, 398, 428, 431
négation 364, 366
néoplatonisme 260, 261, 262, 302, 401-406, 408
névrose 104, 125
Newton, Isaac 77-79, 196, 210, 237, 266, 276, 280, 281, 284, 294, 356, 411, 413
Nietzsche, Friedrich 125, 162, 163, 167, 322-324
nombre d'or 266-269, 276, 297
noumène 178
numineux 134, 146, 153-155, 157, 160, 161, 169

O

objectif (objectivité) 106, 170, 298, 317, 318, 320, 323, 325, 348, 349, 350
obscurantisme 72, 423, 424, 432
observation participante 87
offrande 128, 129, 145
Ohm, Georg 229
oligarchie 29, 65, 236, 306, 309
opinion (avis) 132, 133, 244, 309, 319, 320, 321, 329, 348, 349, 355, 398, 399, 400
Oresme, Nicole 273
Origène d'Alexandrie 404, 405

Osiander, Andreas 419
Otto, Rudolf 134, 153, 154, 156, 157, 159-161, 169
Ovide 71

P

Pacioli, Luca 269
pansexualisme 439
parapsychologie 168
Parménide d'Élée 51, 132, 142, 235, 313
participation 403
participation mystique 110, 111
partie (logique) 364, 367, 372, 373
Pascal, Blaise 156
passion 40, 215, 253, 308, 338
patristique 401, 404
Paul (saint) 148-150, 160, 178, 216, 404
péché 34, 94, 123, 128, 136, 138, 438, 440
Peirce, Charles Sanders 377
Pellegrin, Pierre 386
pendule de Foucault 422
Périclès 26-28, 30, 189, 238, 303-305, 307, 310
perspectivisme 323
Phainias (aristotélicien) 358-361
phénomène (v. aussi apparence) 50-52, 61, 78, 94, 103, 112, 113, 123, 124, 168, 170, 178, 192-195, 200, 201, 203, 205, 209, 210, 212, 213, 215, 218, 219, 226-228, 231, 244, 247, 251, 253, 254, 281, 282, 284-290, 292-295, 315, 318, 355, 428, 429, 433
phénoménisme 318
Phidias 28, 266
Philodème (épicurien) 73

Philolaos de Crotone (pythagoricien) 242, 249, 251, 256, 258, 259, 282
philosophie 25, 35, 41, 99, 113, 121, 123, 133, 139, 142, 155, 182, 189, 193, 196, 199, 217, 229, 244, 245, 292, 301, 302, 308, 311, 318, 319, 322, 323, 327, 330, 333, 335, 347, 348, 350, 352, 353, 356, 360, 386, 387, 397, 401, 402, 407, 408, 410, 411, 413, 415, 416, 426, 427
philosophie de la nature 193, 194, 196, 273, 332, 345
philosophie de l'histoire 433
philosophie des Lumières 79, 160, 424-426, 430, 432
Phocylide 189
physique 25, 38, 43, 44, 47, 51, 53, 59-61, 77, 78, 120, 142, 143, 196, 206, 210, 226-228, 245, 247, 264, 266, 272, 273, 281-286, 291-296, 332, 360, 386, 387, 397, 405, 410, 412, 415, 427
physique mathématique 271, 280, 281, 295, 298, 300
piété 121, 128, 129, 158, 334, 336, 338, 340, 349
plaisir 34-38, 41, 42, 253, 439
plaisir en mouvement 34
plaisir en repos 34, 35
Planck, Max 285
Platon 32, 35, 37, 51, 54, 58, 90, 111, 133, 191, 198, 201, 208, 210, 228, 230, 237-241, 243, 244, 248, 250, 251, 259-261, 263, 267, 301, 310, 311, 314, 316, 319, 321,

331-334, 346, 347, 350,
351-353, 355, 382, 383,
385, 386, 402, 403
platonisme 260, 404
Plotin 260, 402-404, 406
poids (ou pesanteur) 55,
74, 277-279, 343, 344,
349
Poincaré, Henri 295
Polyène (épicurien) 34
Porphyre de Tyr 201,
260, 262
positivisme 432, 433
prédestination 62, 440
prédicat 362-367, 374
prémisse 375-382, 388-
392, 394, 395, 397,
399, 400
prière 97, 128, 431
principe (*arkhè*) 199-206,
208, 212, 213, 218-220,
226-229, 231, 244, 252,
258, 282, 300, 332, 355,
359, 387, 402, 415
principe de plaisir (libido)
438, 439
probabilité 286-289
probable, vraisemblable
(logique) 399
procession religieuse 129,
130
Proclus 403, 405
Prodicos (sophiste) 310,
311, 331
propitiation 98
proposition affirmative
(logique) 365, 368,
369
proposition (logique)
361-367, 370, 374-376,
380, 388, 390, 392, 395
proposition négative
(logique) 365, 367-369
proposition particulière
(logique) 365, 367-369
proposition singulière
(logique) 365

proposition universelle
(logique) 365, 367,
369
Protagoras d'Abdère 49,
310, 312, 314-321, 331,
334, 341, 349
providence 429, 440
Pseudo-Denys
l'Aréopagite 404
psychanalyse 164, 166,
168, 438, 439
psychologie 59, 81, 82,
87, 96, 154, 161, 164,
167, 181, 286, 297, 333,
386, 387, 415, 438, 439
psychologie analytique,
complexe ou des
profondeurs 166, 169,
170, 173, 176, 177
Ptolémée 419, 420
Pyrrhon d'Élis 49
Pythagore de Samos
240-246, 248-250, 254,
255, 259, 260-263, 300,
301, 352
pythagorisme 206, 240,
245, 247, 249, 259,
260-264, 280, 290

Q
qualité (logique) 365
qualité (propriété) 48-50,
52, 53, 62, 75, 77, 78,
203, 210, 223, 315, 318,
349, 350
quantité (logique) 365
question socratique (ou
problème de Socrate)
334

R
racisme 107, 108
Radcliffe-Brown, Alfred
87
raison (*lógos*) 41, 120,
139, 142, 182, 185, 189,
193, 201, 206, 218, 225,
226, 228, 252, 253, 267,
319, 325, 337, 339, 340,

344, 349, 350, 353, 355,
375, 376, 393, 398, 401,
406-408, 411-414, 416,
420, 424-426, 430-432
raisonnement 41, 43, 46,
50-52, 103, 112, 133,
139, 190, 223, 237,
256, 316, 329, 348, 349,
355, 356, 359, 360, 362,
373-375, 377, 380-382,
388, 392, 400, 433
raisonnement déductif
(ou déduction) 289,
375, 376, 378, 379, 381,
388-390, 392, 396
raisonnement
démonstratif (ou
démonstration) 133,
139, 205, 230, 246, 247,
256, 278, 279, 281, 300,
335, 388-399, 401, 410,
412, 416, 422, 430
raisonnement dialectique
361, 397-400
raisonnement éristique
352, 361
rationalité 41, 72, 87, 91,
94, 96, 99, 103, 112,
116, 120, 121, 123, 134,
139, 141, 142, 154, 155,
161, 182, 184, 185, 187,
189, 192, 199, 200, 202,
205, 211, 213, 219, 222,
225, 226, 228, 230, 231,
252, 253, 263, 275, 280,
300-302, 308, 337, 339,
344, 353, 355, 356, 370,
371, 373, 379-381, 388,
390, 396-398, 400-402,
406, 412, 431, 433
réalisme 178
réalisme mathématique
292, 294
réalisme moral (ou
universalisme moral)
324, 325
réincarnation (ou
transmigration des
âmes) 133, 249, 250

relativisme 108, 109, 314, 316-322, 325, 328-330, 347, 348, 350, 373, 380
relativisme culturel (ou culturalisme) 106-109, 321, 326
relativisme esthétique 328
relativisme moral 321, 322, 324, 326
relativité générale (théorie de la) 290, 294
religion 38, 63, 81, 82, 97-99, 119-127, 129, 131, 133-135, 137, 138, 140-148, 150-155, 157, 160, 161, 169, 171, 181, 185, 214, 228, 262, 301, 302, 332, 401, 404, 406, 407, 416, 424, 426, 428-434
Renaissance 25, 262, 265, 381, 410
Renan, Ernest 433
représentation archétypique 171, 175, 176
république 65
Reuchlin, Johannes 262
rhétorique 308-314, 320, 332, 334, 336, 340, 346-348, 351, 352, 386
rites de passage 130, 131
Rømer, Ole 283
Rousseau, Jean-Jacques 160
Russell, Bertrand 377

S
Saccas, Ammonios 404
sacré 94-96, 98, 99, 120, 121, 127-130, 143, 145-147, 153, 154, 159, 166, 169, 247, 248, 263
sacrifice humain 96, 105, 108, 129
sacrifice religieux 97, 129, 130
sagesse 41, 244, 245, 253, 311, 312, 346, 352, 353

Sartre, Jean-Paul 62
scepticisme 49, 302
Schröder, Ernst 377
science 25, 47, 77, 79, 99, 103, 109, 110, 116, 121, 123, 133, 134, 137, 139, 140-143, 155, 182, 189, 199, 217, 222, 225-227, 230, 244, 247, 253, 263, 265, 271-274, 276, 277, 279, 280, 281, 286-288, 293, 295-298, 302, 314, 319, 320, 321, 337, 338, 350, 351, 355-357, 359, 360, 362, 386-399, 401, 405, 406-408, 410-417, 420, 424, 432-434, 436, 439
sélection naturelle 435, 436
sémantique 310
sensation 35, 48-53, 62, 73, 75, 77, 78, 95, 132, 178, 208, 211-213, 227, 228, 251, 252, 282, 314, 315, 317-319, 344, 349, 350, 386, 420, 426, 427
Sextus Empiricus 51
shenisme (ou religion des esprits) 121
Simmias de Thèbes (pythagoricien) 247
sociétés archaïques 83, 84, 86-89, 95-97, 99, 101, 107, 114, 115, 117, 130, 140, 147, 222
sociétés traditionnelles 147, 222
Socrate 33, 44, 194, 205, 231, 239, 245, 259, 301, 302, 311, 329-341, 345-353, 355, 385
Soi 172, 173
Solon 28, 189, 304
sophiste 302, 308-312, 314, 320, 321, 325, 326, 330, 332, 334, 335, 347, 348, 350-352, 355

sophistique 351, 356, 361, 373
Sophocle 159
souverain bien 33, 34, 37, 42
Speusippe 260
sphères homocentriques (théorie des) 239
Spinoza, Baruch 62, 124, 195
statistique 286
stoïcisme 62, 221, 302
Straton de Lampsaque (aristotélicien) 357, 386
subalternation (logique) 368, 369
subcontrariété (logique) 368, 369, 372
substance 47, 48, 59, 77, 79, 174, 197, 198, 203, 204, 208, 211-213, 217, 292, 318, 329
substantialisme mathématique 292
substrat 198, 203, 207, 209
suite de Fibonacci 268, 269, 297
sujet (logique) 362-367, 374
superstition 43, 72, 104, 110, 122, 134, 141, 166, 223, 431, 432
Surmoi 163
Surnature 61, 81, 89, 94, 97-100, 110-113, 124, 131, 137, 142, 146, 181, 217, 222, 223, 226, 355, 411, 412, 432
Suso, Henri 405
Susskind, Leonard 290
syllogisme 375, 376, 378, 379, 381, 388, 389, 392, 397-399
symétrie 269-271, 282

T
tabou 98

Tacite 71
Taine, Hippolyte 433
taoïsme 121, 161
Tauler, Jean 405
Telauges (pythagoricien) 259
terme (logique) 361-366, 374, 376-378, 381, 388
Thalès de Milet 189-193, 195-202, 204, 206, 207, 212, 213, 218, 219, 227, 230, 241, 244, 300-302, 304, 331, 345
Théagès (pythagoricien) 259
Théanô (pythagoricienne) 259
Thémista (épicurien) 34
théocentrisme 113, 405, 408-410
théologie 302, 410-414, 416, 428, 430, 438
théologie mystique 404
théologie naturelle 412
théologie révélée 412
Théophraste d'Érèse 357, 382, 385, 386
théorème central limite 287
théorème ou formule de Bayes 288
théorie des quatre éléments 47, 78, 208, 209, 210, 221, 235, 312, 345
théorie du Tout (ou unificatrice, TOE) 290, 291
théorie, théorique 227-230, 245, 247, 295, 298, 320, 352, 387, 397, 407, 430
Thérèse d'Ávila 141

Thomas d'Aquin 113, 123, 393, 405, 410, 412, 430
Thucydide (historien) 310
Timée de Locres (pythagoricien) 259
Tisias (sophiste) 310
Torricelli, Evangelista 77, 422
totalité (logique) 372, 373
totem 174
transcendance 63, 89, 112, 142, 203, 302, 326, 433
transformisme 435, 437
transsubstantiation 173, 174
Tryon, Thomas 262

U
Un 403
Univers 21, 22, 53, 55-58, 61, 63, 73, 75, 76, 100, 113, 117, 120, 135, 140, 194, 199, 214, 219, 220, 221, 237, 239, 256, 257, 264, 276, 277, 282, 283, 285, 290, 292, 293, 294, 403, 405, 406, 417, 419, 429

V
validité (logique) 356, 388, 390-392, 395, 396, 399, 400
Van Ruysbroeck, Jan 405
vérité 35, 51, 52, 113, 132, 133, 134, 138, 139, 142, 193, 205, 231, 241, 260, 292, 312-319, 321, 329, 330, 337, 347, 348, 350-352, 355, 356, 364, 370-372, 389-392, 396-402, 406, 407, 411, 412, 414, 416, 417, 424, 430, 434, 437

vérité de raison 401, 412
vérité révélée (ou de foi) 138, 412
vérités de raison 412, 434, 437
vertu 119, 245, 309-311, 321, 325, 326, 335-338, 340, 341, 346, 347, 349, 351, 355
vertu-science 337-339
vice 34, 119, 324, 351
vide 22, 43, 49, 53, 55, 59, 63, 72, 73, 206, 220, 251, 257, 258, 278-280, 283, 345
vitesse de la lumière (c) 283
Vitruve 265
Viviani, Vincenzo 279, 422
volonté 55-59, 61, 62, 65, 74, 138, 339, 340, 439
Voltaire 424, 425, 429

W
Wallis, John 77
Whitehead, Alfred North 377

X
Xénocrate 260
Xénophane de Colophon 90, 91, 216, 217, 241, 300, 301, 331
Xénophile de Chalcis (pythagoricien) 259
Xénophon 331
Xouthos (pythagoricien) 259

Y
Young, Thomas 229

Z
Zeller, Eduard 227

Crédits iconographiques

Les crédits sont inscrits en ordre d'apparition, de gauche à droite.

p. 26 : Collection Neue Pinakothek / Wikimédia Commons ; Manon Bordeleau
p. 27 : Steeven Chapados ; Collection Vatican Museums / Wikimédia Commons
p. 28 : Sophie Martel ; Wikimédia Commons
p. 29 : Collection Fine Art Paintings and Sculpture / Wikimédia Commons
p. 32 : British Museum / Wikimédia Commons
p. 35 : Wikimédia Commons
p. 42 : National Archaelogical Museum of Athens / Wikimédia Commons
p. 44 : Rijksmuseum / Wikimédia Commons
p. 45 : Steeven Chaapdos
p. 67 : Musée Crozatier / Wikimédia Commons
p. 68 : Galleria Nazionale d'Arte Moderna e Contemporanea / Wikimédia Commons
p. 70 : Steeven Chapados
p. 71 : Wikimédia Commons
p. 76 : Jastrow / Wikimédia Commons
p. 83 : E. C. Moody / Wikimédia Commons
p. 84 : Wikimédia Commons ; Library of Congess Rare Book and Special Collections Division / Wikimédia Commons
p. 85 : Yves Picq / Wikimédia Commons
p. 86 : Library of the London School of Economics and Political Science / Wikimédia Commons ; Smithsonian Institution / Wikimédia Commons ; Library of Congress / Wikimédia Commons
p. 88 : Smithsonian Institution / Wikimédia Commons
p. 90 : Wikimédia Commons
p. 93 : Anne-Lise Volmer / Wikimédia Commons
p. 101 : Wikimédia Commons
p. 105 : Wikimédia Commons
p. 122 : BNF / Wikimédia Commons
p. 123 : Koninklijke Bibliotheek / Wikimédia Commons
p. 124 : Herzog August Library / Wikimédia Commons
p. 125 : International Institute of Social History / Wikimédia Commons
p. 127 : National Gallery / Wikimédia Commons
p. 128 : Detroit Institute of Arts / Wikimédia Commons
p. 129 : National Archaeological Museum of Athens / Wikimédia Commons
p. 135 : Museo del Prado / Wikimédia Commons ; British Museum / Wikimédia Commons
p. 136 : National Gallery of Art / Wikimédia Commons
p. 137 : Wikimédia Commons
p. 138 : British Library / Wikimédia Commons
p. 144 : Wikimédia Commons ; Lower Basilica of San Francesco / Wikimédia Commons

p. 146 : Wikimédia Commons
p. 149 : Victoria and Albert Museum / Wikimédia Commons
p. 150 : Kunsthalle Hamburg / Wikimédia Commons
p. 151 : Gorakhpur Geeta Press / Wikimédia Commons
p. 156 : Palais de Versailles / Wikimédia Commons
p. 160 : Musée d'histoire et de la Ville et du Pays Malouin / Wikimédia Commons ; Musée du Louvre / Wikimédia Commons
p. 162 : Wikimédia Commons ; Wikimédia Commons ; Library of Congress / Wikimédia Commons
p. 164 : Orstsmuseum Zollikon / Wikimédia Commons
p. 171 : Los Angeles County Museum of Art / Wikimédia Commons ; Condé Museum / Wikimédia Commons ; Musée du Louvre / Wikimédia Commons
p. 172 : Vassil / Wikimédia Commons ; Louis Le Breton / Wikimédia Commons
p. 177 : Schiller-Nationalmuseum / Wikimédia Commons
p. 183 : Jordan Klein ; Georges Jansoone JoJan / Wikimédia Commons
p. 185 : Gryffindor / Wikimédia Commons
p. 186 : Steeven Chapados ; Metropolitan Museum of Art / Wikimédia Commons
p. 187 : Steeven Chapados
p. 188 : Michele / Wikimédia Commons ; Bernard Gagnon / Wikimédia Commons
p. 191 : Steeven Chapados
p. 193 : New-York Historical Society / Wikimédia Commons
p. 200 : Steeven Chapados
p. 207 : Rijksmuseum / Wikimédia Commons
p. 208 : Wikimédia Commons
p. 215 : Museo del Prado / Wikimédia Commons

p. 223 : National Library of Medecine / Wikimédia Commons
p. 234 : Steeven Chapados
p. 236 : Naples National Archaeological Museum / Wikimédia Commons
p. 242 : Apostolic Palace / Wikimédia Commons
p. 246 : Tretyakov Gallery / Wikimédia Commons
p. 260 : Wikimédia Commons
p. 261 : Bibliothek der Süleymaniye-Moschee / Wikimédia Commons
p. 262 : Tornabuoni Chapel / Wikimédia Commons
p. 264 : Jossifresco / Wikimédia Commons
p. 265 : Paris Orlando / Wikimédia Commons
p. 266 : Wikimédia Commons
p. 267 : Wikimédia Commons ; Dicklyon / Wikimédia Commons
p. 269 : TheMargue / Wikimédia Commons ; Christian Fischer / Wikimédia Commons ; Antilived / Wikimédia Commons
p. 270 : Ernst Haeckel / Wikimédia Commons ; Michel Royon / Wikimédia Commons ; NASA / Wikimédia Commons
p. 271 : PiAndWhippedCream / Wikimédia Commons ; Roger Prat / Wikimédia Commons
p. 272 : National Maritime Museum / Wikimédia Commons ; David J. Wilson / Wikimédia Commons
p. 274 : Wikimédia Commons
p. 277 : Wikimédia Commons
p. 280 : National Portrait Gallery / Wikimédia Commons ; Zhaladshar / Wikimédia Commons
p. 285 : A. Wittman / Wikimédia Commons ; Wellcome Collection Gallery / Wikimédia Commons
p. 286 : HB / Wikimédia Commons
p. 293 : National Library of Austria / Wikimédia Commons ; Smithsonian Institution / Wikimédia Commons ; Nobel Foundation / Wikimédia Commons

Crédits iconographiques ∾ 465

- p. 295 : Smithsonian Institution / Wikimédia Commons ; Dutch National Archives / Wikimédia Commons
- p. 299 : Hermitage Museum / Wikimédia Commons
- p. 303 : www.ohiochannel.org / Wikimédia Commons
- p. 315 : Museums / Wikimédia Commons
- p. 327 : The Egypt Exploration Society / Wikimédia Commons
- p. 330 : Metropolitan Museum of Art / Wikimédia Commons
- p. 331 : C. Messier / Wikimédia Commons
- p. 333 : Vatican Museums / Wikimédia Commons
- p. 350 : Vatican Museums / Wikimédia Commons
- p. 358 : Tomisti / Wikimédia Commons
- p. 361 : Wikimédia Commons
- p. 374 : Sailko / Wikimédia Commons
- p. 383 : Museo nazionale romano di palazzo Altemps / Wikimédia Commons ; Apostolic Palace / Wikimédia Commons
- p. 384 : Wikimédia Commons
- p. 387 : British Library / Wikimédia Commons
- p. 393 : Kupferstichkabinett Berlin / Wikimédia Commons
- p. 404 : Wikimédia Commons
- p. 406 : Ognissanti Church / Wikimédia Commons
- p. 408 : Comakut / Wikimédia Commons
- p. 409 : Wikimédia Commons
- p. 412 : National Gallery / Wikimédia Commons
- p. 415 : Sophie Martel
- p. 417 : IC6.G1333.610s, Houghton Library, Harvard University / Wikimédia Commons ; De Agostini Picture Library / Wikimédia Commons
- p. 421 : Wikimédia Commons
- p. 422 : National Portrait Gallery / Wikimédia Commons ; Wikimédia Commons
- p. 423 : Arnaud 25 / Wikimédia Commons
- p. 424 : Wikimédia Commons
- p. 426 : National Galleries of Scotland / Wikimédia Commons
- p. 433 : The Art Institute of Chicago / Wikimédia Commons ; Popular Science Monthly / Wikimédia Commons ; Eigenes Foto einer Originallithographie der ÖNB / Wikimédia Commons
- p. 434 : Julia Margaret Cameron / Wikimédia Commons ; Wikimédia Commons
- p. 435 : Musée national d'histoire naturelle / Wikimédia Commons
- p. 436 : Chapelle Sixtine / Wikimédia Commons

Table des matières

Préface 11
Avant-propos 19

CHAPITRE 1. LE MONDE DES ATOMES 25
    Athènes 26
Première partie – Épicure, Démocrite 30
    Épicure 32
    La poursuite du bonheur 33
    Épicure et l'étude du monde 42
    Démocrite et la théorie des atomes 44
    Les qualités des corps 48
    Le génie de la découverte 50
    La pluralité des Mondes 53
    La théorie des atomes chez Épicure 54
    Épicure et la liberté de la volonté 55

Deuxième partie – Lucrèce 64
    La Rome antique 64
    Sur les traces d'Épicure 70
    Sur les traces d'Épicure et de Lucrèce 76
    Le matérialisme classique 79

CHAPITRE 2. LE MONDE DES MYTHES 81
Première partie – Eliade et les aspects du mythe ... 82
    Les sociétés archaïques 83
    Les caractéristiques universelles du mythe ... 87

Deuxième partie – Lévy-Bruhl et la mentalité primitive 100
   Le relativisme culturel. 105
   La participation mystique. 109

CHAPITRE 3. LE MONDE DES RELIGIONS. 119
Première partie – Faits et définitions 119
   L'*homo religiosus*. 119
   L'origine du mot *religion* 121
   Les fonctions de la religion. 123
   Diversité et définition de la religion. 126
   Le culte. 127
   La croyance 131
   La foi 137
   La divinité 140
   La connaissance mystique. 140
   Le mythologique, le mythique et le religieux 143
   La religion comme fait social et expression d'une culture 146

Deuxième partie – Le sacré ou l'expérience numineuse 153

**Troisième partie – Le mythico-religieux
à la lumière de l'inconscient collectif** 161
   Les théories de l'inconscient. 162
   Les racines inconscientes de la pensée mythico-religieuse 164
   L'inconscient collectif. 167
   Les archétypes de l'inconscient collectif 169
   L'observé, reflet de l'observateur 177

CHAPITRE 4. LE MONDE DE LA NATURE 181
Première partie – Du *mythos* au *lógos* 181
   L'Anatolie et l'Ionie. 182
   Milet. 185
   L'école milésienne 189
   La Nature et sa matière. 192
   Anaximandre, l'indéterminé et le principe de la Nature. 199
   Anaximène. 204

Deuxième partie – La postérité de la physique ionienne......206
    La réalité sous les apparences..................211
    L'avènement de la rationalité...................213
    Le rayonnement de la rationalité................219
    L'aube de la science...........................225

CHAPITRE 5. LE MONDE DES NOMBRES..................233
Première partie – Les pythagoriciens.................233
    La Grande-Grèce...............................233
    Tarente..235
    Archytas de Tarente............................236
    Pythagore......................................240
    Le pythagorisme...............................245
    La transmigration des âmes.....................249
    Le Monde est Nombre..........................250

Deuxième partie – La postérité du pythagorisme.........259
    Histoire de la tradition pythagoricienne...........259
    Le mysticisme pythagoricien.....................263
    L'observation des Nombres dans le Monde.......265
    La mathématisation de la Nature.................271
    Les relations entre le Monde physique et les mathématiques..291

CHAPITRE 6. LE MONDE DES ESSENCES...................299
    Contexte historique............................301
Première partie – Les sophistes.....................302
    La démocratie athénienne.......................303
    Les sophistes et l'art du discours persuasif........308
    Les grands sophistes du siècle de Périclès.........309
    La relativité de la vérité.........................314
    Relativisme, rhétorique et démocratie.............320
    Relativisme moral, culturel et esthétique..........321

**Deuxième partie – La condamnation socratique
du relativisme et de la sophistique**....................330
    Socrate et la philosophie morale..................331
    La définition, la connaissance et l'action morale....335

La recherche de l'essence 341
Socrate face au relativisme 347
Rhétorique et sophistique. 351
Philosophie et sophistique 352

CHAPITRE 7. LE MONDE DE LA LOGIQUE 355
Le Lycée, sanctuaire d'Apollo Lycien 356
L'*Órganon* 360
Livres 1 et 2 : les termes et les propositions 361
Livre 3 : le raisonnement en général 374
Aristote 383
Livre 4 : le raisonnement démonstratif 389
Postérité médiévale 393
Livre 5 : le raisonnement dialectique 397

CHAPITRE 8. LE MONDE DES RAPPORTS
ENTRE LA FOI ET LA RAISON 401
Patristique et néoplatonisme. 401
La soumission de la Raison à la Foi 405
L'introduction d'Aristote en Europe 408
La réconciliation de la Foi et de la Raison 411
L'autonomie de la Foi et de la Raison 412
L'opposition de la Foi et de la Raison 416

Sources bibliographiques 441
Index. 453
Crédits iconographiques 463

Ce livre a été achevé d'imprimer en août 2022
sur les presses de l'imprimerie Marquis.